国家出版基金项目
NATIONAL PUBLICATION FOUNDATION
2011—2020年国家古籍整理出版规划项目

八股文話

四

龚笃清 龚昊 乌媛 编著

岳麓書社·长沙

总　目

上编　著述

第一册

第二册

第三册

第四册

下编　杂著

第五册

第六册

湖南文征（选）

〔清〕罗汝怀　编纂

导读

清同治十一年（1872），由罗汝怀编纂的《湖南文征》刊成，这是历史上第一次将湖南人的文章汇集成书，填补了湖南地方文章总集的空缺。其中收集了一批与八股文有关的序文及书信等，给人们研究湖南乃至全国的八股文状况及八股文观提供了可贵的资料。

罗汝怀（1804—1880），初名汝槐，字研生，晚号梅根居士，湖南湘潭人。少时曾就读于长沙城南书院，推崇经世致用之学，尤致力于音韵训诂研究。道光十七年（1837）考取拔贡。次年赴北京廷试，与湘籍名士汤鹏、何绍基交厚。曾国藩对他的人品、学问均极推崇，视其为“心中佩仰之人”，认为“其学问俱有本原”。

罗汝怀不愿为官，一心治学。曾被选授为芷江县学训导，改选龙山县学训导，他都坚辞不就。曾国藩视师江西时，欲委以官职，他也拒绝。但同治七年（1868），湖南巡抚刘崑欲修《湖南通志》，邀郭嵩焘、李元度、曾国荃及罗汝怀主理修撰，由罗汝怀分管《艺文志》部分，他却愉快地接受了。

《湖南通志·艺文志》的编修，使罗汝怀接触并搜集到大量湖南地方文献。经过多年的广搜远访和不下十番的“更端覆审”，并在许多湘籍官员的资助下，到同治十一年（1872），多达二百卷的《湖南文征》终于刊成。

该书以文体分类排列，将湖南人所作上起元代，下迄清同治

(限已故者)之疏、策、议、解、论、记、传、序、跋、书、公牍等各种文体之作统统收入。

本书选择三十六篇专门谈论八股文及与八股文有关的序、书、公牍，以之反映明、清两代八股文的状况及士人们对八股文的认识水准。

综括各家言论，可以看到许多独到、颇具创见的观点与阐发。

一、对八股文本质的认识深度超越了前人。

王岱在《蒋慎斋试楚新书序》中指出："故安石设为八股，其意原欲别于词赋、论策，专以存圣贤经旨、圣贤学术，庶几百家子史之浮靡皆不得入。盖合三代、汉、唐之法而兼用之，俾正人君子经纶事业于是乎出，所以久而不能废也。"寥寥数语，将王安石创制八股文是要"专以存圣贤经旨、圣贤学术"，以拒各种"浮靡"学说、思潮进入之目的揭示得十分到位，言前人之未曾言。

在《陈桃文时艺序》中，彭维新指出，陈桃文博学能文，"涉笔为古文辞，奇杰卓荦，卷轴之气充溢，即降格为时义，亦匠心独运，竖义警辟，体大物博，善以偏师捣坚垒，使万夫辟易。自为诸生，试辄冠其曹，而赴乡闱者十余度，竟不一售。缘诂题参用汉、唐注疏，与场屋专主一家言科条戾，故屡见摈"。陈桃文这样一个才学过人，古文时文皆冠绝时人的杰出之士，竟十几次赴乡试皆不中，原因只在其"诂题参用汉、唐注疏，与场屋专主一家言科条戾"，这就以陈桃文的不幸遭遇反衬出八股文只允许承载程朱理学思想的本质。

其他序文中还有不少揭示八股文本质处，都有独到之见，因篇幅关系便不多引。

二、对八股文源流的阐发多有创见。

郭金门在《岳麓试牍序》中说："制义始于宋，而传文无几，间一二传者，大都略会经意，取笺疏润泽成调，所谓候虫时鸟，自鸣自止。初无体法定裁，譬诸诗《柏梁》之属，其始终一致，尚在苏、李下，安望唐人格韵浑然，冠冕铿锵哉？"八股文起源于宋，这是八股文界几成一致的看法，但像郭金门这样从宋经义"大都略会经意，取笺疏润泽成调……初无体法定裁"，即从作法、体式的原生态来阐发八股文源流的，尚未看见。其精辟独到之处，令人叹服。

三、对八股文的价值取向抛弃了"有用""无用"的线性思维，而是将其置于时代的需要，并使用与八股文的内在功能相结合来评估的方式进行分析，故得出的结论自然切合事实，高出时人之见。

明代李腾芳在所作的《十子制艺序》中说："盖尝论汉之文词、唐之诗、今之举业，其大小不同也，而皆可传。夫万物多矣，久则必败，败则腐朽渐灭而无所见，而惟精之所在为不然。故夫汉之文词、唐之诗、今之举业，皆精之所在也。"作者在这里揭示八股文为"可传"之文，其因在于它是"精之所在"。"而今之为举业者，束以须臾之期，宏以清冥之路，心体物而眇思，意司契而为匠，至于穷涯不返，盈量斯归，吁，亦极矣！"这段话，把八股文"精之所在"揭示出来了。

四、对明、清八股文的发展变化史做了较为准确的描述。

对明、清八股文变化的研究，一直是八股文坛的热门课题。只要对八股文史稍微清楚一点的人，都能看到八股文一直处于变动不居的状态。如明代严首昇在《全楚试卷序》中即指出："顷者科举取士以经义，三百年不小变也。""三年大比，自万历癸酉糊名易书，主司与士子摩揣相遇。"这就揭示出明代近三百年的八股文在不断变化的现象。他所指出的乡、会试糊名易书始于万历元年（1573），更是为我们提供了八股文史上一宗不为人知的史料。

清代王岱在《蒋慎斋试楚新书序》中描述出明代八股文变化的大要："然明初制义，犹惓惓正文体，严法脉，不使一语畔经。光、熹而后，始有凌驾之病，先正极力廓清，有毁板褫人之疏，虽不能尽复乎古，犹未离乎古也。故东乡氏论文，必先体认字句，抵牾圣贤者皆屏之，亦是意也。乃风气日下，专事剿袭，题自为题，文自为文，文售尚有不解题旨者。本朝因有废八股之举，亦非无见。在朝廷急于得人，士子止图侥幸，甚者捷径他途，八股皆为剩物，安暇拘拘论体裁乎?"这段话勾勒出晚明八股文变化的轨迹，特别指出凌驾之风起于明光宗泰昌、明熹宗天启年之后，与一般人认为是起于万历年间不同，到底哪种说法为是，值得研究。

在《郭右皃文序》中，张埴以不同时代之代表人物为经，对八股文在明代的变化作了精练而准确的概括："帖括文字，是制举一道耳，昔之科场，原不以是。权舆荆公，有明用之，定式自洪武甲子始。次年，司文衡为吾乡茶陵三吾刘公，《天下有道》篇，鸿章壮采，开国大文，行墨可暗数也。弘、正之际，西涯李文正两主会场，以《儒先有本》之文提唱宗风，一时学者有长沙之学，若钱鹤滩、顾东江、储柴墟、邵二泉数十辈流是已。嗣后南风少坠，吾乡之风教，不在楚中而在吴越。百余年士风国气，接续流衍，犹有存者。至于穆宗江陵枋用，辛未南宫命题，首之以足国用，次之以正风俗，而归于安社稷，程式《先进礼乐》之作，为三百年第一篇文字，乡校、家塾具有其录，可覆而知也。"

张九钺则在《新安吕方伯濯桐斋时文序》中对自清康熙前期至乾隆中叶一百余年的八股文变化及特点作了揭示："窃谓五

十年以前之文多尚法，五十年以后之文多尚才。尚法者奉先民遗矱，以理为宗，毋敢放言高论，循循焉禀经酌雅，求铢两之悉称，藏锋韬颖，而言才者莫或出乎范围焉。而世家大族之文，守其高、曾之矩，父兄师友之训，则又务以雍容朴茂、酝酿深厚为上，以故出而应试，莫不各有事功以自见，盖沐浴于国家教育者深，而山川钟灵于是独厚也。”对当时世家大族祖辈学殖所培育的八股文加以阐发，在八股文史上是独见的。

五、对古文与时文的关系有深入的阐发。

明代嘉靖时起，以古文为时文成为八股文的主要作法。其间虽因出现文学性增长以致乱经学性的现象而受到打压，但时势所趋，以古文为时文仍在不断调适中发展，至清代雍正以后便成为八股文的主要作法，故后世对古文与时文关系的研究言论便多了起来。本书所选的有关八股文的文章中，便有不少高明之见。

陈之驻在《墨选前序》中提出：“一代之文，必有一代之体，后世即以为古文。凡精此体者，则必有妙义独谛。”并引述袁中郎的话说“八股，明朝之古文也”，对因“此体精而国步已无几，论者遂以文盛为明运之衰”的说法做出探究：“予尝稽之往古似然，然所以然者，开国文体新制，人伥伥如冥行大荒，久之先声之所开导，流风之所浸淫，始胆智竞出而国步亦老，盖文至是始精也。”作者把明代八股文称为古文，并以“开国文体新制”到“始精”时“国步亦老”，来说明八股文这种“明朝之古文”的成熟的确与“明运之衰”是契合的。这番言论，对八股文的古文属性及其发展与时代的关系作了独到的揭示，很值得重视。

柳廷方在《张竹轩先生古文集序》中，对古文与时文的关系也作了精辟的阐发：“尝论时文与古文由来莫二，学者秉笔流源自应一贯。顾犹以谓近世名流，工时文者或竟祖时文，其胎息古文者百且不十见，能时文而兼工古文更百不二三见，甚则耳食剽窃，生吞活剥，貌古而去古益远。陈临川时文圣手，《太乙山房集》或讥秽杂无检节。归太仆能古文矣，比之韩、欧犹隔一尘。”作者指出古文与时文同出一源，认为“秉笔流源自应一贯”才是以古文为时文的正确途径，舍此则只会“貌古而去古益远”，这是有识之见。

高崧在《文稿自序》中则干脆指出古文必变为八股：“六经之文各有师承，三代以后递相祖述，王半山易论策以经义，有明因之，忠孝节义毕出其中，至本朝文运蒸蒸益上。崧尝谓古文之必变而为八股者，亦犹夏忠商质之必变而为周文也，时为之也。自周莱峰、归震川以古文为时文，而八股之道益尊，盖体虽异而原则一也。韩退之文起八代之衰，试观《原毁》一篇，即退之八股文字也。使退之生于今日，其八股亦犹是也。而谓时文顾不古文若者，人自不深于古耳。深于古则时文名家，古文又何尝不名家也。”阐发古文必变为八股的原因，指出两者“体虽异而原则一”，自以古文为时文后，“八股之道益尊”，这些见解都新颖独到且切合实际。

除此之外，所选文章对八股文作法、名家特点、各种流弊均有独到的阐述。如郭金门在《岳麓试牍序》中述及明代八股文大家的作法时说：“明始以八股为制，一时作者大备。守溪、荆川、方山、思泉诸先辈，发纤秾于简古，寄至味于澹泊，操觚家竞奉为宗，然其文以法胜，不以巧胜，阐明义理外，才气无所用之。迨正希、大士、长明、陶庵出，标新领异，一篇中非原本经史，即驱策八家，巧与法会，而文人精华始不为传注所掩，非徒以循墙偭矩，格格然为自欺之学，虽苟及式而亦不知其所自得何也。以故终明之世，无寡廉鲜耻之士，至行特节皆从此出。”这段话，将明代八股文大家之作法精要揭出，且点出至晚明因“巧与法会，而文人精华始不为传注所掩”，这是极有见地的。曹耀珩在《上张方伯书》中说：“追雍正甲辰后颓靡已极。士之操帖括试于两闱者，率取冗长俳俪中主司之绳尺，遂至有文无题，有皮肤无神气，非吉祥冠冕之语不书，尘羹土苴，令人白日欲睡。”陈之驱在《墨选前序》中说：“窃论文章先后辈，分自明甲子之季，先辈所万不如后辈者，先辈确于谈理，后辈巧于设意。先辈熟于用法，后辈长于御气。先辈能尽题所有，后辈能空所有而生所无。先辈能称题之情而分寸不爽，后辈能破题之格而纵横自如。先辈博而无用，但可施于二三场及词赋之类；后辈即时文为古，寄兴会情，陌径自通。先辈涉讲章衍义，后辈饶写生传神。”前者揭示清雍正二年（1724）后八股文的弊状，为八股文演变史提供了新资料。后者讲述自明弘治十七年（1504）后的先辈与后辈，实则是过去与今天八股文的不同之处，以彰显不同时代八股文的变化情况，是十分准确传神的。

选入的明、清乡、会试录序、后序等，提供了不同时代科举考试的各种具体做法及录取标准的信息，可让后人掌握当时八股文的写作特点，于了解八股文的发展演变史很有好处。

选入的书信也有不少八股文信息。至于其他篇章，或与科举考试有关，或与各省学政有关，均可从一个方面提供与八股文有关的资料。

选入本书的篇章尽管都是湖南人写的，但所提供的信息却是全国性的。因为其中的许多人在写作这些文章时具有国家身份，当了朝廷高官，做的是全国性的工作，如担任会试主考等，故我们不能小看它的价值，正如上面所介绍的那样。

收入本书的文章，均依清同治十一年刊刻成的《湖南文征》校点录入。

（龚　昊）

《湖南文征》（选）目录

序

序

巡按广东乡贡小录后序

甘 镛

设科取士，钦旧制也。洪惟太祖高皇帝御宇之初，思得人材以共理庶务，首建两科，旁求天下之贤隽。当是时，元季绎骚，文物沦斁，科目虽兴，人才罕见。由是罢科举，笃意学校，内而王宫国都，外而天下郡邑，以及闾阎小子，亦莫不皆知有学。继以文教之敷，复敕有司，每岁一贡举，三年一大比，则凡人才之出，苟不由于岁贡，则奋自科甲，猗欤盛哉！伏自皇上践祚以来，礼乐政令，悉遵成法。乃永乐三年，适大比之秋，于是广东藩使徐公奇，奉书币延置四方之老于文学者五人，主典文衡。复遴学行之淳实者十有二人，俾司帘外之职。宪使罗公观、参政叶公溥，始终以董其事。巡按御史胡公龙、安抚给事朱公政，且皆笃意斯文，复戮力以防其闲，期得真才以臻治具。虽以镛之不敏，亦得与闻其盛。合十郡就试之士，凡六百一十有七人，较其文艺之合绳尺者一百三十七名。既竣事，议刊小录以广其传。

予惟岭南荒服之地，去中州为甚远，其间文人才士，由科甲跻膴仕，德业著当时，声光焕后世，若张曲江、姜日南，暨若温若春之廷对第一，菊坡翁之勤天使走半万里路，是皆广中之杰然者。今士子幸生斯土，际遇明时，且获登名乡贡，其进造天府也有日矣。尚能发挥其德业文望，光前振后，垂竹帛于不泯，予则深有望焉。因书此以为之后序焉。

会试录序

张 治

嘉靖庚戌春二月，天下士会试于礼部者几四千五百人，尚书臣阶、侍郎臣崇庆以试事请。上命臣治、臣德为考试官，其同考试则侍郎某某，其监试则御史某某，暨为执事咸备。既如例三试之，乃穷日夜之力慎校择焉。遵宸断取三百二十人，爰录其名氏及文之可式者二十篇以献。臣治谨序之曰：夫录所以录士也，然录与士恒相为重焉。穷居布衣之士，业铅椠，游乡邑，必更十余载而后得录于乡之有司，又必更十余载而后得录于礼部，有终身不与者焉。故士得与是录者有余荣矣，是录以士而重也。士录矣，其终身所建立，果足以济天下，泽生民，流声光无穷焉，后之人将敬而指之曰：是录所得士也。则录其有余荣矣，是录以士而重也。故曰录与士恒相为重也。

夫国家之录士何为也？欲其为世用也。士学古之学，而求录于上之人，亦欲其学用于世也。然道有升降，世有古今，君子惟随其所值而致行之，要以济天下、泽生民为务，然后为有用之学。学之而弗可用，用之而弗宜于时，则亦何取于录哉？我高皇帝有天下也，即位之三年庚戌，始开科录天下士，一时翊戴之臣，协志辑力，相与缔构大业，以传之万世，上下咸有大烈也。圣圣相承，盖谨于取士之度。今圣天子缵承天绪，廓道德之途，拓仁义之统，远抚长览，所以勤万民而章洪业，惟仁贤之务，此尧舜之用心也。二十九年于兹，凡十举士，溥恩广施，久而益深，至德昭然，轶于往代。遐方万里之士，肩踵并进，寸才尺艺，咸备官使，此太平之具也。然而臣失其职，功不加于百姓，惠泽不流，群生寡遂，政之在天下若风草，有所积，有所虚，视祖宗之旧或少异焉。此岂法之不足哉？士不素厉，而弊所由滋也。说古道者，则泥而不达于时。喜更张者，又以其私智斗乎天下而扰之。不复典常之师，则其渐而至于敝也亦宜，是故明王不恃其有久安长治之业，而恃其有保邦制治之臣。士者不患其无可为之时，而尝患其无明体适用之学。《书》曰：学古入官，议事以制，政乃不迷，其尔典常作之师，无以利口乱厥官。此言明体而适用也。保邦制治之理，莫要于此矣。

往丁未之试，臣尝辱明命，授以校士之责，大惧无以称塞。兹再至，其为惧也滋甚，思敬勉无忽，冀得明体适用之士，惟圣天子所驱策，用之相与守太平之业，致治安无疆也。然而持有司尺寸之度，求之语言之末，则又臣之所窃忧焉。何也？求士于肇造之始也恒易，求士于治平之世也恒难。盖肇造之始，人周历于艰险，志勤虑审，故才皆可用，而求之也易。治平之世，人袭于所见之安，诵古人之言，而不明乎当世之务，守成要之迹，而不审乎治乱之原，故才用鲜效，而求之也难。夫以日敝之法，而重之鲜效之才，其何以裕保邦制治之理哉？此臣所为窃忧而惧滋甚者也。

夫法不足于治者，才不备也，才不足于用者，学不备也。尔多士学古之学以售诸用，则既录于上之人矣，其必举所学而善用之，务以济天下，泽生民，上赞圣天子太平之业，而流声光无穷焉。则录其不有余荣哉？乃若逐逐然与时汩没，无所裨于世用，徒以美荣名于录也，虽录之，天下后世有弗录者矣，是重为录羞也。吁，可畏哉！尔多士勉之。

会试录后序

张　治

嘉靖丁未《会试录》成，臣治敬拜手言曰：明兴有天下百八十年于兹，其取士以丁未者凡三见焉。《记》曰：丁，明也，盛也，阳道著明，丁壮盛也。未者，言万物皆有滋味焉。天地以四时之气造化万物，阳道昭达，及于明盛之纪，则物皆林林然成有滋味矣。王者效天地，本四时，建道陈制，兴立人贤，所以成养万民，致明盛之理也。在昔丁未，我高皇帝肇受天命，首令天下设文武科取士，用集大业，文明之运所由起矣。宣德、成化之际，仁义融液，王道明洽，人文之化日益宣著。至于今，圣天子懋至德，配天地，稽古三五之道，劝学修礼，崇教励贤，以风四方，海内欢慕，含和咀淳，天府人瑞，杂然并至。神光曜晖，洪洞朗天，岂不明盛之极哉？

士生于时，固宜皆林林成有滋味也。然万物养于天地，而人则借万物以养也。物味有美恶，斯生理之肥瘠因之矣。荼堇乌喙，螫吻酸鼻，决肠胃而毒者则人避而弃之。败粃之麸，无救饥渴。封熊之趾，豢豹之胎，穷海逾陆，非可常有，亦人所不尚也。何也？以无借于养也。士者，人君所与共成养万民也。士味有厚薄，而世治盛衰恒所由之。国初之士其味真实，茂以开济之略，翊戴休烈，当时之民无不得养者。宣成熙盈之运，士多持重完固，其味醇厚，民得所养者，则皆充然而肥有光泽也。及久而变焉，譬之禁羞珍脔，渐以蜜醴，和以椒桂，芬馨有余，而真味亦薄矣。其养之惠于天下者，视昔何如哉？乃下焉者，伐德暴义，回惑营蛊，惟淫志是逞，用导民乱。荼堇乌喙，螫吻酸鼻，决肠胃毒者也。委琐颓靡，饕贵利自富，于民弗勤，败粃之麸，无救饥渴者也。幽奇诡激，违众立异，以改易观听，民日渐于匪彝。封熊之趾，豢豹之胎，穷海逾陆，非所常有也。数者于养之理何述哉？民生日凋瘁，若抱疮瘵而惧其毙焉，夫岂气化使然邪？要亦养之道未至耳。是故养生者必择味，养民者必择士，而士之自养者必择道。

今夫国家之择士也，三岁比天下之士而乡试之，三岁比其乡之士而会试之，其法至备也。及加之民，乃无借于养焉，岂非以人之难知，而言之不可以稽乎？稂莠之始，天然与嘉谷并茂，而其味则远矣。故择不可以不慎也！然士之自择，亦犹国之择士也。国之择士也，蕲以其士之道养乎天下也。夫以士之道诚养乎天下，而后可为民之味，不然，其有味之者乎？士之自择也，蕲以其身之道养乎天下也，夫以其身之道诚养乎天下，而后可为国之味，不然，其有能味之者乎？是故国以士为味，士以道为味，而后明盛之理可从致矣。昔者伊尹之于汤也，思说以尧舜之味，而高宗之于傅说，亦维曰：尔为曲蘖，为盐梅。斯二者非所谓天下之至味者乎？商道之盛至今犹耿光者，其有以致之矣。尔多士以丁未进，其亦慎择其所为味，如商之二臣以惠天下之养，以仰对圣天子明盛之理，则亦有闻于无穷哉？

应天乡试录序

张　治

嘉靖庚子秋八月，天下例选士于乡，应天府预以请。臣治、臣用卿遂祗命往典若文事。事竣，乃录所中式者之名氏与文以献，且传之四方也。臣治作而叹曰：文不已盛乎！在昔甲午之岁，臣尝承乏于兹役，今且再至焉。视其文，比之昔益加甚矣。夫明兴百有七十余年，以人文化成天下，天下之人日相究于文，经制宣备，皇泽周洽，洋洋焉与三代同风，君术明、臣道得也。迨我皇上履纯仁，躬至德，被六艺，宪经饬礼，敷贲人极，盖焕乎有文章矣。薄海内外，罔不翕然丕变，承休光也。

矧夫南畿为我圣祖肇迹之地，鸿猷闳化，昌被人物，而丰芑涵育视外服先焉。固宜彬彬焉称盛，美四国也。然文实盛衰之机，君子惧之，何也？古之人所贵于有文者，将以饬德表行，安众轨物，杼轴乎天人之理，序正乎君臣之宜，繇之可察时变、观化成也。舜、禹之代，股肱昌言，序九功，修六府，曰都曰俞。殷周之隆，则有《伊训》《说命》《旅獒》《金縢》之言，以戴翊其世，咸有大烈，格于天地。及其衰也，实不胜其文，而化成之意微矣。孔子曰：如用之，则吾从先进。盖伤之也。是故君子弗惧乎文也，惧乎文之盛而实焉者之或寡也。

夫实者，道之根于中也。譬诸草木，植其根焉，则枝叶之荫也远。《记》曰：天下有道，则行有枝叶。其实之谓与？或曰：文损益者，时也，而变之则存乎其人，故韩愈出而唐之文变，欧阳修出而宋之文变，盖机使之然也。曰：文以形道也，而道者所由以适于治之路也。夫苟至于道矣，文损益弗害也。变于文弗由于道，是舍经纬而纽组之，无所措矣，又乌足以语化成之理哉？唐宋之治所以不能并于三代者，独文也与？是故君子弗惧乎文之盛也，惧乎文之弗由于道而政治因之也。《传》曰：生于其心，害于其政；发于其政，害于其事。吁，可畏哉！方当天子文教之隆，尔多士勉旃，毋自虚也。

是举也，提调则府尹某、府丞某，同考则学正某某，监试则御史某。咸胥饬以事。诸曹六馆之士、督学御史臣宜所简以试者，凡四千四百而奇，试而举者，百三十有五人，遵成制弗敢过也。

象艮亭艺序

贺嘉震

里中自吾党纠社以后，若庚子，若癸卯、己酉，飞于乡者凡四人。于时太初何守初、禹锺罗喻义与不佞，犹夫其布衣诸生也。吾三人密自盟，相与唔咿于群提兰若、息影禅栖、晓窗夜漏，与老衲争宵旦者，不知几何时。或天朗气清，拈笔于禹锺之白云亭，则禹锺之《白云亭艺》先出焉。迨岁壬子，而禹锺魁全楚，癸丑，则获隽南宫，读书中秘矣。于时，太初与不佞，犹夫其布衣诸生也。吾两人又密自盟，唔咿不必同也，而声气贵同，拈笔不必同也，而砭药贵同。于时太初居象艮亭，则有《象艮亭艺》，不佞居天一馆，则有《天一馆艺》，吾两人神无日不来往，所课艺无十日不来往。不佞艺，太初多所砭药，即太初艺，不佞之为他山石者亦强半焉。及乙卯之岁，太初褎然为全楚第一人。

自太初为全楚第一人，而《象艮亭艺》遂为海内所购求，益力刻成。太初谓不佞少，原簪不忍弃，以其序属焉。即不佞亦忘夫其布衣诸生也。吁嗟！不佞姑置不论。人言吾党后出者愈奇，其禹锺、太初之谓乎？今禹锺、太初各以其文甲海内，即海内坛坫之上，无不以大将军印绶属者。大抵禹锺高简，太初博大。禹锺取精多，太初用物宏。赛利则司空两剑，赌宝则韩子双环。狎主齐盟则南北递为桓文，吾未知所甲乙也。

昔禹锺《白云亭艺》出，不佞序之矣。其言曰：禹锺而不兰省金华，则世之兰省、金华者，将何人也？不佞此言验矣。太初雄才魁天下，其标句命旨，则《象艮亭艺》具在海内，自具碧眼胡僧，一见能赏，无所需不佞赘者。若乃目穷宛委，囊抉羽陵，清辞丽简，五色相宣，俳偶声诗，八风从律，尚未露一班，海内执前艺以尽太初，而太初不尽于此。由斯以观，岂惟获隽南宫，读书中秘，为禹锺故步也者？则有天下第一人在。太初当谈笑掇之。不佞之言不验，不佞不复相文也。若不佞无能为役，近不自坚，偶为友人刻《天一馆艺》，太初、禹锺未有不掩口。然以文从太初、禹锺盟后出，不敢不勉，何奇之能？第禹锺桴而太初鼓，不佞请以《天一馆艺》为渔阳三挝，狂噪于白云、象艮两亭之间，亦足奇也。请以质之吾党，以为何如？

岁次丙辰长至日，书于天一馆中。

甲辰春秋房同门稿序

庄天合

文章无奇，奇者高才之所固有，而劣士之所借资。吾以画譬之，画有图鬼魅者矣，有开生面者矣。鬼魅人所不见，故殊形怪状，可以惊愚人尽一面孔耳。曹孟德所谓非有四目两口，然必欲毛发肤泽，意态风神，一一而肖，则虽天下之妙手，固难为工。假使尽肖尽工，亦才如生面而止。故画患不肖，惟文亦然。肖则奇，不肖则谬。士不务写生之手，而先惟鬼魅之图，荆棘满前，灵根转塞，盲师瞀友，争相仿效，如获宝珠，虽不足以惑高才，而实足以误后学。此陈商宋祁之所以见讥也。

比麟经诸生各出其文以相正，其才力优闲、手口如意者，不乏苏、柳辈人。苏、柳之文浑灏雄杰，若海水吞天，机杼自裁，生意默注。而一篇之中，宛转抑扬，关通点缀，无不各极其致。彼有刳心刿肠，莫罄所怀，而或以片语单词，应机立断。盖天下之奇观实在于此。是编人所共见，彼其所取精而得力者，何可掩乎？余不独以古人正诸生，又欲以诸生正天下之为举业者。

包仪甫辨真稿序

李腾芳

顷岁场屋之功令益严，而试文益敝。丁未春，予从升伯、嘉宾两公于礼闱中。时礼部方摘时文之怪者，句至字有禁，以诏旨约束之，而犯者比比。考官各置禁一纸于掌，左眼视文字，右视禁，可否攙夺，劳目发瞪，几矇莫辨。予三人相顾叹曰：士有真文字而犯此否乎？有不犯此者，以谓真文字可乎？得真士方有真文字，能知真文字自有真士。然窃议而未敢显言。越二年，予既罢居山间，闻嘉宾方典教胄子，获真士甚多，仪甫包君、求仲韩君为最伟。是年二君同举于乡，而仪甫为元，求仲为魁。明年庚戌，又同举南宫，求仲为元，仪甫为魁。嘉宾又在礼闱，试文多所定，于是传其文者，上自京师，下暨郡邑，凡工文之士，虽好怪之人，亦未有不感服叹息，心动貌恧，祓涤磨励，翕然一变者也。乌乎盛矣！

予之陋士亦有相从于山间者，告以真文字之旨，或不信。会邑令得包公，邑人传得公文绝早，予因指以示之，曰：兹文色象恬然，而旨趣有余，神理难名，而纡委无尽，非真文字乎？于是邑人始信其然，而作者因之亦一变。夫文敝久矣，礼官忧之，深言之切，然其变必待包、韩二君。乃二君皆出嘉宾之门，天下固以贺礼部之得二君，又贺嘉宾之能知二君也。则向者予三人窃议之言，果验也哉？或云嘉宾以好品骘文字之故，一旦人嫉之，排根连株不遗余力，则世亦何贵乎有知文字者？然士无不以嘉宾品骘之言为信，以包、韩二君之文为金玉珍宝，盖人心自然之良知，亦何可昧与？使人心自然之良知，发之于言，施之于政，无偏无党，一如知文字之知，则天下之平久矣，而仅存于文字之间，固可悲亦可喜也。

若夫包公之才，宜与求仲同在金门玉堂，穷思毕精，抒其学问文章，以鸣一代之盛。而簿书之微，讵足烦其绣心妙手也者？将天无意于文章邪？然天下荡荡，玉堂一片闲地，已为陆沉，求仲甫入，旋即舍去，则天之厚公，岂不远哉？公志操清泊夷旷，好读书，其政闲妙，有仙吏之意。他日以品望德业映照先后者，必斯人。予但序其文如此，乃有感于嘉宾者何？以此文为嘉宾批点也。

十子制艺序

李腾芳

盖尝论汉之文词、唐之诗、今之举业，其大小不同也，而皆可传。夫万物多矣，久则必败，败则腐朽渐灭而无所见，而惟精之所在为不然。故夫汉之文词、唐之诗、今之举业，皆精之所在也。其所凝畜，晶莹熿煜，若山泽之有珠玉，虽日月脱败，风雨晦蚀，陵谷变换，而此物为不改。其用之天下，皆足以鸣一代之盛衰，而垂之后世，皆有所不可及。故夫有唐三百年，其治乱未必尽系于诗，而其初盛中衰，其得失之故，亦自有可概见。以今观于唐人之为诗，专致而精诣，力倍而徒众，故其沉郁流丽，感慨悲壮，一字之艳，弄播元化，一言之工，鼓铸群品。故夫三百篇以后，遂为绝唱。而今之为举业者，束以须臾之期，宏以清冥之路，心体物而眇思，意司契而为匠，至于穷涯不返，盈量斯归，吁，亦极矣！

夫自唐以后数百年，未必有能为唐诗者也，则自今以后千百年，又乌可必其能为今举业之文哉？盖唐以诗取士，故唐人一代之精皆在于此。我朝以举业取士，故我朝人一代之精亦皆在于此。然唐之诗其可传者，往往非必其应制登第之作，而山林羁旅，边塞征戍，离别穷愁，短章片语，反以脍炙人口，传颂无穷。又如以子美之宏才，奋笔于三礼，右丞之清制，遇巷于平阳，岂当时有司所以求士者亦自有方，而于诸贤固有所不尽合，亦有所不必合者与？则今之为举业者，又何必取合于有司，求工于功令也？而其可传，断不在彼而在此矣。

予每与郑生论文，未尝不三叹击节，以生之才辅以十友，而屡困于场屋。今其文若干言，人人不同，然皆能不求合于有司者也，能鸣一代之盛者也，能为可传者也。

包仪甫新艺序

李腾芳

公之制义，有汤司成嘉宾所批点真稿，予既序而刻之矣。邑士人又谋刻其新稿，而索予序之。予语之曰：斯文金玉也，寒者得之以有衣，饥者得之以有食，贫者得之以有富。小得之则小利，大得之则大利。见之而可欲，欲之而不厌。蓄之而有用，用之而不尽。此邑士人所以珍公之文，宜乎不一刻而足。而予亦乐乎咨赏赞叹，与诸士道之不能已者，盖以此也。

予邑偏在南服，士之好读书者甚罕，即有志者，亦往往耳眼卑狭，无所取正，四方之时文习尚，年变月迁，迨其传之至于邑，而邑人摹而效之。尝在一二年之后，摹之未熟，而四方之习尚又易矣。故四方以为故者，邑方以为新，其又新焉者，或未及传而摹之焉而止。乌乎！此予邑之所以陋也。然惟其如此，故四方悠谬怪恶之习，士之染者犹少，即染未深者，犹可以洗而去之。辟之挽仆车者，覆之也浅，则复之也易。今得公之文以为摹，岂不庆幸？而又最早，不俟夫四方传而后有之，则他日予邑士人之文，将在四方之先，未可知也。此予所以咨赏赞叹，乐与诸士道公之文而不能已者，又以此也。

吾闻古之士学为文者，莫不有师。唐之文师韩愈，宋之文师欧、苏诸君子，本朝之文无师，独制艺师王、唐、瞿三四人耳，然皆吴人。故吴越之士妍妙者多，湖湘无闻焉，以无为之师也。往者渭川胡先生，步陟负笈数千里外，谒薛方山为师。居一年，每陈其所作，薛不一视，直还之。先生流涕长跪请教，亦不顾。又一年始寓目焉，未几曰：子归矣，吾稻一穗莳于楚矣。由是渭川之文遂名，后之子弟皆能文。其孙征吉为予言如此。前人师友之际，犹可想见也。若吾邑之士，无奔走负笈之劳，坐而得公为之师，公又恺悌乐易，随机接引，不若薛之峻如是，士有不力焉者，殆非士也夫，殆非士也夫！

全楚试卷序

严首昇

考自周秦后，取士殊科，既错列，复屡变也。汉西京可十余科，东京定四科，唐宋至三十余科。其特异，则天子自策为制科外，又有高隐异才科，熙宁始画一。涑水当国，复增为十科，盖千百年筑舍耳。顷者科举取士以经义，三百年不小变也。夫惟古殊科，故无专官。自二千石察廉举孝外，人人得举所知。顷一出于科举，故颛责之主司，三岁大比，而汇征于督学。大比仿佛《周礼》大司马，督学则司徒大乐正也。大比从来已久，督学近自正统始。督学之于大比，譬之农氏课耕以待获，洵紧要矣。

虽然，难言也。三年大比，自万历癸酉糊名易书，主司与士子摩揣相遇。自昔希文驳议，弥封盖十不得一，其势然也，然士子无恨于主司也。督学与诸生通姓名，察貌言，而得其人十不失一，然人犹有憾，亦其势然也。凌玉部先生督楚学政，课士仍经义而博古招隐，兼殊科之获，故是科大比，得人差盛。大比取士于督学，大比以得人称，而督学挂吏议。

百谷既成，保介获谴，予惑焉。先生以高隐礼待予，予思为先生解当世之惑，因于其试卷授梓，公言之曰：凡兹大比所拔士，则试卷先拔之矣。

蒋慎斋试楚新书序

王　岱

三代官人以德而材兼之，所谓材者，兵、农、礼、乐，非文采也。至汉设贤良、方正、孝廉、茂才诸科，犹不失三代遗意。盖人品真然后学术正，学术正然后事功立。自后词赋、论策多途，其得人也不无纯杂相半，体用相乖，故安石设为八股，其意原欲别于词赋、论策，专以存圣贤经旨、圣贤学术，庶几百家子史之浮靡皆不得入。盖合三代、汉、唐之法而兼用之，俾正人君子经纶事业于是乎出，所以久而不能废也。

迨后浸失其意，然明初制义，犹惓惓正文体，严法脉，不使一语畔经。光、熹而后，始有凌驾之病，先正极力廓清，有毁板褫人之疏，虽不能尽复乎古，犹未离乎古也。故东乡氏论文，必先体认字句，抵牾圣贤者皆屏之，亦是意也。乃风气日下，专事剿袭，题自为题，文自为文，文售尚有不解题旨者。本朝因有废八股之举，亦非无见。在朝廷急于得人，士子止图侥幸，甚者捷径他途，八股皆为剩物，安暇拘拘论体裁乎？今天下科第，莫衰于江楚，然八股犹存乎江楚，其能存者，正不在科名也。如玉之韫石，火之种燧，惟剖之击之而自出耳。

宜兴蒋公慎斋督学吾楚，及罗士而振拔之，《试楚新书》尽绝时蹊，一还本质，奇正归于理，长短本乎法，复八股之初意、圣贤之微绪，行将正人出，学术传而事功起，天下文章，莫大乎是，帖括云乎哉？

学政录序

谭绍琬

江先生之教吾茶也，十年于兹矣。方其始至，扫闲轩，购坊刻，简练揣摩为公车地，盖如是者有年，而宦稿以传。其继也，开讲舍，集群彦，联席角艺为长育地，盖如是者有年，而月课以传。前此二刻，曾辱征序，余谢以进取之文，动与时会，非老生之可赞一辞也。至是视余以《学政》一录，为卷者四，余伏读再三，喟然叹曰：是《录》也，盖宣上广厉之旨，式训下士，非江先生之私言也。

我皇上铨序官方，师儒之选，较郑重于守令。国子先生擢自词林，立诸生于馆下，正坐口授，天下文章，莫大于是。至郡邑师儒，半取诸明经，其人少而壮，壮而老，内困于章句，外疲于岁科，以江淹才尽之年，登伏生传经之坛。诸生旅见，一揖而退，客与主既不相习，教与学从何相长乎？其自县令改授者，年在方刚，而其才其名，赫然在人耳目间。拥经而请，闻所未闻，论难衎衎，响如振玉，有古师弟子之义焉。

今以明经端士习，以孝廉恢士学，分任胶庠广厉之旨，端在文行两者间也。江先生以天下才屈首清署，不以一毡为可薄，而谦逊静悫，不以所长胜人，俾北余面者引为平交，握手论文，皆得吐所怀来焉。凡《录》内所载，曰谳语，凡可以为士曲全者，虑无不见之亭平也。曰告示，凡可以为士昌言者，虑无不见之训诫也。曰申详，曰回详，凡可以为士上请者，虑无不见之奏记也。而吾所以推江先生者，则尤在身教一事，始而经义，既以身为王、唐。继而策略，复以身为贾、董。至于为人说书，往复百折，一以为马南郡，一以为郑康成，舌敝唇焦，无一非身教也。

先生与余道古，独喜韩文，而于《师说》《进学解》，尤沉吟及之。余以为诋排异端，攘斥佛老，传道两字，未敢为先生概许。若乃受业，则奇与共赏。解惑，则疑与共析。厉精勤，则高朋满座。戒荒嬉，则燕朋屏迹。虽韩文所称，何以加焉？史称元和以后，中晚名流，皆称韩门弟子。此刻行，余当为江门一拭目也。

墨选前序

陈之驱

一代之文，必有一代之体，后世即以为古文。凡精此体者，则必有妙义独谛，神行鬼助其际，人视为不可及。昌黎之变六朝也，昌黎实不能六朝，讳而逃焉，别取一途以自擅，而后遂成其为昌黎之文。其所以应制者卒不敢废，自云颜忸怩而不出者数月。

袁中郎云：八股，明朝之古文也。知世哉此言！顾此体精而国步已无几，论者遂以文盛为明运之衰。予尝稽之往古似然，然所以然者，开国文体新制，人伥伥如冥行大荒，久之先声之所开导，流风之所浸淫，始胆智竞出而国步亦老，盖文至是始精也。不然，以群才敷圣人之言，岂圣言为鸺鹠乎哉？割席自好，力斗于万人场中，日暮途远，未知所极，而时学之陋，亦颇悉矣。笃时者，取朝华之文，月增岁减，而三科之前不知，问十科则茫然如前生事，泥古者，自洪、永以来奉为辙迹，呜呼！是死人舍玉也。使王、唐、瞿、归等复就诸生试督学，得三等为幸。

窃论文章先后辈，分自明甲子之季，先辈所万不如后辈者，先辈确于谈理，后辈巧于设意。先辈熟于用法，后辈长于御气。先辈能尽题所有，后辈能空所有而生所无。先辈能称题之情而分寸不爽，后辈能破题之格而纵横自如。先辈博而无用，但可施于二三场及词赋之类；后辈即时文为古，寄兴会情，陌径自通。先辈涉讲章衍义，后辈饶写生传神。今人犹称先辈，递溯而上，则是花不如苞，苞不如萌芽，萌芽不如寒枝，岂理也哉？

先辈间亦有脱颖绝尘者，则又人中之瑞也。吾故略明前九帝科目，于正德、嘉靖各载一二，于隆庆有加，于万历、启、祯稍肆，本朝顺治犹肆，今康熙复精汰之。若夫囚琐腐弱，愿见古之粗梗不得，未敢风示，暗洗尘污。

岳麓试牍序

郭金门

制义始于宋，而传文无几，间一二传者，大都略会经意，取笺疏润泽成调，所谓候虫时鸟，自鸣自止。初无体法定裁，譬诸诗《柏梁》之属，其始终一致，尚在苏、李下，安望唐人格韵浑然，冠冕铿锵哉？

明始以八股为制，一时作者大备。守溪、荆川、方山、思泉诸先辈，发纤秾于简古，寄至味于澹泊，操觚家竞奉为宗，然其文以法胜，不以巧胜，阐明义理外，才气无所用之。迨正希、大士、长明、陶庵出，标新领异，一篇中非原本经史，即驱策八家，巧与法会，而文人精华始不为传注所掩，非徒以循墙偭矩，格格然为自欺之学，虽苟及式而亦不知其所自得何也。以故终明之世，无寡廉鲜耻之士，至行特节皆从此出。

兴朝濯磨文苑，吾楚熊锺陵独开风声，士争模楷。乙未后渐流卑弱，鲜有精义名言，供人寻绎，不过挑剔虚字，浅口滑手，驱诸理路，如贫人振衿，如逋负避主，如纤手探汤，势将蔑弃经史八家，等诸仓字汲书，不可识认。至庚戌、癸丑、丙辰间，赖有昆山徐健庵、长洲韩慕庐、琴川翁宝林三先生，回澜既倒，庶几金陈一派不坠，而跅跎之才，又多不安轨辙，破法求巧，读者厌之，至与卑弱同流而讥也。

今天子好文，廷臣屡上书，请正文体，海内力学嗜古之儒，彬彬称盛，而长沙燹冷之余，会大中丞公丁、督校公姚、郡司马赵，风起文澜，一笔一削，点墨寸金，并藏岳麓，余得窥其全豹，因之有感焉。凡衣冠藻雅，悉是天地英华、山川灵异所现。九州之内，为岳者五，而楚得其一，又镇在湖南，峰峦分奔，苍萃乱流，迤逦数百里，力倦气收，然后阻以潇湘，结以岣嵝，耸为长沙右臂，则一麓已全当衡岳之秀。上与九疑连云，下与黄鹄、大别争峙，固宜雕龙绣虎，炳蔚七郡，而分旄建节，峥嵘一时。山灵虽奇，得人文而显。人文虽竞，因大贤而聚。文之以岳麓名也，岳麓之以文名也，未定所在，而三君子之功，要使之不朽云。

陈桃文时艺序

彭维新

陈君桃文，赋才雄骜，性强记，自六经、《史》、《汉》外，更博览汉魏人遗书及唐宋大家之文。沉浸既久，涉笔为古文辞，奇杰卓荦，卷轴之气充溢，即降格为时义，亦匠心独运，竖义警辟，体大物博，善以偏师捣坚垒，使万夫辟易。

自为诸生，试辄冠其曹，而赴乡闱者十余度，竟不一售。缘诂题参用汉、唐注疏，与场屋专主一家言科条戾，故屡见摈。受业其门者，多获隽蹑膴仕，而君久局明经，或惜其枘凿龃龉，讽以稍贬抑如时人遇合之文，而君好古益力，必不肯一改其度，则君之得于文者邃矣。韩子云：为文大称意，人必大怪之。又云：用功深者收名远。若与世沉浮，虽不为当时所怪，亦必无后世之传，然则文章声价自不可掩，讵以一名之得失为显晦哉？近日文敝极矣，胸无一卷古人之书，行文非疲茶肤庸，则野战杜撰，遂至疵病百出。证有强弱，总由中虚。彼其于传注也，原非有得于宋儒之万一也，特掇拾糟粕，以文其空疏而已，是其文之不取怪于世也，非不欲为也，实不能焉耳。

桃文之文，吾未敢谓尽无遗憾，而方之陈龙川之古文、陈方城之时文，其奇气别才则相若，而酝酿卷轴则往往过之，此正今时中虚文敝之药石也。嗟乎！以吾所闻所见，世号为文人者众矣，如桃文者，宁可一二数也哉？君年较余三倍以长，忆壬午乙酉乡试，同客鄂渚，往还论文甚数，为忘年交。兹余谒假归里，君殁已二年矣。其子允续奉其时艺稿请序，余未遑一一评骘，而略举其为文得力之由，以告吾乡里之有志于学古者。君讳之驱，桃文其字也。

湖北乡试进呈录序雍正四年

杨超曾

国家文治炳焕，人才蔚起，光天之下，俊民吉士，争自濯磨，以润色鸿业，翊赞升平。皇上作之，君师加意教育，俾岁相继开设科目，又试其才质，多方任使，所以鼓舞而成就之者，至详至备。

乃四年丙午，直省复当贡士之期。先是，御试记名诸臣，皆以掣签拟用，次及湖北，奉旨以臣超曾与臣仪董其事。臣籍武陵，例应回避，而过蒙殊恩，简畀抡才重任。闻命自天，感悚交切。陛辞之日，跪聆训旨，恳至周详，更沐圣慈俯念乌鸟私情，特命试事竣日，便道归省父母。臣何人斯，受恩浓渥，至于斯极。伏念伯父绍由县令屡荷优擢，今任山东按察使。臣超曾由乙未进士，备员馆职十余年，顷因引见便殿，获承天语，垂询家世，温旨奖训，旋命入直南书房。甫及浃旬，复叨异数。臣一家洊受恩荣，如臣尤为逾分，敢不精白一心，殚智竭力，上酬高厚于万一乎？

用是星驰抵楚北入闱，风檐镫火，宛然在目。臣所由宾荐之地，监临则某提调，监试则某某等，炳秉虔告，共矢公慎，遂进提督、学政、翰林院编修，加三级。臣吴家骐所录士九千一百有奇，锁院三试之。臣等悉心搜校，自呈荐之文以及落卷，罔敢遗忽。焚膏继晷，历二十二昼夜，得士五十三人，贡国子者十有四人，录其文之尤者以进。臣例得拜首扬言于简端。

臣等惟三年大比，制盖昉于成周，其教法则受于司徒，而颁之于乡吏。三年则考其德行道艺，而兴其贤者、能者以宾礼之。以故野处之秀，莫不感慕奋起。《易·观》之六四所谓，观国之光，利用宾于王者是也。今之群士，由于岁月渐摩之积，而教之以文辞，其于六德、六行、六艺之属，特皆言之已耳。夫国家之所以取于士者，将徒以其能言之而已乎？抑将取之以言，而试之以事也。士之所以自处者，亦徒能言之而已乎？抑将有所试也。今之登榜之士，以能言之故，已见宾礼矣，则所以报礼者，可勿重乎？礼之于前而报之于后，如稼于田而竢其有秋，如木于林而冀其成室，揆日度功，果收其用，故臣之所以劝勉群士于文辞之外，窃有进也。且夫楚士之于臣乡里尤近，虽收之以糊名易书，而榜发之后，平日之束修砥砺，与他日之设施树立，又孰非臣耳目见闻之所及察者乎？

群士幸生重熙累洽之世，遭遇皇上涵濡长养之泽，于于焉歌鹿鸣而来，由是升于朝，立于民上。明体达用，随所器使，以佐万年有道之盛于无穷，书诸史册曰某郡，某邑，某某，德著于世如何，才见于世如何，庶几以邦家之光为闾里之荣，而使德行道艺，非徒托之空言，将制科之得人，不后于乡举里选也。臣得借手以稍答皇上非常之恩，有厚幸焉。于时莅斯土者某某，例得备书。

郭右皃文序

张 埴

帖括文字，是制举一道耳，昔之科场，原不以是。权舆荆公，有明用之，定式自洪武甲子始。次年，司文衡为吾乡茶陵三吾刘公，《天下有道》篇，鸿章壮采，开国大文，行墨可暗数也。

弘、正之际，西涯李文正两主会场，以《儒先有本》之文提唱宗风，一时学者有长沙之学，若钱鹤滩、顾东江、储柴墟、邵二泉数十辈流是已。嗣后南风少坠，吾乡之风教，不在楚中而在吴越。百余年士风国气，接续流衍，犹有存者。至于穆宗江陵枋用，辛未南宫命题，首之以足国用，次之以正风俗，而归于安社稷，程式《先进礼乐》之作，为三百年第一篇文字，乡校、家塾具有其录，可覆而知也。即以吾潭末季言之，湘洲宫保，壮而登第，归而悔其少作，尚为时艺十首，并文字法，以附岣嵝《玉衡集》后，而于潭之先令包仪甫前后稿三致意焉。

自吾少时入蒙馆，即闻诸训蒙先生而传其绪言，虽不及见其人，未尝不掩卷兴思也。湘洲之言曰：予邑偏在南服，耳眼庳狭，无所取正四方。时文习尚，年变月迁，传之至邑，邑人摹而效之，尝在一二年后，摹之未熟，而四方习尚又变矣，此余邑所以陋也。惟其然而四方悠谬怪恶之习，染者未深，可以洗而去之，他日人文，将在四方之先，未可知也，而深幸得仪甫倡率，以几幸其复古。又述胡渭川求道方山一条，为后学勇于进取者劝。盖前辈之究心文事，宏奖风流，不肯苟懈如此。是以其时学者，往往所作可观，唐、谭、石、谢之流，一经指授，皆羽化飞腾，村先生其知文乎？而为余言尔尔，理脉渊源，犹可窃聆私淑焉。

逮今廿年，江河日下，益不胜坠绪茫茫之感矣。数年薄游四方，凡所称今世善属文之士，都尝一接其面，究其言无以异于人。人闻吾楚风，再拜谢不敏焉，而此中人顾异是，每与损斋、沧洲两丈喟叹久之。是以余近者雅不喜与人论文。右皋郭君，吾少时同研席友也，齿少余而相知特深，今其华发盈头，褒衣博带，俨然升堂为大师都讲矣。出其文以质，喜其不为时下骫骳脂韦，紫色蛙声之习，而能希古道也，殆亦闻乡先生之泽而兴起者乎？

缅维坦斋、西涯、太岳、湘洲皆古人，其骨已朽矣，追忆蒙师绪论，恍如隔世，为覆举以当一夕之谭，犹然帅初肄简，循循规矩意也。古有之，昔我有先正，其言明且清。又曰：虽无老成人，尚有典型。若时下谀言琐说，既饱闻而厌道之，亦非余之所以期右皋矣。右皋得毋拈髭微吟，嗤余童心，且未免为乡人乎？此则余之所亟用自愧也。

尹如攻文序

张　埴

余庚友如攻尹君，橐其生平制举义若干首，欲待大科第发名于时，而后付诸坊客以行远传后。老而未遇，及门诸子欲彰其师之邃于学而深于文也，相与醵金开雕以问世，意良厚哉！

乃如攻致书索序于余，又何谦也？如攻之言曰：仆与君生同里，长同学，又齐年而世好也。时艺之刻，傥不弃而为之序，但当恤其不知，而诲其不及，一涉浮誉，谁能受之？余三复教言，致震掉失笔。儿辈曰：盍亦一言，非然无以慰尹君求而拂厥门人意。余曰：余非不欲序如攻也，不忍也，不敢也。思如攻之先，掇科者非一代，代不一人。如攻世其业，故学有渊源，又重之以名，父浪翁口授手指，于先正衣钵确有心传。余自戊辰读书其家，亦尝窃聆绪论，每有所作，不谓不如，进而教之，比于犹子。先君归自都门，绛帐唱和，一弹再鼓之余，相视而笑，望其两成。今童而白头，不克负荷，追思曩昔，二老风流，邈然尽矣，是以不忍也。如攻泮游后，屡试冠军，督学使者，自薄、李、缪、黎四公，咸称国士无双。校录一出，闻者争写，一时纸贵。当都堂纳卷日，余与如攻旗上下，如楚击秦，战巨鹿，诸侯军无不惴恐。逮较量诸作，实不愧举首，服膺有日，是以不敢也。

乃吾二人者，小试则小利，大试则辄不利，今发种种矣，聪明减而道术无成，市人目笑，路鬼揶揄，何能覥颜据席，舐笔和墨，形之话言乎？然有不能默默者，则以时文非小道也，国家程材以是，亦士子羔雁先资，乃二三君子，视为无实剥杂之戏。敲门之瓦，启则掷焉。河桥之筏，渡则去之。其不大负朝廷设科之意，而坠家世屡传之训乎？况迩者天子加意文学，命礼臣厘正文体，归于浑朴，自王、钱以来，至于熊、刘，汇为一集，以作津梁，何等郑重殷勤！而诏书久下，未有善本。忆在都门，尝亲诣灵皋宗伯，语及选事，至面热发赤，趣其早竣，切勿假手他人。今得如攻，不以选而以文补其缺陷，使老友见此，助我起予，岂不抚掌共快？《记》之引《诗》曰：昔我有先正，其言明且清。《小旻》之戒曰：无筑室道谋，不溃于成。如攻真先正大犹、筑室有成者矣。余是以不容默默耳，浮誉云乎哉？

至于遇合之事听之天，功名之来存乎数，庸知省门蹴踏，非劳苦变动而后光明，小屈者必大伸，伏久者飞必高邪？若余者，西风毰毸，甘蹇步于国门，非敢后也，马不进也。如攻其努力著鞭，余将于长安旅署，令儿辈扫除以待名贤。韩夫子非长贫贱，如攻岂终老牖下者乎？

潼商兵备道张公三次陕闱内监试序

聂　焘

明以前乡、会闱无内监试，本朝康熙十八年，以御史为之，止于京畿，乾隆元年，遍及直省。定例，同考荐卷，呈内监试验明，转送主考，有弊即行纠参。同考不以佳卷荐，主考会同内监试查明题参，是内监试之设，统同考、主考而关防之，责綦重也。

乾隆庚午，例届乡试，陕中当事以内监试请，大中丞陈公慎择其选。周视监司中，谓莫如公宜。越壬申、癸卯两科，举不能易，故公自莅任以来，充内监试者三，秦中号称得人，佥谓公之力。夫公无衡鉴之权，去取之任，而谓公之力者，何也！则有故焉。庚午，闱中同考，多以能文自负，甫展牍，不耐驻目，或编其词句作笑府，公独正襟危坐，若为弗闻也者，而不足之意，艴然见于面颜。主司动容起敬，同考退而规戒，自此各矢恭谨，一以搜罗为事。凡呈卷，公必细阅，阴记可否，于各房号下，卷佳而多者识以圈，次则点，下者直，咸惴惴然以不得当公意为耻，至为语曰：荐不好，监试恼。其严肃缜密如此。是岁苦旱，闱中吭甚，公神思静穆，忘其炎燠，公余手自著书，笔翰如流，黎明即起，夜分始寐，无巨细悉躬亲，终事无少倦。论者谓公心细而神足以周之，非可勉强而致然也。

公既总览全场荐卷，悉其风气所趋，知全璧之难多得也，弃瑕存瑜之在所选也，有司久于簿书，既未能尽文字之变，而风帘官烛，少纵即逝，又势所必然。宅心不可不宽，而操鉴不可不慎也。爰于壬申闱中作诗示同考，首云：当年结绶洱源滨，曾附抡才两问津。爨僰采珠堪照乘，况逢棫朴数三秦。次云：刊来珉石方呈玉，汰去浮沙始认金。甘苦诸君俱领略，好将郑重副初心。一时属和成帙。至癸酉分校，虽非旧员，而公之意旨咸知祗承。闻有书其诗壁间，以当座铭者，夫人经年诵读，辛苦场屋，思一当有司目，而投非其房，重遭按剑，得怜才者悯其劳瘁，提操鉴者之耳而警惕之，虽不见录，亦属心平，况乎朗照之下，物无遁形，今兹赋鹿鸣而去者，皆太华河渭之英哉？然则事循其本，功归所自，不以为主考、同考之力，而以为内监试之力，公亦安得辞耶？

公世代科甲，自大司马而来，五世乡会墨，暨所传稿，经韩慕庐、方灵皋两先生精选行世，治科举业者咸习之。大父宗伯公典学江南，所录尽一时知名士，海内至今称宗师之贤者，必曰朴园先生。公宰滇时，癸卯、丙午两次同考，最名得士，主考来陕者，皆以前辈礼事公。庚午，闱中主考李都谏呼公曰年祖，盖公康熙己丑进士，历今四十余年，与李穆堂先生同年，穆堂都谏祖也。

公居恒本儒先之学以教人，举循良之绩以课吏，其监试之慎又如此，亦可思公之用心矣。焘侍公几席久，知之悉，故序之。公姓张，名坦，字士安，号易庵，直隶磁州人。

送周维扬兄弟应博学宏词科序

陈　益

士之以术鸣世者，帖括一家，诗赋古文一家，兼而工者，寥寥也。

帖括自童子习至皓发不衰，而深醇雅劲，号称大家者，亦未多屈指。至于诗赋古文，半自英爽豪迈者树之帜焉。其胸中不可一世，网搜古今治乱、得失、邪正之迹，感触虫鱼、花鸟、山川之形，以陶写性情。盖巨灵运世谱，皇舆经世疏也。迂曲下士，莫究端倪，而望笔墨之河汉，鲜不反顾却走，且笑且怒矣。今世教子弟举业者，必先戒此，而眼界-手擘，诚不作寻常观，必能探理窟于天根，步仙境于月窟，奚至如稼不可陶，梓不可范，两家门户，东西别哉？特才力有丰俭，故风气异齐鲁耳。

今天子雅意作人，诏自翰林以下至郡邑学生，有能企古司马相如、扬雄、李白、韩愈其人者，赴博学宏词科，而吾友周子维扬曁季将应其选，陈子授鞭而策之御曰：行哉！楚军其张也，海内不乏剧孟，聊以干将、莫邪试敌国锋，益从壁上观不落寞尔。维扬兄弟精举子业，以五经世其家，十弟辰远已玉堂初步，今复驰其诗赋古文之才，恋阙翩翩，则南方风雅，君一庭高踞哉？

行矣，虽然为良友进者，文章华国，鱼目混珠，朝廷以博学宏词征，必不仅以博学宏词用。求称其业，则忠荩凛朝夕焉。求阐其道，则圣贤有师保焉。昔君家茂叔倡学汝南，演《太极图说》为河洛宗旨，君其有意乎？濂溪一灯，千古光矣，选青之日，其以同异证白虎观。

归震川先生全集序

刘权之

余少时习举子业，先君子选有明制义三百篇授读，曰：文章之矩矱尽于是，文章之变化亦极于是。内如震川先生文，能善学之，则由是而进于唐宋，由是而进于西京，无所不可，但无门径可寻。其殆胎息龙门而与古俱化者欤？

因而反覆玩味，见其浑灏流转，运单行于排比中，实有风水相遭之妙，惜未得窥其全豹焉。后值国家稽古右文，开四库馆，余适怀铅握椠，幸厕编摩之末，始得见先生曾孙庄所刻全集，读其文，叹其遇，并悉其于举世波靡之日，独力支拄，卒能使宗北地信阳之说，剽刻古人者屏息而慴伏焉。孟子所谓豪杰之士，非先生其人乎？

及余督学大江南北，先生七世族孙梅圃观察，取嘉定张朴村续辑，及家藏余集并刻之。盖后人视先生单词只字，皆应如吉光片羽，因汇为一编，属序于余。余何足以序先生之文？先生之文又何取乎余序？余即序之，又何当乎先生之文？非惟余序之无当乎先生之文，即当时之序而传之者，亦未必能深知先生之文。自古圣贤有自得之处，旁观之推测无论矣。即及门高弟子，朝夕与居，心领神会于微者，偶尔感发，欲形容其所造之境，终觉惝恍而无据，未免意可到而口不能宣。倘以身设教之余，自道其一二语，每亲切而有味。学问一途，大抵如斯。先生序《项思尧集》，谓文章天地之元气，得之者其气直与天地同流。又序雍里先生集，谓文者道之形也，道形而为文，其言实与道称。所以先生集中，辨别义理，发挥经济，洞中窾要，有见于道，而气又足以副之。

余无以序先生之文，举先生自道之语，还以为先生文集之序，庶有当欤？不然，以王司寇之才大学博，至晚年而始有悔心，四海茫茫，独于张文毅公惓惓不已，非仅笃于师门，平生仅有此一知己耳。何况数百年之后，率尔操觚，竟欲举数行文字以为先生重，何其不自量也！质之梅圃，以为何如。嘉庆四年己未首夏。

新安吕方伯濯桐斋时文序

张九钺

余自束发入太学，从当世名卿耆儒游，因得纵观流传制艺。窃谓五十年以前之文多尚法，五十年以后之文多尚才。尚法者奉先民遗矱，以理为宗，毋敢放言高论，循循焉禀经酌雅，求铢两之悉称，藏锋韬颖，而言才者莫或出乎范围焉。而世家大族之文，守其高、曾之矩，父兄师友之训，则又务以雍容朴茂、酝酿深厚为上，以故出而应试，莫不各有事功以自见，盖沐浴于国家教育者深，而山川钟灵于是独厚也。

河南吕氏，宋时一门鼎盛，史有中原文献之称。明末，忠节公以理学德业为文章，临难捐躯，大节炳千古，又不仅以语言文字传。入国朝，子孙如侍御、司农、光禄诸公，彬彬继起，立朝丰采，符人望，而著述宏富，和其声以鸣盛，于是天下言中州文者，必推新安吕氏。司农哲嗣桐斋先生，天才卓荦，学术渊雅，早掇科第，服古入官，以事功表著。余曩游长沙幕府，稍稍读吕氏先人集，钦其家学，得耳先生政绩，顾未能遂展谒。老客东都，与先生嗣君寸田交。寸田诗文，才气横溢而轨于法，余心折焉。访余周南讲院，出先生《濯桐斋时文》，受而读之，其文言必六艺，理必先儒，秉正鹄以发有的，不屑刿心鉥胃，钩章棘句，而深醇之气，油然楮墨之表。仁义之人，其言蔼如。余所谓五十年以前尚法者，益于先生见之。盖其先世德业节烈之所涵濡者广且大，而吕氏于河岳精灵，尤为独萃矣。

寸田将刻先生诗文，諈余为序，余何能测其涯涘？顾自少至老，于文字中饱阅天下世家盛衰之故，见向之鸿骞鹊起者，精华皆竭，而吕氏一家，光焰犹奕奕宇宙间，本之盛者枝茂，韩子之言不诬也。昔宋吴兴汪向集谢安以下十六人诗，为《谢氏兰玉集》，而吕氏中原文献，惜当时未有汇而编之者。余学殖荒落，其言无足为重，寸田交游半天下，其请诸宿学巨眼，自忠烈公而下，及一家弟侄之文，合为一集，流布海内，庶足以彰国运家学之盛，而先生此刻，尤其椎轮也夫。

春草堂稿自序

陈士雅

国家之所以萃天下人士，使一出于学者何为乎？将以求其明体达用，行于己而施于人也。

然自唐虞三代以来，取士之法，已不能不敷奏以言。至科举之学兴，天下士往往习为雕绘纂组之辞，弋取荣名，而曾无益于国家之用。识者忧之，易词赋以制义，俾人人束发从事于四子之书，庶几志圣贤之所志，言圣贤之所言，而天下士乃即以雕绘纂组者，施诸制义，以悦人耳目，则其无益也滋甚。间有深心者出，起而穷天人之奥，究古今之宜，研精覃思，求进于道，则不能苟为声华以悦人，而或不遇，遇矣亦多俟乎酝酿既久之余，则其人又已将老而不及于用。夫为而不遇，与遇而终不及于用，是反不如雕绘纂组者得以少年获隽，上可以储卿尹之选，下亦备有司之才，为国家驰驱效绩。而斯人者，乃仅退而倡和于宽间寂寞之乡，以自娱而娱其徒，夫如是，是又何益之有？虽然，前之人明知其无益而甘为之者，亦曰上之人所以取士，下之人所以为学之初意在是焉耳。

士雅嗜癖而才钝，才钝故不能竞进，嗜癖故好勉窥作者之真，而不自量其力，年将半百，偶受知于宗工，旋以母老请养，奉圣恩予告归里，仍理故业。计自弱冠至今，毕力于斯事者垂三十年，为其成之之勤且久也。爰别择而存之，适座师姜杜芗先生来抚湖南，命付剞劂，要以得失之故，信心良难，重雅愧矣。抑又有疚者，学之道以行于己为自得，其施于人也，则有命焉。至不得施于人，然后本诸躬而有言，凡以觉世云耳。今欲因文求道，则是先言而后行，非所以为学也，又况内反所行，百不逮一，庸愈于雕绘纂组之为乎哉？

惟冀阅是编者，以予为鉴，先立其所以为文之本，以仰副朝廷兴贤育才之典，庶克收明体达用之实益也夫。

岳麓书院课艺序

周　锷

岳麓书院，自慎斋罗老夫子以壬寅来主讲席，至今辛酉，凡二十年，前后肄业生徒，统计领乡荐，捷南宫，与选拔优行及举孝廉方正者，不下百数十人。内官如翰林、部曹、教习，外官如民牧、司铎，类皆卓然自立，有以仰体夫子之教，惟恐贻门墙之辱。其所以裁成后学，培植人材者，岂偶然哉？

夫子之为教也，讲明经义，既使之各有所得于见闻之外，复于游息时，随事指点，凡身心性命，处己接物，无不洞彻夫情理，而使皆旷然有得于心。犹记夏日晚凉，花墩陪憩，同人侍坐已满，锷后来搀入其中，致两端者仅及半股。夫子曰：与挨挤不宁，曷若多移坐具！众起移运，锷乃就现成者坐之，夫子大笑曰：甚矣，恕道不知也。心知责己，瞿然起坐故处。夫子又曰：多此一动。当时如闻棒喝，终身不敢忘。嗟嗟！一侍坐之顷，而三愆迭形，夫子皆就其所失以警之，其循循善诱，此固知夫子之教有本，而不徒沾沾于文艺之末也。即以文艺论，我夫子之心力亦劳矣。

夫子之于文，凡命题必根究书旨，以观其会通，而深求所以代圣贤立言之意。其有填写经史，记丑以为博，貌为艰深好怪以为奇，皆所不取。所取者要皆平易近人，而入彀者恒少。每得一佳构，必命及门钞而存之。锷自壬寅从游，至丙午凡五年，钞存仅获三首，此二十年中同门之文，获赏于夫子者，不过百六十有奇，非严其格，实精其选也。

庚申秋，锷奉命视学黔南，旋里门拜谒函丈，因面请所存课艺付梓，夫子初不欲相授，以为是一时说书心得，未必即可共赏于人。锷则谓夫子廿年心力，诸同研一时精华，皆寄于兹，且以制艺说书，既深契乎文以载道之旨，自协夫学人心理之大同，曷若公诸世以广教思，而嘉惠后来之为得也。夫子笑而许之，检以相付，到黔即将原稿、原评寿之剞劂。是编出而夫子之所以教，与文之可以传，读者将自知之，锷又安能复赞一辞也哉？是为序。

顺天乡试录后序

周系英

皇上御极之二十有三年戊寅秋八月，举行六旬万寿恩科，臣系英、臣镮之，副臣廷珍典京兆试事。

伏念臣三湘下士，学植谫疏，由词垣入直禁廷，洊历卿贰，二十年中，七预抡才之任，儒臣荣遇，感悚难名。乃复奉恩纶，载司文柄，爰进学臣、监臣所录满洲、蒙古、汉军、奉天、直隶、承德，及天下各直省官民八千余卷，虚公遴拔，得士如额。谨择其文之尤醇者，恭呈御览，臣例得缀言简末。

钦惟皇上寿考作人，太和保合，智如舜，仁如尧，勇如文、武，敷德政而宏声教，固已薰凝万姓，化陶八纮。凡多士之辐辏偕来，莫不蒸蒸焉云附景从，如众星之拱紫极矣。

兹特开庆榜，首善之区，缄题试士，即以圣心之执中，广圣学之致和，昭然与天下相见，俾天下葆其太和，臻于同轨，而毋荒于学，无惰于行。咸知砥砺廉耻，以底于君子之归也。仰见我皇上本实心，为实政，垂身教于言教，所以登郅治者在是，所以育人才者亦在是。唐哉皇哉！美矣茂矣。臣等仰体宸衷，悉心甄录，区区报国之忱，盖将以扬寿寓之延洪，庆得人之蔼吉云尔。吏部右侍郎兼署礼部左侍郎、工部右侍郎管理钱法堂事务臣周系英谨序。

江南乡试录后序

周系英

嘉庆十三年戊辰，万寿恩科，礼臣以江南考官请，上命臣周系英、副侍郎臣陈希曾往司其事。

翼日召见，谕以江南人文最盛，衡才之道，要当为国得人，命题必正大，录文必醇雅，言为心声，其文醇者其人必端，异日居官临民，咸视乎此。大哉，圣训！臣与臣希曾服膺铭刻，星驰入闱，虚己协恭，殚竭二十余昼夜心力，得士如额，录尤雅者进呈睿览，臣例为后序。谨拜手稽首言曰：文以识为主，辅之以气，以达其识。养之以局，以和其气。士生圣贤二千余年之后，必期仰测当日立言之本旨，黜异说，袪肤论，以明真理而畅垂教之衷，此非研几于经，以正其趋，取证于史，以通其变，旁涉诸家先正之论议，以博其趣，则识不能深而且正矣。既有真识，而文不足以自举，故词尚炼气，气已盛矣，而或散漫以伤格，或怒张以伤雅，则亦未足以征其学养，故法尚炼局。是故识胜者，临事而能决其机。气胜者，机决而能任其重。局胜者，重任而可安其成。

维昔名臣，有以一日之文而遂决终身之行者，诚如圣训，言为心声，不可诬也。若夫摭拾卮言以炫异，揣摩句调以求获，偭弃规矩，意图诡遇，始则有伤文体，继且害及士心。臣仰荷委任，昕夕兢兢，深惧不称，谨偕臣希曾悉心评量，严加别择，于头场定其学术，于二场验其酝酿，于三场觇其阅历，凡理脉清真、议论警透者，拔之前茅，以示其准。其有才力可观未臻粹美者，附之副乘，以劝其学。至于伪体谀闻，剽声掠字，概不敢滥登，俾多士共知皇上旁求之至意，实欲因文以见道，明俊以官人，与周之六物兴贤，汉之三科举士，不间今古，本经术而经世务，非徒谓其文采炳然，宣上德以尽忠孝已也。日讲起居注官翰林院侍讲学士文颖馆总纂臣周系英谨序。

云间课艺序

唐仲冕

制艺与气运相衡，而人才出焉。其始科举之业，训诂之辞，其后则为学术专攻、师友讲贯、材力萃品诣征焉。一时风会所趋，遂有升降污隆之感。其精神之运，心术之动，成之于研摩考校者，匪伊朝夕也。明代文凡五变，隆、万而后茶靡极矣。自金、陈、章、黄诸大家出，力扫剿袭缪悠纤晦之习，卓然一轨于正。而云间陈黄门、夏考功先生倡立幾社，以经学为根柢，以先秦两汉为矩则，东南坛坫，海内翕然。卒之陈、夏诸公以节义垂不朽，与平时发挥圣贤之言无豪发负，益信文为心声，所为切劘而成之者，不可不审也。

我朝文运聿兴，昌明博大。熊、刘实开其先，而熊次侯出华亭张蓼匪之门，谓其天才敏擅，经术湛深。同时若宋直方、周釜山，皆为文坛领袖。独王农山以惊才绝艳高摘浓熏，发为雕缋纂组之文，迄今百有余年，残膏剩馥，沾丐无穷。此岂非同社观摩酝酿深厚之所致哉？自文社禁废，士子讲习之所厥惟书院。云间建设已久，亦既人才辈出矣。余权守是郡，例当甄录，爰进诸生试之。

监院陆侨南教授，以所辑课艺如干首将付之梓，而属序于余。余惟国家取士之具，即国家成就人材之具也。成周以射择士兴贤，习于州序，询于乡老，曰和曰容，曰主皮，曰兴舞，又曰内志正，外体直。持弓矢审固然后可以言中，夫制艺亦犹是也。探究理蕴，原本注疏，无剿说，无雷同，亦可谓和容而正直矣。由是而进焉，融冶六籍，沥液群言，于乡先达之中学农山而不涉挦扯，以追陈、夏诸公之渊懿淳茂，则帖括也而德行道艺胥于是乎备。他日黼黻皇猷，岂异人任？夫云间固文章之林府也。余虽不敏，请以一言为之券。

张竹轩先生古文集序

柳廷方

童少时入乡塾，雅倾慕宗匠，侧闻善邑竹轩张先生，人品学问远方古人，文章复冠绝流辈。顾以瞀不更事，未敢遂执贽见。居平取先生《火余集》读之，喉间棘涩，不解作何语，面辄发赤。已长，肆力诸先正制艺，以其余旁涉周、秦、两汉、六朝、唐、宋诸子之书，始喟然叹，叹先生之根源盛大，而向之未足读先生之文也。喜心倾倒，窃意时文若是，箧中古文当倍益超胜。时从朋好辈得一二近作，伏读沉思，俯仰忘倦。独全稿尚秘未行世，盖思之不及见者今垂四十年。尝论时文与古文由来莫二，学者秉笔流源自应一贯。顾犹以谓近世名流，工时文者或竟祖时文，其胎息古文者百且不十见，能时文而兼工古文更百不二三见，甚则耳食剽窃，生吞活剥，貌古而去古益远。陈临川时文圣手，《太乙山房集》或讥秽杂无检节。归太仆能古文矣，比之韩、欧犹隔一尘。与之角者去上齿，则毋乃其生禀之难而天适限是。天优矣而百年之身，重以人事轇轕，忧虞震恐，迁变得失，妻子仕宦之沉没汩溺，震乎其中而撼乎其外，则人品学问之无以自坚，而神馁于内，而力之可造是而尚未及造是者，亦遂终竟不克底于是。盖文章之通于性命如此，先生之文何以超然也！

客秋，嗣君某公始出先生古文全集，走以见属。余则何足知先生？顾嗣君之言曰：往者先君子在都，与刘耕南、何二山、周白民诸公称文字莫逆。今故旧零落，知者日益鲜。惧遗文之且散佚也，将谋授之梓。余益肃然未敢应。藏之箧经年，间一披检，则见其浩乎沛然万象呈露，万怪惶惑。其于古人，浑乎半山颍滨南丰，高者上掩昌黎，时奄有匡稚圭、刘子政遗韵。盖功力之深至是，而根柢则不尽以文显也。呜乎，而岂幸致欤？方近且半百矣，忆曩时匪绝无知识，伤生之晚，未及亲炙先生人品学问，其于古今文宜无能为役，老懒颓唐，浸不自惜。每一念至，重惭且愤。春阶积雨，楼头一灯青炯，手一编夜半卒读，有如少年时执贽一堂，侍坐隅与先生上下其议论也。

赠贺耦耕太史提学山西序并九条

唐　鉴

师道不立则教化不宣，教化不宣则人材日少。学政者，士子之所趋向，人材之所由成就者也，而非道德充于己，诚敬符于人，讲之甚明而施之皆当者，则不能称是职。贺耦耕太史，余讲习切磋之友也，自余与之交，未尝见其有过言而不悔、有过行而不改也，未尝见其硁硁然不能容物而自以为信果也，未尝见其亟亟焉求名于外而少有一豪之骄吝以接于人也，是足以立师道而宣教化明矣。今者提学山西，山西之士闻之，其何如欣喜而跂望也。余于其行也，谨拟九条以备采，知无益于大方之一二，抑亦愚者之千虑云尔。

一曰治身。夫子曰：其身正不令而行。身者，所以出令人所瞻仰者也，故欲正人必自身始。身何以正？则在治之力与不力耳。治之之功有四：穷理、主敬、克治、扩充是也。执事即事讲求，凡遇一事，未尝不问于人，未尝不举其至纤至悉者而剖析之以求其当，则可谓穷理矣。然非涵泳于六经，浸灌于义理，得圣贤之指归为吾心之指归，将求理于外又不如求理于心之为切至也。执事不矜才，不使气，未尝以轻侮加人，未尝以疏狂任事，则可谓主敬矣。然而幾微之间不可放过，倦怠之际尤宜提撕，张子所谓瞬有养，息有存，其是之谓欤？执事淡泊之志，坚毅之操，徒步不以为劳，粗粝不以为苦，则可谓能克治矣。然而一言之失，终身悔之有余，一念之差百病因之而起，古人所谓讼过改过者，幾甚微而功甚密也。执事有所不忍，未尝不为之周全而曲护之，有所不安，未尝不为之奋兴而决处之。闻一善言，见一善行，欣欣然称道之不已也，不自为是，不自为非，断断焉辨论之必明也，则可谓能扩充矣。然而曲之致不如诚之通，性之存不如道之贯，以忠守之，以恕施之，庶几和顺积中者自能推行尽利也。此四者治身之要，执事之所已能而不难进而求之者也，故首述之。

二曰取友。友所以辅仁所以善事者也，而非直则无以惩吾过，无以惩吾过则吾之气骄矣。施之于己必不免于盈溢，施之于人必不免于纵肆。过而恶矣，非谅则无以孚吾心，无以孚吾心则吾之志疑矣。置之左右而以携贰待之，必不免于乖戾。委之负荷而以防闲处之，必不免于欺罔。乖戾欺罔，腹心而寇雠矣。非多闻则无以致吾知，解吾惑，无以致吾知，解吾惑，是吾之于事窒而不能通矣。疑似于取与之间，未能定其廉惠，则因循者多。迷离于闻见之中，未能酌其轻重，则将就者多。因循将就，知日浅而惑日深矣。是取友以直谅多闻为主，而取之之道则必自治身始，故以取友次之。

三曰立教。小学之教备于《弟子入则孝》一章，而朱子《小学》一书足以发明此章之义，他如周子《太极图说》《通书》、程明道先生《定性书》、张横渠先生《东西铭》，皆可以辅翼六经，而为弟子所当致力者也。提学倡之于上，士子应之于下，程朱之教立孔孟之学传矣。至于先事为后事之师，前贤为后贤之表，地方有名儒、哲士、孝子、忠臣，淹没未彰，显扬有待，表而出之，崇而祀之，亦足以挽颓波而励流俗矣。而尤望于执事者，言足为典型，行足为法则，衣冠瞻视足起人畏敬之心，举措云为足示人趋向之道，则无往而非教矣。然非亲贤取友，使其身无丝豪悔吝，何以致此，故立教又次之。

四曰毓才。士未尝无才，在所以养之何如耳。养之之地莫重于书院，诚使书院山长守白鹿洞学规以为教，守程氏读书分年日程以为功课，则贤者不过数年而底于大成，不贤者亦不过数年而进于贤。书院之士皆贤，天下之人才将不可胜用矣。执事以提学之重兴起而乐成之，其谁不从？然非以身立教，则无源之泉易竭，无本之木易僵，欲教泽之无穷，其可得乎？故毓才又次之。

五曰端士习。诗书礼乐之文，孝弟忠信之行，此士之所当习者。而乃立心则囿于浮浇，读书则工于剽窃，与之言圣贤之道，则以为高远而难行，与之言心性之学，则以为迂缓而非急。视得失利害之计较为要图，以好恶取舍之揣摩为捷径，知有文词而不知有道德，知有机巧而不知有廉耻，淑慝有所不辨，高下有所不分，往往互相标榜，共推名宿，而庞薄之行，所在流传。亦或貌为诚朴，号称正人，而欺罔之心随时败露。他若武断乡曲，把持官府，则又甚之又甚者也。此数者皆习之过也。执事素以教育人材为心，必于此加意焉乃可，故端士习又次之。

六曰作士气。士子读书考道，涵濡圣泽，未尝无兴起之心，而鼓之舞之则提学之责也。平生攻苦克治，思得一知己者以取其长而救其过，而乃一黜再黜，则此士之气沮矣。一邑之中所仰望者不过一二人，此一二人者，众所延颈而冀其见赏于有司者也，而乃郁而抑之，则一邑之士气沮矣。知其不可沮而为之振兴焉，则有精于义理者，即义理以发其蕴。有长于经济者，即经济以大其成。有讲求于河防边略者，即河防边略以策其用。有用力于考据训诂者，即考据训诂以示之本文，以宣之策论以证之。而尤必与之讨究，以吐其平生之学，加之砥砺以助其切磋之功，亲之若子弟，重之若手足，以通其爱敬之诚，成其向往之志。其有文词不甚著，而孝弟忠信称于一乡者，则特举之以出于众，优待之以劝于人。于是相观而善，前此之薄者，将由此而进于厚，前此之伪者，将由此而归于诚，尚何习之不端乎？而士之蒸蒸日上有不可遏之势矣，故作士气又次之。

七曰慎采访。知人最难，而采访亦一事也，然吾之所可信者不过数人，此数人之以欺待我不足虑，而此数人之不见欺于人，不失其分寸，正未可知也。意在沉潜，则庸腐者或逡巡而借其推引，意在高明，则放纵者或慷慨以资其介绍。喜之而溢于情，则私好所加即将登之上坐。憎之而过其实，则微瑕可拾即将坠之深渊。此数人虽诚以待我，而或限于不知，或拘于意见，亦所不免也。故吾之所未深信者，察之不可不密，吾之所深信者，择之亦不可不精。能于此致谨焉，则采访亦知人之一事，未必非鼓舞作兴者之所赖以进退者也，故慎采访又次之。

八曰审取舍。提学之职在教化，而教化之权在取舍。舍其伪而取其真，舍其浅而取其深，舍其庸恶而取其超出之才，此取舍之大略也。而谈名理者，非徒取其辨论之详，必体认以得之，而后不失为真学。谈经术者，非徒取其援据之博，必融会以出之，而后不失为通儒。以为孝子，则求其所以孝者何如。以为悌弟，则求其所以悌者何如。以为端人正士，则求其所以治己者何如，所以接物者何如。取舍之道，果能审之又审，斯明眼独具，正非特寄之于采访而已也，故审取舍又次之。

九曰穷弊窦。考试之弊如山，而自外入者曰传递，曰顶替，曰拖签。一蚁之穴消息以之而通，一雀之鸣号召因之而起，此传递之最谲者也。以牛易马问之则祖考无稽，为鬼为蜮察之则情形毕露，此顶替之最显者也。藏头露尾皇皇然不知所之，妆哑妆聋冒冒焉若有所失，此拖签之易见者也。其自内出者，曰漏泄命题，曰偷打红号，曰指官撞骗，此则鼠窃狗偷，左右近习之人最为捷足。彼来我往，偶然疏略之处或起波澜，考试之弊大概如此。而防之于未然者贵约而明，治之于已然者贵严而恕。所谓约而明者，究其源委，制其要害，使其无隙可乘而已。所谓严而恕，以惩创之意行其仁，以恻怛之心治其罪，使之知所改勉而已。然非主敬则不能约，非穷理则不能明，非克治则严非所当严，非扩充则恕非所当恕，治已而后可以治人，故治身始而穷弊窦终之。

送何广文吟梅归银塘序

何庆元

吟梅先生铎桂阳，甚得士心，居三年以事去，诸生咸恋惜焉，谒予为序，以壮其行。予与先生同受姓，讲学论文，时相过从，又有友朋之雅，微诸生请，固不能以无言矣。先生学老文钜，友教其乡数十年，多所成就。今兹去桂归潭，以桂士之惜其去，知潭士之望其归也。去桂而桂之士怀之，归潭而潭之士趋之，其亦足以娱暮齿矣，先生又何憾？

古之时仕学合，今之时仕学分，非学与仕果分也。古之人学与道一，道与身一，身与世一，故其学曰为己，其道曰一以贯之。今之人言学者不知道，言道者不知身，言身者不知世，言世者不知身，亦不知道，故其学破碎决裂，处无以为处，出无以为出。予尝谓古之异端，在圣人门墙之外，今之异端，在圣人门墙之中。凡近世学士大夫滔滔不反者，皆知尊孔孟、崇仁义、说礼乐、敦诗书者也，岂不甚可忧哉？教士之官介乎学仕之间者也，归而为乡先生，则一乡之士皆宗仰焉。况以数十年友教之勤，庠序之徒之所归心，三年弗见，快睹一日，苟以斯言进之，知必有憬然悟、勃然兴者。

先生行矣，耄期称道不乱，善教者使人继其志，舍是无以赠先生矣。若夫先生孝友之诚，慎终追远，敦宗睦族之谊，约己利物，积善余庆之德，此潭之人士亲炙而日仪刑之者，尚何俟予言哉？

文稿自序

高　崧

席山既以制义辱枣梨，陈生泰来请曰：昔者珠泉书院肄业时，不以生为不肖，前后论文五篇，亦既详哉其言之矣，并命钞录序记若干卷，盍续刊以公诸世。余不允，生固请再三，爰删五之二，以授诸梓而系之言。

六经之文各有师承，三代以后递相祖述，王半山易论策以经义，有明因之，忠孝节义毕出其中，至本朝文运蒸蒸益上。崧尝谓古文之必变而为八股者，亦犹夏忠商质之必变而为周文也，时为之也。自周莱峰、归震川以古文为时文，而八股之道益尊，盖体虽异而原则一也。韩退之文起八代之衰，试观《原毁》一篇，即退之八股文字也。使退之生于今日，其八股亦犹是也。而谓时文顾不古文若者，人自不深于古耳。深于古则时文名家，古文又何尝不名家也。虽然，难言之矣。古人学与年进，即如震川先生，以嘉靖庚子登贤书，越二十五年乙丑始成进士，而所传之文又皆宦稿，学老、识老、法老、气老、格老，真所谓深于古者，其传也宜矣。崧何足以语此，既以制义辱枣梨，又敢以序记等劳剞劂乎？抑人亦有言曰，山鸡自爱其羽，今之诸生之请者，其犹山鸡之爱也欤？

书

上张方伯书

曹耀珩

某启大方伯夫子阁下：

书院月课，中丞高公定为三课矣，执事者云三课不免于疏，宜倍之。且教之曰：多读则胸中有本，多作则笔下生花。此诚造就人才、谆切无已之至心也。昔贤云：业精于勤，荒于嬉。请每月一遵六课之令，三八命题，永为程限。诸生皆仰体德意，无敢有一期舍会课以嬉者。阁下又以近来文体宜何如厘正、诸生中气质好尚之同异宜何如振举下询，愚请得据管窥之见陈之，乞阁下一指南焉。

愚尝谓文运与国运相表里，文心与人心相出入，治国之运必平康底定，端人之心必坦易正直，则文字之不宜偏陂、矫激与放荡无归明矣。子舆氏谓：诐淫邪遁之言，生心害事，生事害政。岂可以文为无轻重之数而矜奇任诞为乎？古人文字之不朽，如日月经天，江河行地，行所无事，人人得而见之。非是，虽传述于一时而历久必敝。汉唐以来，文体递变，要其必归于正大晓畅，则先后一揆也。八股莫逾于有明，有明三百年尤以正、嘉、隆、万为鹄，至启、祯渐衰。本朝文气一盛于熊、刘，再盛于韩、翁，三盛于汪、何、方、储，中间升降不一，迨雍正甲辰后颓靡已极。士之操帖括试于两闱者，率取冗长俳俪中主司之绳尺，遂至有文无题，有皮肤无神气，非吉祥冠冕之语不书，尘羹土苴，令人白日欲睡。近深知此种文字之非也，药之以启、祯，启、祯中又药之以章、罗，谓如是方可以救熟烂之弊。无如主持风气者又复矫枉过正，闻近科一二总裁于锁院校文，同考呈荐上卷皆不可，曰：第持若所不能解识之文，则入彀矣。闻其言者绝倒。闱墨出，士论哗然。其一种依稀玄渺，生涩险艰，直是文中之魔，名为救弊，实益其弊耳。一时士子见此种文之获隽也，皆不顾义理之安，不思矩度之合，佶倔聱牙，务为依稀玄渺、生涩艰险之文以矜奇示诞，见文字之正大晓畅者反诋笑之，谓卑之无高论。虽有聪明拔挺之流，率沉溺汩没于其中，而冥然不悟，悍然不返。嘻！其亦可哀也已。夫此种文字势必不可久，主司必将恶其劣而痛去之。就令终可以获隽，问之此心已不能安，试清夜取古人经世之文默自考证，其又不面惭耳热而无如何邪？文体之不正，中于人心风俗遂如此。吁！可畏也已。

有为之说者曰：此种文即不赏于当时，可夸示于后世，谬又甚矣。昔扬子云草《太玄经》，学问邃深，岂不高于今人万万？而后之议之者，嗤子云以艰深之辞文固陋之旨，后人而可欺邪？且子云曰：后世复有如子云者，必能知我。虽子云自度其文之不正未必能述后也，且若辈以为吾学章、罗，章、罗之文何尝不可解说？今不能如章、罗根柢之厚，涵养之深，而徒掠取其集中一二依稀玄渺、生涩艰险之言以为圭臬，未得章、罗之瑜，先得章、罗之疵，而侈然曰：吾章、罗。诬章、罗实甚矣。李、杜为一代诗人，岂无肤率之句？黄金之至精也，而或间以沙砾，弃黄金而取沙砾，宜乎？白粲之至美也，而或杂以粃糠，舍白粲而饭粃糠，然乎？夫学启、祯之文，何不学金、陈？宗有明先正之文，则又何不宗王、唐、□、瞿、归、胡、汤、许？必以不可解说者为至文，金、陈有一字之不可解乎？等而上之，王、唐、□、瞿、归、胡、汤、许有一字之不可解乎？又上而唐宋八大家、两汉、晋魏之文，有一字之不可解乎？又上而孔、孟、颜、曾之书，有一字之不可解乎？又上而典谟、训诰、易象、雅颂之书，有一字之不可解乎？夫八股至金、陈与王、唐诸先正之篇止矣。立言若唐宋大家、两汉、晋魏之文，孔、孟、颜、曾、易象、雅颂之经止矣，而必欲以不可解说者，求胜于王、唐、金、陈诸先正与唐宋大家、两汉、晋魏、孔、孟、颜、曾、易象、诗书，则何其惑也？

夫八股之秘钥在于理、笔、法三字，其大要以发明圣贤之精蕴，吻合圣贤之神气而止。诸生气质或中材或上哲，为文或肤浅则令深潜，或蒙晦则令透露，因材而笃，未可拘方。然而依稀玄渺、生涩险艰之文，则反在高明一流。愚所以大声疾呼，惟惧其入于膏肓而必加以药石也，顾此非愚之私言也。上谕之正文体，则以清真雅正为率，中丞高公之教诸生，亦曰文贵求其是，而神骨气格则取其清，必以嘉、隆为轨矱。愚宗其大指，切切言之，信从者众矣，疑者亦间有，恐鄙人之言未足令靡然从风也。阁下为文章之司命，其集诸生一振聋瞶，砥柱回澜，士林幸甚！文风幸甚！

复方灵皋书

彭维新

夏五人还接手书，意谊勤恳，期以前哲校文待士之道，弟虽拙钝，敢不勉奋以副知己之望？承云先刻熊、刘等稿，示学者以为文之鹄，此时固不暇，然亦可不必。此邦士子，非无颖拔之才、磊落雄杰之气，而析义不精，儒先阐发理要之书未曾研绎，六经、《左》、《国》成诵者鲜，至三史、诸子及秦、汉、唐、宋传文，即素号淹洽者，亦只就坊刻庸选摘记三数篇而已。根柢浅薄，文字杜撰，剥割股法章法，卒无谋篇之善者。正由平日专读时文，益多益蔽，而于举子业终无裨补。视事初曾饬示以应读之书，而于《左》《国》及子、史历代古文，虑生童日力不给，第择举篇目百五十余刊布，俾之录诵，塾师以时程督，其英分敏慧者，听读其全，不在此限。迩者按试东兖，觉文体已变，俟之岁月，必更有可观。盖近日文字敝在于枵腹空卷，是以疵病百出。譬疾者杂证迭攻，总由元气虚耗而生，非通经学古以实其内，不足以疗之。果能沉浸钩贯于古人之书，临文手眼自别，其于前人文稿，自能判分白黑，不烦专示以仅读某某稿也。矧熊、刘二先生文各有偏胜，胜国诸名家之文亦然。

窃谓徇末而遗本，未若穷源以及流之为得也。有便幸更转示，至弟考规虽严，而等第最宽，取录不一格，亦不求备。接遇诸生以礼，有文行者更体恤周至。惟于讼魁长枪，则痛惩不少宽假。此二种皆获罪名教，败坏风俗，而长枪尤甚。学使者汲汲欲擢真才，而鬼蜮辈处处售以赝鼎，其人或廪生，或增附生，或曾中乡会试，每十数人随棚流转，赁大屋聚书群居，城市无赖游手为之奔走，侦伺考规疏密，引乡曲菜佣子弟，议封多金，重贿廪保，倩代冒名入试。或夤缘递稿与人，最工于规抚风气，弋获则朋分封金。案发时，生童各已散归，学使又按临他郡，故发露者少。夫以抡才之地视为鬻货之场，为天壤间至不平之事。此类若不尽除根株，是植稂莠以害良苗也，学臣不得辞其咎矣。故于察出数案，严示惩处。必待三年试竣，然后酌为开释，非苛也。彼既甘自外于士，斯不复仍以士待之。庶狎而扞罔者，不至接迹而起，所全实多，于理，于法，于事势，均不宜于姑息者也。

尊教云斥责已足戒后，似未为局中者审计耳。吾以救弊也，兄宁以他规我，次东阿驿馆，赍册役入都匆迫，残暑挥汗，率布不宣备。

与杨鹰扬书

王梦扬

日者仆于柏庭得小阮开琏，出足下所录制艺就商，仆于课功之暇，再三读之，清新俊逸，恍觉神志爽然，心目顿开也。仆虽未接见足下之言论丰采，然诵其文如见其人矣。仆才疏学浅，徒能为俗下文字，下笔令人惭赧，安可借为冰鉴，乃谬凭风闻，欲引为文字知交？仆虽至愚，何敢自外，不揆梼昧，妄施蠡测，恐终无以当于万一耳。

虽然，文章之道，亦难言之矣。仆年十二初学股法，多涉怪诞，质之前修，亦时有异才之目。厥后学为饮酒，每适志于风诗，颇有所得。乃高歌长吟，优游闲眺，弃制艺弗讲，如是者数年，父兄非不约束之也，无如不听何？及既冠复念朝廷取士，必由制艺，人生天地间，苟无所树立，徒对酒慷慨，究何为邪？由是颇知自奋，始沉酣于矩范，旋见录于宗工，然其于道，终未有得也。盖文章者，代圣贤以立言，欲其取之精而语之详也。本之五经六艺，以著其芳华；参之诸子百家，以求其古洁。当其取于心而注于手也，譬之日用所需，不可缺一，而惟举其所最珍爱者，以为几席之观。数百年间作者多矣，而岂苟为炳炳烺烺者哉？仆自去岁居柏庭以来，日夜思维，杂观广览，用力于生平之所嗜好者，与诸门徒共坐讲求，蕲其有得，欲共登作者之堂。而又以诸门徒年少，识见不远，仆所谓可，彼亦曰可，仆所谓否，彼亦曰否。方憾乏人以文字相往还、为质证也，不意足下有志揣摩，异地驰情，仆诚所深羡耳。诗曰：中心藏之，何日忘之？足下之文，未窥全豹，然即其所见，辞雅而气锐，循是以造，操数寸之管，书盈尺之纸，恶能测其境之所至邪？兹虽未即以制艺受知于时，固亦奋翮将飞之候矣。

他日者，仆如得相过从，当携拙作相示，与足下樽酒言欢，连床共话，亲接言论丰采，与为切劘。谈论之余，间亦诗歌赠答，虽仆才疏学浅，亦所弗计，则其契合，当复何如也。

岳阳书院会课示诸生书

成　毅

学者非徒以为文章已也，然自国家以经艺取士，习举业者必务讲明切究，于圣贤所示修己治人之术，内外精粗，远近大小，缕析条贯，有以自得于心，而后可以操笔为文，言之有物。

自来经义之最精者，即未有不与圣贤之学相浃洽也，然则今之时文固即所以为学者也，虽其支分派别不尽于此，而志士可以知所尚矣。大约其人义理昭晰，心胸光明，则发之于文，随其浅深厚薄，皆能确然有以自见。否则，偃蹇焉，晦塞焉，支离焉，此固操笔之时所可自验也。其入之也深，则出之也精；其求之也速，则应之也浅。是有各以其候至者，故学者但宜因其材质，知所致力，勉勉循循，以求所谓自得，则得之矣。工夫甚多，绰有次第，患在苟且自安，与急遽躁进而无序耳。故躁动者常不得而安静者得之，浮伪者常不得而笃实者得之，粗浅者常不得而深细者得之。盖文者言之华，精神之所发露，而学问为之根柢者也。根柢茂则发露必盛，而所以茂此根柢者，则又精神之所蕴结。学者而欲从事于斯，所以持其志、养其气者，不可不急讲也。师友之益，大抵惟能导之以先路耳。故愿学者先自静验，确然有求必得之志，而后师友之言为有入处，盖即时文一道，而所以检摄身心，涵养德性，具坚固之操，裕练达之才，并在于此。此即所谓明体达用者也，此意亦惟诸生自喻之耳。

今太守于书院造就之意甚为切至，谓某于此道差为不谬，俾领此席，而某亦窃闻同人往往以为可资前途之问，某方自惧无所益于诸君子，然不敢不力也。诸君子知必不负太守之意，期共勉之。

公 牍

提调广东学校示

甘 镛

为学校事：

尝谓学校育才之地，朝廷风化之原。作新勉励，实在乎提调之得人。讲贯发明，尤贵乎师传之有素。苟为师模者因循不与讲明，则生徒何从而取益？任提调者习常不加勉励，学校何自而兴崇？日就月将，因多废弛。迩者本职钦承上命，巡按广东。事虽安抚军民，职在提调学校。近体访得按属府、州、县儒学师生，与各卫提调学校正官，中间多有不行用心劝勉讲论，以致生徒多以旷荡，不事本业，多无成效。缘所按部邑众多，地里广袤，一时巡按未周，若不豫为行移警谕，诚恐罔知，难为遵守。今将学校合行事宜条例，仰广东布政、按察二司经历司钞案呈，即便备文转行所属卫县，备榜晓谕。各该提调正官并儒学教官、生员人等，依奉遵守，毋事虚文，庶不负圣朝建学育才之盛意。巡按至日，一有故违，定行究问。先具各司，依准缴报。

经义概

〔清〕刘熙载　撰

导读

在八股文史上，刘熙载是第一个对八股文进行系统理论研究的人。

刘熙载（1813—1881），字伯简，号融斋，晚号寤崖子，学界多以“融斋先生”称之，江苏兴化人。少孤贫，力学笃行。十六岁时曾至粮行当学徒，因手不释卷而被辞退，便以教蒙馆为生，并力攻八股文以应科举。清道光十九年己亥（1839）恩科乡试中举人，道光二十四年甲辰（1844）科中进士。以文章与书法俱优选翰林院庶吉士，散馆授编修。咸丰三年（1853）入值上书房，为诸王师，深受咸丰帝器重。咸丰六年（1856）京察一等，以记名道府用。他不乐仕进，请假客居山东，授徒自给。第二次鸦片战争，英法联军侵北京，京官多逃避，刘熙载冒死独留，获胡林翼赏识，被聘至武昌江汉书院主教席。同治三年（1864）补国子监司业，继为广东学政，旋补詹事府左春坊左中允。在学政任上，一毫不取，诸生试卷，无论何人，必亲自阅评，然后招他们来一一指点，亲如家人。三年任期未满，即请假归里。此后以讲学为业，历时十四年，诲人不倦，视徒如子，因而获得“以正学教弟子，有胡安定风”的赞誉。主讲上海龙门书院时，俞樾正掌杭州诂经精舍，两人时相过从，并称当世。刘熙载六十九岁时卒于故居古桐书屋。士人闻丧，千里赴吊，诵其遗言不止。光绪八年（1882）被奉旨写入国史《儒林传》。龙门诸弟子为之建祠于松江郡城，郡守在祠旁建以其号命名的融斋书院，可见其人格感人之深。

终其一生，刘熙载廉直贞介，保持了书生本色，儒者气象，这与其所受儒家思想影响是分不开的。而儒家思想的获得，又有赖于八股文的传输。

刘熙载幼敏悟，长博学，自六经子史、天文算法、文字韵学，乃至词曲古文、道家释言，无不通晓。俞樾铭其墓碑说："我读君书，靡有不详。高论道德，下逮文章。至于声律，剖毫析芒。至于词曲，乃亦所长。"评价虽高，却非虚誉。

刘熙载虽不是八股文名家，但他一生中以教授八股文为主要工作，下力之巨，钻研之深，非常人可比。其文严格遵守经传，对题字、题理认得真确，开掘深入，时出己见，表现出他对经典的融会贯通之功已达炉火纯青的地步。在阐释时融冶经史，以古文之法出之，层次清晰，逻辑严密，具有缜密沉郁的气息，迥异一般名家。如其《子曰不然获罪于天无所祷也》题文，以孔子的口吻，对权臣王孙贾问媚于谁的问题做出义正辞严的回答，显示出孔子逊而不迫，正而不阿，唯守道义的高大形象。全文以清新的语言，用形象准确的心理展示，精确地复制出题中义理，有很高的审题水平与写作技巧。

刘熙载对八股文的更大贡献，在于他在《经义概》九十五条研究心得中对清代八股文的写作理念和方法，用简练的语言做了重点突出又能概括全体的理论评述，并通过触类引申来显示其复杂的内容。他将先秦哲学中关于事物内部相形相对、矛盾变化的观点，运用于八股文的研究，对八股文的内容、结构、写作方法等进行了深入的剖析，提出了内容的本源与生发、有我与无我，主旨的扩与约、虚与实、深与浅，表达的直与曲、收与放、扬与抑、开与合、正与反以及意与法等许多相反相成的概念并进行阐释，揭示出八股文的本质与写作规律，初步形成了八股文的辩证审美方法。这是八股文史上一本较有价值的研究专著，很值得重视。

具体而言，第一条对八股文即经义的起源、发展及四书文与五经文并称经义的原因都做了准确的解说。特别是从写作态度入手，指明了八股文的本质："为经义者，诚思圣贤之义，宜自我而明，不可自我而晦，则为之自不容苟矣。"用今天的话说，八股文就是要阐发出《四书》《五经》中的微言大义，写八股文即解经。

第二条，揭示经义之题就是经文，这是八股文写作的四项基本原则的首条，也是其经学性的来源。

第三条，提出主脑论，界定它与八股文文体各组成部分的关系："破题、起讲，扼定主脑；承题、八比，则所以分摅乎此也。"主脑的来源："尤必审乎章旨、节旨、句旨之所当重者而重之，不可硬出意见。"主脑在写作中的作用："主脑既得，则制动以静，治烦以简，一线到底，百变而不离其宗，如兵非将不御，射非鹄不志也。"

第四至十六条，对题目做面面观。如对破题的重要性，及它对八股文的制约性，破题的作法；尊题的意义，它对八股文的作用；什么是认题、肖题，如何认题、肖题，它们与读题的关系；肖题、认题与作者的识力之间的关系如何；什么是题的筋、节；什么是题眼、文眼；识别题要、题绪的重要性；题与章旨、题面与题意的关系；如何区分减题、添题、如题等，均以辩证的方法，做了深入而又准确的阐发。

第十七至三十四条，揭示法与题的关系，提出法必随题，用不同的法来作不同的题，对各种作法做了阐述。

第三十五至四十一条，讲布局的方法 。

第四十二至四十六条，讲股法，如何作对股与出股、如何立柱等。

第四十七、四十八条，则讲炼字、炼句之法。

第四十九至五十四条，专讲笔法。

第五十五至五十七条，讲起讲与提比的作法。

第五十八至七十五条，讲八股文之体裁：“一本注释，就题诠题也；一本古文，夹叙夹议也。注释，合多开少；古文，小开大合，大开小合，俱有之。”这是对以古文为时文的精准阐释。在这一部分，还对开合、反正、衬法、抑扬、断续、浅深、虚实、顺逆、宽紧、拍题、振字诀等八股文的基本作法进行了阐发。

第七十六至八十五条，总论八股文的作法，提出“文不外理、法、辞、气。理取正而精，法取密而通，辞取雅而切，气取清而厚”的原则。

第八十六至九十条，指明八股文是一种解说经书的文体及入口气的来源：“制义推明经意，近于传体。……至《大学》以‘所谓’字释经，已隐然欲代圣言，如文之入语气矣。”故“识得经文本旨分晓”是八股文作法的根本。

第九十一至九十五条，指明作八股文与读书、修身的关系，强调八股文“惟圣道是明”，要“兼致知力行”。

综合上述内容，可以看出，刘熙载对八股文的本质和功用，题即经，作文必尊题及文必从理、法必依题和各种基本作法都提出了自己的看法，具有较为系统的理论性，是对明、清八股文研究的一种突破。

刘熙载的认识已具有近代学术的意义。他通篇只强调遵经，却未讲守注，这表明他已看到恪守程朱传注对八股文所产生的严重弊端，有纠正之必要。这是刘熙载能与时俱进的一种表现，与他后来在龙门书院不课举业，教诸生读书励行、期为实学的做法是一致的。

刘熙载的主要著作有《四音定切》《持志塾言》《昨非集》《读书札记》《游义约言》《制义书存》等。

刘熙载学识广博，对八股文理论深有研究，道德操守也为人称道，这些东西不可避免地会在其八股文内容中体现出来。刘熙载的八股文首重义理的纯正，说理缜密，剖析入微，但处处谨守经文作切实讲述，不追求新奇，内容上虽缺少新的见解与阐发，却笃实醇厚之至。他讲究作法，能融古文之技巧于文中，凡八股文应有之写作技巧无不在文中有纯熟的运用，充分表明他较好地实践了自己的八股文理论并取得了成效。

收入本书的《经义概》，系根据《续修四库全书》所影印的清同治古桐书屋六种本之《艺概》校点而成。

（龚　昊）

经义概

〇〇一　经义试士，自宋神宗始行之。神宗用王安石及中书门下之言定科举法，使士各专治《易》《诗》《书》《周礼》《礼记》一经，兼《论语》《孟子》，初试本经，次兼经大义，而经义遂为定制。其后元有四书疑，明有四书义，实则宋制已试《论》《孟》《礼记》，《礼记》已统《中庸》《大学》矣。今之四书文，学者或并称经义。《四书》出于圣贤，圣贤吐辞为经，以经尊之，名实未尝不称。为经义者，诚思圣贤之义，宜自我而明，不可自我而晦，则为之自不容苟矣。

〇〇二　杜元凯《左传序》云，“先经以始事”，“后经以终义”，“依经以辩理”，“错经以合异”。余谓经义用此法操之，便得其要。经者，题也；先之后之依之错之者，文也。

〇〇三　凡作一篇文，其用意俱要可以一言蔽之。扩之则为千万言，约之则为一言，所谓主脑者是也。破题、起讲，扼定主脑；承题、八比，则所以分摅乎此也。主脑皆须广大精微，尤必审乎章旨、节旨、句旨之所当重者而重之，不可硬出意见。主脑既得，则制动以静，治烦以简，一线到底，百变而不离其宗，如兵非将不御，射非鹄不志也。

〇〇四　昔人论文，谓未作破题，文章由我；既作破题，我由文章。余谓题出于书者，可以斡旋；题出于我者，惟抱定而已。破题者，我所出之题也。

〇〇五　文莫贵于尊题。尊题自破题、起讲始，承题及分比，只是因其已尊而尊之。尊题者，将题说得极有关系，乃见文非苟作。

〇〇六　破题是个小全篇。人皆知破题有题面，有题意，以及分合明暗、反正倒顺、探本推开、代说断做、照下缴上诸法，不知全篇之神奇变化，此为见端。

〇〇七　有认题，有肖题。善认题，故题外无文；善肖题，故文外无题。

〇〇八　文之要，曰识曰力。识见于认题之真，力见于肖题之尽。

〇〇九　认题、肖题，全在善于读题。《春秋》僖二十一年《穀梁传》云："以重辞也。"宣七年《传》云："而缓辞也。"文家重读、轻读、急读、缓读之法，此已开之。

〇〇十　肖题者，无所不肖也，肖其神，肖其气，肖其声，肖其貌。有题字处，切以肖之；无题字处，补以肖之。自非肖题，则读题、认题亦归于无用矣。

〇一一　题有筋有节。文家辨得一节字，则界画分明；辨得一筋字，由脉络联贯。

〇一二　题有题眼，文有文眼。题眼或在题中实字，或在虚字，或在无字处；文眼即文之注意实字、虚字、无字处是也。

〇一三　有题要，有题绪。善扼题要，所以统题绪也；善理题绪，所以拱题要也。

〇一四　章旨在本题者，阐本题即所以阐章旨也。章旨在上下文者，必以本题摄之。摄有三位：实字，虚字，无字处。

〇一五　有题面与题意同者，有题面与题意异者。实与而文不与，实不与而文与，皆所谓异也。

〇一六　题义有而文无，是谓减题；题义无而文有，是谓添题。文贵如题，或减或添，俱失之。

〇一七　题有平有串，做法未尝不通。盖在平题为分做者，在串题为截做；在平题为总做者，在串题为滚做也。至宜分宜截，宜总宜滚，善相题者自知之。

〇一八　问分做截做与总做滚做，其文之意义何尚？曰：分截取乎结实，总滚取乎空灵。

〇一九　题字句少则宜用拆字诀，字句多则宜用并字诀。虽用并字诀，然紧要之字句仍须特说，是亦未尝非拆字也。

〇二〇　拆题字法，如数字各为一义，一字自为数义，皆是也。拆句、拆节亦如之。

〇二一　拆字诀有似于反，如题言不可如此，文先说如此，次说可如此，后说不可如此。其说如此与可如此处，即似反矣，其实乃拆字也。

〇二二　题前有豫作，题后有补作，题中亦补作，亦豫作。

〇二三　题前题后，不必全题之前，全题之后也。如题有三层，一层之后即二层之前，二层之后即三层之前，而一层乃复在前，三层乃复有后也。

〇二四　文有攻棱、补洼二法：攻棱做题字也，补洼做题间也。

〇二五　题有题缝。题缝中笔法有四，曰：急脉缓受，缓脉急受，直脉曲受，曲脉直受。

〇二六　题缝不独两截题有之，凡由题中此字说到彼字，彼字说到此字，欲到未到之间皆是。

〇二七　题兼虚实字者，文则有坐虚呼实、坐实呼虚二法。题兼上下句者，文则有坐上呼下、坐下呼上二法。此犹地师相地，有空满二向、顺逆二局也。

〇二八　题字有重有轻。详重略轻，文之常也。然亦有不详而固已重之，不略而固已轻之者，存乎其神之向背也。

〇二九　点题字缓急蓄泄之异，皆从题之真际涵泳得之。先点必后做，后点必先做；先点以开下，后点以结上。后经终义，先经始事。点者，乃经也。

〇三〇　点题字有明有暗。如作破题，明破为破，暗破亦为破也，但须相其宜而行之。

〇三一　点题字要自然，又戒率意。或在比中，或在比外，皆须出得有力。

〇三二　题中要紧之字，宜先于空中刻镂，反处攻击；若非要紧之字，或可作平常说出。

〇三三　出、落二字有别。自无题字处点题字，可谓之出，不可谓之落；自题中此字出彼字，就彼字而言谓之出，就自此之彼而言谓之落。审于出落之来路去路，文之脉理斯真矣。

〇三四　出落以结上开下，须视结至何处，开至何处。有所结多而所开少者，有所结少而所开多者。大凡在前者多开，在后者多结，中间或多结，或多开。

〇三五　昔人论布局，有原、反、正、推四法：原以引题端，反以作题势，正以还题位，推以阐题蕴。

〇三六　空中起步，实地立脚，绝处逢生，局法具此三者，文便不可胜用；尤在审节次而施之。

〇三七　起、承、转、合四字，起者，起下也，连合亦起在内；合者，合上也，连起亦合在内；中间用承用转，皆兼顾起合也。

〇三八　局法有从前半篇推出后半篇者，有从后半篇推出前半篇者。推法固顺逆兼用，而顺推往往不如逆推者，逆推之路较宽且活也。

〇三九　文之顺逆，因题而名。顺谓从题首递下去，逆谓从题末绕上来。以一篇位次言之，大抵前路宜用顺，后路宜用逆，盖一戒凌躐，一避板直也。

〇四〇　文局有宽有紧。大抵题位宽则局欲紧，题位紧则局欲宽。

〇四一　文局有先空后实，有先实后空，亦有叠用实叠用空者；有先反后正，有先正后反，亦有叠用正叠用反者。其叠用者，必所发之题字不同。至正反俱有空实，空实俱有正反，固不待言。

〇四二　文之有出对比共七法，曰：剖一为两，补一为两，回一为两，反一为两，截一为两，剥一为两，衬一为两。

〇四三　柱分两义，总须使单看一比则偏，合看两比则全。若单看已全，则合看为赘矣。

〇四四　立柱须明三对。大抵言对不如意对，正对不如反对，平对不如串对。

〇四五　柱意最要精确，如题中实字虚字及无字处，各有当立之柱。若非其柱而立之，则可移入他题，即不然，亦可于本篇中前后互换矣。

〇四六　分析题义，用两与用二不同。二，有次序，串义也；两，乃敌耦，平义也。

〇四七　文家皆知炼句炼字，然单炼字句则易，对篇章而炼字句则难。字句能与篇章映照，始为文中藏眼，不然，乃修养家所谓瞎炼也。

〇四八　多句之中必有一句为主，多字之中必有一字为主。炼字句者，尤须致意于此。

〇四九　文家用笔之法，不出纡陡相济。纡而不懈者，有陡以振其纡也；陡而不突者，有纡以养其陡也。

〇五〇　笔法之大者三：曰起，曰行，曰止。而每法中未尝不兼具三法，如起，便有起之起，有起之行，有起之止也。

〇五一　起笔无论反正虚实，皆须贯摄一切，然后以转接收合回顾之。

〇五二　正起反接，反接后复将反意驳倒，则与正接同实，且视正接者题位较展，而题义倍透。故此法尤为作家所尚。

〇五三　文有因转接而合者，有因转接而开者。春夏秋冬，秋冬春夏，一也。

〇五四　笔法初非本领之所存，然愈有本领，愈要讲求笔法，笔法所以达其本领也。

〇五五　问起讲何尚？曰：要起得起。问入手领题何尚？曰：要领得起。问提比何尚？曰：要提得起。

〇五六　提比要诀，全在原题。不知原题而横出意议，岂但于本位不称，并中后之文亦无根本关系矣。

〇五七　前路要意宽语紧，紧乃所以善用其宽；后路要意实语灵，灵乃所以善用其实。

〇五八　制艺体裁有二：一本注释，就题诠题也；一本古文，夹叙夹议也。注释，合多开少；古文，小开大合，大开小合，俱有之。

〇五九　先叙后议，我注经也；先议后叙，经注我也。文法虽千变万化，总不外于叙议二者求之。

〇六〇　开合分大小，以文言，不以题言也。就一比论之，开大者，如十句开一句合是也；合大者，如一句开十句合是也。若按诸题字，则为题中一字作开者，必仍就此一字合，合处不得添出一题字；为题中两字作开者，必仍兼此两字合，合处不得减去一题字。何大小之可分耶？

〇六一　立一义于先，然后有离有合，离者离此，合者合此也。若未尝先有所立之义，不知是离合个甚。

〇六二　文有合前之开，有开前之开。如“今又弃寡人而归”两句，以“得侍同朝甚喜”为开；“得侍”句又以“前日愿见而不可得”为开也。

〇六三　文于题全反为正，半反为翻。如题言如此则好，文言不如此则不好，是上下两截俱攻题背，要其意中则仍是言如此则好耳，故曰全反为正。若题言如此则好，文言不如此也好，是反上截；或言如此也未必好，是反下截，所谓半反为翻也。

〇六四　凡就题之反面抉其弊者，是正文，非反文也。而人往往以反文目之，为其与反文相似耳。欲实知其为正为反，有验之之法，但权将本题接入文下，而以“故”字冠其首，如接得者便知是正文矣。若非正文，何以不待用“然”字作转乎？

〇六五　文有非面，如不知者以为为肉是也；有似面，如其知者以为为无礼是也。

〇六六　衬法有捧题，有压题。捧题以低浅，压题以高深。

〇六七　衬托不是闲言语，乃相形相勘紧要之文，非帮助题旨，即反对题旨，所谓客笔主意也。

〇六八　文之飏处为宽，拍处为紧。用宽用紧，取其相间相形。若全宽是无宽，全紧是无紧也。

〇六九　文忽然者为断，变化之谓也，如敛笔后忽放笔是；复然者为续，贯注之谓也，如前已敛笔，中放笔，后复敛笔以应前是。

〇七〇　抑扬之法有四，曰：欲抑先扬，欲扬先抑，欲抑先抑，欲扬先扬。沈郁顿挫，必于是得之。

〇七一　振字诀其用有三，曰：振下，振上，兼振上下。

〇七二　文有关键便紧。有题字之关键，如做此动彼是也；有文法之关键，如前伏后应是也。

〇七三　文要针锋相对：起对收，收对起，起收对中间。但有一字一句不针对，即为无著，即为不纯。

〇七四　章法之相间，如反正、浅深、虚实、顺逆皆是；句法之相间，如明暗、长短、单双、婉峭皆是。

〇七五　拍题有正拍、反拍、顺拍、倒拍之不同，而全在未拍之先善为之地，所谓翔而后集也。

〇七六　文不外理、法、辞、气。理取正而精，法取密而通，辞取雅而切，气取清而厚。

〇七七　有题之理法，有文之理法。以文言之，言有物为理，言有序为法。

〇七八　文之要三：主意要纯一而贯摄，格局要整齐而变化，字句要刻画而自然。

〇七九　文无一定局势，因题为局势；无一定柱法，因题为柱法；无一定句调，因题为句调。不然，则所谓局势、柱法、句调者粗且外矣。

〇八〇　文莫贵于高与紧。不放过为紧，不犯手为高。

〇八一　文之善于用事者，实者虚之，虚者实之；文之善于抒理者，显者微之，微者显之。

〇八二　文要不散神，不破气，如乐律然，既已认定一宫为主，则不得复以他宫杂之。

〇八三　文尚奇而稳，此旨本昌黎《答刘正夫书》。奇则所谓异也，稳则所谓是也。

〇八四　立天之道曰阴与阳，立地之道曰柔与刚。文，经纬天地者也，其道惟阴阳刚柔可以该之。

〇八五　《易·系传》言“物相杂故曰文”，《国语》言“物一无文”，可见文之为物，必有对也，然对必有主是对者矣。

〇八六　制义推明经意，近于传体。传莫先于《易》之十翼。至《大学》以“所谓”字释经，已隐然欲代圣言，如文之入语气矣。

〇八七　汉桓谭遍习五经，皆训诂大义，不为章句，于此见义对章句而言也。至经义取士，亦有所受之。赵岐《孟子题辞》云："汉兴，孝文广游学之路，《孟子》置博士。讫今诸经通义得引《孟子》以明事，谓之博文。"唐杨玚奏有司试帖明经，不质大义，因著其失。宋仁宗时，范仲淹、宋祁等奏言有云："问大义，则执经者不专于记诵矣。"合数说观之，所以用经义之本意具见。

〇八八　《宋文鉴》载张才叔《自靖，人自献于先王》一篇，隐然以经义为古文之一体，似乎自乱其例。然宋以前，已有韩昌黎省试《颜子不贰过论》，可知当经义未著为令之时，此等原可命为古文也。

〇八九　元倪士毅撰《作义要诀》，以明当时经义之体例，第一要识得道理透彻，第二要识得经文本旨分晓，第三要识得古今治乱安危之大体。余谓第一第三俱要包于第二之中，圣人瞻言百里，识经旨则一切摄入矣。

〇九〇　经义戒平直，亦戒艰深。《作义要诀》云："长而转换新意，不害其为长；短而曲折意尽，不害其为短。"戒平直之谓也。又云："务高则多涉乎僻，欲新则类入乎怪。下字恶乎俗，而造作太过则语涩；立意恶乎同，而搜索太甚则理背。"戒艰深之谓也。

〇九一　厚根柢，定趋向，以穷经为主。秦、汉文取其当理者，唐、宋文取其切用者，制义宜多读先正，余慎取之。

〇九二　他文犹可杂以百家之学，经义则惟圣道是明，大抵不离天地之常经，古今之通义也。然观王临川《答曾子固书》云："读经而已，则不足以知经。"此又见群书之宜博也。

〇九三　欲学者知存心修行，当以讲书为第一事。讲书须使切己体认，及证以目前常见之事，方觉有味。且宜多设问以观其意，然后出数言开导之。惟不专为作文起见，故能有益于文。

〇九四　明儒冯少墟先生名所辑举业为《理学文鹄》，理学者，兼致知力行而言之也。我朝论文名言，如陈桂林《寄王罕皆书》云："虽不应举，亦可当格言一则。"此亦足破干禄之陋见，证求理之实功已。

〇九五　文不易为，亦不易识。观其文，能得其人之性情志尚于工拙疏密之外，庶几知言知人之学也与！

论文刍说

〔清〕朱景昭　撰

导读

《论文刍说》是晚清朱景昭谈如何读八股文和写八股文的一卷札记式的文章，“所论皆吾所亲历”，故多切实际。

朱景昭（约 1825—约 1880），字默存，安徽合肥人。朱景昭生活在鸦片战争后急剧变化的中国，受时代影响，思想观念较之前有所变化。他好学通经，却时有别见；学宗程朱，重孝悌节义，却不一味盲从。因科举之路走不通，便终身以幕僚为业，介然自守，不汲汲于名利。能文，尤擅古文，以桐城派为宗。著有《无梦轩遗书》。

《论文刍说》即《无梦轩遗书》之卷七，从文中语气推测，可能是朱景昭在指点门生及家中子弟从事八股文写作时的言论记录，或自己所思所虑的心得体会，他整理出来，是希望能开其悟性，触类旁通，以便科场显能，题名金榜。这从他在《附论诗赋》的自述中可以看出。他说：“前数年尝疏所论作文法，题之曰《刍说》，论之实未尽也，乃随事疏引，并追忆平昔所说杂书之。凡所论皆吾所亲历，循而行之，上可以进于古，下亦不失为一时之杰，独患不肯降气猛力以求之耳。吾非敢谓所论无复遗漏，亦未能保其无复流弊，然引伸触类则备矣，切己体察则善矣，善且备，则进乎道矣。”

朱景昭对八股文有着很深的研究，这从《论文刍说》即可看出。文中虽附有论诗赋部分，但谈诗赋的只寥寥几则，大部分仍是谈八股文理念与作法的。他谈八股文也与其他人一样，都要谈读书与作法，但因为“所论皆吾所亲历”，所以他在谈八股文作法时便强调要以读书为前提，以读书来指导、规范写作，从写作中发现问题，再从读书中加以解决。这样的读书法是颇为实用的。

此作有一些值得重视之处，因它有以下真知灼见。

一、对八股文的价值把握较准。

朱景昭在《附论诗赋》中说：“时文极是正经制作，都被摩风气者败坏，稍聪明欲自命者至谓必废时文乃可。夫诗赋浮丽，不足取士，策学剿袭迎合，弊亦多门。经学专家，汉以后久绝矣，惟制义尚近经论，但为之者心术自坏，何尝为时文所坏乎？尝恨诸言官无慎选督学之奏，使天下为使臣者一禀经训，不命割裂虚缩之题，不取浮掠熟烂之文，清胥役之弊而杜请托与怀挟侥幸之门，则文运一转，正学寖昌，自应童子试时已然，而况乡、会试乎？”认为八股文“尚近经论”，此见虽非朱景昭首创，但也说明他对八股文的本质即是学习《四书》《五经》的心得体会这一点把握很准。特别是他认为八股文“极是正经制作”，那些倡言废八股的人没看到八股之好，是写作者“心术自坏，何尝为时文所坏”。这种见解既说明朱景昭对造成八股文衰败之因有独到认识，也说明他对八股文有着深切感情。特别是他对各省学政在考取生员时割裂经文出题，取录那些“浮掠熟烂之文”表示极大不满，提出要清理胥役作弊及请托、怀挟侥幸之门，都是切中时弊，有大见识的。

二、对八股文的功利性有清醒的认识。

八股文本来就是在科举考试中用来衡量取录与否的主要甚至唯一的标准，故具强烈的功利性。八股文写得好不好，最终要到场屋即考场来检验。但场屋之文因时间紧迫，气氛紧张，给考生造成了很大的心理压力，故到了场屋，哪怕平时能写出花团锦簇之文，下了场就不见得能写出符合标准的八股文来。且考官阅卷紧张，不可能慢慢琢磨，故产生了独特的考场阅文心理，能被看中的文章就与平时所评价的标准有所不同。如不掌握这个不同，在考场上往往就会失败。朱景昭说“所论皆吾所亲历”，大概在多次科场失利后就总结出了应对之法：“场屋之文本难决胜，某尝谓学者第当为可售之文，清而腴，雅而恬适，使不知文者不恶其貌，而知文者亦可寻其微，是斟酌古今之诀。若钩章棘句，探赜索隐，又或蒙以古貌，调哑而色陈，则是必不售之文。至于力揣时趋，涂以脂泽，举体皆俗，见者欲呕。又或言之不文，杂以市井，知文者恶其丧品，不知文者亦笑其捧心。以之投时，反取弃掷。夙昔论之，叹为两失之道，此其类也。”从科场阅卷心理出发，明确指出什么样的文章易售，哪些类型的文字“必不售”，这在谈论八股文的书中是少见的，也证明朱景昭有着丰富的科场经验，说白了，是多次失败后才总结出来的，因此倍加珍贵。

他又说：“场屋之文自与平时有高下，然高下杂驰，何能兼美？但极力为文，自可取知当世。若每一拈笔便思为入彀之文，所谓未能造车便求合辙者也，究竟时辙屡迁，无可臆决。……又况自下而上其势难，自上而下其势易，功力既到，无施不可，虽不求必售而售可必矣。”作者指出了场屋之文与平时作文之不同，提出只有从改变临场心态入手，不要老想着在场屋要写出合式必中之文，只要“极力为文”，“功力既到，无施不可，虽不求必售而售可必矣”。这也是对场屋之文的一种经验之谈，对当时的士子参加科考有一定的指导作用。

三、对明代八股文在不同阶段的特征及发展变化有精当的概述，并从中引出如何学习其写法的议题，对时人有很大启示作用。

对八股文史的描述，从明代中期以来，代有其人，但朱景昭从一个独特视角所作的解析有其创新性。他认为“成、弘以前，运会初开，其文简略”；“正、嘉以前文，本领既厚，风气亦朴”；“天、崇以来，风气大变，其文专于纵恣发越，而蕴蓄渟涵之意少”。针对上述特点，朱景昭指出了学习明代八股文的方法：“高古之概既不可以伪袭，义理之备尤不可如彼之略说即止。正、嘉渐宏大矣，然其文皆从八家、五子兼综条贯，加以酝酿沈浸，味化于古，质从其性。譬如三代制作既明且备，非可勉强窃似，又不可一跃而过，致有躐等之讥。执笔时必欲取法于是，为文之径反易。故学文入手莫如隆、万，其理仍之先辈，而机自圆，法自巧，笔墨之用寖变为灵俊，其用则缩，其体仍主发皇。学者熟复于此，日变月化。”“读隆、万文先须识得大意”，“隆、万真本领文字当与正、嘉一例看，大气魄文字当与天、崇一例看。”这就把学写明代八股文与读明文结合起来了。对于明末至清代康、雍朝之八股文名家高手的八股文特点，也有精到阐述，如对明末的金声、陈际泰、罗万藻，入清后的熊伯龙、刘子壮、韩菼、李光地、陆陇其、方舟、方苞、储在陆、储礼执、王耘渠、王澍、王步青、张江、高虎文等无不一语中的，优长缺失跃然纸上，这是很见学力与识力的。

四、对八股文的单篇文作法有详尽而精当的阐析，有一定的可实践性。

朱景昭指出：“文章之道，体方而用圆”；“文章必从理境入，理境贵朴、贵老、贵精，贵醇”；“作文字必先审题，审明题脉、题义、题气，又必继以涵泳，使题中逐个字都盎然有味，则自有一段精醇朴老之文恰与题合，恰与题之脉之义之气相入，此为真朴老，真精醇。”换言之，八股文所蕴之理道要朴老精醇，而其体式结构则要在纵宕变化中做到自然浑圆。

他又指出："转处、收处是文章大关目，必全力应付之，始有筋节"；"作文时虚心涵泳数遍，通体布格既定，意义层次既了然于心，便想如何起，如何接，如何转，如何结，中间一切法一一明白，便一笔写就。"这些具体的作法，对初学八股文的写作者有着很强的实用性。

"作文字先须界画分明，前后际须一字不可混"；"作文须是先讲布置"；"用意用笔，须是前中后各不相混，若前后可以易位，彼此嫌于雷同"；"布局以纵宕为上。纵宕中自然宏整，尤征功力"；"文有拆字诀……然此等运用，全在明眼人觑破题窍。即如单题，须先识得某字在前，某字在后"；"学文要有次第，先审题，次布格，次立柱，次修辞"；"文章之道以相反为用，详处宜略，略处宜详，续处宜断，断处宜续。"凡此种种，无一不是精辟的单篇八股文作法之经验心得谈。

总之，《论文刍说》一文集中全力谈论单篇八股文的作法，细致、全面，几乎每个应注意的问题都谈到了，但几乎未涉及八股文文体之作法，因这是初学者范畴的事。文中也未涉及八股文各种题型的作法，因为那些东西太过复杂，且作者明显地认为，只要掌握了单篇八股文的作法，基础打牢了，其他作法都可由此生发开去，无须在此赘述。

收入本书的《论文刍说》，由朱景昭弟朱本昭编辑而成，今据 1933 年由其孙朱家珂刊行的《无梦轩遗书》本校点录入。

（龚　昊）

论文刍说

韩子云："无望其速成，无诱于势利。"夫欲速，见小之弊必苟且，苟且则心不坚，读书必无沉酣之工力，不沉酣书卷，作文必不能佳。

文章虽小道，动关人品心术。择言不慎，其始不过文字疵累，继乃日习为安。有识者指一语之悖而决其终身之失，非小故也。少陵云："不薄今人爱古人。"凡看人文字，无论古今，必当深求其佳处，切不可自恃识力，一览辄过，尤不可私心鄙弃，并抹煞其佳处。看前人文字，尤宜细心研究，反覆推寻，若着一毫浮气，自己便少一分得力。

文章之道，体方而用圆。吾少负意气，闻人谈机局，心辄非笑。近乃知机局不圆，则运掉不灵，筋脉不紧，语致不醒，此圆字非肤滑熟烂者所可冒。若道理上鹘突，机局都被渠用坏了，究竟何曾讲机局坏事。

文章必从理境入，理境贵朴、贵老、贵精、贵醇，固也。然天下理只一理，而文章则题非一题，作文字必先审题，审明题脉、题义、题气，又必继以涵泳，使题中逐个字都盎然有味，则自有一段精醇朴老之文恰与题合，恰与题之脉之义之气相入，此为真朴老，真精醇。若随手填理致语，理是矣，而皆非切要之义，则犹之肤也。然其要先在读书，读书之要尤在细心。

前人有言，敏着钝功夫。吾辈资性既不敏，尤须沈潜反覆，始有幾微之得。即如为文，苦蓄意不多不厚，亦大吃着亏。在愚意当读书时，一有好议论、好事体随笔疏之，即静坐时忽想起一段道理，亦急起写出，不论文理浅俗，但取晓畅，积久所得日多，作文时自然辐辏腕下，不惟能多，且能厚矣。此亦钝功夫也。

读书苦不记忆，经书总宜熟读深思，觉难解处亦随便札记，久久自然贯串。读史尤须逐事录存，以便翻阅。某少好读史，每有难于记忆处及心所爱好，辄取笔疏之，积纸盈几，辄复焚却，以故记忆较多，外间乃以过目不忘见许，其实非也。凡读一切书皆可用此法，经手钞者，最易存留于心。

正、嘉以前文，本领既厚，风气亦朴，子顾以为必从此入，文乃有根柢。又须寻其源头，凡根本盛大者其出无穷。其说极是，然某疑入手之功或不当如此，何也？成、弘以前，运会初开，其文简略。高古之概既不可以伪袭，义理之备尤不可如彼之略说即止。正、嘉渐宏大矣，然其文皆从八家、五子兼综条贯，加以酝酿沈浸，味化于古，质从其性。譬如三代制作既明且备，非可勉强窃似，又不可一跃而过，致有躐等之讥。执笔时必欲取法于是，为文之径反易。故学文入手莫如隆、万，其理仍之先辈，而机自圆，法自巧，笔墨之用寖变为灵俊，其用则缩，其体仍主发皇。学者熟复于此，日变月化，有不期高古而自不卑靡，不期明备而自不疏略者，其道在能引伸，能变化。若守隆、万之一提一束，凌驾剽轻，以为文之妙悉在是者，则又向所诃名教之罪人，不足为贤者虑也。

天、崇以来，风气大变，其文专于纵恣发越，而蕴蓄渟涵之意少，故少年作文大半喜逞才使气，乃至题义破裂而不知顾恤，其敝也叛散《五经》，灭弃《风》《雅》，而皆自附于天、崇诸家。究竟金、陈诸先生学问渊深，其为文皆孤诣独往，深思力创，本非专于纵恣发越，而其文动荡于气，感奋于时，有不知其然而然者。后人胸中本无一段道理，所遇又非有可悲可泣如诸公当时之事，东邻捧心以为西子，宜其可笑也。罗、徐不染风气，静者之心故自多妙，然其文实不利场屋，故学步者自希。入国朝后，熊宽博而精气不充，刘挺特而含蓄特少，韩元少不免以趁媚取名。独安溪先生兼取两代之精华，卓然自为正始，其文蟠际天地，莫与比伦。而清献陆子以理学为文，明白晓畅，无一字不从胸臆流出，尝与子固论之，叹为两绝。此外，京江宏整而不免纱帽气，修来倔强自喜而静气无存，方氏兄弟各名其家，而百川不免空调，灵皋不免疏忽。储氏、王氏尤多闻人：在陆经学既富，古味亦深，然颇好修饰，少雄直之概；六雅风发韵流，苦无实际；礼执学于孟坚，致有独造，而粗莽之病，墨气太浓；耘渠好言细密，而体乃堕纤；若林太事钩勒；汉阶又近甜俗。至于文辀刻画为工，痕迹满纸。晓楼工力最深，亦嫌肥腻。高虎文独立不惧，气象固殊。要之，节取其长，皆吾师友，明指其失，亦借以参观，非敢历诋前贤以长学人之傲。某意读文时不堕文障必由于此，愿勿存留于心，致读文阅文皆有成见，乃善为鄙人补过也。又吾所以言此，深明学文非从隆、万入别无门径，庶几有得之后泛滥时亦资共证云尔。

读隆、万文先须识得大意，譬如一意未了复接一意，易见弥缝痕迹，渠却先将后一意隐隐一拨，则上下皆浑然无迹。此法稼书先生说之最详，凡读隆、万文，遇稼书先生评语，最宜熟读细玩。

某少负杰骜之气，懒读时文；中间泛滥诸家，尤矜博览；近乃反取隆、万人文字熟复玩味，此是近今长进。凡读文觉甚平易解处，切须留意，不可辄生厌忌。

隆、万真本领文字当与正、嘉一例看，大气魄文字当与天、崇一例看。某所选者皆小题机法巧便之作，然未尝不有本领，未尝不有气魄，但能反覆熟读，触类自可旁通。

作文必须胸中有一段道理，大题须有整片道理，即小题亦须有零碎道理。

文章有遥接法，极为离奇纵宕。然非熟于古文离合之法，不可随便自文其拙，若不得相接处硬行抵塞，是非遥接，乃不接也，大忌，大忌。

转处、收处是文章大关目，必全力应付之，始有筋节。不独通篇大转大束不可草率，即每段收转处亦不宜轻心掉之。前辈论文，专于此等处断人福泽，某谓此等处若加意持重，亦征其人矫轻警惰之功，即谓福泽本不足，由此可以转移，亦理之所有。每作一篇后，历数日必取出细阅，有疵累自然见得分明，力思所以改之。若朋友有讥弹者，必虚心采纳，应时更定。识力不到，虽数年后必能自见，终必改之。文章不厌多改，最不可因循苟且，终不长进。

自己看不到处，有说到者，必细心思索，凡以求当于理、无憾于心为率，不可便谓己是。

看时人有佳文字，或文字偶有一二佳处，必随手录之，不可存鄙夷之心。

作文时虚心涵泳数遍，通体布格既定，意义层次既了然于心，便想如何起，如何接，如何转，如何结，中间一切法一一明白，便一笔写就，不可随写随改，即有不安，成后再细改之。若逐句做，逐句改，心既散乱，气机必涩必滞，比及改成，反觉草率，且病痛百出，所改仍不惬心。此历试有验之法，勿以常谈忽之。

作文字先须界画分明，前后际须一字不可混。若一意敷衍，意义甚枯，而语致复叠，便不成文理。虽震川亦云："从有出落做到无出落处。”然则无出落固必从有出落做起也。

雅不喜出奇翻案，乡以为害心乱道皆由此起。然亦有说，太苦庸，太苦陈，非别出一奇不可，但不可害理耳。然亦必胸有真见，题多宿莽，而后出于翻案。至浮游之说不足为有无，笔墨又不足以自伸其说而好为吊诡，有以知其必非端人也。

古文排偶整比藏于错综欹侧之中，《左》《国》以来，从无通体散行、意单势孤亦能成文之理。但观古人所传，虽短章寥寥，皆具有奇偶相生、杀活互用之妙，乃至单词闲见亦有阴阳向背之势，不细心则不见耳。此事只争苟且不苟且耳，学文者切须留意，学者虽不读书时须常有读书底意思在。

少年读书作文，须是兴会淋漓，满心以此事为乐，方肯用心。若视为大苦，自然生一切懒惰苟且心，勉强应付，终是一字不得力。

偶然看书便如饥食渴饮生欢喜心，其读书必大长进；拈笔作文便有一切都置孤诣独往之意，其作文必大长进，所谓兴会也。

读书须是定，不放过一处棘手，须是彻底思量遍，要一直透快到底，虽偶有闲时，必取所读书仔细覆看。此之谓沉酣，此之谓钝功夫，此之谓兴会。

到得作文时意义不得自然奔赴，亦有勉强之法。譬如一题到手，便思某意可以会通，某典可以运化。一题如此，他题自然肯如此想，积想既久，自然变化从心。

却又不得囫囵写出便了，尝爱唐人“巴蜀雪消春水来”之句，以为状得读书人意境出，每举似同人，谓读书如积雪，用之如春水。盖运化之妙，寸心自知，非他人所能助力。

作文须是先讲布置，譬如下棋，总须先识得局面。先忌板滞，次忌促数，三忌散漫。去此三弊，有万金之良药：一曰灵，灵则不板不滞；二曰醒，醒则必不促数；三曰紧，紧则必不散漫。运用此三诀，又有一字，曰“圆”，愿留心熟思。

凌空飞动之文，无不喜者。至意虽足而局太板、语太涩，则毁誉各从其类矣。若意并不足，入手即弃去，人人然也，请细参之。

某谈文未尝讲机局，今乃缕切言之，得勿疑某引人入时，趋为侥幸。具其实，非也。先正虽高如王、唐、归、胡诸公，其运掉机局皆有匠巧。某向来心粗，贪说门面，继又贪取意境，所以未说到。今说此事须于琢如有益，若仍以门面了却，仍旧说玄说妙，将意境尽情揭出，于琢如甚不济事。且某非无征之言，如守溪《三黜》篇、震川《圣人有所不知》等篇，机局皆显然可见。又如荆川《一匡》篇，正讲已了，忽着“虽曰”二比，文势方得跳荡，此非机局上事乎？又尝谓此二比乃从守溪《百姓宁》篇后比脱化出，可知前人文字尽有机局可供取裁，却被粗心人一瞥便过。愿反覆推寻，无以为欺人语则幸矣。

用意用笔，须是前中后各不相混，若前后可以易位，彼此嫌于雷同。又或胸无成竹，一层已了，硬足一层，以致览者见补缀之痕，辄生厌弃，尤可恶也。

下笔时虽别有事故，不以撄心，必一篇既了，而后别务始可酬应，否则因循便了。

体势难知，机巧易见，不知机巧，则体势皆伪。正、嘉以前之朴略非无机巧也，但见体势耳。隆、万之机巧犹有朴略之意。近人乃并机巧而亡之，某稍能以体势藏机巧，同辈乃以为天分固优，不知某于此事实乃三折肱矣。

文有拆字诀，黄小无不饫闻。然此等运用，全在明眼人觑破题窍。即如单题，须先识得某字在前，某字在后。若“君子不器”题，须先讲得“器”字分际确然，然后落到“君子”。若“君子求诸己”题，则须先说“君子”，次清“己”字，再细刷

“求”字。本句虽极实，乃是关动题，须有小人一面在。又如“学而不思则罔”，须是先说“学”，次说“思”，又次说“不思”，又次说“罔”字，又须以“而”字、“则”字虚神贯注其中。守溪先生文即是此法。至“思而不学 句”题，便可缘上将“不学”先剔清，以题缘上入，自可得间。然此非板法，须细参之，截上题、截下题尤须识得此法，缘题本逼仄，非此直是窘步。如“而其所薄者厚”题，既截去上下，若专取“而”字，上下际语气岂不窘极，能手即从“薄”“厚”字翻剔玲珑，其“所”字、“者”字，字字清刷，自然一气贯注。又如“与其奢也”四字题若促急，深明“奢”字之弊，则“与其”字易了，下文不侵亦占矣。向见一文，不记谁作，先说今时风气寖趋于奢，次便说今人之奢原亦有不得已、不自知两层，然后说奢如何流弊。琢如细思，至说到流弊岂不径接，下文却又不肯径走，忽然追维礼之初原以防奢，又说人之始失所以，便到奢底地步，曾记其结束处有云：“用礼者反覆思之，其能安于是乎！”当时极叹赏，以为如此通体不曾涵泳“与其”字处，皆有此两虚字跳荡纸上矣。惜其文今不可得，亦并不记是何人作、何选本中见之。又如典制题，有非枵腹所能塞责者，然即从题中字逐层细剥，想出意理，胸中有一二证据经纬其间，便分外飞动。又如极苦窘题或一字题，作何拆法便须从上下前后左右落想。拆义亦是拆字，独如“澹台”字、“灭明”字、“牧皮”字、“浩生”、“不害”等字万不可拆，一拆便堕鬼趣也。某略言之，愿隅反为幸。

认题先须识得先后，又须识得主从。如“子路、曾皙、冉有、公西华侍坐”题，本无深意，然毕竟要以孔子为主，就四子中又要以曾皙为主，却径露不得，又须破碎疏剔隐跃在言下方是。又如“必得其位 四句”题，只有四“必”字耳，余皆从也。从此悟入，凡棘手题可以迎刃而解。

一气纵宕，读者方鼓舞悦怿，忽着一层顿折，便分外飞动。讲机局须识此意。

有一段极好议论，极好义理，若开手写，却便已一览无余，能者四面托出，极力顿跌，极力作缓局，到得八方俱足时，一涌而出，分外饱满矣。看前人文字，但赏其酣嬉淋漓处便是粗心，须看他经营安放之巧。

又有开手掀翻之法，须胸中有无限议论，有一定机局方可为之。否则，前路一气赶出，后又敷衍了事，有何意味？

作文至谈声调固是下乘，然虽大家亦必自成音节。但肯多读古文，自然冲口而出，音节皆和。

一篇文字，看似逐处安放，其实乃一笔写就，是谓以法行机。看似一笔写就，实乃逐处安放，是谓以机化法。看前人论文语，须是如此理会。

逐处梳栉，是矣。然前后绝不相顾，前辈所讥四橛也。尝谓近文非独四橛，并成八橛。下笔时须以气机相引为佳，然亦须层次浅深，实乃一线相承。若一滑即溜，便堕下乘。

作文要有趣，譬如同一切题，而觉此义较精者，理趣胜也；同一用法，而觉此有法外意者，意趣胜也。心手相忘，趣乃尽神。然此境大难，且去寻出意趣为佳。

一脱卸耳，具无数法。一挑剔耳，亦具无数法。作文若胸中无此等解数，那得不为题窘。洮洮清辨，如翻水成，读者那得不爱。

一切俗法无取乎尔，独截搭之吊、渡、挽，几成印板矣。然亦有出脱法，一以行机为主，自然处处合拍。

场屋之文本难决胜，某尝谓学者第当为可售之文，清而腴，雅而恬适，使不知文者不恶其貌，而知文者亦可寻其微，是斟酌古今之诀。若钩章棘句，探赜索隐，又或蒙以古貌，调哑而色陈，则是必不售之文。至于力揣时趋，涂以脂泽，举体皆俗，见者欲呕。又或言之不文，杂以市井，知文者恶其丧品，不知文者亦笑其捧心。以之投时，反取弃掷。夙昔论之，叹为两失之道，此其类也。

场屋之文自与平时有高下，然高下杂驰，何能兼美？但极力为文，自可取知当世。若每一拈笔便思为入彀之文，所谓未能造车便求合辙者也，究竟时辙屡迁，无可臆决。孟子曰："不知足而为屦，我知其不为蒉也。"此亦极力为文之义。又况自下而上其势难，自上而下其势易，功力既到，无施不可，虽不求必售而售可必矣。

按期作文外，或偶有所触，觉某题可如何发挥，抑或天趣洋溢，意思坌涌，便急起赴之，稍纵即逝，乡所谓机不可失者也。如此可以涵养文心，使活泼泼地。

作文到得长进时，不患不能发挥，患繁且杂。于每构思时但取铸局意思，不甚比附，或嫌破碎文格，即割爱可也。

前人论文每有精语，从之参悟，可得无数法门。如云"张皇幽邈"，幽邈如何可云张皇，煞有意味。阅文时此等处往往忽过，要之，读书且不理会，何论文字？读文且不理会，何论评点？

文有病痛，若是自己当下见得犹易改。若是自己不觉或更道好便难，于此有人指破，切须留意。

作料少亦是一病，然只须多读书，自然日渐增多。若是挪借将来，必不贴切，文益支离，其病转甚。又须随题施设，若敷衍便了，是为自欺。东坡论韦诗云："苏州诗非不佳，只是作料少。"后人驳之曰："东坡诗非不佳，只是作料多。"于此得调剂斟酌之法。

详略繁简，每题自有法度，然亦有人详我略、人略我详、可繁者简、可简者繁之法，要须识得运用之宜，使详略繁简不至相形见伤。文章至恰好最难，但亦有各人分际，所谓恰好处，踌躇满志，不遗余力即是。凡人做事总期不负心，不负心则无遗憾，文字何独不然？

圣贤言语极平常处，本自大而无外，深不可测，不须人恢之使大，浚之使深。但着力学文时涉恢涉浚，即亦何碍？若以不会做得为恰如题分，便是自欺。

凡学文字直是智尽能索，方得出头地，若惜一分力，便不济事。看人文字佳者，当想他是如何用力，便去照他样子做功夫，不可随便诧异他好处，以为自己万万攀他不上也。

看前人文字必有得力处，离却前辈评点，无有入处，单靠前辈评点，亦无有入处。

讲板法固是匠气，离却板法又那得成文，此自机局上事。某尝谓极容易处须是反覆思之，极棘手处亦须是直究到底，定须得个分晓。若是易处便就，难处便避，是不长进。

某为文始终得力一转字，所以不至径直无回曲。文字以直为体，却须以曲为用，然又不可强作佶聱，故为层折，使意不足而词有余。此际正须善会之。

一篇文字已成，字句自须斟酌。然字字戥称，句句铁铸，谈何容易？但须当理惬心，据自己功力到处，不留遗憾便了。

学文大病无过助长。何谓助长？功力未到，欲以己意一蹴而至便是。如欲本领大，根柢深，须多读书，理境烂熟，加以涵养，乃可造极。今必欲篇篇性理，字字大家，究竟填凑剽窃，无一是处。但循序渐进，功夫不辍，自然造此境界。某向年为文，必有泛滥诸家，自逞才力，何曾一字是胸臆流出。继又力模豫章，颇工拟似，近日自己细看，亦费条析，可知一偏之见皆是助长之害。

某累数千言，欲琢如反于浅近。吾辈人稍有资性，必不肯浅近自安，然须识得深远处非从浅近入，万难竟到。又某所言皆身造其境，心知其意，乃敢为琢如陈之。若功力未到，识见未的确处，必不敢欺心，使琢如惊怖其言，骤为慕效，以滋一切之弊。故前人已经阐发，耳所熟闻，间亦及之，而高深微妙之说，某心所不敢自信者，一皆弗赘。此意亦最致密，为琢如，亦所以自考也。

附论诗赋

教学徒读唐诗时，自己便留心玩味，自然诗有原委。

作赋非材料充足不可，然不曾蓄聚得，骤求博雅，又是痴也，且亦做功夫不及。愚意凡看书时，择其可入赋可作题目者另纸录之，再逐细分类，如天文、地理、学问、兵事、技艺之类，不然即随便编成句调亦可。虽温公亦有《四六备览》，东坡亦有摘句待用时也。

作赋有三字诀：一曰鲜，二曰整，三曰活。此数十年赋家通同之法，只须解得此三字运用，便为一代作手。

赋家争起手耸拔警炼，最易动人。

布局以纵宕为上。纵宕中自然宏整，尤征功力，忌杂忌平衍。

作赋字句尤宜检点，不炼则语不解，局不整，机不活。炼句，炼局，炼意，尤须炼势。以六朝、唐赋为根柢，而参以近今律赋，思过半矣。

赋以敷陈取义，古赋尚矣。某每谓近今律赋佳者实胜前人，能自得师，何必贵耳贱目。

成语须有的对方可入赋，若凭臆作偶，最生厌忌。

征引事实必时地皆合方可，不然泛滥成篇，究亦贻讥数典。

总之，无论诗赋文辞，读之必尽心而后已，作之亦必尽心而后已。又须按期常作，不可间断。若作时虽用心，而平时并无读底功夫，虽常作，亦无济也。

前数年尝疏所论作文法，题之曰《刍说》，论之实未尽也，乃随事疏引，并追忆平昔所说杂书之。凡所论皆吾所亲历，循而行之，上可以进于古，下亦不失为一时之杰，独患不肯降气猛力以求之耳。吾非敢谓所论无复遗漏，亦未能保其无复流弊，然引伸触类则备矣，切己体察则善矣，善且备，则进乎道矣。

学者每日须有定程，虽课蒙鲜暇，亦当减省立程，不可全无定格，致因循懈惰，日复一日也。太史公"好学深思，心知其意"二语极尽读书之妙。虽有他务，心必在学；苟无他务，力免于学。此为好学。读一书，必求其大旨，读一篇以至一段、一句、一字，必求其所以然，引伸而会通之，此为深思。既好学又深思，则学之所到独有深喻，思之所通无所窒碍，自然心知其意矣。不至心知其意，不可谓好学深思，且须着力求之，口耳之学，岂有真悟哉！

武侯"略观大意"，渊明"不求甚解"，是古今第一等善读书人。然此二语极须善会，"略观大意"，取精神也；"不求甚解"，恶穿凿也。不读书者动引为口实，夫今人直不观、不求解而已，于古人何尝乎？须是勤观勤解方得。

"读《易》者如无《书》，读《诗》者如无《春秋》"，专而已矣。泛滥任意，忽此忽彼，究竟皆不得力，最读书之大忌。昔尝与耘清书云："陈鱼于案，食未竟而思熊掌，又趋而求食焉。熊掌不可必得，而鱼之味仍未尽，其终必两失之。"其言虽近，可为善喻，大要每读一书，必终其事，乃及其他。今纵不能孤行己意，卒业于古，要须定一日课，每日毕某书几何，少读而务解，久久自有真得，且用功反易。若杂骛无纪，既难而又无益，甚不值得。

读书是大乐事。吾辈应酬世俗纷纷杂事，无非苦境，独此事活泼泼地，而又不肯用功，悠悠忽忽，终身于苦中而无一乐，大可悯悼！弟须识得此意，自然日与书相亲相化矣。经最难读，亦最易读。古人制度皆不可考，往往被考据家闹扰不休，使人头晕，所以难读。逐处俱从寻常日用体帖，则逐处皆有悟入，不比他书少有吃紧关切处，所以易读。要之，于制度上略有窥寻，即札记存之，久亦贯串，则难者亦不甚难也。

雅不喜翻新立异，然古今有极可疑者，往往令人不快，亦须逐时录出，以为考证问辨之资。

十年前，弟好读《史记》，近数年反不深求，此非善学文者。《史记》有无数文法，潜究之，则文字必有境地。此时说不出处，且吾至今固尚未尽其妙也。

八家中欧、曾于经义体较近，苏则策论之大资也，韩太大，柳太峭，王太奇、太拗，不可不读，不可妄学。

尝谓古文之源有二：其一出于《左氏》，变而《国策》，而《史记》，以至韩、柳、孙、李、欧、王、三苏之属，其传最盛。其一出于《国语》，匡、刘以降则南丰、新安而已。元、明以来，惟归熙甫学曾而未至，侯近苏，魏近欧，汪仅标格，方则求兼而未成者。近则姬传先生出入韩、欧，其体颇备，大抵皆八家之支流，无溯源于《左》《国》者矣。至周、秦诸子，则庄、列、商、韩及汉之贾生、淮南皆左氏之流，老子、孙子、荀子及汉之广川皆《国语》之流。《左》则简于辞，富于波，变动于法，其源出于《易》与《书》；《国语》则委曲繁重，畅茂条达，不欲简，不作波，不求变动，其源独出于《礼》。此其大略也。若骚降而赋，其后相如、子云、陈思、士衡以及八代诸作，皆

《诗》之变也，弊乃婑于藻绘，模糊无义理，君子戒之矣。观古文以此意求之，庶有统宗，然要须逐处辨取，不必横据此意，反无得力处也。

学文要有次第，先审题，次布格，次立柱，次修辞。若一题到手，先想某典故可以敷佐，某古文可以套袭，此是欺世盗名心术，不惟于文无益，于心并有大损，戒之，戒之。

凡读书作文，须是月计不足，岁计有余。若急求见好，为害最深。只须立定功程，认定趋向，日复一日，不肯苟且，自然精进无穷。

凡作文，喜人看是一病，不喜人看亦是一病。喜人看，先有自己得意在，是欲人道好耳。不喜人看，先有自己护短在，恐人道不好耳。惟与用功夫有见地者看，不与漫应酬没出豁者看，最为得宜。

昌黎《原道》诸篇，欧阳《本论》，眉山《策略》，曾、王学记，此类是八大家本领处。柳州则《唐书》所载尽之。学古文宜以此先之。

时文极是正经制作，都被摩风气者败坏，稍聪明欲自命者至谓必废时文乃可。夫诗赋浮丽，不足取士，策学剿袭迎合，弊亦多门。经学专家，汉以后久绝矣，惟制义尚近经论，但为之者心术自坏，何尝为时文所坏乎？尝恨诸言官无慎选督学之奏，使天下为使臣者一禀经训，不命割裂虚缩之题，不取浮掠熟烂之文，清胥役之弊而杜请托与怀挟侥幸之门，则文运一转，正学寖昌，自应童子试时已然，而况乡、会试乎？此正本清源之一端，关于治化，非但文字也。吾曹纵无督责之者，自命以此，即脚根先立得牢，亦为豪杰之一端矣。

文以意为主，但争落想一着。所谓落想，乃是通盘打算，然后立意，非止一起笔已也。出手便寻替代字样，此俗下极恶之习，琢如所谓开口便错者，吾弟不可为俗咻所动。

前言作文字须界画分明，此是学文之法。以此法看前人文字，虽亦可寻出线索，而大段体气却看不出。尝语琢如，前明一代文须是不画段勾股方看出大处，正、嘉以前文尤不可逐股看。琢如依此法，遂识得许多体气。此意甚高，粗心人却借口不得。大率看古文须界画，界画才见得门径；看时文须不界画，不界画方识得他与古文一样。吾数年来作时文亦不用界画，顿觉他人有许多不联贯处。

作文必实实还他着落，先正朴朴底说最有本领。吾文实还处必安放一番，多用前引后托，旁见侧出，以避雷同剿袭之病。能自树立处在此，不及先正处亦在此。学先正多成伪体，且熟而腐者往往不免。学吾文多好用解数，或反自相刺谬。二者皆有弊，总须多读书以蓄义理，多读古文以求体法，则随所之而皆可有成。若是不还实处，则为忧方大矣。

自金坛专以揣合虚字为教，而发明道理之意亡，前人有论及此者，要是名论。然虚字非尽可抹煞，须从虚字发出道理，若只以侧笔纤语揣合之，则识体者所不为，方文辀至以张脉偾兴为惯技，踵其流，又害心术之甚者也。

前明亡国之际，有人不足齿，文尤悖乱。

《钦定四书文》所不载者，或侧而险，或伪而肤，或杂而妄，或嚣而支，皆近于世俗之墨体。世俗护之者，借口于不以人废。夫所谓言者，如商、韩之子，柳、王之文，世所不可少则存之。若曹氏、沈、宋之诗，扬雄、潘、陆之辞赋，实为工妙，艺林所资，抑其次也。若诸人之时文，其何取乎？烂恶趁媚以欺世而窃科名，譬如市娼衒冶，下走羞以为妻，又何不废之有？吾尝悬以为戒子弟，有习文者慎无入目为切。虽外间不可骤化，吾以为家戒可也。

文之长者须不可减，短者须不可增，是矣。然又须长不可增，短不可减。若长者可使更长，其为遗义多矣；短者可使更短，其为剩字多矣。此斟酌长短一定之法。

学如行路，须是实实行到。高处一望可数十里，而都未实历，乃侈然以心眼自矜，此为欺耳。君子不自欺以欺人。

凡人好以不如己者自比，只觉自己无限好处，此最吃亏。看人文字，亦忌先瞧他不起，皆学者之切病。

作文到痛说弊病处言无愧辞，此由平时存心制行不走作，非关文字也。存心有暗曲难告人者，制行有作伪难问心者，临文必多顾忌隐讳、不肯直道之语，故吾尝谓作文足以省心察事。

作文要须逐处积意，能积意必先能搜剔。范蔚宗自病其文多公家言，今之时文其理致议论皆公家言耳。处处搜剔，则意自深确。大率文章一道，断非懒用功者所能。

学文先要立志。立志只要欺人以求售，不独文不能工，心术先坏矣。读圣贤书，须以发明道理、扶植伦常自任，须是文中所说都行得方可。

眼前诸君有识者都病我以少涵养，吾深服其论。然涵养须从存心明理、读书养气大段见之，不可伪袭。学文当自光明磊落、斩钉截铁始，万不可模糊掩匿以为中和。凡文有不定是非、不见起止者，必非端人，此非小故。涵养纯粹，当徐而俟之，少年文虽圭角太露，何害？

诗文要须成体，笔墨变换，何往不可？第一篇之中一字不类，是谓驳杂，是大病痛。尝谓炼之用莫要于此，若捶句为篇，铸字为句，小哉其言炼矣！且俗稚之病多生于炼，亦不可不知。

文章之道以相反为用，详处宜略，略处宜详，续处宜断，断处宜续，皆其类也。读书亦须从相反处入，思议粗中求精，深中求浅，曲中求直，败中求成，皆其类也。曾从相反处用功，到得悟时，自如水银泻地，又如万斛流泉。

君子立言自有体要，律赋虽小技，其猥亵纤诡有伤大雅者必力去之。昔吾作《张敞画眉赋》，刻划颇尽巧力，甚悔之，结处乃用正论为救。此事关于性术。

谨按：是《说》删存全存，时贤见解各殊。或谓制艺已万古不复，莫若专存论古文之说用成佳著；或谓制艺为明、清两代取士之资，存为后人考据；更谓凡书贵在精义，未可因时代体制而有所偏废，且《说》中节与节脉络贯通，隐有一层深一层、一层详一层之意，故全存以留其真。家珂谨志。

常 谈

〔清〕陶福履　撰

导读

中国专制社会发展至明、清两代，已进入衰亡时期。为维系其摇摇欲坠的统治，明、清王朝都选择以儒家正统思想即程朱理学作为其官方意识形态来统一国人头脑，以君君臣臣、父父子子这一套伦理纲常来治国。而儒家正统思想全都体现在《四书》《五经》及程颐、朱熹等理学家对其所作的传注之中，故这些书和传注便被奉为至高无上的经典，读书人必须熟读深研并加以践行。

为了推动这一学习运动，达到以儒家正统的伦理价值观武装国人之目的，明代统治者创制了八股文作为科举考试的主要文体，并规定八股文的题目必须从《四书》《五经》中摘取，对题目的阐发必须依据程朱传注。这样就把八股文与《四书》《五经》及程朱传注牢牢地捆绑在一起了。八股文便成为学习《四书》《五经》的心得体会，或者说是对《四书》《五经》的解说，而《四书》《五经》则成为八股文的灵魂。

从另一个角度来解读，八股文是统治阶级意识形态固化的体现，是儒家伦理价值观的载体。

由于八股文是用于科举取士的，明代统治者又别出心裁地规定，要以八股文的好坏，即对《四书》《五经》及程朱传注理解发挥的正确度来作为取中的标准，到明代中期以后，这甚至成为唯一的衡量标准。这就迫使士子们为了功名富贵，不得不皓首穷经，把《四书》《五经》及其传注读得滚瓜烂熟，能提头知尾，并深研弄透。

这样就在全国士人中形成了一种共识：要想夺取功名，先要写好八股文；要想写好八股文，必先熟读钻透《四书》《五经》及程朱传注。于是，八股文便成为《四书》《五经》与程朱传注，即儒家正统思想的有效传输工具。为获取功名而从小自觉自愿地攻读钻研《四书》《五经》的士子们，在依照程朱传注的规范，对《四书》《五经》的每句话，甚至每个字进行揣摩理会过程中，他们的儒家正统的伦理价值观便会形成。于是，统治阶级欲以儒家正统思想武装士人头脑的目的便达到了。

清代统治者看到了八股取士对维系专制统治的有效性，便全盘继承了这种制度。

对于八股文与《四书》《五经》的关系，明、清两代有识之士都有所认识，并在其著述中加以阐述。陶福履的《常谈》是其中较为优秀的一种。

陶福履（1853—1911），字稚箕，江西新建人。自小聪颖好学，博闻强记。清光绪十四年（1888）曾任江西会昌县教官，十八年（1892）年中壬辰科进士，入翰林，后改户部主事，放地方官，历任湖南慈利、沅江、益阳知县，有政声。有文名，著有《远堂文集》《稚箕远堂诗录》等，编撰有《豫章丛书》。

受时代影响，陶福履崇尚经世致用之学，对“自科举法行，士不复通经学古”，“经史、性理、掌故诸书，悉不研究，而惟攻时文。又舍弃先正，灭裂理法，取近科房行墨卷，承之庸之，以希弋获”（《常谈》自序）的现象不满，故在会昌教官任上撰写了《常谈》，“因先取科举之学，悬为令甲者，溯其原始，缀为一编，采《魏书·管辂传》，命曰《常谈》，以示诸生，俾知夫设科取士之意”（《常谈》自序）。

陶福履当过教官，中过进士，又深思好学，故对科举的本质有很深的认识。他认为，“国家养士于学校，考之以经义，而严之以课程者，欲其明当世之务，习先圣之术，出为公卿大夫，与天子分猷共治。内以靖奸宄，育元元，而外以御敌国外患”（《常谈》自序）。所以，他将科举所设的各种应式文体一一考究其源流、演变，让人掌握各文体列入科举考试之初心，演变之原因，进而洞察各种科举应试文体的精要所在。

陶福履真切地认识到《四书》《五经》是各种应试文体的灵魂，各种应试文体都是在阐发《四书》《五经》的要义而已。离开《四书》《五经》，就没有了用这些文体来试士的意义。所以，在《常谈》之首，他就逐一讲述了《四书》《五经》的由来、源流、演变情况，进而述及其与科举的关系，称“于是《四书》有科举之学”。

对于《四书》成为“科举之学”，作者是从元延祐复科举，以《四书》试士开始讲述的。在对历史事实的追溯与发掘中，八股文与科举的关系便昭然于眼前。

“四书文”一节也是从追溯其原初状态开始讲述的，这就凸显了《四书》对四书文内容所起的灵魂作用。作者又讲述其文体的源起及演进过程，并从破题、承题、结题的存在揭示了四书文即八股文与经文的依存关系。

“经文”一节则从宋、元经义的出现来讲述五经文即八股文与《五经》的关系，写得既贴切又准确。

总之，从作者在书中先讲《四书》，继讲《五经》，再讲四书文与经文的排列顺序，即可看出作者对《四书》《五经》与八股文之间孰重孰轻的关系的认识。

《常谈》一书对各种科举考试文体都加以介绍，如策、论等，由于它们不属八股文范畴，故不录。

《常谈》据陶福履所编撰刊行的《豫章丛书》初编所收本校点录入。

（乌　媛）

自 序

自科举法行，士不复通经学古。杨绾有言，少而就学，皆诵当代之诗，长而博文，不越试家之艺。六经则未尝开卷，三史则皆同挂壁。隋置科目，至于唐代才及百年，弊已如此。今之学者，殆又甚焉。经史、性理、掌故诸书，悉不研究，而惟攻时文。又舍弃先正，灭裂理法，取近科房行墨卷，承之庸之，以希弋获。岂惟六经之旨，当世之务，豪不通晓，科举功令，条式所列，苟取以问其始末，亦瞠目不答而已。呜呼！士习若此，欲望其通达治体，起而为国家实用之人，亦已难矣。

福履以光绪戊子为会昌学官，职课士之责。而会昌为尹先觉所生之乡，意必有魁奇绝特者挺生其间，其次亦宜有通隽之士。而到官以来，士修贽以见者，类朴实安静，质胜乎文，岂山川钟毓有时，抑为学官者教导无术耶？不揣弇陋，思有以启之。因先取科举之学，悬为令甲者，溯其原始，缀为一编，采《魏书·管辂传》，命曰《常谈》，以示诸生，俾知夫设科取士之意。

呜呼！国家养士于学校，考之以经义，而严之以课程者，欲其明当世之务，习先圣之术，出为公卿大夫，与天子分猷共治。内以靖奸宄，育元元，而外以御敌国外患。岂果区区文艺之末，遂足为用世之材也哉！

光绪十有六年秋八月，新建陶福履自序。

常　谈

四　书

《论语》《孟子》，旧各为帙。《大学》《中庸》，旧《礼记》之二篇。宋朱子编为《四书》，作《四书或问》，《四书》之名始此。宋钱时融堂《四书管见》在朱子后，然所解乃《论语》《孝经》《大学》《中庸》。国朝毛奇龄《四书改错》曰：《四书》合并于北宋，至南宋初，胡安国辈已早举其名，然亦不能定始于何人。欧阳熙按：唐人尝总称四库书为四书，陆龟蒙诗"尝闻四书目，经史子集焉"是也。又李肇《国史补》言：天宝中，以四子列于学宫，乃《老》《文》《庄》《列》四道家书。《玉海》经解类载：开元详定传注《四书》，所谓《四书》，乃《孝经》《尚书》，古文孔郑氏注及子夏《易传》、王弼《老子注》，皆非今之《四书》。

《论语》三家，古论、齐论、鲁论，汉初并立学官。古论分《尧曰》子张问以下更为一篇，如淳云名曰从政。合二十一篇，其篇次《乡党》第二，《雍也》第三。齐论《长问》、《王知道》二篇合二十二篇。鲁论即今本。梁皇侃《论语义疏序》。

《论语》者，孔子应答弟子、时人，及弟子相与言而接闻于夫子之语也。当时弟子各有所记，夫子既卒，门人相与辑而论纂，故谓之《论语》。《汉书·艺文志》。

《论语》郑康成以为仲弓、子游、子夏等撰。子夏六十四人共撰大义微言，见《论语谶》。柳子厚以为曾子弟子为之。程子以为有子、曾子二家之门人所集。洪容斋以为出于闵子之门人。胡致堂以为子思、檀弓所纂修。

《孟子》七篇，司马迁、赵岐皆云《孟子》自作。林慎思谓非孟子自著，乃弟子共记其言。韩退之亦云万章、公孙丑所会集。

《汉七略》：《孟子》十一卷。应劭曰：孟子作书，中外十一篇，今本七篇者，其中书也。外书四篇《性善》《辨文说》《孝经》《为政》。见赵岐序。

汉文帝以《论语》《孝经》《孟子》《尔雅》同立博士。同上。

宋礼部《韵略》所附条式：元祐中即以《论语》《孟子》试士。按：《论语》《孟子》自汉以来皆谓之传，至宋始尊为经。

《大学》于《礼记》篇次第四十二，《中庸》第三十一，然早有专行本。《汉志》有《中庸说》二篇，《隋书·经籍志》有梁武帝《中庸讲义》，唐人有《大学》专本。宋仁宗天圣八年，以《大学》赐新第王拱辰等，司马光有《大学广义》，此皆在程朱以前。《玉海》：天圣五年，赐进士王尧臣等人各御书《中庸》篇一轴。《大学》郑注孔疏，均未指为谁作。贾逵曰：孔伋穷于宋，惧先圣之学不明，而帝王之道坠，故作《大学》以经之，《中庸》以纬之。《大学》为子思作，亦见郑氏《礼》注及《孔丛子》。

《中庸》为子思作，陆德明《释文》曰：孔子之孙子思作之，以昭明圣祖之德。《孔丛子》曰：子思年十七，困于宋，乃撰《中庸》之书四十九篇。《家语后序》曰：子思作《中庸》四十七篇。李翱《复性书》曰：子思作《中庸》四十七篇，遭秦焚书，存者一篇。

《汉志》颜注曰：今《礼记》中有《中庸》一篇，亦非本

《礼经》，盖子思作之以阐天人之奥，汉儒以无所附丽，编之《礼记》，实于五礼无所属。案：国朝张尔岐《蒿庵集》有《中庸论》云：《中庸》者，礼之统论，约说也。凌廷堪《校礼堂文集》有好恶说云：《大学》虽不言礼，而与《中庸》皆为释礼之书。

元延祐二年复科举，以《四书》试士，用朱子《集注》《章句》。欧阳熙案：《元史·选举志》曰：皇庆二年，诏定条制，蒙古、色目人第一场经问五条，《大学》《论语》《孟子》《中庸》内设问，用朱氏《章句》《集注》。汉人、南人第一场明经、经疑二问，《大学》《论语》《孟子》《中庸》内出题，并用朱氏《集注》，复以己意结之。此崇尚《四书》朱注之始。

元以《四书》试士，于是《四书》有科举之学。袁敏斋《四书疑节》、王与耕《四书经疑贯通》，或阐义理，或讲考证，犹近诂经。倪士毅合陈栎《四书发明》、胡炳文《四书通》，名曰《四书辑释》，始专为经义而设。明永乐三年，胡广等修《四书大全》，取倪书稍加点窜，颁行天下，尊为取士之制，是为讲章之始。国朝汪中《经义知新录》曰：古之讲经者，执卷而口说，未尝有讲义也。《汉书·张禹传》：初，禹为师，以上难，数对己问经，为《论语章句》献之。此讲义之始。

国朝沿元明制，《四书》用朱子集注章句，《易》用程子传、朱子本义，《书》用蔡氏传，《诗》用朱子集传，《春秋》用《左传》、杜注，旧用胡传，乾隆中礼部尚书纪昀等奏废，改用《左传》、杜注。《礼记》用陈澔集说。元制，《礼记》用古注疏，明改用陈集说。乾隆四年，奉旨校刊《十三经注疏》，颁布学宫，古今注并用。

宋初以九经取士，间及《论语》。至元祐变法，有《论》《孟》义，然是时以《诗》《书》《礼》《周礼》《春秋》《左传》为大经，《周易》《公》《榖》《仪礼》为中经，《论语》《孟子》

并不在经科，陈氏《直斋书录解题》始列经部。终宋世但兼及之，未尝有专科。且第兼《论》《孟》，不兼《大》《中》，以是时《大》《中》止《礼记》本，惟元延祐始开科取士，一变旧法，以《四书》为书，以《易》《书》《诗》《礼》《春秋》为经，去《周礼》《仪礼》《春秋三传》《尔雅》《孝经》等于不用，且限《四书》《五经》，传并用宋人经注，立于学官，而前儒经注一概不问，惟《礼记》尚用郑注。入明，复以宋陈澔注易之，陈元人，非宋。于是诸经诸传俱荡然矣。毛奇龄《四书改错》。

五 经

《五经》之名，始汉武帝建元五年立五经博士。文帝先立《鲁诗》《韩诗》，申公、韩婴为博士。景帝立《齐诗》《春秋》《公羊》，辕固生、胡母子都为博士。武帝立《易》《书》《礼》，杨何、欧阳生、后苍为博士。《汉书·翟酺传》：上言，孝文皇帝始置五经博士，武帝大合天下之书。《史记·循吏列传》：公仪休者，鲁博士也，以高第为鲁相。是博士不始于汉文。

古《易》二本，一田何本，以卦、爻、彖、象、系辞、文言、说卦、序卦、杂卦为十二篇。一费直本，以彖、象、文言参入卦中。郑康成、王辅嗣皆传费学，孔颖达等作正义，专用王注。

今《易》四本，一程传本，用王弼本，惟以序、卦分置，诸卦首用李鼎祚《周易集解》例。一朱本义本，用吕祖谦古本，以上下经为二卷，十翼为十卷。一大全本，割本义附程传后。一明成矩刻本，刊去程传，存本义，而用程传次第，即今通行本也。学者读程朱本毕，当进以御纂《周易折中》，其书经传分编，一从古本，博采诸家，兼综理数，集易学之大成者也。

《尚书》文句古奥，注家较少。大传纬书流亚，小序出于依托，五行传出于附会，此外并无异说，惟古文今文尚滋聚讼。今文二十九篇，伏生所传。古文较今文多十六篇，出于孔壁，孔安國所献。绝无师说，惟传都尉朝庸生胡常，其后亦罕授受。东晋初，豫章内史梅赜得孔传古文《尚书》，奏于朝，增多二十五篇。其传据王肃注，益以旧训。初与今文并立，自陆作《释文》，孔作《正义》，始与今文混合为一。吴棫、朱子、吴澄皆疑之。明梅鷟作《尚书考异》。国朝阎若璩作《古文尚书疏证》，其伪乃明。然《正义》承用已久，仍立学官。

元延祐科举条式，古注疏、蔡传并用。明洪武初，与宋夏撰《尚书详解》并用。已又修书，传会选，改定蔡传六十六条。永乐中修《大全》，专用蔡传。国朝《钦定书经传说汇纂》，订正蔡传尤多，学者宜究心焉。

《诗》四家鲁、韩、齐、毛，毛最后出，康成传其学。郑笺既行，三家遂废。见《释文》。齐诗亡于魏，鲁诗亡于西晋，韩诗虽存，无传之者。见《隋志》。今韩诗亦亡，惟存外传。其亡当在北宋末，唐注书家多引其说，《崇文总目》犹著录也。朱子集传专攻小序，至其训诂，多从毛、郑。《钦定诗经传说汇纂》多录旧说，尤为赅备焉。

《春秋》三传，《公羊》《穀梁》《左氏》。《左》最后出，然书最古。《汉志》：春秋古经十二篇，徐彦《公羊》疏曰：左氏先著竹帛，故汉儒谓之古学。古经十二篇，即左传之经，《汉志》春秋经与三传皆别编。以《左传》附经，始于杜预。见预《集解》序。又许叔重《五经异义》以《公》《穀》为今文说，以《左》为古文说。左氏初未立学官，故《汉志》谓之古经，许氏谓之古文。元延祐复科举，始用胡传。明承元制，宗法程朱，以《程子春秋》仅二卷，朱子亦无成书，胡安国学出程子，张洽学出朱子，故定用胡、张二传。张传后以文繁废，惟用胡传。

国朝虽沿明制，而《钦定春秋传说汇纂》采录旧说，于胡传多所驳正，以承用久，仍附三传末。乾隆二十三年御纂《春秋直解》，御制序文，揭胡传傅会臆断，明诰天下，自后改用《左传》、杜注，以复古学焉。

《隋志》曰：汉河间献王得《礼记》一百三十一篇，刘向又得《明堂阴阳记》等，合二百十四篇。戴德删为八十五篇。戴圣又删为四十六篇，马融益以三篇，为四十九篇。郑氏《六艺论》曰：戴德传记八十五篇，《大戴礼》是也。戴圣传记四十九篇，今《礼记》是也。是《礼记》本四十九篇，无马融益之之事。汉时《礼记》未立学官，故石经《礼记》虽见卢植传，终未刊行。

元科举条式用古注疏，明初改用陈澔《集说》，永乐修《大全》遂以陈书为主，训诂名物，远不逮郑。《钦定礼记义疏》广摭古义，退陈氏于众说中。圣人衡鉴，固至精焉。

四书文

四书文，经义也，宋熙宁中王安石所创。《宋史》：熙宁四年二月丁巳朔，罢诗、赋、明经诸科，以经义、论策试士，命中书省撰大义式颁行。试义者须有文采，乃为中格。元仁宗皇庆初复科举，仍用经义，先是，太宗时耶律楚材请以三科选举，一经义、一论、一诗赋。体式小变，其文有破题、接题、小讲，谓之冒子。冒子后入官题，官题下有原题、大讲、余意，亦曰从讲。又有原经，亦曰考经，有结尾。宋魏天应《论学绳尺》有破题、接题、小讲、大讲、入题、原题诸式。后又小变，然冒题、原题、讲题、结题一定不易。见倪士毅《作义要诀》。明初又小变，然文后尚有大结，犹其遗法。成、弘以后纯为八比之格矣。

元制，经义外有经疑，分本经疑、四书疑。明初尚沿之。洪武三年，初行科举，以《大学》“古之欲明明德于天下者”二节与《孟子》“道在迩而求诸远”一节，合为一题，问二书所言平天下大旨同异。十七年改定格式，此法遂废。自后惟行本经义、四书义，士皆杜撰无根之语，无复经义遗意矣。

宋刘元承名安节，元符三年进士，有《左史集》，中载经义十七篇，义各有题。《经义模范》一卷，明人辑，中载宋张才叔名庭坚、姚孝宁、吴师孟、张孝四人经义十六篇。此编录时文之始。《明史·艺文志》：四书程文二十九卷。《选举志》：万历十五年，礼部取弘、正、嘉三朝中式文字纯正典雅者一百余篇，奏请刊布，以为准则。此选刻时文之始。民间刻本时文，始明弘治初，见顾炎武《日知录》。社稿盛行自崇祯初年始，房稿盛行自万历末年始，见任源祥《读墨小序》。

明经试法，以口问者曰口义，以笔问者曰墨义。故时文谓之墨卷。《北史》：苏绰制文案程式朱出墨入之法，此今朱墨卷所由昉也。

经 文

经文本经义也。元延祐专以《五经》取士，就试者各占一经，谓之本经。宋元祐科场法，第一场本经义二道，《语》《孟》义各一道。张才叔《自靖人自献于先王义》，吕东莱收入《文鉴》以为程式。王安石变法用经义，自造《诗》《书》《周礼》三经训诂，使经生诵之，以之作文，谓之《三经新义》。《元史·选举志》：汉人、南人第一场经义一道，各治一经，限五百字以上。《明太祖实录》：洪武三年，定乡试第一场四书疑问、本经义、四书义各一道。十七年颁科举成式，第一场四书义四道，限二百字以上。经义三道，限三百字以上。崇祯中有并作五经者，特旨取中。见《日知录》。

国朝康熙四十一年壬午科，定全作《五经》者准中式。雍正四年丙午科，《五经》中副榜者准作举人。乾隆五十二年丁未科会试，定《五经》轮年分试。五十八年癸丑科会试，改定每经经文一篇。

宋谢叔孙《诗义断法》五卷，但列拟题。元陈悦道《书义断法》六卷，摘录可命题者逐句铨解，各标举作文窾要。此五经讲章之始。又王充耘《书义矜式》六卷、陈绎曾《文说》一卷，论程试行文之法。曹寿松案：王伯厚《词学指南》曰：隋杜正玄开皇十五年举秀才，试策高第。左仆射杨素志在试退正玄，乃手题使拟司马相如《上林赋》、王褒《圣主得贤臣颂》、班固《燕然山铭》、张载《剑阁铭》、《白鹦鹉赋》，曰："可至未时令就。"正玄及时并了。素读数遍，大惊曰："诚好秀才！"正玄弟正藏，十六年举秀才，时苏威监选试，拟贾谊《过秦论》及《尚书·汤誓》《匠人箴》《连理木赋》，凡赋论铭，应时并就。原注：此拟题试士之始也。

八股文作法汇钞

〔清〕东园　编抄

导读

《八股文作法汇钞》，系东园“节录先辈论”，编抄成此作。

东园可能是字号，其姓名、生卒年代、籍贯、身世经历均无考。从抄本后所署之“咸丰四年岁次甲寅正月日东园抄录”来分析，他可能出生于清嘉庆或道光年间，至少在咸丰四年(1854)仍在世，且是一个醉心功名，对八股文作法研究有素的诸生甚至是举人。

在明、清社会，对平民百姓家庭而言，取功名享富贵的唯一出路便是考科举。而要想夺得功名，就要写好八股文，因为这是考中生员、举人、进士最主要甚至是唯一的衡量标准。但八股文非一般人能写好的，要想写出科场获隽之作，必须有独到功夫。

首先，你要懂题法。一题到手，你要能知这是什么题型，从而把握其要旨，识得题理、题神所在，要用什么方法才能把读题的心得体会精确地表达出来，这便属题法。题目是八股文的灵魂，掌握不了题法，你便写不出题旨，你的心得体会就会肤浅，甚至离题万里。入不了考官法眼，自然就与功名无缘了。

但光懂题法还不行，还得熟练掌握文体，知道句法、字法、破题法、承题法、起讲法、作提比、中比、后比法、结尾法、入题法、出题法、起承转合法和分柱法等各种文体作法。题目虽然是灵魂，但灵魂必须依附于一个躯壳，用现代语言来讲，就是内容必须由形式来表现。八股文是非常重视文体，讲究文体完整美的，你内容再深刻，见解再独到，没有完美的文体形式来表达，也是体现不出的。所以，有经验有本事的考官只要看你开头两句破题作得好不好，就可决定你全篇的命运。因为破题只能用两句话将题目最精粹的内容揭示出来，揭不出，证明你无高度概括的能力，不能将题目内容提炼出来，文章必定中不了选。揭不到要害，后面阐发的文字便平淡无奇，精理妙义就表达不出来，这样的文章也难入法眼。只有一语中的，将题中要义微旨以醒目的句子跳入考官眼中，而后面的承题、起讲、入题及提比、中比、后比、结尾都形式完美，将破题破出的题目精义一层层深入，一股股扩展，精准地表现，让内容与形式完美地结合起来了，这样的八股文便可入选，功名也就到手了。

所以，高明的塾师会讲明题法与文法，聪明的学子便会尽力钻研、掌握题法与文法，抓住八股文写作中极重要的一环。

东园是深谙其窍的，所以他广采博收，将先辈讲论题法与文法中独到的、有效的东西都吸收过来，然后加以归纳整理，形成了两卷本《八股文作法汇钞》，上卷讲题法，下卷讲文法。

上卷将八股文各种题型汇聚，总计五十三种，是清代多如牛毛的讲题型的书中所收题型最多、最完备的一种，可见东园下功夫之深。不仅数量大，更为重要的特色在于对各种题型的定义与内涵都有较完整、准确的揭示，且对每种题型作法搜集数量之多之全，对每种作法要点阐发之透之明白，也是极为少见的，这就为学习八股文题型作法的人提供了一本极有实用价值的书。

下卷则讲八股文文法，也有一定的特色。他避开每种文法书中都要讲的破题法、承题法、起讲法、股法，而专讲“行文用笔秘奥”，推出了“推揽”“扬折”“顿挫”“摇曳”“停蓄”“跌宕”“扼托”“收煞”等“笔法”，并以简练而切中肯綮的语言将其“秘奥”揭示出来，再阐发在正文的每股中如何运用才能产生曲折起伏的效果。

在“论作文”一章中，东园集聚了各名家作八股文的心得体会，将其作文的要义一一介绍出来。有些领会，非功力深厚者讲不出来，这也给该书增添了不少亮色。

总之，从该书内容可看出东园对八股文作文钻研之深透，资料搜集之广博齐全，编写之用心、专精，确为后人研究提供了一个完备的好本子。

本书据东园咸丰四年正月的抄录本校点录入。

（乌 媛）

八股文作法汇钞目录

上卷

上　卷

单句题式节录先辈论

时义最难于单题，故以弁诸首。

单题贵前不突，后不竭，如溪壑之水，渐入江淮，江淮之水，渐入河海。其中潋滟滔腾，叠见叠出，始称奇观。若突然起，蹶然涸，便不佳矣。

又曰单题须用柱子，又曰单题虚字最重。袁了凡谓文有推原法，有游衍法，有衬贴法，有涵泳法，有进步法，有缴足法。俱是行文秘奥，而于单题尤为金针之度。不解此法，一两句将题目说完，以下便难措手。不是篇法架叠，即是股法重复矣。

篇法必须有反正，有虚实，有实主，有开合，有顺逆，有分总，有浅深，有提伏，有照应，虽八股、碎股、散行，不拘一律，总不外此数则。最忌重复合掌，乱杂凌（猎）［躐］。此论单题大旨也。

例题题目

裨谌草创之	父母惟其疾之忧
人莫知其子之恶	择不处仁
许子衣褐	文王视民如伤

截上题

截上题，要割上，又要粘上。盖不割上，则牵连上文，有题理而无题位。不粘上，则抛荒上文，有题位而无题理。惟是镕铸上文，贯入本句，从本位倒入，不从上文顺入，则题理题位两得之矣。然股股倒入，股法易复，又须有变换。或反从本位入，或正从本位入，或从旁面陪起，或从对面衬起，或浅一层，或深一层起，斯无重复之患。

按：镕上撇上之法，须在义理语气之间，毋徒粘题字装头，便填上文。

又论

题之理脉，全在上文，却将上文截去，谓之截上。文宜处处紧跟上文，但不可连上。作法须处处从本题起，将上文融铸入本句内，使题中神理，仍自完足，而却无连上之病。其匠巧只从本句倒钩上文，不从上文顺入本句耳。但处处倒入，股法易复，须知变换，或反起，或正起，或开或合，总不使重复为要。

截下题

截下题，有虚有实。实者尚有实义发挥，须辨题字之死活以分出层次。死字先出，活字后出，最死者最先出，最活者最后出，题位虽虚，而峰峦偏自簇起，方是异观。若虚者无实义可发，无层次可分，须融会下意，自出议论。于题前空际，多作腾那之笔，使之尽态极妍，然后收住题位。总之，前幅要步步放开，后幅要步步收拢。处处要截住下文，又要令下文可接，方是妙品。又曰：须于题前取势，逆笼下意。一入正位，急宜扣住。若顺添一语，即犯下文。不特此也，即题前逆笼下意，亦须用侧面对面，反笔衬笔，始无弊。若用顺笔，便犯下矣。

例题题目

子如不言　　古者言之不出
虽有粟

截上下题

此等题，上下文俱有意思。作者上须找上，而不可连上。下须吸下，而不可侵下。本题之脉理得而界限清，斯称能手。题前作势，反取下意，急宜见题中字眼，撇清上文。诸股之首，宜以本位起。诸股之尾，宜以本位住。承上逆下，宜在股中间运化。

又　论

从上转落，而却截去上文，语势趋下，而却截去下文，题位颇窄，须画清题之界限。从本题起，从本题收。若能设法布置，宽然有余，既不连上，又不漏下，却使上下文神理，仍可连成一片，则得之矣。

例题题目

不有博弈者乎　　进
虽孝子慈孙　　岂不曰以位

两截题

有一语而以口气虚实分两截者，有一意而以道理虚实分两截者，有以意义浅深分两截者，有以上下相反分两截者。如上截重，则重发上截，下截重，则重发下截。上下截同，则俱重发。有上下各做二股，而中作二股，即以收上起下者。有上做二股，股脚即抱下，次发下截两股，股脚仍抱上者。有上下各二比，前作一段，逆提下截，中作一段，胶连上下，末作一段，回合上截者。此皆互相顾盼，截而能联。此外神而明之，存乎其人而已。

又　论

有全章而两截，有数句而两截，有一句而两截者，总须认得清楚。

作法：上下截分做，做上截时能映带下截，做下截时能回顾上截，方为法密。或实发上截后，一句经落，即实发下截，亦见老气。或有将上下截正面，轻轻点次，而融会题意于上截之下，下截之上，题缝团结凝炼，作成一段过下。不则一比束上，一比起下。不则上半比乘上，下半比落下。使两截神理，融成一片，最为扼要争奇。其或竟有两对作两扇做者，终是变格。至出题之法，上截若先做后出，则下截当先出后做，一则使章法不复，一则上下易于融洽，学者均不可不知。三截题作法仿此。

例题题目

君子周急不继富上重下轻　　既富矣又何加焉

不能死又相之上轻下重

一头两脚题

上截系一层，而下截二层意，俱从上一层内生出，是为一头两脚。做法宜截做。前则按下，后则带上，中则折落，与两截题同。或竟有作三截者，如“比及三年　三句”题，文竟等句作二比，又一格也。

例题题目

弃甲曳兵而走　三句

记事题

记事有三种：一为下立案，一下有论断，一下无论断。其立案者，须相定下文，翻剔陪衬，皆不可离其宗。法莫妙于从反面翻成疑案，以为下文正面断案之地。有论断者，须虚虚写照，还他记而不断之体。合二体论之，大约以不犯下为稳妥，以击动下为灵动。多用代字诀，代他口气，说他心事，则题义透而自无碍下。至下无论断者，则合意发挥可也。

例题题目

季氏旅于泰山　　伯夷叔齐饿于首阳之下
孟子见梁惠王　　子在齐闻韶
颜渊问为邦

关动题

此等题，正意在下，要说正意，必先以旁意衬起，故为关动。若认真本句实讲，便属呆笔。须开口先从下文发脉，笔在题中，神游象外。令人读之，觉处处是本题，却处处有下文在。

例题题目

不知者以为为肉也　二句　　　　人一能之

记言题

此乃一句小题，如颜渊喟然叹句、周公谓鲁公曰句是也。作法宜探下文生发，以见发言之所以然。且题属开端语，逐字皆可生发。又须多请陪客，始不枯寂，但要与下意关会，乃为得宜。

例题题目

舅犯曰　　　　乃属其耆老而告之曰

覆述题

前已说过，至此又覆述一番，其意非有所疑，必有所未尽。意有疑而覆述者，宜在题前作势。意未尽而覆述者，宜在题后推衍。总不得呆写正位一笔也。

例题题目

康子曰夫如是　　　　不忧不惧

过脉题

实义上已说过，不过承上以起下耳。若用复衍，与上文何别？细思此等题，只有盘曲顿挫四字。盖不盘曲。则文无局。不顿挫，则文无神。作法须小讲下全接一句，入题已占复语以内，下再宕开作势，横说竖说，亦是这腔子内。上不涉实，下不腾空，方为合法。

又　论

题面上文俱经说过，又覆述一遍，以承上起下，是为过脉，即所谓覆述过峡题也。作法：须通体还他囫囵语气，而眼光关上注下，处处见是上文已经说过，又处处叫得出下文，方合。即或将题目拆散，逐层出落，而神气总宜现成。若能按章切脉，立身题外，横说议论，则气体较为阔大。而拍合题面处，仍还现成语气，于承上起下神理，不走分毫，乃为妙手空空。

例题题目

七十者衣至不寒　　菽粟如水火

叙事题

叙事语气，有明有暗，有真有诬，有正说，有翻案，总要注定论断之意以用笔。有论断在下者，不可妄加议论，以至侵下。有论断在上者，不妨实诠，将上文论断意，镕纳于中，既要不粘，又要不脱。又按《汉》《史》，叙事中夹议论之法，记事叙事，皆可通用。但须于反面、侧面、对面，翻空出奇，方不失体。

例题题目

遇丈人至则行矣　　芒芒然归

咏物题

如鼋鼍蛟龙、鸡鸣狗吠等题皆是。此皆设事论理而发，不可言比，亦不可言兴。作者须相定题旨发挥，方觉语语空灵，笔笔跳脱。

口气题

口气题，但贵肖题神，不贵肖题貌。拘貌肖神，不免浅露。有挑拨题中虚字，使口气活动者，是明取口气法。有不剔题中虚字，而口气浑然在中者，是暗取口气法。明取易，暗取难，明取不如暗取之高也。又曰，股末不点虚字，如画家藏锋法，正希每好用之。

例题题目

子见夫子乎　　孔子曰知礼

援引题

援引之体，有引于正意之前者，须审定题窾所在，从援引者口中说出引辞，用叙中夹议之法，与正意对证。有引于正意之后者，处处与正意作对簿是也。有援引极多，不便直点者，或随点随做，随做随点，做完点完，此一法也。或空中摩荡，探取下文，直至尽态极妍，然后点出全题，此又一法也。

例题题目

相维辟公　二句　　　　邠人曰仁人也至归市

比体题

有明比者，其正意已见于上文，或微带入本位，如譬诸草木，及虎兕出于柙之类。有暗比者，其正意通章不见，如“岁寒”章之类。作明比题，不妨两两参看，用正喻夹写法，故前幅宜从正意引入，中、后以喻语写正意，乃见巧妙。作暗比题，则通篇不见正意可也。盖其说比意处，即是说正意处。原与明比题，有来脉、有正文者不同。

兴语题

兴与比不同，比体说这个，即是说那个，以喻代正也。若兴体虽说这个，却是引起那个也。作者须是手写此处，意注彼处，如隔帘观美人，传神正在有无之间。若揭帘谛视，反觉没趣，所谓影射题，正此种也。其法与虚冒、截下等相参，唯解人自领其趣耳。

例题题目

节彼南山　　　　绵蛮黄鸟

人名题

或欲序其事，而先称其名，或欲与之言，而先呼其名，一题只有一名字，可谓枯窘之甚矣。作者必须融会下文立论，而又多设巧思以衬之，方无寥落之病。

叠句题

题非两义，而语句叠出，须审定语脉，以肖其口气。若呆向题意着笔，则有题理，而无题神矣。

例题题目

凤兮凤兮

攻辩题

此等题，总要设身处地，即其意而畅快言之，方得攻辩之体。又曰，前半多用敷衍，后半多用翻空，反复攻击，但以圣贤攻众人词宜确，以众人攻圣贤语宜缓。又曰，题有虚字，必须剔出。盖古人无限精神，只靠这几个虚字传出，一经抹过，岂惟文伤直率。

例题题目

未之思也　　　　今女画

然则治天下独可耕且为与

游戏题

游戏之题，本可供人调笑，若以庄语出之，反与题情不合。故有此题，即须有此文以副之。学者果才思有余，则吟风弄月之下，借此以供其挥洒，未尝非养心之一助也。但此等题文，易涉纤巧，学者诚能取法于先辈，即喜笑怒骂，亦自无伤大雅矣。

例题题目

今交九尺四寸以长　　　挟泰山

卒之东郭𡋯而之他

鄙俚题

语粗而事俗，作者自尝当出之以细腻，泽之以风雅。然亦须体认立言本旨，将题之来踪去路，一一理清，方不至抛荒语脉。至于引用典故，又恐饾饤杂凑，学者当此，贵读古能化。俚俗处，每在题实字，不在虚字。从实字描写则俗，从虚字摇曳则雅。

例题题目

粪土之墙　　　以杖叩其胫

偏举题

何以名偏举？谓两句本合一事，而题乃偏举其一也。拈此者要明于举单见双之法，出上句以截下关动之法运之，出下句以截上伴上之法运之。若呆写题面，似题意止此一事也。

例题题目

邦有道如矢　　下如授

反揭题

反题以如题反揭为是，亦恐其或复上，或侵下也。即语势完足，不至于复上侵下，而题既反出，多用正论，亦有题理，而无题面矣。况题之反者，比正题语意尤警动乎！正说何以有神。

例题题目

微管仲　　不知命无以为君子也

滚作题

滚者紧也。题句虽分，题气则紧。拈此者只当一句题看，处处须合说。然八股皆合，须有虚实浅深，而股法亦宜变化。故中股顺滚者，后股则逆拍上。或中股头暗挈下句一笔，倒入上句，然后明滚到下句，则股末之意，正与股头暗应。此一股互换罗纹法也。

后股头更从首句顺说，或上下合说，则不重复矣。大约题既属滚体，则上下二句，或合说，或流水说，或倒跌说，或罗纹互说，或双起侧落说，总不宜平列对举，此定法也。

又 论

滚作题，一名串题，与两截题相似，而实不同。两截题，则上下两层，截然两意。滚作题，则虽有两意，而实一线。如夫子欲寡其过而未能也，学如不及，犹恐失之之类是也。

作法，起讲或用双起，或用串讲，总须两意兼到，不漏不实。起比用分讲，一比起上层，一比起下层，中幅用顺讲，从上层起，说到下层，一串做去，以还题面。盖不如此，则题中虚字神理不出，字面不醒。后幅合讲，宜用对起，仍单承顺做，以合题神。入后则用交互以完题意，此串题定法也。

间有竟分作两截者，系属变格，虽亦可从，但上下截分做，必使题中虚字神理，不致抛荒，仍能吻合方妙。且有前后，俱用总发者，若于题中神理无碍，虚字仍能刻露，亦足争奇制胜。总之，规矩有定，而神乎明规矩，则在作者。

例题题目

君子之至于斯也　二句　　甚矣吾衰也　二句

信近于义　二句　　事齐乎事楚乎

从我于陈蔡者　二句

虚冒题

题属虚冒，语意浑沦，涵益包括甚众。非若专注一处者，可以一眼觑定。故作文须融会下文大意，使一一奔赴腕下，不可举一废百。

至于扣题之法，亦与截下题有别。盖截下者，语气趋下甚急，故须紧紧勒住。此则不妨稍放松活，但要不失开端浑举体裁耳。

又　论

劈空一句，其所以然之处，俱在下文，是为虚冒。

作法无他匠巧，宜置身题外，虚笼下文意思，空发议论。收到题位，不可犯实，侵占下文。

其含下之法，大约从对面，从反面，旁敲侧击，使下文如镜花水月，自在目前，仍不着一毫迹象。恰将题位虚虚收住，还虚冒神气，方为能手。如从正面，想照下文，便易犯实。若欲避犯下，而别生枝节，敷衍本题，更失之矣。

例题题目

由也女闻六言六蔽已乎　　　圣人百世之师也

颜渊问为邦

枯窘题

枯窘题，虽难动笔，然有题，即有文，必无束手坐困之理。作者须理清来路去踪，以为行文之的。或写题情，或写题景，或于题之前后左右击射，或于题之反正异同陪衬。又或于题之字义咀味，题之面目碎拆。大要将笔伏放开，将题旨包住，则触灵通，不支不溢矣。

又　论

枯窘题，即系单题，但不如伊题地步宽展，可以腾挪。然题虽枯窘，亦必须走宽路。或按章切脉，融会上下文神理，出生意议，或竟将题字拆开，逐字咬出汁浆，说得分外热闹方妙。但不得野战，致堕入恶道耳。

例题题目

四十五十　　井上有李

必也　　彻彼桑土

结上题

结上有三种：一结通章，一结数句，一是反结。皆宜于小讲下现出结上字面文义，以清眉目。以后镕铸上文，又恰还他现成口吻，方不是合上文总作。

题首有虚字者，有顺疏、逆疏、兼顺逆疏三法。如借势将虚字点于讲下，又或冠于股首，顺题面发挥，此顺疏也。如前幅止发实字，将虚字煞于股尾，此逆疏也。通篇逆疏，题首虚字，既顺见于前，又倒煞于后，此兼顺逆疏也。反结题同，但要还反结语气。

例题题目

此谓身不修　二句

两扇题

其体有四：有短题两扇。如“天地位焉　二句”之类。此样题，其体方矣，则机贵员，其户辟矣，则文贵合。有长题两扇者。如“仁者必有勇　二句”之类。此样题，贵识轻重。有两扇中，涵四扇者。如“物有本末二句”之类。此样题，须要针线联络得密，乃佳。有语似两扇，而意实相串者。如“说之不以道　二句”“始吾于人也　四句”。俱宜顺作，决不可概作两扇。此类极多，宜玩书旨。

又曰，两扇中句，俱要不能移动。又曰，分题须合破。

又两扇题论

两句平对如门，故谓之两扇，正格宜平还两大股。其间仍有题前、题后、题面三步，不过化八股于二股中。大忌平直说去，务宜反正相生，虚实兼到，使题面题意，面面俱员，而大气磅礴，意味浓厚，方妙。

守溪旧法，于每扇中，各藏小股。万历时名手，如汤如许，变而为一句一转，尤为生动，自可兼而学之。

亦有将两扇题，仍作八股做者，题前题面分发，题后或总发，或交互。亦有两大股后，因题义未尽，复足二股，竟四股立局者，亦是正格。间有分作上下截做者，究属变格，学者备一格可耳。

例题题目

不患无位　一章　　　　天下有道　二句

山节藻棁　　　　　　　食之以时　二句

恶紫之夺朱也　二句

三扇题

三扇题，若能总起为妙。如不能，亦不必强。但每扇中语，须要的确，不能移易。

至于三扇中有一重而二轻者，如“学而时习　三节”“畏天命　三句”及“明明德　三句”“索隐行怪　三节”。须将一重，独做二股，二轻者分做二股。有一层深似一层者，如“可与共学节”。其体势又各不同。

又　论

正格宜平还三股，但须知变换活动之法。或前一股，略为变动。而后二股，整整偶对。或前二股，整整偶对。而后一股，略为变动。俱可。盖三股平对，易涉板重，不得不少为变活耳。

间有化三为四，或如一头两脚题作法，将首句竟作二股，而下二句作一对者。或如上轻下重题作法，将前二句作一对，而末句作二股者。是在临时审题有识，必题中稍有轻重可分，始可独出手眼。不然，徒见割裂无当也。

例题题目

不违农时　六句　　　　裨谌草创之　三句

段落题

自三扇外，至八九扇，皆段落体也。有劈头平分，如题起止者。有一段一变，以历落蝉联运之者。有前总提，后分股者。有总提总束，中分股，或一段一变，串递而下，或每两段作偶对者。有相其轻重，或提首段，或将末段，或将中段，以贯串其余者。有将题团拢锻炼，文情镕成一片者。有将题闲闲点过，前后皆用总发者。法总无定，大要语意要简当，结构要灵紧，则无论或奇或正，皆可取胜。

又　论

三扇以下，皆以段落收之。题中句句皆重，须各还实面，不能归并剪裁，但股法宜变换，或中间可用提束之处，作一提束，使通首筋络灵动更妙。至前有总提，后有总束，此固人人共知者。

例题题目

人少则慕父母　四句　　　　德行颜渊　一节

多句滚作题

多句亦有当滚作者，以语势蝉联，一气紧落，若截开划断，易致割裂也。顾二句之滚，滚在一股之中。多句之滚，滚在全文之内。须玩他股股相生，断而不断，开而不开之妙。又此皆有语气题，若长题之宜随题滚作者，或不关语气，不载于此。

例题题目

时举于秦至而相之　　　　有人于此至食之乎

上重下轻题

题有数句，而上句为重、下句为轻者。

作法，起讲下入手处，稍将下句钩勒映带，然后折入上句本位。盖不如此，便似上句一句题文。但钩勒映带，必须在无意有意间，方为自然，不着痕迹。折入上句后，将上句从重发挥，然后轻轻落到下句，少为安顿，即急行收入上句。且其做下句时，亦不得呆衍，必须眼光注射上句，语语侧入上句方妙。其一句而上半句重。下半句轻者，视此。

总之，此种题，格局总无一定，或分开截做，或通体总发，俱无不可。然必轻重分明，见下句不过是完足上句之意，乃为合法。

例题题目

父母在不远游　一章

上轻下重题

题有数句，而上轻下重者，起讲下入手处，眼光即应注定下句，然后折入上句本位，轻轻安顿，便急行折落下句，将下一层，重为发挥。而发挥下句处，仍须带定上句，或反照，或正映，或借作波澜，或用作开合，使上句仍不寂寞，不致抛荒，方为合法。若以题之所重在下，止行贪发下句，而于上句，不为照应，竟似下一句题文，则失之矣。其一句内而上轻下重者准此。

例题题目

长幼之节　四句

上繁下简题

题句上多下少，多者任多，少者任少，成何文理？好手遇此种题，自有以虚运实、化多为少之法。

例题题目

牺牲不成，粢盛不洁，衣服不备，不敢以祭。惟士无田，则亦不祭

上全下偏题

上全下偏，自须全处寓偏，偏处带全，善于用侧笔，乃第一良法。然所谓侧笔，亦要就题想出一段实理，至上截有不可不重发者。有宜略发，即全下截者，有全然以下截为主，而只带定上截者，须相题制局可也。

若讲下，先辈止有逆入，无吊下法。今人机巧，亦多用暗挈，而必以不着色相为佳。

又　论

题本两截，而上截有两层意，下截语意，系承接上截，却截去一层，谓之上全下偏。

作法，亦应分作两截，但须斡补之法，做上截处，不得两层

平衍，即应侧重一边，落到下截，便属一线。题缝中或一笔径落，或作二比束上起下俱可。但摹上处，亦必用侧笔。至做下截处。即应顶接上截，但必须取侧势，或借作映带，或借作开合，随手补旋，即随手撇去，使上截两层俱有，却仍轻重分明，主客朗然方妙。

例题题目

间于齐楚事齐乎　　　文学子游

弟子入则孝出则弟

上尾下首题

上尾下首，作首句须要补上，盖补上即所以窥下也。

作下句只可用带，不可用挽，用挽则犯下矣。其用补用带，亦均要以理胜。

上偏下全题

上偏下全，自须偏处用补，以对题尾。全处用侧，以清题首。然所谓补者，非硬补也。就题想出一段情理，使观者忘于不觉，则走下自有顺风扬帆之势。至下截用侧，亦须以理侧之，不可徒以虚字斡旋也。

又　论

下截两层，系承接上截，而上截却已截去一层，谓之上偏下全。

作法，亦以斡旋为要，做上截后，必应于题缝中将上文补入。上截毕里说作一串，然后落到下截，或散行，或作二比俱可。作下截后虚，自应双顶上两截。但上截已截去一层，若仍平平双顶，使界限不清，须于顶上处亦取侧势，将上截作主，而融会上文之意，斡补在内，务使两层俱到，却仍宾主轻重，一目了然，方为合法。

总之，此种题斡旋周补，全在手法灵敏，其窾止在善用侧笔。盖笔势带侧，则旋折轻便，补处始圆转自然，否则呆笨费力矣。

例题题目

薄税敛深耕易耨　　筑斯城也与民守之

童子六七人浴乎沂此上下俱偏题

读其书不　可乎

上下偏中间全题

此题须上窥下，下复渡中，中渡下，下仍挽上。前窥后挽，中间斡旋，而割截之痕一化。窥下渡中，宜用补法。补上句，即是暗窥末句，且可以为中间总承之地。至做中间全处，平中见侧，用卷帘法，挨次卷到上句，则渡下不用另起炉灶矣。若挽上处，多有窒碍，宜用脱卸法，挨次卸到下句，则挽上亦不用另起炉灶矣。

例题题目

厚也，高也，明也，悠也

上下俱偏题

上下照来，两截俱偏，几于横看成岭侧成峰矣。然亦初非难事，做上截以上偏下全法运之，做下截以上全下偏法运之，补侧以外无他谬巧也。

顺纲题

上总举，下条列，则为顺纲。

作法与倒纲大异。盖倒纲精神，全在于纲，故须轻发目，重发纲。顺纲实义，全在于目，故须轻发纲，重发目。先辈多不作纲句，以小讲为提纲，下即直入，不用提比。自顾泾阳《道千乘之国　章》墨前提后束，今奉为不易之矩矣。其作目处，股股要带定纲中要字，亦有股中不带，作完目后，一总打转者。至于股法之妙，神而明之，存乎其人。

又论顺纲

题中首句立案，下数句总是发明首句之意，是首句为纲，而下数句为目，谓之顺纲。

作法，起讲下，不得将首句空衍，止应轻轻安顿妥贴，即急入下数句题位，靠实发挥。而发挥下数句，或分做，或合做，总无一定。然总不得呆衍题面，断宜抱定首句，处处回顾，见无非发明首句之意，方合顺纲题作法。或因起讲下入手处，安顿首句，易涉平凡，难于出色，竟笼罩全题，作总冒二股，下始行落出首句者，亦见精神力量。

总之，首句断不得空衍，而下数句，断不得抛荒首句。此一定之法，不可不遵。其余或稍有变通，亦自无碍，惟其是而已。

例题题目

小子何莫学乎诗　一章　　周有八士　一章
子谓卫公　一章　　文学子游子夏

倒纲题

上条列，下总承，则为倒纲。

法在扼题全意，作小讲。小讲下倒挈其纲于前，或明指泛提，或暗吸借提，或作二比，或作一段，以下诸目，止用小股轻递过去，以便归并纲处重发。目数少者，可如题分作。若目多，或参差错综者，须剪裁打叠。其讲目处，以能引纲之线为佳。其讲纲处，必浑藏诸目于中，乃得纲目一贯。

又　论

题以末句为主，上数句之意，总侧注入末句内，是末句为纲，而上数句为目，谓之倒纲。

作法，起讲下入手处应逆钩末句之意，倒落入上数句，但须安顿稳妥，勿使题位倒置为要。落到上数句后，止须轻轻点次，不得贪发实面。应即急急落入末句，而于发明末句处，将上数句意，融会撩入，紧紧抱定，或分顶，或合做，靠实发挥，此倒纲题法也。其或起讲下，笼作全题，作总冒二股者，亦可。但上数句，断宜轻点，末句断宜靠定上数句，不得空衍。此是定法，不可不知。

例题题目

君子食无　一章　　贤贤易色　一章
齐庄中正　二句　　子曰听讼
此谓知本

横担题

此先辈所谓中实题也。不重作此处，不得要领。然又恐冷落首尾，不成章法。先用暗觑，以趋注中间，后用明跟，以回抱中间。将中间重处，皆分寄于首尾，而正位反不多发，此巧法也。其有不容分寄者，如问禘章之指掌句，本不可著迹。则亦止畅发中间，轻点首尾可也。

又　论

横担题与三截题相似，而实不同。三截题则三层并重，横担则中间为重，而首尾为轻。

作法，须重扼中间，而亦非不做首尾之谓也。题前仍须顺做，方不凌躐倒置。但做题首時，亦应轻轻安顿。神气即宜侧注中间，及做题尾时，亦应轻轻安顿，眼光复萦带中间。是将中间分做于首尾之中，已不啻将首尾归入中间甲里，而中间已重矣。亦有题未必重中间，而作者自出心裁，欲重扼中间者，果于书理无碍，亦无不可，是在相题者。

例题题目

子使漆雕开仕　一章　　禹吾无间然矣　一章

浅深相应题

先辈大率浅处每顺纲题直入首句相同，亦不呆作中间，急贯入深处痛发，此又与倒纲题，归注纲处发挥者同。盖惟贯入深处去发，则浅处愈明，首尾亦得串贯串成章法也。

又云，首句下虚提，不可别生议论。要紧与下意对，末句上总说，即是实发末句。盖先做后点，只一点便了，不必又加蛇足也。

例题题目

禹吾无间然矣　一章

缩脚题

题中神理，必得合下文，方为完足。题止半面，是为缩脚。凡题有题前、题后、题面三步。缩脚题止有题前、题面，而无题后，语气了如不了。

作法，宜从题目之前腾挪地步，使气局宽展，落到本题，即急行收住，不得于题后，多着一笔。若能从本句中讨出下文消息，立身题上，笼罩一切，凭空立论，而收煞处将本题一句勒住，所谓聚全神于半面，于题位不溢分毫，方为能手。但每比末，总将本题收住，章法易致重复。是在作者或用正收，或用反勒，或明点题字，或暗收题面，能知变换为要。

至截下题作法，与虚缩同，亦宜处处将本题勒住。其偶有不同者，则截下题稍实，而虚缩题稍虚耳。学者当以类推。

例题题目

四十五十　　　　子生三年

虽欲无王

长两截题

不外先辈作长题，实者虚之、虚者实之之法。

又须彼此易位，上截意不正发于上截，而特带于下。下截意不正发于下，而必预透于上。至本位则以数语径过。盖与二句两截，上窥下、下抱上之法同也。亦有朴实说正位者，则先民之模范，相题为之可也。

又题有上轻下重，上重下轻，今合并于此。

例题题目

定公问一言　一章　　　　君子有诸己　未之有也

孟子谓乐正子　一章

裁对二扇题

此种题欲截发，则题意平重，而于理不顺。欲对作，则题面参差，而运用难圆。惟用裁剪之法，于其短者伸之，于其长者缩之，则或以虚对实，或以实对虚。语总参差，可不失平重之意矣。

例题题目

子华使于齐　一章　　　　春秋修其祖庙　二节

截搭题

题至截搭，千变万化，难以殚述。然总要上截能为下截斗笋。盖论题之参差不齐，而既以命题，必有针锋恰对处。此处看通，一笔写去，则融洽之中自分明，分明之中极融洽。不然，而徒讲（吊）［钓］渡挽死法，亦节节通而已。

又　论

有长搭题，有短搭题。其首尾尚属一类者，谓之有情搭。其首尾绝不相蒙者，谓之无情搭。须知钓渡挽之法。

起讲扣定两头，讲下用钓法，将题尾或字面，或意义摄起以清起讫。但须自然，在有意无意之间，不可生硬。落到题首，还题面处，亦不可呆衍，须关照题尾，至中间从题首渡到题尾。其两句短搭题，则如截题作法，一比束上，一比起下。

若长搭题，则不能整做，须处处带定题首，将题中间所有，层层串入，不致遗漏，逐渐渡到题尾。务须全题穿成一线，其落到题尾时，仍须将题首回带一笔，然后落下，所谓回眸一盼也。题尾亦不可呆衍，亦须关照题首，方为周密。入后仍从题尾倒卷，环到题首，是之谓挽。

总之，题须总割裂，文宜通体打成一片，才无牵强痕迹，乃佳。

例题题目

可使足民如其礼乐　　游必有方　之年

长搭题

长搭最重首尾，任中间有多少层折，皆以首尾一线穿去。但贯串之中，只可剪裁，不可凌躐。故有从首句顺串者，有从末句倒串者，有首尾夹串者。神而明之，存乎其人。

例题题目

何以伐为　今不取

交于中国　比学于中国

吾闻其语矣　其语矣

隔章搭题无情搭

隔章相搭，如史公合传，必非无因。作此题能实看出一番道理，则上下相通，不难于融洽分明矣。

其有无情者，亦宜寻出一番情绪。开讲及（吊）［钓］渡挽，引经据典，以联合之。而两头分际，宜秩然不乱。

例题题目

小人喻于利合下章

隔章长搭题

隔章长搭，须扼定起止，一线串成。如常山之蛇，击首则尾应，击尾则首应，击中则首尾皆应，方是妙境。若两头呆做，便非格矣。盖寻常搭题钓处，只钓其尾，此则中间并钓。寻常渡处，只渡其尾，此则中间并渡。寻常挽上，只挽其首，此则中间并挽。其法与连章搭题相似，特要扼定起止耳。

例题题目

是礼也　事君尽礼
以杖叩其胫　俎豆之事

连章题

其法与长章长搭相通，先须扣住本位，以截清题界。做首章必映带末章，做末章必映带首章，做中间必映带首尾。总不外反借翻转、明暗蓄泄而已。

又曰，必须抽出一章或数语作主，以驾驭诸章。

例题题目

孰谓微生高直　两章　　　楚狂接舆　三章
闵子侍侧　五章

长章题

长题有三要：起处要概括，过脉处要针线，平铺处要断制。有三忌：问答处忌实讲，话多处忌琐碎，话少处忌渗漏。

又曰，长题须要烂然成一篇文字，使人不觉其为长题便好，若顺题数去便不佳。

又　论

有全章长题，有连章长题，有段落长题，须知剪裁穿插之法，尤忌平平敷衍。然却不可凌躐，致有倒置题位之病。法宜仍分清段落，顺题叙去。其叙前段处不可贪衍实面，或将中、后段穿插映带，而于前段实意及字面，却故意藏过，留在叙中后段处，搭配运化。其叙中、后段亦然。所谓实处能虚，虚处能实，详处能略，略处能详。

又谓击首则尾应，击尾则首应，击中间则首尾皆应。熟此匠巧，便能通幅玲珑，满纸烟云，无平衍之患。或有于题内，寻出一句作主，处处总将此句贯串，运会全题。使满屋散钱，穿成一线，亦是长题三昧。

至题前或先将全题总挈数语，然后顺题叙去，或不用总挈，即行叙题。此无一定，惟段落长题，必须处处扣住题首尾。以清起者，若非全章、连章题，但扼大主脑，便可该括也。

例题题目

邹与鲁哄　一章　　　　子问公叔文子　一章

楚狂接舆　三章

下　卷

行文用笔秘奥

凡作大比，须知用笔之法。其名目有推揽、即一开一合。扬折、即再开再合。顿挫、顿正面即挫入旁面，顿与挫不同。顿拢靠在正面下手，挫则方说正面，忽然闪入旁面也。摇曳、欲落差把握者揉之使入，不然使切挪者展之使出。停蓄、疏正面实义用之。跌宕、正说本面，忽然纵开，或翻转一跌，欲作一宕。扼托、扼则擒住，托又反转。收煞，凡十余笔法，而用各不同。每股中亦不必尽用，能用五六笔，断不平直。墨卷多不如名家用笔跳活，故须读有笔之文。

凡作大比，亦以六层为正式，用双排不用单排。用双则可使长，用单便促。题义须切实发挥，不可涉于空滑。

大家文往往用挺起、挺转、挺接，刊落虚字，竟用秃笔，殊见风力亦须学之。

论作文

截下题，破题下句，即要动下。项下宜倒摄下意，起讲，提比，中比，总要从题前想出意义，方不至溢题界。盖截下题如下水之舟，稍微放手，即便下去。作法总要勒住，要勒得住，总要展得地步开。股尾煞句，总要与下文相接，斯为妙手。如中股句煞，不能与下句相接，至后股煞句，务要与下文接得来，乃为合法。

凡作文总要认真题目，认清题体，看题目着重何处，谋篇布局，大意已定，方可落笔。

凡作文总要意与题相生，不与题相迫。要能空中着议论，恰与题目对针，至煞句一笔收上题目，斯妙。

凡作文总要分出层次，切不可遽尔粘煞题句。然却不可松泛提股、中股，或从方面反面说。如提股后未曾点出题句、题目上要紧字面，虽提比、中比俱托开说，而中股煞句总要收上题目，切不可又推开说。倘又推开，则太松也。

凡作文务要简炼。如本无甚深意，只一二语可以写出者，务要做数笔去写，是谓故意铺排，有何意味？文有行乎其所不得不行者乎？其所不得不止，此意惟解人悟之。

凡作文总要用曲笔。不曲则无势，无势则气自不能盛。文似看山，不许平，其言可味。

凡作比喻题，起讲总要双关，不可粘本句字面去说，然亦有明比，有暗比。明比者，上文正意已见，下文以物比之，作者从上文字面串出本题字面，亦有此法。如暗比题，则断不可粘题字面说。暗比如“犁牛之子”章、“为巨室”章，明比如“宰予昼寝”章、“孟子之平陆”章、“今有受人之牛羊”章是矣。

凡为文须要按部就班。起讲之规矩，总以三层为例，提股或两层至三层则尽有矣。至中股或四层，其用笔总不外乎推揽、扬折、顿挫、摇曳、停蓄、跌宕之法。凡为文欲扬先抑，欲抑先扬，此定法也。

凡为文有三个大关头，必能体会得到，文字方利场屋。何为三个关头？起讲是一关头，领题是一关头，出题又一关头。盖文字必要前半得机得势，入后自迎刃而解矣。

凡领题总要唱得题目起，若不犯手，能点得题目上字面出来最动人。

凡出题句，字面总要提股，已经引起，然后可出。若提股未曾引起，勉强何以出之？又云，出题实字要先出，虚字要后出。最实之字最先出，最虚之字最后出。此单句题出题妙诀。

凡作搭题，起讲一起，即要融洽，转处要分明，收处又要融洽。做上截要能映带下截字面，还下截要能映带上截字面，但必自然，不可勉强映带。若映带必至勉强，则宁不必映带更好，慎毋弄巧而反拙也。至于渡处起手来渡，务须束清上截，然后聚精会神，联络如天衣之无缝，方令阅者赏心。如束清上截，即能随笔带起下截，却在映带上截数笔之后，能钩起下截字面，最利场屋。

凡作长章题，最要尽全力截裁，不可枝节为之。取其着重处用意发挥，其法总要简洁清新，部位不可倒置。专题要团得拢，小题要展得开，味乎其言。

咸丰四年岁次甲寅正月日东园抄录。

见山斋论文

〔清〕冯展云　撰

导读

科举考试进入到晚清，随着朝廷控制力的急剧弱化，科场舞弊现象愈演愈烈。虽然早已创制出各种出题技巧，曾对破坏科举取士公平公正原则的猜题剿袭起过扼制作用，但由于各种墨卷、选本叠出，举业家奉为圭臬，无人不以之为揣摩之本。年长月久，名溢缥缃，积简充栋，各种小题题目、题型、作法都可从中学到。于是，到晚清时，小题也难不倒参试的士子们了，对科举考试破坏性最大的猜题剿袭之风大炽。

为了应对出现的新形势、新问题，有司命题又出新招，考官们绞尽脑汁，采取了避熟就新的老办法，在咸丰、同治年间，创制了两章题。

所谓两章题，是从《四书》《五经》中摘取相邻的两章经文来作八股文题目。在《四书》《五经》中，“章”是相对独立的经文，其内容具有完整性。将经文整章整章地摘取出来作八股文题，不仅其原有内蕴及章旨没有被破坏，连规范其章旨、节旨、句旨的程朱传注也完整地保留下来，所以被公认是属辞比事，深得圣贤之旨的好办法。通过这种题的写作，可将《四书》《五经》的要义原汁原味地传输到写作者的头脑中，使他们树立起纯正的儒家伦理价值观，从而克服了出小题割裂经文，使原经文的教旨发生异化的弊端。且摘取相邻的两章经文为题，它们的内容往往是不相干的，写起来难度不亚于写截搭题，要费尽巧思，故可培养写作者的思维能力。也正因为如此，两章题便有特殊的作法需要写作者去揣摩。加上这种题型使用不久，《四书》《五经》这个试题库还有大量可供选择而不会重复的题目资源，猜题较难。凡此种种，八股文选家便又搜集两章题八股文加以评点刊行，各种指点作法的文章也附书刊发。冯展云的《见山斋论文》即是随其所选评的《两章题文集成》而问世的，实际上是冯展云对选入该书的一百多篇两章题文作法的归纳、总结。

作者在《见山斋论文》的开篇第一条，就指明“体裁既立，格律弥工。有一题之文，即有一文之法。既联以成章，当神明而用矩”。即是说两章题既出，就要研究掌握其作法，以阐发其已“寓”之理。

两章题极难作，因两章之经文不仅字数多，内容杂，且常常不相关联。故作文时要先严格、准确地审题，然后要布好局，命好意，敷好词。在作者看来，这四项是作好两章题文的关键。

在谈审题的方法时，作者首先指出要“先分其类”，“能于不对类处讨个精意，使两章血脉相通”，即要通过审题，先将上下两章之章旨互相审量，找出关合之处，方可使两章题文融合一气，使不相关的上下两章章旨打通，文章才能一气贯通。否则，文章就会成为不相关联的两大块，那就不成其为文章了。

审好题，找到关合点之后就要谋局、布局，要做到以题之章法为文之章法，做到一个“紧”字，即全文各部分都要紧凑。

布局能做到高人一层，便要做好命意，将两章意旨融成一意，方可使文章有条不紊。

最后讲敷词，要使用剪裁之法，先将题旨想定，看其句法多少，或化三为两，或化一为二，务使两章意思配置圆匀，则随手遣词都如同心意，不出弊漏。篇中宜于总锁处、扭合处见笔法，做到句子醒括而不偏枯，方才是做好了敷词之法。

冯展云以精练的文字，扣住两章题作法之精要来阐发，故文虽短而要旨出，极利学习两章题写作之人。所以此文影响颇大，深受欢迎。

冯展云，字誉骥，广东高要人，生卒年代及生平事迹均无考，只知他的斋名为“见山斋”，在清同治末年侨居北京，广搜两章题文二百多篇，然后为书商精选了一百多篇编为《两章题文集成》刊行，《见山斋论文》即刊于卷首。本书即据清同治十二年所刊之书将该文校点录入。

（乌　媛）

见山斋论文

粤以文经于天，光腾奎壁，文纬于地，丽峙山川，文之时义大矣哉！然而景晦缛照，各守其躔，山泽相通，於焉定位，则时文之理法寓焉已。盖文者泄两大之菁华，穷万物之精秘，而陶匏异响，入耳皆娱，黼黻殊章，悦目同具者，盖因时而作，不以远近易则也。体裁既立，格律弥工。有一题之文，即有一文之法。既联以成章，当神明而用矩。爰揭其要而论之，曰审题，曰布局，曰命意，曰敷词。

凡审题，必先分其类。两章题，有以对举者，有以类举者，有句不相对、意不相类者，能于不对类处讨个精意，使两章血脉相通，方足制胜。盖题系两章，必有关合之处，先将上下章旨互相审量，可得其妙。今人遇对举题，即以平作还之，遇类举题，即以递作还之，遇不相对类者，即以截作还之，掉弄虚机，毫无实意，此等陋习，贻误不少。

审题既定，便要谋局。昔人云：文无定格，惟求其是。所谓无定者，因题制局之谓也。两章题有以对发胜者，有以互发胜者，有以截发胜者，有一篇而兼用数法者。对发见力量，互发见议论，截发见心思，大场中尤以对发为正格。总之，因题之章法，为文之章法，离不得一个紧字。

布局既高人一层，命意尤要紧人一着。题系两章，必要并归一意。主意一定，通篇直跟到底，便觉有条不紊。命意之法，或引合成语，或炼用字法，或蒙上章作陪，或援他章作证，必要诂得真，跟得紧，双针引入，一线穿成，命中之技，无逾于此。若如题平还，毫无把握，虽甚整齐，终落庸套。

凡作者命意既真，往往支离错出者，皆不晓敷词之法也。况两章或意不联络，或句有参差，尤难措手。是必用剪裁之法，先将题旨想定，看其句法多少，或化三为两，或化一为二，务求两章意思配搭圆匀，则随手遣词，俱无渗漏忸怩诸弊。篇中宜于总锁处、扭合处见笔法，句宜醒括，最忌偏枯。学者能于此数诀神而明之，参之名程，以固其根底，博之时墨，以就其范围，作文之能事毕矣。

论化古文为时文四则

〔清〕黄仁黼　撰

导读

在八股文史上，以古文为时文是改变八股文生存状态的一件大事。从明代嘉靖年间由唐顺之、归有光等古文家提出并首先运用于八股文写作之中，直至清代光绪年间八股文废止，它都是八股文最基本的写作方法。

自明代成化年间将八股文体式固化之后，写作者在必须遵经守注的枷锁之上，又被加上了要依据八股格式行文的新一重枷锁。故无论是内容还是形式，写作者均无一点自主的空间，导致士人写作的兴趣大减，写出的八股文也面目呆滞，千文一面，多为经注式的文章，了无生气可言。八股文受到厌弃，八股取士制的生存状态受到严重挑战。

为了挽救八股取士面临的危机，以唐顺之等人为代表的唐宋古文派挺身而出，决心将古文写作的理念与技法引入八股文写作之中，在不违背遵经守注这一根本原则之下，以增添八股文文学性的方法来激发写作者的兴趣，改变已日趋僵硬的八股文面目。

应当说，此举获得了巨大成功。对统治者而言，既然以古文为时文基本遵循了守注遵经这一根本，保证了八股文传输儒家正统伦理价值观的功能不致改变，又能激发写作者的兴趣，当然乐见其成。对写作者而言，能从经注式写作的枯燥无味中挣脱出来，获得对形式美和写作技巧追求的权利，自然提高了写作的兴趣。八股文由此而获得了生机与新貌。

但是以古文为时文的发展历程是曲折的。八股文的经学性是其生命线，而文学性与经学性是存在内在矛盾的。故在明嘉靖以前，八股文坛对文学性采取歧视与打压的方式，以免文学性冲击经学性。现在既然公然允许以古文为时文，被激发了写作积极性的士子们必然会挖空心思将古文的写作手法运用于八股文之中，使八股文变得生动形象，以夺人眼球。文学性的大增势必挤压经学性，使人们对经学性的重视程度降低甚至淡化，这就会危及八股文的生命线。于是，以各种方式干预、打压文学性的现象，屡见于朝廷诏令与现实之中，这就直接或间接威胁到以古文为时文的施行甚至生存状态。

为了保全以古文为时文这种为士子们所欢迎的写作理念与方式，从明代到清代都有人在探讨如何使以古文为时文既能顺利进行，又能使文学性不致过分挤压甚至搅乱经学性。可惜的是，这些史料很少保存下来，给我们今天的研究工作带来诸多不利影响。因此，黄仁黼所写的《论化古文为时文四则》便弥足珍贵，通过它可看出清代以古文为时文的理念与方法。

黄仁黼，生卒年代及生平事迹均无考，只能从他为增订的《古文笔法百篇》所写序文中得知，他是湖南湘西人，大概是个有贡生身份的读书人。清光绪四年（1878），黄仁黼客居四川成都，看到李扶九编选的《古文笔法百篇》后，既感觉佩服，又觉得有一些缺憾，于是便动手对其加以增订。光绪七年辛巳（1881），他刻成增订的《古文笔法百篇》，并在卷首刊发了《论化古文为时文四则》。

《论化古文为时文四则》的第一则，说明古文与时文并无根本不同，无论古文、时文都有“当立之意，当用之笔”，其不同只在“同一立意，而立意独高，同一用笔，而用笔独古，此古文之所以异于时文也”。明、清的八股文高手，都是“以古文之精气笔意为时文也，故其文不可及”。所以，只要掌握了古文精气笔意，无论时文、古文都能写好。这一则就指明了化古文为时文的方法和要诀。

第二则比较古文体裁与时文文体之间的相同处，以证明古文与时文是可以相互融合的，“知古文法即时文，亦知时文可以化古也”。

第三则指明古文作法对时文的适用范围。第四则指明要想做到化古文为时文，必须善于读书，开发悟性。

所附之《论读古文法二则》，以上等读法与次等读法指导人们如何从读古文中学习作法，其实是《论化古文为时文四则》的补充。从读古文中学到了古文作法，古文与时文既是相通的，也等于学到了时文作法。

通过《论化古文为时文四则》可以看出，以古文为时文并非高深莫测，只要真正认识到时文、古文本出同源，善于将古文技法优势运用于时文即可。

收入本书的《论化古文为时文四则》及附录《论读古文法二则》，均据李扶九编选，黄仁黼增订，清光绪七年刊印的《古文笔法百篇》所刊之文校点录入。

（乌　媛）

论化古文为时文四则

古文题亦如四书题，随步换影，各各不同。然总不外因人事时地，一切字尽之。故一题来，有当立之意，当用之笔。然同一立意，而立意独高，同一用笔，而用笔独古，此古文之所以异于时文也。或曰：古文得以纵横逞妍者，以无口气，以后事可入用，以能任意比论。今时文不得如此，所以柔软而无气骨也。予曰：不然。有明及国朝诸家，其时文何尝不入口气，何尝用后事，何尝任意比论，其久而弥新，不可磨灭者，以古文之精气笔意为时文也，故其文不可及。然必如此，乃能为时文，乃能为古文也。

古文有二句破题者，有无破题如小讲起者，又有无小讲就题直入者。若中之畅发，后之余波，要皆与中、后比同。至法有对偶，乃古文之变格，最近时文。而其正格，大抵段落为是。而段落中又有数法，有先点后作者，有先作后点者，有先后作中间点者，有带作带点者。至句法，其用韵四六，若赋若铭，固非时文之体，而其章法、段落、字句之间，无不可采取也。取神为上，法次之，字句又次之，而予此集专注在法。盖神味幽妙处，非资学高者不能知。若字句显然易见，则人人能知也。惟笔法不高不下，得一可以化万，故将各种笔法，一一标题，俾读者知古文法即时文，亦知时文可以化古也。

古文之格最夥，今止标二十法，举其要也，余法均批注文中，不另标题，读者宜随处留心。而此二十法与墨合者一见自知，兹不多赘。惟小中见大、借影、写照三法，只名家小题及窗稿借题发抒者有之，墨中少此。又感慨悲凉、旷达潇洒二法，墨中亦少，盖墨贵醇雅冠冕也。兹选取其气势笔法，若如墨卷一味醇和，初无笔势，失之平矣。且学古文不止为时文用，将为异日学古文用也。

或曰：子言甚当，奈初学质钝者何？今读时文既多，尚不能为时文，况读古文而能化为时文乎？曰：昔有观斗蛇而字法进，观舞剑而画事工者，盖人之性灵，往往见绝不相类之物，而忽焉悟入，其技遂超。今古文与时文相类，岂有见之而不悟入者哉！是又在于善读书者也。

附：论读古文法二则

一、上等读法。将读此首文，先宜知人论世，考明题目来历了然于心，如我当境作文一般。要如何用意、下笔、遣词，再四沈思，思之得不得，得之。其浅深高下，俱有成见，再去读其文，看其作法合我与否，合我者高几著，出我者远几层，得失自知矣。所谓文章千古事，得失寸心知者此也。于是读之而喜，拍案叫绝，起舞旋走；读之而悲，涔涔泪落，脉脉欲诉。斯时不知古人为我，我为古人，但觉神入文，文入心，永不失矣。日后动笔辄合，在己亦不知何来，然在初学或不易企。

一、次等读法。亦须知人论世，先考明题目来历，然后逐字逐句而细读之，看其措语遣词如何锤炼。又逐节逐段而细思之，看其承接起落如何转变。又将通篇抑扬唱叹缓缓读之，审其节奏。又将通篇一气紧读，审其脉络局势。再看其通篇结构，照应章法，一一完密与否。则于此首古文，自有心得矣。能读古文，异日自能作古文者此也，初学最要。若古人字句险僻不亮，用意深晦不明者，可解则解，否则不求甚解。盖读书贵得大意，此古人所谓善读书也。如必字字句句不遗，将皆可适用乎哉！然特为执着者开一门，如易解而不求深解，则又不可。

缙山书院文话

〔清〕孙万春　撰

导读

《缙山书院文话》是清光绪初年，孙万春主讲居庸关外缙山书院时，为学生批阅课卷，指授科场八股文写作以博取功名所作的札记。他说："就文论文，芟除枝叶，积之既久，裒然成帙。因仿前人诗话之例，名之曰《文话》。"（小引）

孙万春，生卒年不详，字介眉，原籍浙江余姚，明代迁直隶清苑（今河北保定市），始迁祖为明万历年间有名的八股文选评家孙月峰。同治十年（1871）中辛未科进士，与劳乃宣、张佩纶、瞿鸿禨等同科。"分驾部，改大令，主讲缙山。"（徐京序）光绪六年（1880）在北京，八年（1882）出宰陕西商县，十年（1884）转宰鄠县（今陕西省西安市鄠邑区），"未久以忧去职，就馆谷于会垣"（李羲钧序）。

《缙山书院文话》是孙万春任教时的产物，也是他对科举、八股文功能有深刻认识的结晶。孙万春大概承袭了其始迁祖孙月峰的基因，对八股文有着异于常人的把握。他任教位于关外的缙山书院时，见士鲜师承，亦缺书籍，虽好学深思而所作八股文"多难入彀"时，责任心与怜悯心顿起，"因于研经论史之余，日诱以作文之法。举凡相题、命意、制局、行机、炼词、用笔以及股法、句法、字法，条分缕析，指示详明。而又恐听受之易忘也，训示之太隘也，讲说之终湮也，于是以宣之口者笔之书，分门别类，随引大家名墨以证之，特质其名曰《文话》，亦谓共话斯文，使游吾门者知所从事，即不游吾门者，亦可择所从云尔"。

(徐京序)

孙万春能如此做，不仅需要有深湛的八股文写作素养，而且需要有担当精神。他所处的时代，国门初开，西学东渐，对八股文已形成一股较强的反对思潮。而他竟然在书院“讲及时文，于时文中又专讲近科墨艺简练揣摩之术”（李羲钧序），这就不可能不受到质疑与讥评。而他却多年一贯，无怨无悔地坚持这么做，这是与他对科举制中的八股文与士人的前途命运有着透彻的把握分不开的。他并未脱离时代，也认识到了八股文的巨大弊端，在《小引》中说：“夫理学有益于身心，制义无裨于日用，尽人而知之。而自乡里选举之法度，士有储经济之学，求所谓上致君，下泽民，勋垂竹帛，绩著旂常，以副其抱负者，舍八股，更何以为进身之阶？理学虽与八股相表里，而究不若时墨之为功易而见效速也。是不屏去制义，无暇及理学，不得科名，难去制义，而不为之急讲制义，亦断断乎难得科名也。事虽不能一蹴幾理，实相因而共贯。故每课发卷，必不惮条分而缕析之。……科名既得，已无累心之端，再温习少年所读之经而玩其理，取有宋以来名贤语录以会其通，旁及诸子百家以别其趣，考证史书以论其人，将由穷理以尽性，由尽性以至命，极之治国平天下，一以贤之者也。较之老学究雨晦风潇，日抱名、大家一编，羞问途于老高，卒之欲弃时文而科名在念，欲兼之旁搜远绍而力有未遑，一衿终老，孤陋寡闻，果孰得而孰失哉？”一切从现实出发，一心为士子前途着想，一心以学制义取科名，再以科名去制义，做学问，这是孙万春在无力改变八股取士的条件下，为士子设计出的最有智慧、最为可取的人生道路。《缙山书院文话》就是以其为指导思想而撰成的，故显示出了鲜明的特色：

一、专讲近科墨艺，考场作文之规律，以及简练揣摩之术。

八股文分两种，一种是场外习作，时间充足，修来改去，斟酌再三，自然写得花团锦簇，找不出什么破绽。另一种是在考场里赶作的，因为要另外誊录一份用红笔抄的送考官评阅，这份考生用墨笔写的已将姓名等信息弥封后封存，等朱卷阅完取录以后再公开将取中的墨卷调来与朱卷对勘，看两者是否相符，这种考卷就叫墨卷。由于墨卷是在考场临时作的，时间紧迫，压力大，很难仔细斟酌，再三修改，也没有人可商量指点，故一般来说，很难写出好文章。所以一般人都瞧不起墨卷，选评家往往只选明、清八股文名家大师之佳作评点，供人们学习作法，对墨卷却没那么客气，选了也只略加评语，不会条分缕析，讲其优长，其实也没有多少优长可评。

但墨卷却比平常窗下之作重要得多，虽然它难以传世，却是能否取得功名的唯一凭据。明、清大家场外倾注心力与功力写出的佳作名篇，虽可传世，博得名声，却换不来功名。有了功名才可能有闲暇作学问、写诗文，才可能治国平天下。孙万春是个现实主义者，他看重的是让弟子们博得一第，而不是图虚名，所以他这本书，除稍微讲一点普通八股文知识及名家名作外，主要就是讲墨卷，用他在卷中所说的："余教人学墨裁，教人得科名。""学墨卷学成，虽不能传世，而科名则必得。"真个是理直气壮，表明他对八股文的功用认识透彻。

从理论上说，场中八股文与窗下八股文应是一样的。但是实际上，场中八股文即墨卷有着特殊的要求，即它要在紧迫的时间（乾隆中期以前要在两天一晚的时间作完七篇八股文，之后则要在同样的时间写完三篇四书文及一首五言八韵试帖诗），紧张的气氛（为防止科场作弊，场中搜检、监视极严密周详，给考生心理以巨大压力），苛严的规则（对考卷的书写、避讳，在考场规则中均有琐细的规定，稍一不慎便会触雷而失去录取资格）之下，写出合乎考官阅卷心理与要求的墨卷，才有取中的可能。

考官阅卷有何心理与要求呢？书中涉此言论不少，如卷一有如下记叙：“乡、会试场中，每不下万余人，阅文者如何能本本阅完？故先看小讲。小讲佳矣，即往下看，否则弃而不阅矣。”在卷二中又指出：“且每科会试，他省固不能知，而直隶可中之卷，足有五六十本。从五六十本中抽二十四本，从何辨其优劣？大约命意谋篇大同小异，全在字句圆熟，词条丰蔚，才见十分火候。被黜者其火候总欠，非真屈也。”在卷三作者谈大受李鸿章称赏的刘印山的一篇八股文时说：“此文佳矣，然用意太深，宜月课而不宜场屋。月课甄别，文虽千余篇，阅者数人，不限以时日，故有暇细为寻绎。一看而不得者，再三阅之，所以能不屈佳文也。若场中倦眼一观，谁复能细为寻绎？故必深入显出，为第一妙诀。”在卷一中说：“阅者目虽看文，心实顾题。苟眉目不清，看不出题出至何处，似一节题，又似一章题者，场中一望而掷之矣。”这些记叙，无不表明，因考卷太多，阅卷时间太短，故造成考官阅卷求快的心理。在这种心理的驱使下，阅卷不能细思寻绎，故墨卷不能用意太深，要深入浅出，遣词造句不能含蓄，更不能晦涩难懂，既要准确，又要明白易晓，一看便懂。

针对考官阅卷心理，以便取中，书中提出了墨卷的种种对策与作法，都是针对性很强的经验总结，用作者的话说，是“每于阅文，偶有触动，振笔书之”的结果。这些言论很多，不胜枚举，仅卷二即可随便摘出：“盖墨卷忌生而贵熟”；“前辈论场屋诀云：大家风骨名家调，墨卷规模考卷机”；“至于墨卷规模，则随时变迁为场屋之式”；“时墨固贵凝炼，然一味凝炼，既伤气，亦少流动之致。善作墨裁者，往往于股中凝炼，而讲下及出落则疏疏落落，以舒其气”；“凡作文，一题到手，必先想此题若使我衡文，以何者为上？譬如‘良恭俭让’题，必以回补‘温’字处加圈。‘明也悠也’题，必以分说天倒补‘高’字，合说天地留下‘久’字处加圈。我看文以此二处为佳，我作文必求往佳处作，自然合式矣”等等。卷三随摘一处：“或问余场中必中之诀，余举一字以告之曰：‘热。’问余场中必不中之故，余亦举一字以告之曰：‘冷’。”

总之，书中即便是评介明代天启、崇祯，清朝初期之大家名作，讲述八股文作法，以及谈及八股文坛故实、经验，无一不是为在乡、会试场中作合式之文而着眼的。这便使该书充盈着“专讲近科墨艺简练揣摩之术”的气息，从而受人讥评了。然而，因对考科举，作墨卷，取功名有很强的指导作用，故受到学习八股文写作的广大士子及其父兄的好评。

二、在讲时文，特别是墨卷作法时，必取近科墨艺作例，详加剖析，使种种作法具有直观性、易懂性及可摹仿性。

审题是八股文写作的一个重要步骤。怎么审题，虽然前人及书中都有解析，但一般人难以把握。在该书卷三，孙万春连举几个其师詹晓斋审题的例子，其中之一为“子路率尔对曰至舍瑟而作”题，其师讲题云：“对先生无不‘作’者。子路亦率尔而‘作’也，记者何以不言其‘作’？气象欠安详之度，不以‘作’见也，故略而不书。求、赤亦皆‘作’而对也，无点之从容，故不之记，记之反不见点之‘作’之气象也。”孙万春对此评论说：“上下熔成一片，以‘作’字为线索，故觉若网在纲，有条而不紊。”这个例子就把如何从上文审出题解，如何抓住题中关键字为线索来审题之方法明明白白地呈现在学生面前。

卷二记作者讲如何作“如其善而莫之违也”八字题：“友人问此课如何作，余为之说一篇大意云：讲下即领上文矣，再说人君乐莫予违。其志骄盈，本无可取，然吾犹必观其言何如也（此便是小比意）。如其出言可法，言国的事既于国有益，言民的事亦与民无害，纵不知道为君的难，不能因此兴邦，而还有万一之善，可以补救于将来。此虽非其君必然之事，或者于上而百官，下而百姓，天天翘首望治之余，而忽然有此去逆效顺之一侯，亦未可知（此便是中比意）。”此处使用了把题之上下文用白话讲出其大意而使书理中边俱彻的方法，通过这个实例让人仿效而行，行久必熟。此类例子触目皆是，让抽象难懂的八股文作法变得生动形象，可摸可触，这是学习八股文作法的好办法，也增添了该书的吸引力。

三、新见迭出，常能发前人之未能发。

由于孙万春对八股文研究精深，造诣很高，故对八股文有不少独到之见，能言前人之未曾言。如卷一说：“古人作文，如臣奉使于外也。题，君命也；文，则宣君命也。譬如君命以一事至四方，必委曲详尽，或曲引，或旁通，或逆入，或顺推。其未说之前，早将此事宜从何入手说起，再如何说至正文。或正意不说，而从前后左右以拍之。战国游说之士所日夜揣摩者，此也。古人一题到手，何莫不然？”以“臣奉使于外”来阐发八股文题与文的关系，新颖独到，确切不移。

又如卷二：“‘作文即是说话，说话即是作文。’题，圣人说话也；文章，我替圣人说话也。”寥寥数语，将八股文的实质揭示出来，真个是发前人之未能发，让人们能准确地把握八股文。

总之，四卷《缙山书院文话》将其阅文阅卷时的所想所讲，随时笔记，虽未分类，亦有重复之病，但其所讲，具体细致，简明实用，皆是指导科场作文的经验之谈，惠人多多，故能不胫而走，不求传世而传之久远，实为清代讲八股文的佳作。

收入本书的《缙山书院文话》，系据清光绪十一年孙氏家塾本校点录入。

（乌　媛）

缙山书院文话

序

清苑孙介眉明府，以名进士观政驾部，出宰关中，莅鄠县任，未久以忧去职，就馆谷于会垣。与余以桑梓谊，遇从尤数，谭道讲艺，颇相得也。偶以其主讲书院时所著《文话》示余，余勤斠阅之，常置案上。

客有见者，献其疑曰："孙君问学嫥雅，博稽群籍，于理学经济之书，皆贯通而能实践之。若出其绪余，著书立说，以开示后学，不难与古之名儒名臣分席联镳。何不是之务，而乃讲及时文，于时文中又专讲近科墨艺简练揣摩之术，不几如前人所讥，倒却文章家架子乎？"

余曰："不然。子盖未详考其时，洞明孙君用意之所寓，宜其为是说也。《礼经》教人：'当其可之谓时。'儒者为文，必蕲其有济于用。刘彦和为昭明所爱接，崇尚文艺，故有《雕龙》之作。刘知幾久膺史职，故作《史通》，以明纪述之体。钟嵘、司空图皆有《诗品》。宋承唐后，人多肆力于诗，遂好作为诗话。自《六一》以下，传于今者尚不减数十百家。其时制诰笺启，率用骈体。于是王铚、谢伋等又有《四六话》及《谭麈》。自今日观之，以为古书秘笈，可借识文章之流别。而在作者，固以一时风尚，相与讲明而切究之，亦各为当务之急，与今之讲帖括无少殊也。方孙君居缙山，拥皋比，为诸生师。一时济济从其游者，皆帖括之士也。诸生志在科举，各求速化。若为之师者，俾舍其所学，而与谈性理、论开济，是犹鬻珍髢于断发之乡，能索赖者鲜矣。既与讲制义矣，而必远溯化、治，高语归、唐，亦犹奏古乐于文侯之侧，其不倦而思卧者，弥罕觏矣。孙君因生徒所共习者，与之口讲指画，并著之笔墨，告以从吾所言，则可以合于有司之程度。不然，则不免于摈斥。诸生既稔径涂所向，能由是而之焉，闭门造车，即出而合辙，斯从游者之望可塞，而求益于师之事毕矣。用知是编之作，固为生徒之急先务，而孙君亦无歉于'当可'之教而已。岂以伺诸著作之林，而谓能尽胸中蕴蓄乎？且孙君自叙固先言之矣，以诸生累于制义，弗能殚志正学，故与之讲科举之业。科举既得，斯可以屏弃制义，而肆力于经史语录、诸子百家，以求穷理尽性，推之于治国平天下。是其揣摩制义，正将以屏去制义。宋孝宗谓王嘉叟：'科第只假此入仕耳。'其高才硕学，皆及第后读书之功。孙君有见于此，故以制义为嚆矢，为刍狗，至于筌蹄。既弃，乃进而求之理学经济。是孙君之教鹄于大者远者，而孙君所学亦可由是以见一斑，区区《文话》云乎哉！"

客既去，因书之简端，聊当引喤，并以告他人之览是编而致疑如客者。

光绪甲申展重阳日，河间李羲钧书于关中讲舍，时年六十有七。

叙

介眉孙君，颖异非常。去冬来宰商邑。仆寄居深山，得隶治下，时聆謦欬，言霏屑玉也。今夏于汤生锡五处见其所著《文话》四卷，携归读之，并摘抄以教小儿孙辈。

仆少钝，不能文，父师授读古文及诸大家文，皆人人脍炙于口者，迨廿六岁，始应童子试。越年食饩，己酉忝列拔萃科。计筮仕来秦，距入学甫七年耳。中犹读《礼》三年，于举业揣摩二字，实自惭未入门焉。兹读此，悔不见之于四十年前也。

读竟归之，慨附数语。孙君将行，并志耿耿。

光绪九年癸未秋七月，二知叟赵宜煊谨识。

序

庚辰，余通籍后，寓京师旅邸，得与孙介眉先生交，朝夕促谈，亲愈旧识。先生樊舆名宿，性豪爽，善谈论，学问淹通，而尤精于制艺。辛未成进士，分驾部，改大令，主讲缙山。缙山地处关外，士鲜师承。诸生虽好学深思，而文多难入彀，先生悯焉。因于研经论史之余，日诱以作文之法。举凡相题、命意、制局、行机、炼词、用笔以及股法、句法、字法，条分缕析，指示详明。而又恐听受之易忘也，训示之太隘也，讲说之终湮也，于是以宣之口者笔之书，分门别类，随引大家名墨以证之，特质其名曰《文话》，亦谓共话斯文，使游吾门者知所从事，即不游吾门者，亦可择所从云尔。

夫学不患不博，患不精；教不患不勤，患不广。博极群书而不得其要，则大而无成。日勤乎口讲指画而无文字以代之，则一邑亦难遍喻，安望及天下后世？今先生之论文也，提纲扼要，务抉其精，而又形诸笔墨，不私所有，以公于世。世之为文者诚能循是以求之，吾知文之可以荣世，亦可以寿世者，悉于是乎出，则先生之苦心，亦庶几无负矣。然则《文话》一书，岂徒为缙山作也哉！是为序。

光绪六年端阳日，益昌徐京撰。

小　引

余不肖，偕二三同志讲学于兹，已数年矣。与诸生日斯证，月斯迈，汲汲相期望者，岂惟是制义云乎哉！亦惟是于圣贤道理，身体而力行之，以期无愧乎为人而后已，岂惟是制义云乎哉！

顾吾方与诸生锐志理学，而诸生固累于制义而未遑专心以从事也。夫理学有益于身心，制义无裨于日用，尽人而知之。而自乡里选举之法度，士有储经济之学，求所谓上致君，下泽民，勋垂竹帛，绩著旂常，以副其抱负者，舍八股，更何以为进身之阶？理学虽与八股相表里，而究不若时墨之为功易而见效速也。是不屏去制义，无暇及理学，不得科名，难去制义，而不为之急讲制义，亦断断乎难得科名也。事虽不能一蹴幾理，实相因而共贯。故每课发卷，必不惮条分而缕析之。为日既多，衰病绵剧，心气渐亏，不能为诸生口授，遂以笔代之。不敢效刘四骂人，亦不敢效邓禹笑客，就文论文，芟除枝叶，积之既久，裒然成帙。因仿前人诗话之例，名之曰《文话》。是虽一隅之见，果即吾言而行之，得科名之道虽未尽于斯，然亦可为嚆矢矣。

科名既得，已无累心之端，再温习少年所读之经而玩其理，取有宋以来名贤语录以会其通，旁及诸子百家以别其趣，考证史书以论其人，将由穷理以尽性，由尽性以至命，极之治国平天下，一以贤之者也。较之老学究雨晦风潇，日抱名、大家一编，羞问途于老高，卒之欲弃时文而科名在念，欲兼之旁搜远绍而力有未遑，一衿终老，孤陋寡闻，果孰得而孰失哉？是则区区作《文话》之本意也夫！

光绪纪元之次年仲夏，清苑孙万春介眉甫识。

话　端

余作《文话》，取其易晓。每于阅文，偶有触动，振笔书之。此外，饭后酒余、小窗清静之时，忽想一则，亦随笔记之，并不计文之工拙。间有不顺之句、矛盾之句，甚至市里俗言及误笔错写，一概听之。阅者不以辞害意可也。

作文之法甚多，岂遂尽于此乎？此特就阅文时文中所短，及余所及知者言耳。若其已知，及余所未知，均从简略。孤陋之讥，在所不免。

《随园诗话》中，间有谈文及言他事者，兹作亦仿其例。俾学者作正书看，可以用功，作闲书看，可以消遣。是亦引人入胜之一法也。

吾少也贱，家无半卷藏书。壮年爱书成癖，始积数千卷，然亦不过九牛一毛耳。此外所阅者，惟恃一瓻之借，览后即还之。且在晋、在都、在河东、在蜀，既非一地，亦非一时，今偶有征引，无从再觅原书。故所引各文并各书之句，有是书者照原书抄录，倘无是书，均约略言之，非能必与原书一字不差也。尝观李善注《文选》，其于《宾戏》，则引《史记》曰："所获非龙非虎，非熊非罴。"于《非有先生论》，则引《六韬》曰："非熊非罴，非虎非狼。"余按《六韬》《史记》："非龙非螭，非虎非螭。"李善所引与《六韬》《史记》均不同，盖仿佛记忆而为之注也。今《文话》所引，亦仿其例，幸勿以失于考据为讥。

此处地当关外，绝少藏书之家，而路隔重山，又不能携带。故所引书名，有记忆不确者，则加"仿佛"二字，不记书名，姑阙之，以俟他时补入。

文话较诗话为难。诗话采之四方，易于成书。文话虽即夙所闻于师友者，因感触而发之，而究出于一人之见解，无朋友之互相投赠，无旁人之代为搜辑。且诗中多有可摘之句，遇佳句，摘出一联即成一段。文章可摘之句甚少，作法不过数条。故诗话可以盈篇累牍，文话意尽则止，不能强增也。况诗话意在久传，不妨经意为之，文话只传一时，风气一过，即成废纸矣。故其中疵颣层见叠出，无暇删改，亦不必删改也。

时下作文，首在文法。然《仁在堂》已反复辨论，几于家置一编，无人不晓矣。故无须再为置喙。

作文贵言理。然理学之书汗牛充栋，兹虽极详极精，亦不过拾人牙慧，故特从其略。

书中有教人抄记话头，有类獭祭蠹穿，非先辈教人之道。然王伯厚为宋代名元，学问最称渊博，而《玉海·辞学指南》中一则曰："凡四字语可取者编之。"再则曰："四字作一处，两字作一处。"又引谢景思言曰："四六全在编类古语。"唐李义山有《金钥》，宋景文有一字至十字对，司马文正有《金桴》。今作"八股"，虽非古人制诰之类，而为四六则同。古人作四六必须编类，今作四六安能白战不许持寸铁乎？况贫士无力买书，全仗各处搜集，若必待皆见本书，则无用功之日矣。

每课随其文之疵颣，发出文话数条，为琢磨之助语，未修饰，亦无伦次。某所宜先，某所宜后，用功者必能辨别，无俟再为排订也。

扬子云草《玄》，以艰深文浅陋，昔人讥之。余之《文话》，求为艰深而不得，只有浅陋，所谓浅人无深语也。若云仿长庆体诗，老妪皆解，则吾岂敢？然浅陋实便于初学也。

缙山书院文话卷一

〔清〕孙万春　撰

孙德涛　孙德铸　孙德峻　参订

乾隆元年，方苞奉旨选《四书》文，凡例有云："唐臣韩愈有言：'文无难易，惟其是耳。'李翱又云：'创意造言，各不相师，而其归则一。'即愈所谓'是'也。文之清真者，惟其理之是而已，即翱所谓'创意'也。文之古雅者，惟其辞之是而已，即翱所谓'造言'也。而依于理以达其词者，则存乎气。气也者，各称其资材，而视所学之浅深，以为充歉者也。欲理之明，必溯源六经，而切究乎宋、元诸儒之说。欲辞之当，必贴合题义，而取材于三代两汉之书。欲气之昌，必以义理洒濯其心，而沉潜反覆于周、秦、盛汉、唐、宋大家之古文。兼是三者，然后能清真古雅，而言皆有物。故凡用意险仄纤巧，而于大义无所开通，敷辞割裂卤莽，而于本文不相切比，及驱驾气势而无真气者，虽旧号名篇，概置不录。"余按：时文虽千变万化，此数言尽之矣。不独作文，衡文之标准亦在是矣。

古人做文，一题到手，必先将题之上下虚神实理揣摩烂熟，心与题为一，题与心为一，诚如设身处地，无一笔不肖题神，无一句不顺题气，所以为佳文也。今童子初学，读大家文，先不能设身处地，尽数日之功揣摩一题，则题之神理未得，安能知其文之用意所在乎？余故曰："成童之读文与弟子之读书异。读书惟求记熟，读文则徒记熟无益也。纵使记至数百篇，而毫无心得，仍与不读者等耳。"

古人作文，如臣奉使于外也。题，君命也；文，则宣君命也。譬如君命以一事至四方，必委曲详尽，或曲引，或旁通，或逆入，或顺推。其未说之前，早将此事宜从何入手说起，再如何说至正文。或正意不说，而从前后左右以拍之。战国游说之士所日夜揣摩者，此也。古人一题到手，何莫不然？即如王步青先生《八集》中“择不处仁”题，题意本在“焉得知”，然“知”字在下文，此处如何能露？作者只顺题铺成一片话，便觉娓娓动听。盖其心中先有盘算，先说“仁宜处”一层，再说“今竟不处”又一层，“今不处或者未择”又一层，“乃竟择矣”又一层，“择必精详、必审慎”又一层，而“乃不处仁，其以仁为不可处，抑以仁为不屑处”，是为后路一层。只将题变成一套白话，说来说去，尽在题中。而下文“知”字不击自动。又如“山节藻棁”题，亦是照下“何如其知”。照下文一样，而照法则不同，以题异也。此题若使机致未开之童子见之，心中囫囵一块，真无处下口。盖由其读文时，未将先正佳文细心揣摩，心中毫无路数故也。试将此文取而读之，看其心中何等雪亮，然亦只将题铺成一片话，此外更无他巧。如“山节藻棁”，入手先云“居蔡矣”。居蔡是求媚于蔡，一层；求媚于蔡必求蔡之所喜者，又一层；蔡所喜者，在山在藻，又一层；喜山而我无山，奈何？喜藻而我无藻，奈何？又一层；我虽无山，何妨刻山于节？我虽无藻，何妨画藻于棁？又一层；下“不意山之为物”云云，作者口中又断一层；于是登其堂其灵若来，入其室其神如在，为题后一层。看其一路痴情痴想，无用再说下文，而下文“何如其知”自在个中。童子有此心景，一题到手，如入巨室，先走大门，渐二门，渐大庭，渐后宅，渐花园，异草奇花，绕山环水，其境愈佳，其界愈开，其起伏愈不平，真行文之乐事也，何窘之有哉？古人似此者甚多。间有理题、典题，不能如此，而要其胸中之亮，则从此入手。即至改为墨裁，改为奇格，而心中既有境界，自然句句在题中，而无题外语矣。此童子入手第一关。此时机致开，日后自有进境。若二十岁内机致不开，过二十锢蔽日深，难乎其为文矣。

余所论者，即层次之谓也，而又非小题拆字之裂题为数截，作一字，再作一字，非天造地设之层次也。此先正典型，时手不讲久矣。然有名下士，则必从此出。试指一二人为证。海内推许者，莫如薛淮生、张香涛。两先生之文，几乎家喻户晓，无人不读矣。试思壬子顺天元墨《中庸之为德也　三句》题，无论谋篇，即造股，亦莫非此法。如小比先说古帝王之学一层；裁成天下又一层；学之效又一层；裁成天下，天下共沐其德又一层。一比中已俱四层意矣，其他可以类推。江南《道之以政　一章》题元墨佳处，全在得圣人指点神气。政刑，民便如此；德礼，民便如彼。两两比较，使治民者自己细寻其味。题中四“以”字、“而”字、“且”字，正圣人指点元神。闭目思之，如闻其声。元文作时，早将此神揣摩烂熟，中间因想出“今将颁兹诰诫，又试布尔科条”。二比下又接“德礼”。二比合圣人当日浑涵语气，使为民上者自思而自择之。细思中间，既欲从圣人意中指点四比，取题之元神，则提比下必先落出“道齐”，“耻”字下好接“今试观如此则无耻，如彼且不止有耻”云云。故出落云：“是亦惟励之以耻而已。”“励”字即“道齐”二字替身。是小比必先从“道齐”著笔明矣。然欲说“治民者必道齐”，一语了之，如何能成一股？则必先说“民之不可不道齐”，如谓“是亦人心之大虑、风俗之隐忧”是也。何以为人心风俗之忧？“澳涊梗顽”是也。“澳涊梗顽”亦只数句了之，仍不能成一股。必再腾挪一层，以展其局。先说民若不澳涊梗顽，何难教他。惟其不能如是，故不可不道齐。道齐必励之以耻。今试设一政刑，看民何如；设一德礼，看民何如。层层递下，恰合当日口气。所以一点睛而数虚字跃跃纸上也。想题时若不得当日元神，必无中四比。无中四比，必想不出小比一收。想不出小比一收，必想不起小比中间。想不起小比中间，必想不起小比一起。相因用意，无非从神气中融化而出，实无非从古人所谓题前虚步、题前层次而得也。后比以下节鞭辟上节，以上节鞭辟下节，仍不失指点元神。是从夫子说完此话时再三咏叹，作推原之论，故以“盖”字起，横览《春秋》云云，指出当日景况，是夫子说政刑之所以然；缅怀古昔，是夫子说德礼之所以然。笔外有笔，神外传神，令人叹观止矣。

以上二篇均元做，亦均一时名手人人所尝读者，故举之以例其余。学者取法乎上，仅得乎中，不是之学而安学乎？

余友苏翼儒太史维城，余会试同年云樵之弟也。尝云：“一字题亦能按钓、渡、挽做。”余云：“旨哉斯言。”学者悟得一字亦能做“钓、渡、挽”，则思过半矣。盖讲下不说到本位，或虚步，或旁衬，以钩清题界。虽见题字，而不犯正位，即“钓”也。小比在题前说，中间或由浅而深，或由反而正，即“渡”也。后路或写题之上层，或追题之原神，或落出题眼，或倒补题脉，即“挽”也。翼儒又云：从前做文，都未了了。自詹晓斋先生主其家长谈一夜，便觉文境忽开，作通节通章题有把握矣。詹晓斋讳锦堂，吾乡名进士也。翼儒谈一夜而获益良多，而余亲炙门墙二三年之久，竟未能高出翼儒之上，吁，可愧矣。

庆华廷太史锡荣，余庚午乡试房师也。余文呈荐时已为总裁驳斥，先生又荐之，再驳，再荐，后卒因二三场中式。故余感先生知遇之恩为最深。先生学问渊博，岸然道貌，其人品端正，有古名臣风，都人士所景仰焉。而于八股功夫亦最深。辛未会试后，呈文稿于先生。先生云：“此文与乡试笔路全异，化其一往无前之概，而近于和平。此必数月以来，用涵养之功也。”余思之，果然。盖余尝想，会墨虽亦兴会淋漓，而不宜过于激烈，故求泯棱角而慕浑沦。足见文章之道，多一分工夫即呈一分色相。学者又安可不终日孜孜，而一刻以千金惜之哉？

时墨与名大家迥异。名大家讲题意，时墨要兼扣题面。即如郭作《子闻之至执射乎》题文小讲一起云云，下接云“非圣人之本心也”。只此一句，便见心粗。此句是从做者口中硬下断语。试思文章乃代圣贤立言，安有圣人话尚未说完，我却从半腰截住，硬断一句，则下文“吾执御矣”如何能接？且不特碍语气，试看此句是扣题中何字玩改笔：“今使圣人随流俗为转移，扣题之上半截。而薄技早成绝技，用其原句垫一笔。又何必执两端以相衡哉？反扣“乎”字。此亦泛常语，并无佳处。而令阅者便知题出到“执射乎”并不溢。题分而口气亦不碍下，便知是此题。此之谓扣题。而时墨虽不能篇篇如此，而顺天闱墨似此者居多。阅者目虽看文，心实顾题。苟眉目不清，看不出题出至何处，似一节题，又似一章题者，场中一望而掷之矣。后虽有佳文，亦多掩没。谋举业者可不留意哉？

大凡作文，总要心细。譬如小讲，时墨大都说四气或五气。一起作一气，必先细想此一气扣住全题否？如已扣住全题，而即将此一气句句摘出，看切题否？有作一句不切题，即删去另做。宁可即此一句将一气都换，万不可少有将就。此一气斟酌妥矣，再做下一气，或转或承，气气斟酌。小讲完矣，却舍题单论文，看一讲中气接否？字妥否？有上下矛盾语否？斟酌完矣，再自己高声朗诵一回，看气热否？调熟否？有聱牙句否？有哑音否？平仄调否？念完矣，再作讲下。段段如此斟酌，作完文方觉问心无愧。及呈人看时，犹觉疵纇百出。若自己问心不安，其文尚可问乎？此窗下作文法也。若场中作一气斟酌一气，恐其气不热。又必须有破题即有终篇，一鼓铸成，并不停笔，才无滞机。然一篇作完后，亦必从头气气斟酌，换其不妥之字，而不换其调，不换其转折，仍不至气不鼓荡，而机不流利也。

余在山读书时，忽有二三友人来谈。内一人云："最喜《柴也愚，参也鲁》元做。"余问："此文读熟否？"曰："非特读熟，且终身不能忘一字。"余问："曾细揣摩否？"彼云："既读，岂有不揣摩之理？惟揣摩才知其佳。"余云："既知其佳，文内有一小疵，知之乎？"彼问："何处？"答云："小讲。"彼即将小讲朗诵一过，实不知有可疵之处。余笑曰："收处云'二三子无以天质未优为病也'云云。夫柴、参仅二子，何得搀入三子？若题添下一句，又当如何说？"其人退谢，自认心粗。傍一友人云："读前人名作，当思其大意。若吹毛求疵，天下安有佳文？"余晓之曰："子言诚是。然谓阅文也，非谓读文也。吾辈用功，凡读熟之文，要字字不肯放过，方能有益。至其中小疵，亦必灼知，以后自己做文才能无过。若成文中微瑕滑口读过，则自己文中更不能知。终身作文，安能免疵累乎？"遂一笑而罢。后其人谓人云："介眉读文作文，心细如发。我辈心粗如椽矣。"

《西厢评语》中论作文之法甚多。余最喜其"那辗"二字。"那"之为言搓那，"辗"之为言辗开也。其论"那辗法"有云："凡作文必有题。题也者，文之所由出也。乃吾亦尝取题面熟睹之矣，见其中间全无有文。夫题之中间全无有文，而彼天下能文之人，都从何处得文者耶？吾由今以思，而后深信那辗之为功，是惟不小。何则？夫题有以一字为之，有以三、五、六、七乃至数十百字为之。今都不论其字少其字多而总之。题则有其前，则有其后，则有其中间。抑不但惟是已也，且有其前之前，且有其后之后，且有其前之后而尚非中间，而犹为中间之前，且有其后之前而既非中间，而已为中间之后。此真不可以不致察也。诚察题之有前，又察其有前前而于是焉。先写其前前，夫然后写其前，夫然后写其几几欲至中间，而犹为中间之前，夫然后始写其中间。至于其后，亦复如是。”余按：作文展局之法，此数语尽之矣。然所谓前者，非宾之谓也。所谓前之前者，亦非茅鹿门所称不可作宾中宾。于题目傍意中，又入傍意之谓也，谓题前之虚步也。忆童时作“就有道而正焉”题，入手云：“敏慎之君子，即有道之君子，岂不足为他人考正之资乎？然而君子不敢自是也”云云。“君子不敢自是”，所以要就正有道，此题之前也，所谓虚步也。“敏慎之君子”云云，勒清题界，在虚步之前，所谓前之前也。小比出比意云：“君子奉有道为依归，于是事必敏。而事有是非，或者敏则是而事则非，可奈何”云云，即中间之前也。下又接二比，出比意云：“吾诚不能自知其是非，何不求知之者？有道是也。”此二比，看似中间，仍在中间之前。下又作二比：“吾必去就之”云云，则为中间也。后比说二比“正”字，再说二比“正”之后，“吾事益敏，吾言益慎”云云，即后之后也。今春归省，值华三弟他出，为之庖代，因以此题命其及门作之。虽有可录者，而窘者亦多。如一卷小比意云：“人皆不能就正有道。”中比“未就之前，将就之际”。后比敷衍题面，全无心思。因捡余童时所作而不得，为追忆其大意示之。盖其十五六岁时，读文心思未开，真机未辟，故锢蔽日深也。不取此等法教之，安能医其病哉？

昔人云：论人要存三分忠厚，而论理要推之极处。余谓平时读文，固宜知其微疵，以求自己作文免于疵纇。若场中衡文，固宜心存忠厚，不可过苛也。如以疵论文，何文无疵？宋叶大庆《考古质疑》中载：“墨客王圣美少谒一达官，值其正谈《孟子》，殊不相顾。忽问圣美曰：‘尝读《孟子》否？’曰：‘平生爱之，都不晓其义。’主问：‘不晓何义？’曰：‘从头不晓。’主人曰：‘试言之。’曰：‘既云孟子不见诸侯，因何见梁惠王?’其人愕然，无以对”云云。夫不统观乎圣贤出处之大节，而就一二语以摘之，所谓“欲加之罪，何患无辞”也。孟子之书必欲从苛，尚可指摘，况时文乎?

恨鲥鱼多骨，恨金橘味酸，恨莼菜性冷，恨海棠无香，恨曾子固不能诗，此彭渊材五恨也。余尝欲补三恨于后云：恨金某未及批《红楼梦》，近时王溪莲已有批本。恨蒲松龄未修《明史》，恨作《西厢记》者或云王实甫作，未知确否。未作八股文。或曰：“彼作八股文，安见其必好?”余曰：“事虽未可必，而其传神之笔，空前绝后。如其文并未说，行步而玩之；若行步者并未言，举手摇头而玩之。仿佛举手者、仿佛摇头者有此传神之心，济之以传神之笔，以及摹题中数虚字之神，有不栩栩欲活者乎?”或又曰：“《西厢》乃淫词。君言出，是教人看《西厢》也。”余曰：“余言其文，非言其事也。所谓文者见之谓之文，淫者见之谓之淫也。若以其事近儇薄，则尤展成固尝以‘怎当他临去秋波那一转’为题，作成八股，流传大内，深结主知矣。此题看去甚轻佻，而能结主知者，非以其文之佳乎?是盖不可因噎而废食也。”

余友刘印山孝廉，在乡间一时称文坛雄将。数上公车不第，其学益坚，其功更密。庚午榜后顺天闱墨出，彼此叹元做甚佳，均选而读之。一日，印山忽问余曰：“元做后比‘阻贤豪之登进，屈孝子为家臣’二句，思之，与上四句意甚合掌，而读去不觉合掌，何故?”余细想果然，而实不明其故。印山云：“此无他，上四句是论理，下二句则就做文者断，一气盖足上笔也。”余始爽然，当即服其心细。

吾乡张肇一太史清元，与舍弟同出耿栗斋恂先生之门。太史门人中会者颇多，而彼十上公车，至戊辰始登馆选。余会试同年李松坪比部乔年，其高足弟子也，在都时与余同寓，彻夜长谈。余问之曰："子从肇一，有异闻乎？"松坪云："我不知何者为异闻？何者为常闻？"余云："人人心中所无者，而太史能言之，此即异闻也。"松坪云："人人都心粗，先生特心细耳。"余请将其所以细处，何妨略指一二端。松坪云："他文或有读，有不读。即以人之常读者论，如"足食足兵，民信之矣"，第二名李德仪作小讲，中四句云：'圣世之富强，不域于霸图之近；众情之悦服，徐验诸王道之成。'太史讲云：'大凡作四六对句，总要上下联分两锱铢相称。如此文"圣世之富强"，句法何等庄重，而对"众情之悦服"，句法太轻，对不过矣。乃下接云"徐验诸王道之成"，此句又庄重，与"富强"句相称，参差裁对，盈亏相补，上下句分两轻重悉称矣。'太史所讲，出人意外者，此也。他如谓'开之以耕作'四句，人人都难记，不知有一准层次，一层进入一层。记住层次，何至于忘，则又揣摩家可自思而得者也。"余按：宋王伯厚云："上句有好语，而下句偏枯，绝不相类。不若两句俱用常语。"亦此意也。

墨卷不准以题外字对题中字。即如"譬如为山，未成一篑"题，"成"字，题中字也。王作讲下云："而卒见为易。"下对云："而究未及成。"小比"力不能胜"，对云："志在速成。"中比"策始之功"，对云："落成之境。"处处以题外字对"成"字，何故？此虽小疵，而阅者终不满意。场中如三排等题，两排有题中字，第三排实难对稳，强对又不现成，万不得已偶一为之，仍要气热，或混得过阅者之眼。若讲下，为一篇最要紧关头，争胜全在此处。题中要字，或跌出，或单提，或单落，总使看去如双手捧出者，才能动眼。若以题外字来对，竟似随便带出者，便同嚼蜡矣。试看"告诸往而知来者"题，夏作在"告者"云云，而"言者"云云，夫亦视其知而已。"告者"何不可对

"知者"，而必留下"知"字单出，何故？盖此题独重一"知"字，若与"告"字平举，分不出轻重，安得谓佳文？故不嫌以"言"字对"告"字，而将"知"字郑重分明，兢兢业业，双手捧出，令阅者至此触目惊心，不必再看下文，已知其得题解矣。此揣摩家独得之秘，亦即不传之秘也。若使学者自己揣摩，或未能即见及此。今特为拈出，因此类推，不难审题矣。郭作小讲有句云："即为山，何莫不然。"直点题字，非小讲语。大凡作墨卷，小讲不宜见题字。间有认准题中要字，谓之骊珠，拈之以入，谓之拈题字。亦有非题之要字，而就此字上想出妙意，拈之以入，能使全题在握，亦谓之拈题字。其他有逼题字于收处者，如题中有"敬"字，而"敬"字又是骊珠，小讲一气逼来，直至收处云："夫亦曰'敬'而已矣。"令阅文者知其重，此一字便觉分外醒眼。然必一气赶出方可．若气不旺，读去凌裂，便索然矣。拈题字者，如"听讼，吾犹人也　二句"，会墨第三薛淮生先生作云"夫欲振使之之权，神使之之用"云云，谓之拈"使"字入。拈者，如两指拈一珠然。盖此题精神，全在"使"字。"使"字乃题中最重之字，特拈之而入。阅者一望知其得题之要矣，安得不刮目相待哉？

句法过炼则伤气，不炼又轻率，看去似无力量。官课王卷有句云："兢业不可不深。"余改云："兢业深则万端坐理。"意思同，而句之轻重厚薄判焉矣。学者每造句时，必细心看其轻重。能厚重矣，而又不失流动，不至笨拙，则庶几矣。

"无如寡人之用心者"题。此题上文"尽心"二字，是此一节之眼，为此节题之最重者。小讲以"尽心"入甚好。惟郭作出句云："我有是心，人亦有是心。"对句云："我尽是心"云云。是竟以"有"字对"尽"字矣。"尽"字是此节最重之字，如何强以题外之字对？且"有是心"与"尽是心"略分深浅，不见两意，故觉无味。改笔先说人能尽我不能尽，再说人尽我亦能尽，衬出我尽人不能尽。层层有意，且为“如”字作势。讲下云：“察邻国之政，方谓邻国亦用心耳，方谓邻国亦用心如寡人耳。”若不用第二句一领，上即云“方谓邻国亦用心如寡人耳”，亦何不可？而“如”字、“寡人”字竟似带出，不醒眼矣。必先衬一句“方谓邻国亦用心耳”，再复一句，跌出“如寡人”三字，何等郑重，何等分明，便觉活跳纸上。况时墨恶单而喜双，二句气双，念去才是时墨。

“双”之一字，先辈所传之墨诀。讲气要双，句要双，字亦要双。气双如壬戌第二小比云“帝王运量以苟且试之”，下如接云“有自顾而皇然者矣”，亦何不可？而必加以“瘖寐难欺”四字，何故？不如此，气不双也。句双如壬子元作小比“古帝王执中”云云，亦何不可？而必曰“建中”云云，不如此，句不双也。字双如“功名道德”，又如“足食足兵 二句”。元作“舍生聚而遽言教训”云云，“生”与“聚”对，“教”与“训”对，字法双。“生聚”与“教训”对，句法亦双。从前论文之诀如此，近来虽稍变而其法不可不知。双则气足，单则气弱；双则句足，单则句率；双则字厚，单则字轻。此又读文时不可不细心揣摩者也。

凡作文要先细心审题。题中之字，孰轻孰重？如“无如寡人之用心者”题，“心”字似重，然“尽心”二字，上文已见。揣梁王之意，重在“无如”二字，而“用心”只轻轻一带便了。王作讲下云：“吾何以察邻国之政哉？”诚以政也者，与心相表里者也。扼重“心”字，漏却“无如”，骊珠已失矣。且移民、移粟，是题之远脉，却是题之正根，不倒补此四字，所用者何心？岂非蒙头盖面乎？为之改云：“吾何以察邻国之政哉？察其果能如吾之移民否也，察其果能如吾之移粟否也，而今释然矣。”

扼定“如”字，却是此题必应有之。前路必如是落题，才得机得势，而“用心”二字，自在个中。学者宜细玩。

讲下为一篇之入手，诚咽喉之地也。一篇文所重，只在一入手。入手得机得势，其下自能迎刃而解。尝见通篇无甚新奇，而只一入手好，掇高第者多矣。又有通篇甚好，而因入手被黜者多矣。余同年李松坪，庚午中十一名。闱墨通篇虽极充畅，然亦人所能，而出色者，惟一讲下。又一友，通篇甚佳，而入手以“闵子侍侧”一章入，抛却季氏使一边，一篇文并无纲领，荐而未售，是讲下所关甚重也。而诸生反以入手为无关紧要者，只随便一领便了，安能入千万人中拔帜争胜哉？况吾辈做文，兢兢业业，自觉用心，阅者尚不满意。若再随便含糊了事，安能为铁中铮铮、庸中佼佼乎？以后宜切戒之。

余前所云层次之说，在童生犹宜留意。乃今细观其文，仍复梦梦。不得不再申前说，为心思窘者作换骨金丹。如“此课吾何快于是”题，其小讲、讲下诸不合法，已批示本卷中矣。此题作法，宜于前后左右，逼“何”字之势才佳。领上既出上三事矣，小比宜先说傍观，谓“吾必不如是”一层，“乃今竟如是”又一层。二比将“是”字顿足矣。下接云“今既如是，必谓吾快于是”又一层，“今既快于是，必谓吾所快者止于是矣”又一层。下再一笔转正点“何”字，真有千钧之力，何等活跳。后比再从正面生发二层。有此五六层，做六比可，做十二比亦可。层层加以意思，更觉有色，何至令阅者闷闷乎？由此上进，即为名大家。由此收敛，即为好墨卷。将来成名手基于此，即中会亦基于此。然实尽人所能，而非强人所难也。可不勉哉？

“哉”字有两用：一似“乎”字，笔情摇拽，用来便觉生姿。如壬戌第二作“抗怀谈平治，平治岂易事哉？”何等吐属风雅。一用与“岂”字相呼应，其字最死最笨，用之于后比煞收，所谓用重句以托之也。今《譬如为山　二句》题文，郭作小比云："是岂人力所致哉?"小比中间用"哉"字硬句，近来闱墨向未见。且小比只三四气，不用"乎""也"等字，尚虑隔气，况用一死"哉"字截断，文气安能热乎?略有揣摩者，必不为此。此皆作文任意、并无墨式者也。

时下揣摩家，小比禁用虚字，气气秃住秃接，收尾亦秃住，不加"者""矣""也"等字。谓必如是，气机方热，读去音韵才坚光切响。我辈作文，固不必拘此陋习，然又不可不知。不知，甚必至于任意妄为，毫无纪律矣。无纪律之师，尚不能取胜，而况文乎?

每科乡、会试，大宛中者多于他处，秋榜一二十人，会榜六七人。京师为首善之区，文风之盛也，宜矣。然其中必有一定诀窍，非他人所能知者。辛未通籍后，特与大兴同年陈树庭比部庆萱日日谈文。每遇大宛孝廉，即询其用功之法。其所揣摩等事，大略与余无异。惟云每用意造句，虽极凝炼，而却浅显，令阅者一望而知，不假思索。彼此所授秘诀，如此而已。询之数人皆然，始恍然。每科闱墨无不如是，特他人天生笔亮，非有意为之。而大宛则以此为教，笔意沉闷者亦可力改耳。此则文风之盛愈于寻常者也。

先辈论文，谓造句时句句自己出，却句句如在别处见过，方能入式。旨哉斯言！非绝世聪明、揣摩有得者不能道也。今学者为文，每一句成，细思此等句法，成文中见过否?如未曾见过，出自己为，要思此句嫩否?笨否?沉闷否?必细加笔削，念去甚熟，恍如别处见过者，才到十分火候。若此句只成自己之文，别处向无如此句法，则非嫩即笨，非涩即冗，难乎其为佳文矣。夫为文至句句如成文中语，不求浅而自浅，不求显而自显，而大宛所传之诀，正可异曲同工，一而二，二而一也。

古人作文无平仄一说，而一时兴之所到，自合节奏，不讲平仄而平仄皆谐。后人因其坚光切响，悟出乎仄一说，虽失前人古傲气象，而永无乖音哑韵矣。大约四字句，上二字仄，下二字平，若上平则下仄。六字句亦两平两仄两平，对以两仄两平两仄。推之八字句亦然。此一气完，煞尾一字如系平声，则下接第二气，首句煞尾一字亦平。今《乡人傩　一章》题卢作，对句收尾云“燮理阴阳之表”，下接云“一道同风”，“表”字仄声，“风”字平声，平仄不调矣。试观储在文《夫子为卫君乎　一章》题文：“空山之中，蔼然孝弟。”“弟”字仄声。第二气接云：“九原可作，至今如见其心。“作”字亦仄。读之便有声调。若“作”字易一平声，便成哑音矣。凡一气完另换一气皆然。若在一气中，则总二平二仄为谐声。如壬子元文《中庸之为德也　三句》，小比云：“古帝王执中固其操，建中懋其学第一气，而防情平，正性仄，复合天下仄之智愚平贤否仄，以大仄其裁成平，第二气。故首出仄有圣神平，第三气，而无党仄无偏平，四海宜平共仰仄，维皇平之极仄。第一气末一字“学”，仄声，第二气首句末一字“性”，亦仄。第二气末句末一字“成”，平声，第三气首句末一字“神”，亦平。第四气起句末一字“偏”，亦平。若一气之中，如“无党无偏，四海共仰，维皇之极”，则又二平二仄相间到底。惟其中四字、六字句，则第一第三第五不论，亦诗家“一三五不论，二四六分明”也。若二四六失调，念去便不谐矣。学者细心揣摩一次，以后作文倘有一字不调，念去便不顺。久之，自能合拍，习惯自然，则墨卷皮毛，已得其大半矣。

余友郭月舫农部家修，庚申会试中第四者也。一生得力，在作虚字。己未乡试“郁郁乎文哉，吾从周”题，人皆贪用典故，作“文”字，作“从周”，而农部偏作“乎哉”字、“吾”字。通篇白描，不用一典。出闱后，人方以为太空，而场中特遇赏音，竟领乡荐。次年公车入都，“大学之道”题，入手二小比，即将“之”字作透。其调套陈际泰《事君数　一节》题文，却为“之”字追魂取魄，已扼一篇之胜。后即层层逼进，卒为天下第四人。是题中虚字，万不可忽也。然又必相题而为，方不死于句下。忆余应童试时，最爱王步青先生《八集》，如《蟨之与蛩，蛩巨虚，终日相依，未尝暂舍》。除熟读外，无一篇不细心看、细心揣摩之。入学后，专事墨裁，亦几置而不阅矣。然其中凡作虚字处，无不历历在目。庚午入闱次题系“故天之生物　二句”。余作时，犹记《八集》中《故声闻过情　二句》文作“故”字处，必带定上文。因思今次题固重一“因”字，然“故”字亦不可脱略。中比欲为“故”字作顶上圆光，又不可不带舜一笔，故有“不必观于舜始知天之因物，然观于舜而益信天之因物”。此是意思，非措词。二小中比，点“故”字，甚觉灵活。及房师将此卷呈荐时，郑小山先生见首艺甚叹赏，阅至次篇云：“此题‘故大德必受命’，才能搀入舜。此时如何带舜说二股?”因而被黜。房师以为小疵，且刻意作“故”字，是尚知用心者。再呈，再斥。三呈，又执前说，决意另换一卷。房师归而细阅，以为若因此被斥，甚为可惜。而已荐三次不允矣，又不好再渎。然怜才念切，终不忍弃。因取二三场观之，亟呈堂云：“此卷二三场甚好，若以次篇小疵不中，未免太冤。”郑小山因取二三场读之，始中定。此余所以劝人习二三场也。余忆在场中，亦知“故大德必受命”，才能入舜。先儒已言之甚详。特心中要以作“故”字争胜，故有此失。若非房师赏识及后场劲，其不落孙山外者几希。余因劝人作题中虚字，又恐其执拗不通，故备述之。

余为诸生论文，已不啻舌敝唇焦，而阅其文，仍无进境，何也？盖所论如指路。然路清矣，走否仍存乎其人。今细思场期临迩，若仍因循苟且，不知奋力，将来安有望乎？则莫如猛进，每日晚读文一篇，次早连熟文同背，天天如此。及一月，而初一所读之文已背至三十遍。背时细心揣摩，至六月可添文百篇，连自己从前熟文，凑百五十篇无难。每日早饭后，略写百十字，即取远近各科文及各家文稿细看之。看文愈多，心境愈辟。算至六月，可看千篇。每月再作六篇，至六月可作二十余篇。至场期，已有熟文百余篇可恃，又看过千篇模范在心，或可望中。每晚半天看文毕，读诗一首，记诗中典故五个，明日再记时，连前五个统记一次。如此用功，初似太苦，久之自安。且用苦功不过半年，而得来科名，一生受用。《吕览》云："民之于利也，犯流矢，蹈白刃，涉血盭古抽字肝以求之。"今之用功者，无流矢白刃之苦，无涉血盭肝之危，而得来可以扬名，可以显亲，较之得利，不更重哉？乃都不肯用力，何细民之不若乎？吾人读书，只求明理，岂计得失。即以得失论，亦觉所施者微，而所获者厚，天下第一便宜事也，可当面错过哉？昔人云：书是秀才的本钱。有本钱在，虽目下无利，而积之既久，本钱愈多，自能利市三倍。若因目前无所得，而舍书不读，是将本钱亦没了，其以贫困终其身也宜矣。

教读者为他人作嫁衣，势不由己。然他事皆可稍缓，而每夜必读生文一篇，每早必默诵生熟文若干篇，必不可缺。不如此，而妄谓场中可中，岂非梦梦乎？

文章拘字数固为陋习，然荒手失于窘，往往不过四百字。略有工夫，又失于铺张，往往竟过七百五十字。场中八百字被贴，又不可不知。若工夫到十分火候，出笔即在七百字上下，所差不过一二十字，斯为有准。

文章过散漫则无力，过炼则伤气。咸丰年间，南闱纯尚王、尤体，殊失流动。要知王农山、尤展成《骚》《选》子史工夫最深，故自然典雅。学者有意为之，便伤气。《龙脔集》中所选虽多，而作一典腋看则可，效颦则不可。惟其对偶类中颇可观，亦有佳做。

京师时下论作文，文只七百字，要一百二十句，读去仍流动。若不知为百二十句者，才到十分火候。我辈作文，固不必拘拘于此，然此等诀又不可不知。

三王祭川，先河而后海。童子初学，必循流而溯源。不可躐等也明矣，然必以先正典型可法可师者教之。若今之乡塾，非教以童子，升阶即以《童蒙金镜》习之。既久，俗气入骨。入庠后，纵有高才，亦不可救药矣。欲挽此风，惟吾徒先之。凡教童子，必先令读明文。既有规模，则教以八铭。如欲趋时，再选《铁网珊瑚》数十篇读之。平日间看一部《仁在堂全集》足矣。入学后不期高而自高，扩之即成墨卷。不然，亦不失为考卷名手。所谓取法乎上，仅得乎中，若取法乎中，斯为下矣。宋张戒所谓屋下架屋，愈见其小也。王步青云："每见坊间兔园本子，谓便于初学，一味苟简，题下不列名氏，文特粗具形模，股皆合掌，语多似是，前后布置及开合字面，不论何题，率多依样葫芦。村师取其易晓，以课后学，口耳相传，未有不致心源若废井者。闻北方乡塾尤所盛行"云云。余北方人也，窃意未见行此者。谁知乃在北方之北乎？此风一改，有不科第联绵，取青紫如拾芥者？以余是问，不知肯从余言否也。

茅鹿门《论文之法四则》，首曰"认题"，并云："今之学者，于题类多鹘突即俗"糊涂"字，焉能入解？他如问答题、议论题、序事题，其间千条万窍，难以备述。其总要专在摹写虚字眼处，譬如掉百尺之帆，特在篷眼上转脚；悬千钧之弩，特在弩机上觑的"云云。摹拟虚字眼之说，实八股之秘诀。得其诀即可抡元。如甲辰"文献不足故也　二句"题，他人贪用书卷，而元文特用白描，专在"也"字、"则"、"之"、"矣"字上盘旋。

戊午“吾未见刚者”，元文中比专作“者”字。丁卯《慈者所以使众也，至心诚求之》，元文小比专作“所以”二字之神。均能高人一着，所以中元。庚申“大学之道”第四小比，特作“之”字。魁卷中尚有中比作“之”字者，如云：“则其道无烦于拟议，则其道端赖于推求。”虽摹取“之”字之面，而场中最为醒眼，人略我详，所以命中。然此亦必认题真才中的。如丙辰“告诸往而知来者”，闱后争呈文于先师詹晓斋先生。先生亦命余作是题，缴文时特出场作十数篇示余，并云：“任汝眼界择佳者来。”余遍阅，执二篇云：“独爱此二篇。”问：“何以爱之？”曰：“此篇中比用时序有往来，日月有往来，衬出题之往来，意思甚新。此篇中比作‘而’‘者’字，亦似别有会心。”先生笑曰：“汝只阅文，不想题，故以是为佳耳。要知此题重一‘知’字，且此‘知’字身分甚高，若视作闻一知二之‘知’，仍不得题解。此二篇舍重而作轻，失却骊珠矣。”揭晓后，果未中式。又如甲子“上老老而民兴孝”，若单作“而”字，亦不能见长。何也？“而”字下二句亦有，乃公共字也。专作之，与下诸“而”字混矣，必不能切本题。不切，安能中乎？又前曾以“夫子之言性与天道”命题，诸卷皆作下四字，并有专作“与”字者，岂知题解在一“言”字，舍此不作，安能佳乎？此茅鹿门所以贵认题也。

文章一气用三四句相联者，必一句一意才有味。若只随便一抹，直不如一句。如“货悖而入　二句”，第五耿栗斋先生文小讲云：“天下之群失其财者，必将苦其逆，怨其逆，相与效其逆，以报其逆”云云。“足食足兵　二句”，第二李作小比云：“开之以耕作，宽之以赋敛，广之以积贮，济之以赈䘏。”均一句一意，一层深入一层。必以之为苦，始有怨心。必怨而始欲效之，必效之始能报之。先开耕作，既耕作矣，而苛敛时行，食仍不足，故必宽赋敛。赋敛宽矣，凶年仍不足，故必广积贮。积贮存之于仓，于民何益？是又必济以赈蠲。均一层深一层，非随便一抹者可比。必如此始可用四句一排，若无四意，直是赘瘤耳。

“大畏民志　二句”题，有一小比云：“屋漏有何神？公庭之视，畏即其神。”此一句偶忘之，字多不对，而调如是。通篇惟此二句最警策，遂入魁选。句法顾可不讲乎？

又“大畏民志　二句”题，“此谓”二字最不好作。闱墨有一后比起云：“而遂令论治者悠然神会也。”为“此谓”二字追魂取魄，却作顶上圆光之势。学者试闭目细想：“大畏民志”说完，尚未说“此谓”，知本中间有此一笔，何等警策。两橛题知从夹缝中会虚神，则庶几矣。又第三王作后比，有句云：“身习焉而忘所自，目想焉而得其真。”亦有“此谓”“知本”四字远神，均夺标老手也。

问此等心境从何而得？余谓得之正希先生《今也纯俭，吾从众　二句》。文中将“今也纯俭”说完，尚未说“吾从众”，却于上句之下，下句之上，中缝中顿“吾”字云：“而某也为之，顾其物而观其意，平志焉以定义类之所从；略其短而著其长，降心焉以求一节之可就。”为“吾从众”作顶上圆光。善学者细玩其味，愈玩愈长，耐人思索。若滑口读过，真与视而不见、听而不闻者等也。

庚申“大学之道”题，魁选中有两扇。作者以学制、学术分柱。或谓：“意亦犹人，何以独居前列？”余谓：“意同而词异，所以独居前列。”通篇无一语不佳。即如“诣关士贤圣，中材与上智均为百代儒宗；功迈皇帝王，圣主得贤臣同启一朝运会”。此等坚光句法，问通场数千人，有几人能造得？且又照下“明德、新民”，非同泛设。通篇句法称是，是青钱万选之技也。

凡文章所讲之法，即吾心自具之理也。未有理明而法不备者。如“无如寡人之用心者”题，有领移民移粟者。此却是用心之根，何以谓之无法？要知若出“察邻国之政”题，若出“察邻国之政　二句”题，宜如何领上？必领移民移粟矣。今“无如寡人之用心者”亦领此四字，令阅者不知题从何处出起，安得谓之有法？领此四字，是“察邻国之政”题内文，今硬移置此处，若谓之有法，是此四字可以二题互领矣。凡一句话移置别处亦可用者，必非切题语。况移置上句题，却是切题话，置之于此，尚能切乎？诸卷此等处最多。余以《仁在堂》辨之甚详，无须再为置喙。今思倘能明理，即无《仁在堂》亦自能辨；倘不明理，即日守《仁在堂》亦无益。在学者自己领悟耳。

文中用三复笔，最有章法，亦合时式。然必一见题，心中忽得二句警策之文，又于题之神理丝丝入扣，方可复。若毫无意味便讨厌。如“子温而厉　三句”题云：“盖夫子盛德之至无可名，而气象之呈有可见者也。”确得题解，是圣人身分，是记者眼界，故佳。又乙卯“我对曰无违”题云：“对曰无违，我向者有以告孟孙矣。不知孟孙果喻焉否也？”“信近于义　一章”题，余同年苏云樵明府复笔云：“吾尝旷观得失之林，而知慎始之为要矣。”或肖当时口吻，或扼题之紧要，均能辟易千人，惊心动目也。不如此，却不可用，用反有害。

戊辰元作最佳，而其声调规模，实从“言而世为天下则”曾树作脱胎。学者合而观之，看其不套之套，实深于套。套文者能知不套之套，神乎技矣。

一题有一题之妙。作文宁于章法字法有未尽，而不可失题妙。如“夫子言性与天道”题，诸卷有竟说夫子不言者，照《注》“至于性与天道，则夫子罕言之”，理非不可。要知题明明是“言”，安可舍题而作《注》？又有竟说“夫子言”者，则下文“不可得闻”，早被横风吹断矣。作者见题后，知说“不言”

不可，说“言”亦不可。此中参透消息，自能活泼泼地无一死笔矣。《味根录》注中加注云：“非其人，非其时，便不得闻。”便开后来二后比意思。然必照此意发挥，才曲尽其妙。“非其人”，并非圣人不言，实其人见为不言耳。如忠恕之道，曾子唯之，同堂均不知。可见圣人未尝不言，而人自以为不言耳。“非其时”，如子贡多学而识，圣人未告以“一贯”。直待时可言此，始迎其机而告之曰：“非也。”前此固不能闻也，未至其时。夫子为曾子言“一贯”时，子贡亦同闻，而特不解耳。可见非圣人不言，特时未至者，见为不言耳。子贡特于闻文章后，于“性道”上加一“言”字，见得至其时，言文章即言性道；非其时，言性道亦非性道。言在子，而所以言不言在人。从此想意，笔笔灵动，处处说夫子言，却处处是不可得闻之言，才是题情。若一着呆相，一有笨笔，其妙全失矣。

“夫子之文章至不可得而闻也”题，管世铭作，另有眼界，迥异寻常。近某省乡墨效之，遂抡元。其看题，将“性道”纳入文章中。如云：“由夫子之文章，见夫子之性道可得而闻也。若必待夫子之言性与天道，不可得而闻也。”此于“夫子言性与天道”上加“必待”二字，讲较直捷，斩断一切葛藤矣。吾乡鹿忠节公《四书说约》云：“除了人，何处是天？除了事，何处是性？使人事之外有天性，则天性为无用之理矣。此章‘无行不与，予欲无言’同机。闻木樨香者，便可就文章闻天性。”此说亦痛快。

时下作文用四字泛话，惟捡平仄谐者。平仄不谐，均弃而不用。如“奉令承教”四字，古人文中尚有用者，今则以“令教”均仄声，罕用矣。戊辰会墨《畏大人，畏圣人之言　二句》题文，大约均以“帝王师保”等字，分扣“大人圣言”。而说到“君子畏”一边，便无四字成语分扣上下句。闱墨中一篇独用

“奉令承教”四字。“奉令”扣“畏大人”，“承教”扣“畏圣人之言”，既切合，又现成，令人一看叫绝，真能手也。可见四字现成句，平日总宜多记，不管其平仄调否。场内一遇，对题用之，便分外醒眼。若当下用此四字，而心中无有，易一不甚切题之话，虽通篇甚佳，亦减色矣。相传金圣叹临刑时，及门设酒生祭之。圣叹举杯对众人曰：“割头，痛事也。饮酒，快事也。割头而先饮酒，痛快！痛快！”此事仿佛见《两般秋雨庵》中。“痛快”二字如此分扣二事，可谓贴切。可见虽寻常字眼，会用者用来，便分外新鲜。

王芸阁孝廉锡三在吾乡城外独立一帜，其及门甚多，每科必中四五人，会试亦多中者。余同年张莲舫水部冲霄即出其门也。尝向余言：芸阁先生不特学问渊博，而且理学湛深。每教人，先敦人品，后论时文。而先生亦以身率物，故无不景仰者。余谓当此士风趋下之时，为人师者，安可无此人哉！愿吾党之教读者，均以先生为法。是亦维持风俗之大端也，岂必挟策登朝，而始行其道哉？

工夫未到，每看成文及傍人所作，似我亦能者。比其自己动笔，则又一句不能。此昏天黑地之时也。功夫略有，看一篇自己不能作，看一句自己亦不能作，越用功越觉作文是难事。久而久之，腹中所积既多，渐觉成文用意本某篇，措词本某篇。其入手、出落、提顿均有所本，我却一目了然。工夫至一目了然，即一旦豁然贯通之候也。试再出笔作文，当另有可观。回思前昏天黑地之时，真前后似两人也。朱子曰：“读书有疑者，须看到无疑；无疑者，须看到有疑。有疑者看到无疑，其益犹浅。无疑者看到有疑，其学方进。”此言读书之方，实亦作文之法也。初学做墨卷，一见题意则有，而词则无。譬如欲作“学”字题，小比想说不学，而不学只二字可以说完，如何能成一股？势必至于东翻西阅，翻出相似者硬套之。久之，遂非有依傍不可。如无依傍，将要搁笔。此病坐的愈深，文章做的愈坏，以其心思永远在题外也。诚于见题后，心中一句话无有，非要说他一股不可，偏从心中去想。一次窘，二次窘，三四次遂不窘，五六次非特不窘，而且有余。从此贴筋入骨，慢慢就有进境了。若不将此关打过去，终身非有本头不可，而文章却无一句可用，安望争胜乎？

文家有坐实一法。坐的愈实，愈觉有味。如“色难有事”，有事是亲有事，靠住亲一边说，自不犯下。如闱墨中坐实者甚多，大事谓有肯堂构者，小事有说扶持起居者，令阅者看去分外结实，安得不中？若下文有着落者，则万不可坐实，坐实不触下则背下。

戊午“吾未见刚者”题，谁不知反“未见”，从“见”上想。意做二比，而心中无坐实之一窍，遂满纸浮烟。惟元做能知坐实，如中比是也。心中要反“未见”，总得说“见”。若泛泛说“倘见刚者”，岂不甚善？则人云亦云矣。元做则坐实“见”字：“见其达而在上，穷而在下”云云。闱墨一出，有心人遂开一心窍。次年会试，坐实“事”字者甚多，皆此文有以开之也。戊午元墨入手云：“夫吾儒立名教之坊”云云。此四句不见题中一字，惟以“果力贞心”扣“刚”字，似非讲下式，何以为佳文？要知此题只一“刚”字，故先说四句，始落到题字，机势自佳。若“中庸之为德也　三句”题，字甚多，入手若亦作四句无题字者，则蒙头盖脑矣。且入手不露题字，题字于何处露之？试看壬子闱墨有此式否？今诸卷不论何题，入手先作四句无题字者，若为之批出不合，彼心中必不服。以戊午元文如是也，亦细思戊午元文为何如题耶！

戊午乡试，元文中比坐实“见”字。己未会试，坐实“事”字者遂多。己未会试坐实“事”字，至秋间乡试，得此法者遂中元。如《郁郁乎文哉　二句》，元文小比用三层，将文字坐实，与上两科真如一脉相传者。大约闱墨内开一新法门，有心人遂奉为至宝，如其法用之，果能获隽。而特难为不用心者道也。

或谓己未顺天解首，乃戊午解元戈泰征之高足弟子也。元灯衣钵赖有传人，特天不假之以年，为可惜耳。

文家有一笔化两意之法，在古人最为得诀，而看去决不合掌。作文之省事，易于讨好，无愈于此。如《八集》中《童子见门人惑　二句》题文，出比云："果如门人之惑，则宫墙之内，当无门人之迹矣。"对比云："抑且洙泗之间，独有一孤立之夫子耳。"后比出比云："异哉门人之识，其殆远逊于童子者也。"对比云："异哉童子之识，其真远过于门人者也。"夫曰宫墙之内，无门人之迹，自然惟一孤立夫子。门人之识，远逊童子，自然童子远过门人。只有一意，即能作两股，又不合掌，故为佳文。今人心思太窘，每想一意，次比即不能对。不得已略换数字，两比仍是一比，不过字面稍差耳。诚知一笔化两意之法，想一意即有两股，大可救窘人之病。然亦有不能如此者，不可拘也。

作文展局，有从题之前后想者，有从文之上下想者。金圣叹批《西厢》，有那辗之法，固从题那辗，而从文那辗，未之及也。知此法者，《左传》、《国策》、马之《史记》、班之《汉书》是也。顾此法用于古文，尽人而知之矣，而不知用于时文为尤佳。如施维翰《河东凶亦然》题，前路先虚衬"亦"字，"河东亦凶"云云。下接云："于是二三执政，蒿目以请曰：'河东凶矣。'凡百有司绘图而上曰：'河东凶矣。'"此四句已将"河东凶"三字顿足。学者试掩卷细思，若使我作此，下宜接何意？必接云："仿河内之故事，亦去移民，亦去移粟"云云。看其偏不急抢"亦"字，特从"河东凶"之下，"亦然"之上那辗，二中比云："河东，我股肱郡。岁有不登，而坐令凋敝，萧条之景堪伤也。"对比云："河东自古帝王都，民有菜色而不议抚绥，弃捐之责谁任也?"二比完矣，宜接"亦"字矣。忽又接二句云："乃贫国不可以多制，愁民盖难与更张。寡人于是下令国中曰：'有河内之故事在，遵而行之'"云云。此下才实发挥"亦"字。此法如得其诀，作文自能展局。宽一步却是紧一步，放一步却是擒一步。看去似抟"亦"字不紧，却是"亦"字顶上圆光。有不令人一望而动心者乎？又如《八铭》中，徐葆光作《必闻其政》题。若在寻常，小比必反"必"字，作"不必闻其政"矣。不知呆作反势，不能展局。看其小比先说"古之政不壅于上闻，不阻于共闻。"将"必闻"二字坐实，而却在宾位毫不犯实。小比既说古时必闻矣，下二比才说今不能闻，以反"必"字。学者试于此掩卷细思，若使我作，下宜如何说？必转到"必闻"矣。而做者当时以为此特反"必"字，而非切题之"必"字也。若如此一反而即转正，看去泛矣。夫所谓切题之"必"字者何？题面虽"必闻其政"，而题之上文却有夫子题意，自是夫子"必闻其政"。兹特反"必闻"，如何能切？故又紧接二比云："而吾夫子者，以历聘之车，猝焉戾止"云云。见得更难"闻政"矣。此比用"刚到此邦"，下比用"未尝久淹"。一浅一深，亦不合掌。下仍作四句锁笔，下才转到"必"字。后比从"政"字刻划"必"字，自是得机得势。学者悟得小比之宜反而不反，先那辗二比，中路之反足而不转，再靠住夫子说。二比均为后来开无限法门，何至于窘哉？何至于窘哉！

文贵翻新。古人成作如林，善为文者自能从古人成作之外，独具手眼，无一语雷同，却能并峙，斯为好手。如"生财有大道"题，《约编》中严作已空前绝后，后有作者似不能出其范围矣。而《续时艺核》中有一篇，偏能戛戛独造，不肯一语拾人牙慧，真欲与古人并驾齐驱者也。细思其妙，亦不过能用心而已，能从题之上下文用心而已。前路语语照下，细腻风光。中比云："骄以失其财，泰以失其财。"后比则"忠以得之，信以得之"。其看题盖以"是故君子有大道"是全体，连生财之大道亦在其中。生财之大道，却从上文大道中抽出一条耳。如此看题，足可补讲章之缺。觉古人前作，有其雄伟，转无其详细，安得不拔帜独立乎？今诸生为文，一见成作，断断逃不出其范围。纵极力铺张，不过人云亦云而已，有何出色。推原其故，总由于不用心。能用心者，自有超出寻常之作，非古人之所能拘也。

文章固由学力，而亦要天资。天分高者，同看一文，自已偏开许多心窍，将来作文，自能出色。即如辛未会墨次艺"人一能之　三句"题，他人皆就题论题，而第二偏就哀公着笔领悟。人观此，心中便多一主见，将来凡作"哀公问政"章内题，无不可如此，且可照此生发，自能推陈出新。如昨出"仁者人也"四句题，见题后，心中已有从哀公身上生发一窍。即从此想去，自能切合，何至窘步哉？昔有一学政，下马后谒庙讲书，命诸廪生讲"哀公问政"章。一老学究云："一日者，哀公问政于夫子。夫哀公，愚柔人也，而以政问"云云。学政曰："不必再讲，知汝得题解矣。"细思"虽愚必明"二句，虽指哀公说，然在后边，讲者一眼直注至此，有此眼光，作文何难得题之要哉？又如后所云"约我以礼"，作者偏颠倒用心，而云"以礼约我"。聪明人观此，自能心中多开一窍。如昨出"吾之于人也"题，见题后心中既有颠倒之一窍，何妨照此设想，看有意思否？如先说"人之于吾"二比，而却从"人之于吾"中设法，照下"或云人有乐与吾处者"，照下"誉人有畏吾见者"，照下"毁如"。再欲照下，即可再转一笔。如云"此皆与吾同时生者也"，照下"三代"。凡此层出不穷，皆于"约我以礼"一句文章得来。

又吾言坐实一法，学者果用心，心中又开坐实一窍。如此题何妨按坐实设想，看有意思否？坐实无意思，再顾而之他。如有意思，即可坐实二比。题有“人”字，何妨坐实“人”字？如壬戌会试，《此谓惟仁人为能爱人能恶人》魁卷中有作四比者云：“盖如此而后，佞人不得戕善人；如此而后，奸人不得祸众人；如此而后，才人不至附乎佥人；如此而后，匪人亦可勉为正人。”题下半只两个“人”字，彼却寻出八样人来，成一篇戛戛独造、警策发扬文字，而其诀实不出坐实之法。心中有坐实一窍，见题有“人”字，遂不禁向坐实上想去，将“人”字坐实，趁势顿“此”字。如坐实无意思，再想别法。其平日心中所开之窍既多，见题后从此诀想，从彼诀想，总有与此题最切最合最惊人之意。有了意思，再想词藻，场中不愁不中。不中惊人文章，尚何所中乎？或曰：“开一心窍，又一心窍，实自己揣摩而得，由内出者也。今子欲人观《文话》，是由外入也。由外入而亦欲等于由内出，不亦慎乎？”余曰：“不然。凡揣摩而得者，能凭空设想乎？亦必守前人成作而揣摩之。是虽由内出，而其所以由内出者，亦实先由外入也。余即诸生之所未至者，阅卷时偶有触动，振笔书之，引其入门，非谓入室也。若夫神而明之，则存乎其人矣。”

余昔为人作记室时，居停某明府恃才纵饮，使酒骂座，后卒以此被议罢官。后主浑源讲席，尝谓余云：“吾从前见人之教弟子者，常历数考而不能得一青衿，心窃笑之，若以余教之，随其才之高下，使就我范围，何至不能入彀乎？乃今身亲其事，始知其难。”余询其所以难之故，曰：“大凡授受之道，无非欲以彼之心如吾之心而后已。乃才高者自恃聪明，恒以所言为河汉。及其科岁试，偶尔徼幸取列前茅，遂自觉普天之下，人莫己若。视八股如寻常事，信手一挥，更不经意。遂谓吾所作已成矣，尚何他人言之能入乎？即有论其非者，亦必不服，此后亦遂无斥之者矣。逆儒吕晚村庭事对联云：‘囊无半卷书，惟有虞廷十六字；目空天下士，只让尼山一个人。’若使其人再博一第，恐尼山亦不满意矣。此聪明略高者之难与图功也。其钝者，则又先入之言牢不可破，后有说者皆不能易，遂至终身俗滥不堪。惟中材尚肯受教，而进境甚难。此所以无速效也。古人云‘事非经过不知难’，诚哉斯言也。”明府之言如是。余谓作文亦然。每见一文，或无甚警策，心窃笑之。及身亲其事，题之易做者，摇笔即俗调滥套。题之难者，无缝入笔。惟有四平八稳之题，或可做一平稳文章，而文又最难见长。始悟向之笑人者，特在旁观耳。若当局，又不免为人窃笑矣。正所谓“事非经过不知难”也。学者悟得一“难”字，即朱子《小学》所引任公之言：“人能咬得菜根，则百事可作，又不独制艺云然。”他书有谓系汪革字信民者，临川人，宋时作楚州教授。岂《小学》镌错，以“汪”为“任”乎？俟暇时考《宋史》再雠正。

近来又开包罗史事一门矣。此乃曹寅谷、袁简斋两先生最擅长者。余在山时，每看二家文稿，遇有包孕之句，即另本钞出，并注明所用何事，以备作文采择。其他名稿中有此等句法，亦另钞出，暇时再看《通鉴》及《世说新语》、《十七史》、王李《蒙求》要有注者等书，每见一事，即将此事炼成文句，另本存之。《黄氏日钞·纪要》，于一人名下记其事之紧要一二字，以备不忘。即取《纪要》一部所摘出之事，用朱标之，以便常常温习。积之既久，所记亦多，作文时无须翻阅，自能上手。《举业渊源》云：“积事生理，积理生气，积气生文。”此言诚不吾欺也。

忆余尝拟将廉颇为蔺相如负荆请罪事炼成一联，而造句总未妥谐。正在推敲，忽阅尤西堂稿中《因不失其亲　二句》文有句云："小嫌末隙，而大节感动，不妨引为刎颈之交。"文只三句，却将二人事全包在内。一时颇觉心境开辟。及余公车入场，题系"信近于义　一章"。前二项均炼成调矣，惟第三项不妥。忽想起尤展成之句，即云："小嫌疏于中路，大节可共死生。"此虽不及尤之显豁，而若无尤句以作影子，安能一时措办乎？不如其显豁者，以"刎颈"二字近今不宜用也。

作墨卷与作考卷迥乎不同。考卷想出意思即去作，文若说白话。然墨卷则有意思后，还要想辅佐此意而又切题、又现成之话才合。将现成话想多多益善，再去炼词，自然绵密。若无话头，宁可将此意废了，另想别意，万不可稍事生凑。有一句凑，阅者至此点落矣。《举业渊源》云："文章一处有病，通篇皆因之减色。人之见之者，必以为通体不好，而不知其全篇吃亏只在一处也。若能深思而善改之，不但自己文章生色，即阅者亦应为我快心"云云，正谓此也。试思阅至有病处掷之矣，以后虽有佳文，岂能见乎？此不可不慎者也。假使作"知仁勇"题，我却先将熟文中及《四书》、经书凡说"知仁勇"者默想一次，想起几个，或记之于纸，或默识于心，再去作文，有用着处即炼一联，又省事，亦扣题。即如余庚午闱墨后比用"长材短驭"四字，细思此处若再换四字，万不切合。"大材小用"又是俗话，不能入文。彼时心中若无此四字，以上所想所作皆不能用矣，只可另作别图。此等字眼甚不多，非若中比"牢笼招致"，若换一"搜求罗致"，换一"言甘币重"之类，均可用也。此作墨卷要着，人人皆宜知之，而不可淡漠视之也。

余所说二字、四字话头，又非仅用之而已，必使上下意串。如壬子元文《庸言庸行》，而"庸言"下必用"谨"字，若换"严"字，必不现成。"庸行"必说"严"字，"谨"字虽可用，究不甚洽。"智愚贤否"必用"裁成"，若用"准则"便不贯。

智愚不齐，所以裁之。裁即以刀裁纸、以剪裁衣之裁。凡有不好裁去之，所以成之也。“父子君臣”必用“准则”，用“裁成”便是笑话。父子有何可裁之处？父有父之“准则”。“准则”者，一定之法也，即俗所云先立一样子，教人去学也。若智愚用“准则”，则与上“防情正性”不串。由此推之，一篇皆然，且魁墨篇篇皆然。此二段细心揣摩，当有心得。

作文自当以程朱之理为主。有时文中之句有不能以程朱之理衡者，如癸酉《回也，其心三月不违仁》文第二，文中后比有句云：“其仁之著，诚去伪者，不以三月始也。”此二句在文中丝毫无病矣。而若按程朱之理讲之，则欠细。既曰“仁”，便是个有诚无伪的，无伪又有何可去？此非欠细而何？余故曰：“看文吹毛求疵，断无一篇寻不出一病者。但看其大体，及平日之工夫而已。若必以窗下读文之目看场中之文，恐无一篇可取者矣。”

窗下读文要字字咀嚼，不可因其已掇巍科，遂谓如《吕氏春秋》，千金不可易一字。先辈谓文必句句摘出，单讲仍复圆融，才为无疵。如戊午《吾未见刚者》元文小讲“非成德之难”，合上下句读之自通，若单将此句摘出，便欠细。天下事尚有难于成德者乎？成德非难，人人皆圣人矣。此先辈某先生所说也，在今日则不甚讲矣。如辛未《信近于义　一章》元文“道德之外有功名，威仪之中无性命”，均只可合上下句解，而不可单摘出讲也。

作文有最不合书旨之言，能手以活笔出之便佳。如辛未“信近于义　一章”题，“信本真心约誓，特未近义耳”。若谓其信时系伪心，则谲诈矣，尚有何近义不近义之可称哉？文中若用“信本伪信，恭本伪恭”，则认题错谬，鲜不遭红勒矣。而第二小比则云：“而况乎伪心出之也。伪诺必成反覆”云云。细看不背书旨者，笔活故也。笔活便成衬矣。学者知如是用笔，又何意之不圆，何理之不熟哉？

昔邵康节先生与程子论数学，程不愿学。偶于别处忽按康节之言思之，果皆合。后见康节曰："子之所学，吾知之矣，乃加一倍法也。"康节然之。是加一倍法之妙，如此其精也。今文中亦有用此法者。《子曰惟仁者能好人，能恶人》元作小讲起云："且吾儒用力于仁，未有不见己之仁而好之，见己之不仁而恶之者也。"此亦加一倍也。悟得此法，则心又开一窍矣。余按：如今之数学，无不加倍者。如以钱戏算韩信点兵，除百零五。《易纬》花甲历法除六十所谓除去者，均先有所加者也。特不止加一倍，有加至数倍者。程子言少者耳。

乡、会试场中，每不下万余人，阅文者如何能本本阅完？故先看小讲。小讲佳矣，即往下看，否则弃而不阅矣。然小讲，人人精神所聚，每不大错，而前半之后，被掷者多矣。揣摩家恐其如此，思得一法。如丁酉江西《子曰惟仁者能好人，能恶人》元作入手先提一段云："不然，天下皆有好恶矣，子何独以其能归仁者哉？盖好恶者，发乎情，根乎性，宜公不宜私也，宜正不宜偏也，宜肖心而出，不见其不足也，宜慊心而止，不见其有余也"一段，先将通篇主意提出，入后层层发挥，阅者必欲看其何以发挥，而不能弃置。此无论其文之佳否，而一篇必使阅完，先胜寻常一着矣。倘后有佳文，安能掩没哉？此真引人入胜之秘诀，学者不可不知者也。

作文虽代圣人立言，而究非圣人自言。故于圣人之所贬者，作文宜抬高，不可说坏。如"子贡欲去，告朔之饩羊　一章"，叶作中比，管世铭作"小人哉，樊须也"，均不将贤者说坏。后来效者遂多，然必理圆，毫不勉强，才能出人头地。

作文有照下立格，却不犯下者。如《足食足兵　二句》元文通体按三平作，中三比点题，起句云："一在食，一在兵，一在信。”细思确是。下文于斯三者，场中所仅见也。其说“信”字，仍串“兵、食”与“为君难”二句，元文作两扇同，均戛戛独造，故抡元。

南人作文讲吐属，北人则讲气势。南人吐属风雅，语语名贵，断非北人所能及，而北方刚劲，南人亦不能到。此固由于入手时习俗相近，而亦气运使然，不能勉强也。

缙山书院文话卷二

或问于余曰："古人作文，首在清真。今子不取名大家之理法清真者教之，而乃谆谆以墨卷为教，不亦诬乎？"余曰："诸生为文，将欲传世乎？抑欲取科名乎？如欲传世，则班、马、《左》、《国》俱在，何不学为古文，学为《史记》，而区区以八股是为乎？即欲以八股传，而仅于八股中讨生活，恐亦万万难作佳文。唐翼修曰：'欲知天下之事理，识古今之典故，欲作经世名文，欲为国家建大功业，则诸子中有不可不阅之书，典制志中有不可不阅之书，九流杂技中有不可不阅之书。即如制义，小技耳。归震川、唐荆川、金正希辈皆读许多书，而后能作此可传之制义也。'由此观之，欲作名大家文，而不从名大家所以作是文者入手，安能传世哉？如欲得科名，则非就吾准绳不可，即场中之所谓式也。且画虎不成反类犬，学清真不成，势必逃入空滑。在平时犹为不可，况乡试在迩乎？余《文话》因乡试场前而作，非为平日用功读书而作也。教贵因其时，教亦贵因其材。诸生病在空滑，今以近于空滑者教之，是《吕氏春秋》所谓'拯溺而倕之以石'，'救病而饮之以堇'也。果有益于事乎？抑反又害之乎？"

尝见薄时墨而不观者，动言名大家。窃意其手笔必高，作文必越过时墨。及取其文观之，则又无一是处。此眼高手低者也。眼高手低是学者一大病。欲手眼俱高，断断乎必自多读书、多穷理，入手若只读名大家，毫无裨益，徒自苦耳。

辛未榜前一老孝廉，生平最薄墨卷，非特不读，亦且不看。都中盛称其场中之作，谓有名家风度。余取其文而观之，其小讲一起云：“今夫人之涉世，其有忧患乎？”余笑曰：“不必阅其终篇，即此一起，已决其万难中矣。”人问其故，余曰：“《约编》中陈兆仑《西子蒙不洁　一章》题文，小讲一起云：‘夫人身世之际，其有忧患乎？’盖其将题之全神味之烂熟，突口而出，便在个中。曰‘其有’，曰‘忧患’，曰‘乎’，使人自思自警。‘西子虽佳，倘蒙不洁，则如此，恶人虽恶，倘能自新，则如彼。’二‘则’字是教人自勉。虽西子之美亦不足恃，虽恶人之不好亦可回头。以西子自恃，则必有令人掩鼻之时，以恶人自终，则必不能祀上帝。为西子者自谓无忧患，谁知不洁则如此，为恶人者苟知有忧患则如彼。‘其有忧患乎’五字，正为二‘则’字用力传神。使西子、恶人自去思思想想，亦合当日立言本旨，所以为佳。今此公读此文时，并未揣摩到此，滑口读过，宜其用来隔靴搔痒也。若使题是‘信不近于义’、‘言不可复也’，用来虽非佳文，尚顺题气。今尚不知题之神理，是其读是文时，心思不入。故套是文时，心思亦未能入也，而犹津津自谓‘学名家而薄墨卷’也。天下有心思不入而谓之能读文者乎？天下有心思不入而谓之能作文者乎？是以决其不中也。”揭晓果然。或曰：“今有读名家之做而尽得其神味用意，许其可成名手乎？”余曰：“不许也。名家之为八股，功夫不始于八股。其根柢甚厚，故其出笔也，气自清而骨自重，笔自淡而味自永。今之学名家者，不从其根柢入手，而专事其皮毛，遂为墨卷之滥觞。作墨卷者，当日岂有墨卷可读？亦均学名家，而渐推渐薄，遂流为墨卷耳。且今日之名家，即昔年之墨卷。而今日之墨卷，断不能为他日之名家。既不能为名家，则不能传也。审矣！何如得科名后，再作穷理格物工夫，以学为圣贤乎?”

袁子才云：“人爱西施，必不爱西施之影。”今之学名大家而仅读八股，是学西施之影耳。“待先生如此，其忠且敬也”题，吴作通篇尽套癸亥第二王莘锄先生做。余谓此大不可也。学者为文，安能句句皆从己出?然必其吾做吾文，而忽有一二比或一二气、一二句自来腕下，做者尚不自知，及做成后，始悟有他人之成套，方能洽合。若有意为之，便不免削足就履之患，安能为佳文哉?

庚申元墨，通篇套壬子元墨，人皆薄而不读，余独爱之。其起讲冒一本《大学》无论矣。即如出落云：“盖大人者，以学为归。而学为大人者，以《大学》为准。是固有其道焉。”即此数句，问通场有能道者乎?问窗下尽数日之功，有能道者乎?朱子注此节，并未注“道”字，只云：“《大学》者，大人之学也。”虽“或问”中有“既以养之于《小学》之中，而后开之以《大学》之道”，及“故必指是而言，以为明德新民之标的也”数句，而究未向“道”字上用意解释。此则以为大人有是学，而学大人者，又以大人之学为学。所谓道也，看“道”字是郑重分明、双手捧出来否。做者心思细腻至于如此，即不套人文，亦不失为元。特心无壬子之元做，腕下忽来壬子之元做也。放翁所谓“文章本天成，妙手偶得之”也。大约套人之文，如借人之衣，然借来会服者，依旧进退从容，周旋中礼，能晋接，能拜跪，傍观若不知为借来者，虽借服亦何害?不会服者，借来置之衣架之上，衣鲜矣，却寸步难行，成一死物，又何益哉?

新城王重三先生振纲《言必信　二句》题，会元墨卷中圣手也。会试后归家，又开户三年，时墨之佳者，无一不读，于是声名大振，从游者甚多。后主讲莲池，为一省之领袖，而列门墙者愈夥矣。余通籍后，以弟子礼进见。先生云：“此科题甚难，作

‘信近于义’与下二项，并无一串成语以扣之。即勉强有一二语，亦不能通篇如是。是以难耳。”余按：先生之言诚是。然闱墨中颇有因难见巧者，虽无一类语，而有一线以穿之，不类而使之类，亦能动目。盖墨卷忌生而贵熟，若各排一气，则生矣。如第二小比，出比用“妄”字穿，对比用“为”字穿，语虽不类，而有一字穿之，便觉牟尼一串矣，是又一巧法也。不特此也，元做小讲以“人己”为纬，以“负”字为经以穿之，小比却以“殷周羲皇”强成一类，后比又取卦名以穿之，均于无类中硬成类者，自开法门，前此不多见也。

所谓以一串成语扣题者，如《足食足兵　二句》题文，元做云：“舍生聚而遽言教训。”“生”字扣“食”，“聚”字扣“兵”，“教训”扣“信”。又云：“昧仁义而徒侈富强。“仁义”扣“信”，“富”扣“足食”，“强”扣“足兵”。又云：“身家之保护。”“保”“身”扣“食”，“护”“家”扣“兵”。而“生聚”“富强”“保身”“护家”等句，又极其现成，向来相连，非同强合，是以为佳。又戊辰会墨“畏大人，畏圣人之言”，吾乡张肇一太史会墨小比云：“事业文章之彪炳。“事业”扣“大人”，“文章”扣“圣言”。对比云：“帝王师保之功能。”“帝王”扣“大人”，“师保”扣“圣人”。又有以“作之君”“作之师”分扣者，俱见经营。而“事业文章”等语，自来相连，现成泛话用之此处，便觉分外切题。此类甚多，不能枚举，聊举一二以记之，俾读文时留意也。

忆前余在山，彼处书院出“必得其位　四句”题。山下一生倩余代作，余小讲以“尊养”扣上二项，而“名寿”再无稳洽之字以扣之。其催作甚急，无暇细思，因用“颂祷”二字颂其名，祷其寿，亦现成，惟不甚显豁，故不觉其切。后余因无事，拟思二字以易之，而实无可易者。因悟既不能切合，则莫如当日不分扣，以浑笔扣之，亦何不可？若不切而强用，反累通篇。故知此事不可以勉强从事，亦不可以枵腹从事也。

或谓分贴题面，最为下品，何足为法。余以时墨之所讲，无一不陋，而惟扣题面由来已久，特人习而不察耳。《中庸》“宽柔以教”，考亭注云：“‘宽柔以教’，谓含容巽顺。”“含容”扣“宽”，“巽顺”扣“柔”，何等自然。若此者甚多，已为后世分扣之祖，尚得以陋习目之乎？

“待先生如此，其忠且敬也”题，卢作“忠不由中，忠必出于矫饰”云云。郭作亦有此意。此不知审题之故也。若泛论“忠敬”题，如“君子敬而无失”，“为人谋而不忠乎”等题，自然要从“忠敬”字内生发。此题是左右追术待先生之厚，处处从述者口中刻划待先生之忠敬，含得先生反遇寇即走，神理才与题情题气相合，又何暇说到“忠敬”工夫上去。凡此皆题外语也，亦实。一题到手，不用心揣摩上下神理，率尔操觚，心思遂出题外，安望其进哉？

前余教诸生平时看文章，有四字成语，如“忧勤惕厉”、“布化宣猷”等类，宜另记之。腹中所记愈多，作文时自能填满一篇，看去甚厚，永无质白之病，然此仅作泛语耳。若乎时见有包罗语，不可混在一处记，宜另外记之，更宜多记。盖古人廿一史熟于胸中，出笔自言之有物。今人无古人之博学，不得不取古人已炼成之句而用之。即使其尝读《史记》，而炼来亦不如古人之老横，故不能如古人成句之惊人。欲使惊人，必须多记。所记既多，路径亦熟，自己亦能按古人之句法炼矣。如曹寅谷先生稿中《道不同　一句》文有云：“本无臭味之差，忠孝亦分风气；偶拂指陈之意，龃龉即在文章。又欲借贤书之达，贾狂祸乎清流；思蒙史笔之诛，引名儒而合传。”又《颂其诗　四句》文中句云：“忠孝有时而得过，而文字之祸滋深。”又《蕺山课艺》

《颜渊问为邦》文中有句云：“明堂初位，祖宗慨息以相传；揆席载登，神圣馨香而代祝。”又袁子才稿中：“深宫置酒，犹是从容弟子之秋；富贵无忧，始知生长天家之乐。”凡此甚多，不能枚举。诸生抚躬自问，平日能造此等句乎？既不能造，则多取而熟记之。此句已为我有，将来作文用其一二句，即能分外动人。或仿其调而包孕他事，亦能见长。辛未中第十八者，平日即用此功。其文中所用之句，余于他文亦尝见之，特不如其所记之多耳。《春霆集》制艺中好句甚多，及“花样一新”“包罗史事”类中可记之句亦复不少，是在学者自己领悟耳。

从前中比喜提空，其端开自名家。后癸丑元做及“我对曰无违”，第八萧作、丙辰夏作，均从此脱胎。日久风气渐变，有套《约编》中《先进于礼乐　一章》题文“尝观一人一家”云云。此套已俗烂不堪，场中久已不用矣。近来二章题、三排两排题，均于中比点题，单句题则中比用反笔，两截题则中比用互笔，均能制胜。惟戊辰“畏大人”二句题，第三中比吴作特开生面，用“且夫”一提，折入深际，更觉惊人。以后套此中者必多，是诚开风气之先者也。学者不可不知。

用反笔有二比全反者，如壬戌第二是也。有一反一正者，如“抑而思之　四句”题，中比有云：“天下有思而不得者，即有思而必得者。”用互笔者如林作“对曰有政　二句”题，一同一异。“此谓惟仁人　二句”，会墨一卷亦云：“且夫仁之爱恶也，有同有异。盍彻乎？曰二。”李静亭中比云：“且夫彻有较便于二者，即有不便于二者。”凡此皆互笔也。

“足食足兵　二句”，李作又云：“而力田孝弟，授恒产早恰群心。”对比云：“而有勇知方，振军威即坚众志。”“力田孝弟”从“足食”说到“信上”，“有勇知方”从“足兵”说到“信上”，看其何等自然，何等现成，而扣题又稳切，此之谓切实墨卷。然其功亦不外多记泛语，临时选择用之耳。

文章醒目全在接笔。此一气完，下气接笔若不在人之意中，文必生凑，念不去矣。若尽在人人意中，文必俗烂，无警策矣。必使所接之笔出人意表，而念去又不生，斯到十分火候。如“足食足兵　二句”，第二后比一起云：“虽有漓心，不闻蒙休养之恩，弗生感戴。虽有浇俗，不闻得身家之卫，犹起乖违。”学者试将下文掩之细想，若使我作，下宜作如何接？想来想去，亦想出几个接法，再看彼所接何如？看出人意表否？再细想彼何以想到此，我何以竟不及此，则进矣。原作下接云：“向特谓信无由激耳。乃食以资事蓄，不以急催科”云云。

古文如司马公《史记》、盲左内传及《国策》、《孟子》，均以反笔为得力处。反面愈说得透，正面愈拍得醒，此古人不传之诀。昔人谓读《史记》等书者，倘见不及此，失前人之妙矣。不知时墨得力处亦正在此。如“货悖而入　二句”，第五提顿云：“甚哉其入之悖也，欲其入不欲其出也。拙哉其入之悖也，计其入尚未计其出也。”若使俗手为此，下必点“亦”字矣。以作“亦”字，神理已透也。而此文下又接云：“夫使货之入者必不出，入之悖者必不悖。出而入何妨悖，亦何必不悖。”俗手至此，必谓反足矣，下再无可反矣。谁知彼下又接云：“则财聚民散者，犹可忧而未可忧；财散民聚者，犹可羡而未可羡也。然而极则必反者，盈亏之理。有常奋则思争者，报复之情不爽。”上文反足，“然而”一转便有千钧之力，为“亦”字作顶上圆光，何等跃跃。此皆从古人文中得来，学者悟得此法，便能作提顿矣。

文章首重相题。能相题才能谋篇，如“货悖而入　二句”，第三匡作小比出比云：“廉不能入也，入以贪；俭不能入也，入以侈；宽不能入也，入以刻。”先将“入”字用三层作透。后比云："于是以贪入者，则亦以贪出也。欲为廉，无及也"云云，亦用三排作"亦出"二字，仍小比字眼，一翻即醒。盖此题上下皆"悖"字，上下字同也。题上下字既同，文作上半截、下半截，字眼亦不异，一颠倒之，而"亦"字真诠出矣，不特肖题之貌，亦肖题之神。细想此题，必须有此一篇才无憾。而妙手果见及此，如天造地设，场中真不可无一、不能有二者也。非绝世聪明，而能梦见乎？推原其故，则又由相题而得。今学者不论何题，见题后不想题，专想文，宜乎其心思格格不入也。

今学者作文，每谓题窘，殊不知世间如何小题窄题，万不能无字者。但有一字，即有一字之意。有一字之意，则题小而我心不小，题窄而我心不窄。又况场中一字题甚少，必须数字，则每字有每字之意。我果个个字推敲，想来之意即做两三篇亦有余，又何窘乎？特患题中虚字及不要紧之字，学者滑口读过，并不用心，故见其窘耳。假如题只五字，我先想第一字，若只做第一字有何意，再想第二字。五字想完，已有五意。再合想此题神理，从神理中再想出意思，真滔滔不穷，只嫌限于尺幅不能尽发挥，安有窘一说哉？昔人有将"子曰"上之图命题为文者，此仅一"图"耳，尚能想出意思，况有字乎？余童时亦戏作《图书》诗，起句云："满纸图无极，神游太极先。"亦于无意中想意耳。

作"信近于义　一章"题，场中大约皆云"不必精义入神，求近而已"。自谓做"近"字，而不知此特跌"近"字，非做"近"字也。"近"字有"近"字之精神实理，安能略略一逗，遂能尽之？余场中意谓将来闱墨出，内必有一二篇实作"近"字者，特想不到果何以实作耳。今阅第八文内云云，作第一扇"近"字偶忘之，犹记其第二扇。作"近"字云："恭出人为，礼原天则。近礼则以人合天"云云。天人本不近，以人合天，直与天为一，何近如之？为"近"字剥皮见髓，题理题面无一不到，恰是“近”字真谛。非特场中罕见及此者，即向来作此题诠“近”字，无如此精细者。回视“不必精义入神”云云，浅矣。学者于此等处留心，见题自能字字嚼出汁浆，入微出显，无人而不自得矣，何窘之有哉？壬戌第二小比云：“帝王运量，以苟且试之。”上半句正，下半句反，此一句中有反正者也。今学者由正入反，每用“然而”等转折字，且万不能于一句中反之。观此亦可悟简炼之法。余特名之曰“玉连环”句法。凡二环相连，必一环平，一环侧，正于此句法同。

人之言理者每云：“有欲心，私固未净。而有去欲之心，则仍未能纯。必无欲心，并无去欲之心，斯为欲净理纯之候。”说固如此，而以此意用之文中，万难一二语说显。看“不义而富且贵”二句题文有云：“迎之而憧然，拒之而终非脱然也。”又云：“欣之见为有，厌之而终非见为无也。”只二句，将向来盈篇累牍、刺刺不休者俱能曲曲达之，且令见者一目了然，无须思索。此等处最宜学。

题有虚字难显说者，能手一颠倒之便醒。如“约我以礼”题，“以”字本难作。闱墨有一篇云：“非增我所本无，而以礼约我，实还我所固有，而约我以礼也。”一倒衬而题解划然。此固由心细如发，想入毫芒，然实由平日阅文，心中开此一窍，故见题即从此设想也。学者阅文，遇此等妙句，必细想彼何以能见及此，以后便能心中有此境界。寻常读文看文时，遇惊人之调，宜刮目视之，永矢弗谖，愈记愈多。场中往往因一调惊人，因而命中。如《隐居以求其志　二句》题文，有一小比起云：“空山有何经济？经济即在于空山。”又一小比起云：“富贵之名不必震，而刻励无得稍宽。”壬戌“吾斯之未能信子说”题，有二人套此二调中式。虽通篇都好，不仅在此，而此实警策也。试官不知，遂入选。即知其套，而非本题，何害焉？

尝观一人一家为离字诀，今已太烂矣。然善用者，偏能袭故弥新。“畏大人　二句”题，有一魁墨中比云“尝观”云云，下接云：“无他，宗子之名分重也，况大人为天之宗子也。”对比云：“况圣人为天之功臣也。”一笔折到“天”字，觉通股之精神俱振，愈能出色。此由俗烂套中而矫矫生新者也，宜乎其中魁也。

泛话填文，文家下品。然风气使然，不如此不能见长也。有通篇尽用泛话填满者，如戊辰《畏大人》闱墨一篇小比云：“斧扆修仪，瞻云就日，觚编讲学，再晦风潇。”看至中比，已将人人腹中泛话用完矣。试为掩卷一思，除彼用者外，再无一句话矣。及看其后比，偏又有许多话填之，满而又满。是其人腹中成语，必能作三四篇而有余。故用以作一篇，自能舒卷自如，毫无斧凿痕。若非其平日多记，安能如是充满乎？学者试取而观之，则知墨卷家之所从事矣。

前吾论平仄详矣，如三句一气者，二句末字皆平，第三句末字仄。下联反是，花样一新。中《君子费而不惠　五句》文中有云：“其大臣泥官礼之文，其谋臣上榷算之书，其媚臣献羡余之计。”“文”“书”二字皆平，“计”字始换仄。余以三排如此念去甚不响，故余辛未会试特变之，仍以二平二仄相间到底。若三句一串者，总以末字二平一仄、二仄一平为是。如薛淮生先生会墨《听讼，吾犹人也　二句》，后比云：“侧闻我国家厚泽深仁，方欲援辟以止辟之文，为一世广开乎汤网。”“仁”“文”皆平，“网”仄，读去才谐，不然成哑音矣。

前余谓以泛话扣题面，有实扣，亦有虚扣。如庚午三艺“禹、稷、颜子，易地则皆然”题，寻三人典故，非不可扣题。惟禹、稷系二人，必将两事搦成一句，未免牵强，念去反多生凑之病，则用虚扣之法。如余篇中“淑世中天，天德王道”及

“穷通出处，达焉何加？穷焉何损？操之弥约，恢之弥宏，功名道德，明道立德，格致治平，内圣外王”等泛句，不一而足。要均能二字扣“禹、稷”，二字扣“颜子”，而四字又向来相连，念去甚熟。故虽虚扣，而不伤雅。若不平日多记，必不能有许多供吾驱策也。

窗下夜郎自大，亦复谁与抗衡。及到场中，相题者、命意者、造句者、布局者，在在不乏人。何以争胜？争胜全在字里行间。故通篇命意皆同，会说者即中魁，不会说者不能荐，相去天渊矣。且每科会试，他省固不能知，而直隶可中之卷，足有五六十本。从五六十本中抽二十四本，从何辨其优劣？大约命意谋篇大同小异，全在字句圆熟，词条丰蔚，才见十分火候。被黜者其火候总欠，非真屈也。学者于造句，顾可不讲乎？

小比下或中比下用“且夫”一提，其法见“君使臣以礼”马学易元做：“且夫君公至贵也，臣下至贱也，天泽至严也，而堂廉又至远也。臣以为必出于礼者，何哉？”“远之则有望　二句”题遂套之，如云：“且夫远者情形最涣也，近者指视最严也。有望不厌，则又性情之事，而非操切图功者所能勉至也。”“为君难　二句”，闱墨中一篇有云：“且夫玉食袗衣至贵也，垂裳正笏殊荣也。君出治，臣奉行，未必不可从容理也，而人言以为难与不易者，何哉？”其后每科套此中者甚多。如“大畏民志　二句”，第二十五白作以及甲子、乙丑、壬戌均有，遂使揣摩家奉为至宝矣。至辛未套者更多，中者亦复不少。如第二小比下云：“且夫久要易忘也，卑躬易屈也，而一朝失足，千古贻讥，抑亦士林之耻也。”第二十三中比下云：“且夫枢机之发，荣辱之主也；晋接之地，得失之林也。而吾但求”云云。第二十六云：“且夫袭义以市信者，矫也；缘礼以饰恭者，伪也；托亲以苟因者，滥也。”九十三云：“且夫成败难知也，荣辱自取也，贤否易淆也。”似此者不能尽述。学者看文时，凡遇提顿，即单提出抄一小本，闲时翻阅。所集既多，路径自熟，临文自有不期然而然之致。若不留心，是心中并未开此窍，及阅人文，亦遂茫然罔觉，安能长进乎？

文章至时墨，品至下矣。而法律至时墨，则又甚精。古人为文，全重六八比，其点题不过出题字而已。今则专重讲下及出落，于是每科出落佳者甚多。主司既以此命中，学者即以此为功。如壬戌“吾斯之未能信”点题云：“切而指之曰信。”一小段字字跌出，令人动目。每科出落，无不惨淡经营。学者平日看文，遇有讲下出落之经意者，单将其讲下出落提出，抄一小本，连前所说提顿同，时时翻阅。久而久之，自能人彀，下场时成竹在胸，奔赴腕下，不难中也。

读文与读书微异，看文与读文又异。读则求记熟，记熟后再细心揣摩。看则只此一二遍，要先想题，后看其篇中四字泛句特记之，有包孕语抄出，讲下好抄出，出落好抄出，提顿好抄出。再看其用意，如文章用反笔，常事也。而特有反中反者。何以名反中反？名之备不忘也，不为之立一名，则心中此窍未开，作文时终不能奔赴腕下。即如辛未会试“信近于义　一章”题，寻常云“信不近义，恭不近礼”云云，反矣，而偏有一卷云“不信固不好，不恭固不好”云云，然徒信亦不好，徒恭亦不好，为“近”字、“不失”字作反逼之势。放的愈松，逼得愈紧，司马公《史记》中得意笔也，余特名之曰“反中反”。又有高下用意者，如元做一股“不必信恭”因，一股“不能信恭”因。然此亦来宗敏四句，题中意人人所有者，彼何以能中元？用意同而造句异也。又有由外而内、由内而外用意，即如“信近于义　一章”题，说“平居还要实心，何况约誓；屋漏还要敬谨，何况晋接”云云，此由内说至外也。又“匹夫尚知矢信，何况儒者；

野人亦知退让，何况学士”云云，此由外说到内也。又有说前后者，如壬戌“吾斯之未能信”题云“知从前之诣力，必有研之愈精者”，说从前也。对比云“知后此之功能，必有进而愈上者”，说以后也。此二意墨卷用者尤多。又有“一惜一幸”，“一为慨一为望”，“一慨一慰”，凡此不能尽述，要必看文时见一意一动心，久之心中所积愈多，见题便不窘。场中之意足彀三四篇用者，才能作一篇。盖有意矣，还要抚衷自问，有此意之笔路否？意佳而词不好，万不能中。不如词佳而意平常，尚能中。若心中积意思不多，只彀一篇用，如何能选择以就吾笔路乎？若见题后，意既多而词亦足用，振笔直书，一挥而就，诚青钱万选之技，如养由基射箭，一发一中，百发百中矣。

如“一惜一幸”，“一精心一果力”，此等意思太滥，场中用来如洽合，却不可立柱，只本此意作文而已。立柱便讨厌，以其陈陈相因也。

窗下作文，却不可看成文。成文有原题者，一看便入其范围中，再不能此外生发一意，遂成千手雷同之作，最难制胜。吾腹中文意既多，文句亦多，见题一挥而就，作完时却细心打磨。打磨时或有一句不妥，或有四字不安，再取成文阅之。或取其四字，取其一句，再看其作法何如？与吾同否？看题何如？借成文以为吾笔削之资可耳。今学者一题到手，先去翻阅数篇，东涂西抹，毫不用心，永无长进，终身在门外，又遑冀场中制胜乎？不可不切戒。

庚午《季康子问仲由　两章》题元文小讲有句云“君子有心维鲁，不争其遇，只论其才”云云，心思直凑“单微”，为“于何有”三字追魂取魄，下此魁墨，再无如此心思之入题者也。余闱中，心内颇有其境，而腕下无其文，火候故也。学者悟得此二句何以为入题，可以与之论文矣。

大凡作后比，少则六气，多则七八气，却要一气一意，看去才深厚。而每气之意，又与一股之总意成牟尼一串才佳。如壬子会元《柴也愚，参也鲁》后比先说“其质不可厚非”，作一柱意。即所谓总意。再说不愚不鲁之不好，一意也。再说愚鲁之所以好，又一意也。俗手至此，几欲用泛语支吾矣。看其下接云：“是固由两间醇厚之气”云云，为愚鲁何以能好作推原之笔，用意却出人意表。收处又想出愚鲁之效验，是题之后路，即所谓余波也。一股共五气，却有五意以流行其间。今学者中间只顺题一说，并无意思，安能动目？又如《吾斯之未能信》后比已说许多矣，忽又云“由开言而推之，知从前之诣力”云云，另换一新意，觉分外出色。诚于为文时后比做六气，每一气必想一意，久之心花渐开，自无窘步矣。

余生平常看《仁在堂》，而不喜读《仁在堂》，以其锢蔽性灵也。所读之文只有《美玉于斯》《是尚友也》《此之谓大丈夫》二三篇而已。其文中所谈之法，皆吾心中自具之法，不看亦可知，看则不过证心中之所得而已，非必增见识也。若学者文法不清，则亦须常看之。鄙意心思未开者不可多读，恐其性灵尽为法拘，寸步难行也。至其明文，明将金正希先生《今也纯俭，吾从众》文亦加笔削，余尤不服，以其将浑沦中至情至性、一鼓而成之气一笔抹煞。润生若在，余必与力争之。且一时有一时之式，前人风气不以法论，自是前人浑朴处。如前人衣冠古傚，即其死时亦以此敛。如必将前人所葬均从墓中挖出，另换今之衣冠，人人知其不可矣。如以明文为时所读，不能不改，则《周礼》非人人所读乎？有一事合时乎？则亦宜尽改而读之矣。

余幼从詹晓斋先生开笔作文，后先生以心病不能改文，始从冯鲁亭先生。先生与考生者谈墨卷，余尝窃听之。入泮后，未尝从师，亦未从人看课。往往前辈不传之秘诀，余每一语道破。而从师口授者，反不如余所得之多。何也？口授由外入者也，浮也。揣摩由内出者也，真也。外入者容有或忘之时，内出则全副精神均注在此，有一得即为心得，无或忘也。故曰学者总以揣摩为上。

余历游七八省，所遇文人学士不知凡几，从未闻作文有前三、后四、中八句之说。有之，自今日始。他人固不能管，而在书院肄业者，倘有门弟子，却万万不可以此为训，盖诬人子弟，厥罪匪轻，损德败行，莫大于此。吾人纵不为身后计，独不为生前计乎？若损德诬人，安望生发？孟子曰："始作俑者，其无后乎？"吾于是亦以为然。

此非余多事也。弟子灵明渐启，全在二十岁以内，若以此拘之，心中毫无灵动，及至游泮后，锢蔽已深，人欲渐甚，永不能入，遂使终身为门外汉矣。即使不如是，作文倘二十岁以内心思不开，以后亦永无开期。况心思本可开，而故意使之闭乎？其造孽深矣。我以之传人，人又去传人，甚至父以之传子，兄以之传弟，辗转相诬，伊于胡底？诬一人已为罪过，若诬及数世，其罪可胜言乎？故余不惜痛切言之，而使领童者自去改悔也。且余主讲斯席，必期诸生中会，方觉有光。若人人如此损德，总命中有科名，天必削之，余又安有望乎？向来劝人求名，必先劝人为善。劝人为善，必先劝人去恶。皆此意也。

学者读生文，偶精神不到，目虽视，口虽诵，而心不在矣。无论其多，即二三遍已误数刻工夫。当此一刻千金之际，岂容耽误许久？余用功时思得一捷法，每欲读之文，先从破题读至讲下，为字甚少，不过两遍，至多三遍，可以背过矣。再从小比读至中比，背过后，连前背一次。再读后比，背过后，再连前后统背一次。即掩卷不观，面壁闭眼自背。以半生不熟之文，若不将全副精神注于此，万不能背过。因之或三遍、五遍、十遍、二十遍，愈背愈熟，万无口在是心不在是之弊。较之目睹背熟者，真觉事半而功倍，何乐而不为。读完睡倒，再默诵，以睡着为度。早起背熟文，先背此篇一二次，再背他文。明日又有新读，此篇居第二，后日居第三，至居第三十时，退去不读，两天读一次，至居第六十时，四天读一次，至连前熟文及今所读统共凑足三百篇，或二百五十篇，则又三天背一次。每天背五六十篇，亦不添生文矣。夏天将所读题目书于扇头，或顺墙根，或到郊外默诵，却万万不可一日间断。若断一日，精神便不团聚矣。荒一日工夫，十日不能收回，可不畏哉？此早晚之功也，午间仍看文读诗。

生文读至口熟，特细心揣摩一便。先将此题看讲书一次，再将题之上下文细细玩一次，再玩此题应如何做，倘使我作，我却如何用意布局。玩毕再玩此文通篇大局，小讲先如何用意，讲下为何字逼势，小比何意，出题何笔，中后何意，此意却从何处想出，彼亦肉心，我亦肉心，何以彼想及此，我想不到，必推其何以能想及此之故。玩完矣再玩，小讲一起，第二气何以接，气气玩之，直至篇终。再回头玩其笔下何以脆，念去何以不聱牙，声调何以坚光，气何以舒而不促，紧而不散，直玩至篇终。再回头玩其此句何以老当，若使我作，有此句法否，我试为添一虚字看何如，我试为减一虚字看何如。知其句法矣，统算我于此一篇文有心得否，心得即新得也。心中有一得即开一窍。日后再背此文，凡心得必郑重留意，不可轻意放过。篇篇如此，所得既多，心窍亦百孔玲珑，无微不入，思之思之，鬼神通之，古人诚不我欺也。玩时却字字求甚解，如“郑重”二字，何以谓之“郑”，何以谓之“重”，不知，用笔以记之，将来或问人，或查书，均可字字全知真解，作文何至有疵累乎？如此用功，到场中仍不中会，以余是问。

观公者思索文字，多在三上：谓马上、厕上、枕上也。余以功到纯熟亦有三上，何为三上？曰：上口、上心、上手。读之烂熟，背时如流水然，即使心中想别事，而口中犹能朗朗，其文已上口矣。上口，口与文合，心仍与文离。必揣摩烂熟，文中之用意用笔，即如我自作者，无论二三百篇，闭目一思，历历在眼，其文已上心矣。然于作文，仍无益也。必天天酝酿腹中，作文时其词藻笔调，奔赴腕下，供吾选择，切者用之，泛者麾之，从精中而择其又精者，有一意即有一意之话以随之，则其文已上手矣。文至上手，墨卷之能事毕矣。

一题有一题之能事。学者见题后，必先想此题如何见长方能制胜。若两章题，总以融洽见长。如“君子喻于义　二章”题，是两章题中最易融洽者。今诸生均双排到底，无一总笔，是陈陈相因，不能自立者也。

两章何以贵总拿？不总拿便非题妙。如“君子喻于义　两章”题，学者当题到手，要想此题上下章均开过科，成文林立。取成文雨篇，一篇摘一股，略加裁对，便是绝好两股。一篇摘一句，便是绝好两句。此人人所能者。场中万数人，我偏作人人所均能者，纵使词句光昌，不过为弟兄文章而已，安能出人头地哉？如此一想，自不能不舍此另作。于两章交关中想意，作前后总、中分为上格。不能，则前分后总。再不能，则讲下入手总摄，以后分排，亦可动目。今从讲下即分排起，是通篇并无用心之处，又何贵乎作文？且题既出两章，自有两章佳作，安能各章顾各章乎？此题尚不能融洽，又安望其他？

寻常题贵乎切题，两章则又贵乎离题。将题细想，想后即掷开，不使黏于心中。我却高居题巅，总两章大意而观之，就中生出议论。以我御题，才有笼罩一切气象。拘拘于题中，心境便隘。人谓单题好作，连章难作。余谓不然，单题必入，口气从圣人心中想意，何难如之。连章则用我自己口气，我有何见解即可直说，任我意而为，何易如之。如庚午“季康子问仲由　二章”题，魁墨中一篇云：“不可无此一疑，不可无此一辱。”何等宽裕有余，何尝将心刻在题内？学者悟得此法，斯可与论两章题。

字句总要细心作。某卷中有“一往而深”，余将“而”字易一“情”字，去一虚字，添一实字，其老嫩遂判然矣。

前辈论场屋诀云：“大家风骨名家调，墨卷规模考卷机。”大家风骨今渐不讲，名家调则用者甚多。如壬戌“吾斯之未能信　二句”第二王莘锄小比用《约编》中“颜渊问为邦”小比调。庚申“大学之道”第四郭月舫小比用“事君数”一节小比调。若己未“色难有事”第二十几唐作，则又直写明文《传薪》中“父母惟其疾之忧”后两比，非特用其调已也。至于墨卷规模，则随时变迁为场屋之式，学者所当每科均细观之也。考卷机无他长，墨卷作熟，机旺神流而已。此二语自是揣摩家换骨金丹，不可不知，而亦不可偏废也。

文章要炼成一家言，大约总不外清、奇、浓、淡四字。能清为第一，所谓“乾坤清气得来难”也。然清又非不着一字之谓，谓其下笔生动，并无笨相，用意灵警，绝少滞机。其一股缠绵涵泳之气，流行于字里行间，看去似无警策，自能娓娓动听。如“柴也愚　二句”“下学而上达　二句”“不啻若自其口出　一句”，数科元文均能得一“清”字。清者，真之谓也。此非十二分火候者不能。下此则莫如奇，或一篇独具只眼，或二比分外生新，或意正而格奇，或格正而意奇，或格意俱奇。人所略者我偏详，人所短者我偏备。人人一见都觉出乎拟议言思之外，绝不作人云亦云语。元儒吴莱谓作文如用兵，兵有正有奇。正者法度也，奇者不为法度所缚是也。浓者一篇经籍之光，如丁未“君子贤其贤　二句”，己未“郁郁乎文哉　二句”，甲子“上老老而民兴孝”等题，非浓不可，不浓则与题不称矣。至甲辰“文献不足故也　二句”题，亦宜浓作。而元文偏淡，淡而有味，故胜于浓。后比虽套管世铭《窃比于我老彭》文，而却为“故、也、之、矣”字传神，故能制胜。学者学淡一派，必如此文方可。不然，则失之空滑，直考卷矣，安得谓墨裁？

昔人谓文章必作到家，软则软到极处，如西子王嫱，看去似见风即倒者，而一股媚态，令人一见消魂，真如宋玉墙东美人，增一分则太长，减一分则又太短。燕瘦环肥，各极其美，愈软愈令人可爱，昔人所谓佳人文章也。豪则豪到极处，如燕赵壮士击筑，如氍毹上张飞，一股慷慨勇猛之气，令人见而生畏，可望而不可即，昔人所谓强盗文章也。若介乎二者之间，软则无避月羞花、娇柔妩媚之态，豪则无一往无前之概，直庸人而已。天下有庸人而能成事者乎？

昔有三子读书，值本街演剧，先生放学，其父呼三子至前问曰：“我有一语，能答者即去看戏。”问何语，曰：“看戏好？读书好？”其长子答曰：“看戏好。”其父怒曰：“真下流也，一心专在看戏，不在读书。”又问次子，次子曰：“读书好。”其父曰：“汝言虽是，然见汝兄被瞋，故作此矫情语耳。”又问第三子，三子曰：“看戏即是读书，读书即是看戏。”其父大喜。后其三子果大发。余尝窃其意曰：“作文即是说话，说话即是作文。”题，圣人说话也；文章，我替圣人说话也。一题到手，试先口说一遍。说的好听，其文必佳。见题说不出一篇意思起折来，是话尚不能说，安能为佳文乎？忆童时初学读《明文》，先师詹晓斋先生每讲一篇，余归而读之。读之烂熟，晚间执一炷香，顺后院墙根细玩之。先将题之上下说成白话，看是如何口吻。再将文说成一篇白话，看其从题之何处想出。久之，此文竟似我自作者矣。及作文，亦按此法。犹记出“如其善而莫之违也”八字题，友人问此课如何作，余为之说一篇大意云：讲下既领上文矣，再说人君乐莫予违。其志骄盈，本无可取，然吾犹必观其言何如也。此便是小比意。如其出言可法，言国的事既于国有益，言民的事亦与民无害，纵不知道为君的难，不能因此兴邦，而还有万一之善，可以补救于将来。此虽非其君必然之事，或者于上而百官，下而百姓，天天翘首望治之余，而忽然有此去逆效顺之一侯，亦未可知。此便是中比意。这个时候而善，是众人心中不及料的事，何忍违他？这个时候违了他，是绝他为善的萌芽，又何敢违他？夫人君自下了“莫予违”的令，大小臣工不敢违的人已多，况其明明说的善话乎？惟有踊跃鼓舞、心悦诚服而已。此便是后比意。又“唯上知与下愚不移”八字题，有问余如何布局者。余为之说一篇大略云：领上入手后，先说天下知的觉：我的知是天生的，就是学些歹事，亦不能移于愚。天下愚的说：我的愚是天生的，就令好好儿的为学，亦不能移于知。此便是小比意。于是知的恃其不移，而不往前进了。于是愚的谓其不移，而更退了。此又是二小比。谁知道不移的正不是这等人。此出落叫起“唯”字来。吾于许多知者中拣出一个人来。一个人是谁？叫做“上知”。吾又于许多愚者中拣出一个人来。一个人是谁？叫作“下愚”。盖天下之不移者，唯此两人而已。然而天下有几人哉？此便是中比兼出题。天下既不多上知，凡近乎上知而非上知者，均可危。天下既不多下愚，凡近乎下愚而非下愚者，尚可挽。知的宜知戒矣，愚的宜知勉矣。使天不生此两种人，人几说性亦无定。唯有这两人以立之准，使知天下上知外只有下愚，更无再有与上知同的人；下愚外只有上知，更无再有与下愚同的人。不与这两个人同，均在可移之数。此便是后比。此类甚多，不能尽述。每讲《四书》，余亦能即白文说之，使书理中边俱彻。詹晓斋先生尝云：“十几岁人知如是用心，若移是心而玩程朱道理，何患将来不成大儒。”惜余中道改习墨卷，竟负先生当年期许之言，自今思之，能无愧哉！

人谓作文无与于作官。余谓不然。见题后果能独有眼界，识踞题巅，耻人云亦云，将来作事亦必能一见此事即衷之以理，力任仔肩，无游移，无二三，一往直前，虽一败涂地而不悔。若见题毫无主见，下笔只有敷衍，将来见事亦必随波逐流，无卓识，安有卓行？直庸人而已。几见庸庸碌碌而能办国家大事哉？故人之品行如何，识力如何，人每决之于既事之后，余尝于其人作文时卜之。

时下谓考卷是说文章，墨卷是作文章，谓句句作成声调，不是直说也。余以尽说固淡而无味，尽作亦未免有斧凿痕。必振笔直书，作时仍如考卷之说，看时却句句是墨卷之作。处处如说，机自熟，气自热；句句如作，气自凝，魄自厚。二者合而为一，才见火候。然窗下用功，则又由作入手。处处炼，句句炼，久而久之，心中不必故意去炼，只顺笔一说，而却无一处不炼，斯为墨裁上乘。考卷如唱戏道引子，墨卷则按拍合腔，入弦入调，大段高唱矣。

广东有一显宦，少年为前明某官，甲申后遂入我朝，一时宦迹所到，颇著循名，死后其数子均翰林，为乃父作行实。首叙在明时服官政绩，后叙在本朝之循良，惟中间由明而入清，颇难着笔，说成二臣，是贬其父也，不说，岂有前后凌裂之理？因悬榜于门，有能为作中段者，酬千金。榜悬一二年，无人问鼎。忽有一宿儒，年近七旬，揭其榜而入，即为之补中间一段云：“当闯贼入京，明怀帝龙驭上宾，公适予告在家，闻之痛不欲生，只以闯贼未灭，意在复仇，故暂缓一死。后闻大清兵入关，将贼杀败，乃慨然曰：‘夫杀我君者，我仇也；杀我仇者，我主也。’遂起而事之”云云。一时闻者无不叹服。余谓此人若作文，必善于渡下。如此难题目尚能渡得如许自然，若遇寻常题，不知又如何天花乱坠矣。所谓渡者，非尽截搭题之谓也。如“足食足兵二句”，第二讲下云：“子问政。”后又云：“而特不能保患贫之民无违心也，而特不能保积弱之民无二志也。”此二句与“子问政”如何能接？而特于“子问政”下，加“夫政以为民”五字，遂使上下牟尼一串。不善读文者，将此五字滑口读过，而不知作者精神全在此五字上。有此五字，使讲下全体皆振，跃跃欲活。无此五字，上下气再无相连之法。又如戊辰“畏大人 二句”，元文小比前半，先说“天本可畏”，后半比说“大人即天”。而前后如何能说成一串？看其用“眷顾隆而元后立”七字，特由“天”渡到“大人”身上，真善于用渡者也。此与“足食足兵二句”第二作异曲同工，而较彼凝炼者，地不同也。彼在讲下宜流动不宜凝炼之地，此在小比宜凝炼不宜质白之地。所谓易地则皆然。学者一股想出二意，而不能上下相连，则思一笔以渡之，文章便无凌裂之病。特不开此心窍，故临时见不及此耳。

扬子云作《连珠》，陆士衡作《演连珠》，均取其历历如贯珠。墨卷家以二字炼者，亦谓之连珠体，然用来太俗烂矣。如“奢望”之余转成“绝望”，“追思”之下不少“余思”。丙辰有云：“师训之余，曲通经训。”场中用者太多，渐渐讨厌。有心人恐其讨厌，而又不能不用，不用则不合时式。因思出一袭故愈新之法，如“奢望”“绝望”均于第二字同，而戊辰元作偏炼第一字，如“维辟”“维皇”等字甚多，使阅者见其簇簇生新，似于联珠体之外又备一格者，为前此所不轻见。此真揣摩时趋，无微不入。即一句一字无不求合时趋，而又恐人人皆用，便觉讨厌，又易一式，仍不失为联珠。如此用心，安得不出人头地乎？所谓场中贵异不贵同者，于此已见一斑。今学者读文，每滑口读过，不知作者苦心。故其所作之文，亦无心思，安能入千万人中拔帜争胜哉？或谓今之二字相连，不得谓之连珠。余按：白香山《题天竺寺》诗云："一山门作两山门，两寺元从一寺分。东涧水流西涧水，南山云起北山云。前台花发后台见，上界钟清下界闻。遥想吾师行道处，天香桂子落纷纷。"东坡题其后云："空咏连珠吟叠璧。"是此体名"连珠"，唐宋时已然。特不知起于何时耳，俟暇时考之。

欧阳公曰："勤读书而多为文，自工。世患作文少，又懒读，每一篇出即求过人，如此鲜有至者。疵病不必待人指摘，多作自能见。"

李汉老曰："为文之法，有笔力，有笔路。笔力到二十岁便定，后来长进，只就上面添得些子。笔路则常拈弄时转开拓，不拈弄便荒废。"

《文心雕龙》曰："风骨乏采则鸷集翰林，采乏风骨则雉窜文囿。若藻耀而高翔，固文章鸣凤也。"余谓作八股欲风骨端凝，必童时多读古文而揣摩之，开笔时多读大家以作根柢。二十岁后心思已清，取时墨而多读之，自然有采泽矣。有风骨以为里，有采泽以为表，则表里均到。风骨储之于先，采泽办之于后，则先后咸宜，纵不成名，亦必寿世。

平斋洪氏曰："古今萃于胸中，造化运于笔下。"多读多作，两尽为胜。

东坡曰："博观而约取，厚积而薄发。"学者宜玩此语。

学者为文读文，宜独出己见，不可以选本所批为定评。如己未"郁郁乎文哉　二句"，元做讲下云："周监于二代，周盖即二代而择所从也。"选家批云："此其所以中元。"余谓非至论也。余己未场中即如此作，大同小异，何以荐而不售？且意落卷中似此者，不一而足。若以此抡元，人人皆元矣。大约场外之选文，不知场中勤苦。有出己意之外者，遂以为警策。若使选者亦入帘，必不作是语矣。学者若以此为佳作，而不更求其他，其不诬尽终身者几希。是以不可不慎也。

两人同读一文，同看一文，此则所得在此，彼则所得在彼。二人所读文同，而所见不同。或于其摹写虚神处得一窍，或于其讲实理处开一心。及互证，又彼此说来均有理。所得不同，而要皆为心得也，均为可造才也。若毫无所得，则亦不足与论文矣。

余少时读天、崇“安而后能虑”题，中比下四句云：“凡人之识生于气，故气息即可以审机。吾心之智藏于神，故神凝乃可以观物。”便觉此四句甚好，若用于时文，亦必动眼，而不知其名为提顿也。后读墨卷，见似此者甚多，可见人心皆同。余以为时文中可用，人人皆以为可用也，读“君子无终食之闲违仁”，罗作内有“历时虽短，而历心已长”句，余以为此二句入深出显，后来可用也，而时墨迄无似此者。前犹不知其故，后始悟此二句非墨卷凝炼式。若前后凝炼，独有此二句，则前后不相称。若通篇尽作此式，则又非墨体，是以无此等刻入句法也。

《约编》中如《孝哉闵子骞　一章》《颜渊问为邦　一句》《不患无位　一章》《天下有道则见　二句》《西子蒙不洁　一章》《生财有大道》等文，均家喻户晓，无人不知，而能于此数篇用心，获益便多。如“孝哉闵子骞”，作“哉”字；“事父母能竭其力”，作“竭”字。揣摩有一得，日后作文便开一心窍。如题内有“哉”字，即可仿“孝哉闵子骞”所作用心。谓如此用心，非谓套其词也。心思自能不窘。若心中无此一窍，见题即将心用碎，亦无好文。盖不知从何处设想，如何能想入。

用功者每于临场时拟场中之题，余谓此可不必也。无论题若牛毛，万难拟著，即使拟著，而身分未到，亦无佳文。即使身分已到，而窗下之作，到场中亦往往不中。何也？场中精神团聚，一腔热血、半生精力全注在此，其文气热笔足。窗下精神散漫，求所谓热如火、艳如花者，万难也。即使拟作而热而艳，至场中必中，将来人亦以宿构举人目之，不甚郑重也。与其中后啧有烦言，尚不如不中，反觉得痛快。

“郑重”二字，文家常用，而不知的解。五经内亦不忆有此二字。余按：《前汉·王莽传》“皇天所以郑重降符命之意”，颜师古注：“郑，频烦也。”又陈寿《三国志》“国家哀汝，故郑重赐汝好物”，亦此意也。昔余用功时，为此二字翻阅书史甚多，不得其出处，心中终不安。此二字人人皆解，万不至用错，而必求其甚解者，用功者当如是也。必字字寻真出处，确知讲义，用之文中才能细腻熨帖，亦觉切合。若心中模糊，偶一错误，则失之毫厘，谬之千里。一篇佳文因一字而掷者多矣，此又不可不亟讲者也。

“鄙夫可与事君也与哉”，精神全在下三字。《味根录》云“也与哉”一喝，正为同朝共事者唤醒，此即下三字真诠。本此用意，自能传神阿堵。夫子见当时有与鄙夫共事者，或明知为鄙夫而因循同列，或未知为鄙夫而抉择不精。夫子有见于此曰：人皆谓我自我，鄙夫自鄙夫。谓鄙夫不妨共事矣。是亦未即鄙夫而深思之。至此句看题在言下否。

“鄙夫可与事君也与哉”，作文时必先说时人以鄙夫为可与共事一层，方得圣人当头一喝，神理不特能顺，题气即“也与哉”三字，亦跃跃欲活。今诸卷竟说成“鄙夫不可与事君”，将“也与哉”三字置之九霄云外，非不用心，实由平日读文不知细心揣摩，心中未开此一窍，故见题后欲用心而无从入也。大凡有虚神题，多利于反扑。如辛未“人一能之至果能此道矣”，元做后比尽力为“果能”传神，而特不粘正面如“自以为能者”云云。又云：“能此者之品诣，乃只空寄诸形容。”通股用意在“特患人之不能耳”。下如接云“果能矣”，则“果”字自在言下，所以为佳。“天下之善士　二句”题亦然。“非天下之善士不与我友，特患我不能为天下之善士耳。我若为天下之善士，斯友天下之善士。”“斯”字自在言下。学者见题后，先心中自说白话，看如何说便能使虚字自在言下，即本自己所说者用意，题气便合。

“也与哉”字，均出的无力，亦由平时不揣摩出落之故。试思薛淮生“道之以政　一章”题，出落云：“夫非犹是无耻之民哉，不第求其免矣。夫岂仅为有耻之民哉，亦且见其格矣。”出“且”字何等活现。又其会墨“听讼吾犹人也　二句”题，“无论未必异人，即迥不犹人”，出“犹”字何等活现。若令俗手为之，必直点“吾犹人”。细想若直点“吾犹人”，而不先逼其神气，味同嚼蜡矣。又“足食足兵　二句”，第二出落云：“盖兵食既足而始言信，信已晚矣。兵食未足而骤言信，信又虚矣。足食足兵，民信之矣。”看其心中先想“之矣”二字神理，神理想足，脱口而出，遂跃跃纸上。细思其小比作“足食足兵”，带定“信”字。小比下出“兵、食、信”，是将题中实字全出完。中比下若不出“之矣”二字，岂不与小比下犯重？出“之矣”二字，若呆呆一出，不如不出好看。故必先想意思逼“之矣”二字之神，神气逼足，自能如土委地。学者要想其当日心中从何设想，才能摄取“之矣”二字之神。想出诀窍，自有进境，将来入场，每于出题处，要细想题之全神在何处，得其全神，自然出众。若随便一出，则人人皆能场内作。人人皆能文章，试抚躬自问能中否乎？《八集》中《管氏而知礼，孰不知礼》题，先铺叙列国不知礼者数人，后路意云：若以管氏为知礼，此数人孰不知礼？虚字实做，更见经营。明文中《微管仲》题，先说管仲功业之伟，乃今竟谓“可微管仲耶？”试接云：“若微管仲”，看其“微”字自在言下否？余会墨亦以此法出题，如“吾故为决其理曰：信近于义，言可复也”云云。学者细心想之，看“可”字、

“还”字自在言下否？自在言下而脱口一出，虽仍写原题，觉个个字活跳。若在股中，则不见题字而神味已到，令阅者观之，觉题之全神自在言下，如辛未元文次三篇是也。今“鄙夫可与事君也与哉”，诸卷收处有云“尚得许其可哉”言下如何能接本题九字？且细读之，并无余味。有虚神题而文无余味，安得为佳文？忆余初满篇时，作“所谓大臣者　五字”题，入手云：“子以由、求为问，子之所谓大臣者如是。”此句全题已出，而不犯题之正位。下接云：“自吾思之，亦未尝不以大臣相期也。虽然果如子言，天下孰不可为大臣哉？”小比意思云：“吾骤闻之而讶然惊矣。惊夫臣自有其大，今以由、求为大，是诚不知其所谓也。”下如接本题五字，看水到渠成否？故詹晓斋先生独爱之，谓“文虽无深意，而心思清楚，颇知赶题中虚字，故佳”。

先辈谓初入泮不可先读墨卷，恐其不清也。所谓不清者，即此之谓。贪作题面而却蒙头盖脑，心中路数毫无，遂终身在门外。若刚人泮时，一边读墨卷，一边取名大家揣摩之。久之胸中雪亮，虽读墨卷，何害之有？今诸卷均坐此病，不急医之，恐入膏肓，不可救药。盖此事关乎性灵，非文法可比。文法不清，一说便知。性灵不开，非自己用心不可。倘言者谆谆而听者藐藐，纵舌敝唇焦，迄无丝毫裨益。若自己用心，再加从傍常常指示之，其进自不能已也。

在都时一友谓余曰：“某孝廉落第后，因路远留京，以待下科。其家本素丰，每日风花雪月，歌管楼台，并未见其一刻用功。及入闱，竟中前茅，并入词馆。人皆讶之。后其仆向人曰：‘主人在家有熟读文四百篇，在京时每天明即起，默诵文二十篇始出门。晚问归来，又诵二十篇。十日一周，并无间断。即有要事或疾病，亦无息时。故其案头无一卷书，终日游荡，而仍能掇巍科也。’”人皆谓每日只早晚诵文四十篇，即得科名，得之甚易。余谓每日只用片刻工夫，易诚易矣，而其胸中有熟读四百篇，则非四五年苦功不可入第。见其今日之易，又乌知其昔日之难哉？

《花样一新》言：“墨卷家有炼丹法，一有题目，即有文章。无论何题，总有一篇诂适的文字，真妙诀也”云云。又曰：“不知始于何时，或曰是从前明程文中得来。然此诀非攻苦三年，不能办也。”言虽如是，而不言三年何以下手？何以用功？何以炼丹？令学者知其当然，而不知其所以然，诚憾事也。间尝窃取前辈之意以补之，所谓炼丹者，不炼他事，专炼多读。读多意既多，词亦富，然又非任意读之也。诚能取时墨而各分类读之，如事君、孝友、仁义、交友、言行，以及礼乐、祭祀、山水、天地、日月，凡寻常常见者，每类选话头富丽者，或十篇，或七八篇、五六篇。大约泛常者多选，如事君、孝亲、交友，每类多读一二篇，礼乐、祭祀等类无妨少读。久之，胸中类数既多，无论何题，而胸中之成语足彀作两三篇用，见题后自能意一到而笔自随，笔快者气自热，气热者病自除。事本相因，无美不备，诚金丹也。况三年之久，每年总可熟读百篇。三年积三百篇，其为类亦多矣。读之烂熟，终身不能忘一字，无论荒数十年，摇笔即有佳什，则墨卷之丹已九转炼成矣。墨卷炼成，取青紫自如拾芥。若命中无科名，天必不假以三年之功，使之金丹成就。能中固是命，能用功亦是命也。命中无科名，纵有能用功之际遇，而其人亦苟且因循，悠悠忽忽，一混数年，四十五十而无闻焉。斯亦不足畏也矣。

《花样一新》又云：“作墨卷全以火候为主，天资不足恃也。”余谓天下事无不可恃天资而为之，即考卷亦然，独墨卷不能。天资高者，颖悟略捷，事半功倍。天资钝者，亦可以学问化其气质。如其人甚笨，按《举业渊源》中所分之类，无类不读，既多且熟，作文时句是成文之句法，气是成文之气，声调、意思是成文之声调、成文之意思，一篇文中无自己一点东西，自己虽钝，而天下聪明人所作之文，皆为吾用，何笨之有？天资高者亦走此一条道，不过到略早些。若恃其聪明而不用功，万不能成墨卷也。曾文昭曰："文才出于天分，可省学问之半，古未有不学而能成文者也。"诚哉是言也！余本中人以下之资，而少年气盛，每不自量，视天下真无难事。故凡一切医卜星相、琴棋书画，他人执一卷而数日不解者，余一目了然，更无疑滞。自谓八股不过如是。及入场，每横使才华，不守范围，谁知屡作屡蹶。后仍下帷闭户，与天下之钝者同走一途，才略有进境。是可为无才或小有才而自恃其才者戒。

横竖用意，文家要着。必一股横说，一股竖说，才不合掌。譬如说政事题，由近及远还是横说，由古及今是竖说。理学题，由内及外是横说，由暂及久是竖说。诸如此类，不能枚举。大约无题无横竖，特心中未开此窍者，自己无横竖耳。云南附郭之大观楼，有孙髯所制一联云："五百里滇池奔来眼底，披襟岸帻，喜茫茫空阔无边。看东骧神骏，西翥灵仪，北走蜿蜒，南翔缟素。高人韵士，何妨选胜登临。趁蟹屿螺洲，梳裹就风鬟雾鬓；更苹天苇地，点缀些翠羽丹霞。莫辜负四围香稻、万顷晴沙、九夏芙蓉、三春杨柳。"此上联也，由近及远，是横说。下联云；"数千年往事注到心头，把酒凌虚，叹滚滚英雄谁在。想汉习楼船，唐标铁柱，宋挥玉斧，元跨革囊。伟烈丰功，费尽移山气力。尽珠帘画栋，卷不及暮雨朝云；便断碣残碑，都付与苍烟落照。只赢得几杵疏钟、半江渔火、两行鸿雁、一片沧桑。"此联由古及今，是竖说。对联横竖说者甚多，惟此较分明易晓。学者悟得此法，作文永无合掌之病。且一股有一股之意，意各不同，话亦易想也。若合掌者，每想一句甚好，而上股已用之，不好再用，往往涉于敷衍。若知横竖，则上比所用之话，此比一句不能用。路数较宽，易于措手也。此长联也，同年刘星珊明府云："尚有短联云'千秋人物三杯酒，万里云山一水楼'，足可包括长联。"

八股文炼成声调，念去甚坚光切响。然只用于八股，用之他处便不相宜。相传比干庙长联云："君德难回，当此众叛亲离，若但如微子去、箕子奴，无以激亿万人忠贞之气；臣心不死，即兹魂飞血溅，犹将以周日兴、殷日丧，上诉诸六七王陟降之灵。"昔人谓词旨慷慨，置于八股中是极好两小比，而在对联中似不合体裁矣。

余原籍本余姚，国初始迁居保定。始迁者，文简公月峰先生之嫡支也，故余家祠中以文简公为大宗始祖。公继母杨太夫人勗诸子一联云："爱惜精神，留此身担当宇宙；蹉跎日月，将何日报答君亲。"余不肖，不能恪遵祖训，以绍箕裘，致家声几坠，然不敢不勉，故常悬此联于座右，与及门共懔之。公之文未见全集，惟《百二名家》及《传薪》中若干篇耳。其《君子之仕也，行其义也》文，通篇机致尤与目下风气相宜，最利场屋。如入手用"何则"，与小讲气连。余辛未会墨即遵比式以入手，小比一起用"若此者"云云，与入手气连。下比用"亦岂徒"云云，与上比气连。中比一起"正以臣之事君"云云，与小比气连。下接二比用"思"字，与中比气连。后比一起用"由是"，次比用"即或"，束处用"必如是，不然"。均处处衔接，打成一片，令阅者万不能中道而弃。真文家之炼气法也。近来闱墨中似此者甚多，笔下无真气者亦可勉为矣。宜俞长城云："文至月峰，乃古今升降之关，讲局讲度，于此始备。"

时墨固贵凝炼，然一味凝炼，既伤气，亦少流动之致。善作墨裁者，往往于股中凝炼，而讲下及出落则疏疏落落，以舒其气。所谓疏疏落落者，非不着意之谓也，乃不求四六对仗、不谐声调耳。而其心中之惨淡经营，较对仗者更苦，特看去似不着意耳。近来墨家有出落亦凝炼者，如“必也临事而惧　二句”题，闱墨中第十一名王作出落云：“盖事不容忽也，深以惧则慎于临；谋非可苟也，要其成则先以好”云云。此类颇多，余终觉其少流动之致。

不特出落也，即股中想出出色句，而上句若用经心凝炼之作以形之，则出色者亦减色矣。必须用软句以衬之，令阅者看至此若不满意，及看其下文，不觉拍案叫绝。如二人同立，以媸形妍，妍者更好。若使妍者与类于妍者同立，两人均不觉得甚好。作文亦同此义也。余最爱戊辰“畏大人　二句”题第三吴作，一篇中必有二股惊人者。如中比：“夫君子岂必见大人而始肃其志，岂必闻圣言而始悚其神哉?”下即照此意发挥。二股最为一篇警策。一股中必有数句惊人者，而此数句之佳，全在以寻常句托之，遂觉分外出色。如小讲“德与位兼隆，而监观有赫；道与文并著，而诰诫如闻。”此四句若在中间，虽佳而不显。看其中间先用寻常句，如云：“敬本无形，对君相之尊，严于屋漏；敬本无间，诵诗书之训，懔若神明。”有此四句，而下接“德与位”云云，遂坚光切响，有色有声。后比有句云：“谓尚爵与尚德异，元后奚以擅聪明？谓在野与在朝殊，君威奚以懔咫尺?”此四句看似随笔一挥，毫无力量者，而下接云：“一二日单心宥密，亦惟率百官以亮天工耳”云云，便觉得精神一振，乃悟上四句之不出力者，正为此二句出力耳。若不用一联率句，托不出此二句精神来。下二气“君子”云云亦然。此即急脉缓受、缓脉急受之法。作文诚能一篇中必想出二比惊策者，一比中必想出数句警策者，乃必售之技。较之一篇凝炼者，尚觉有准。盖一篇凝炼，既恐伤气，而佳句亦不醒眼。以通篇如是，遂不能耳目一新也。揣摩家安可不学顾恺之尝蔗，使阅者渐入佳境哉?

凡作文，一题到手，必先想此题若使我衡文，以何者为上？譬如“良恭俭让”题，必以回补“温”字处加圈。“明也悠也”题，必以分说天倒补“高”字，合说天地留下“久”字处加圈。我看文以此二处为佳，我作文必求往佳处作，自然合式矣。不特此也，凡偏全全偏，一切讲法题，专看法之自然，能句句合法，则佳矣。不能如此，虽天花乱坠，都是闲话。以其非此题之文也。至于如何补法，如何截法，如何留法，《仁在堂》言之详矣，兹不多赘。大约法即理也。如出“明也”二字题，小比必作“明”字。今出“明也悠也”四字题，小比亦单作“明”字，不与“明也”二字题无别乎？此题文与彼题无别，而犹以为佳文者，有是理乎？无理即无法。吾故曰：明理者法必无不备。学者不必单学法，只用穷理之功，自然会作合法之文，且能作佳文。若理不明，知法何益哉？

缙山书院文话卷三

国初诸老无论矣，即袁子才、尤展成、曹寅谷诸人，均胸有书卷，就其学问所溢，发为文章，不区区以八股名家而八股独传。望溪一生精力纯事古文，故古文为本朝之冠，亦并无心于时文之传也。管世铭虽陶洗于江西五家，其用力较诸人独久，而其他著作亦颇有可观。今人自一入学门，即以八股为业，问之他事，茫然不知，甚至有至死不舍者。宜乎八股之道，驾古人之上矣，而至今卒少传家，何哉？盖八股本枝叶，书卷为根本。根盛而叶自昌，理之固然。若专从枝叶用力，而舍其根本，吾未见其能传也。

对偶之文，惟八股及骈体文中宜之，而断断不宜入古文也。去岁有友人嘱余作某贞女诗，并寄贞女传来，云作者亦一时巨擘。余以《方望溪全集》中古文律衡之，有不合者十余条。此外望溪集中所未及者，余又为指出数条。内有云："生为某家人，死为某家鬼。"余云此一联有二病焉：此两句固是当时实事，然宜变其词而入文，不宜直写俗语。俗话尚不能入时文，况古文乎？此一病也。作传有二体：一骈体，如《有正味斋》《西堂杂俎》各集中所存各传是也；一古文，即《史记》列传体也。骈体无一句不偶，而古文则万不宜偶。"生为某家人，死为某家鬼"，无论其为俗话，即使雅，亦偶句也。偶句入古文不合体裁矣。友人于他条均无所可否，而于此条颇不以余言为然。因随手取《史记》翻之，适值《孙叔敖传》，即就此传质之云："秋冬则劝民山采，春夏以水。"此二句若在时文，必云："秋冬命民采于山，春夏命民取于水。"何等整齐。而太史公不用者，嫌其偶也。又"近者视而效之，远者四面望而法之"。若将"四面"二字删去，何等整齐，而太史公不尔者，嫌其偶也。《史记》中此类甚多，不能枚举。不特《史记》，唐宋八家文无不然也。友人始无言而退。其他条不合古文体者，均与作时文无涉。当时批出后，已令及门遍观矣。今但录此条于《文话》中，俾学者知对偶可用，而又不能各文皆用也。

唐人重对偶，无论何人，大约皆然。陆宣公为一代名臣，亦一代大儒，其奏议尚皆用对偶。盖彼时时尚有不得不然者。韩昌黎始起而变之。昔人谓韩文起八代之衰，有以夫。

今人文中四字、六字错综成联，即谓之"四六"。而唐、宋人"四六"中不皆四字、六字炼也。有三四句为之者，有五六句为之者，有一联似今之二比者，均谓之"四六"。是虽凝炼而气太长，不宜入八股中。惟作两扇、三扇、四扇文宜仿之，始觉有宽袍大袖气象。若作两扇等文亦用短四六，竟似两后比矣，岂复成二扇式乎？人皆作六股，我只作得两后比，安能见长？先辈谓作六比易，作两扇难。非以用意难，正以与后比有别为难耳。前屡出二排三排题，诸生竟作成二股三股矣。是皆未取二扇三扇成文而揣摩之也。

六八股文固贵炼、贵热，不宜隔气，前已屡言之矣。而两扇三扇又不宜尽凝炼，必有长联长气以疏荡之。若尽凝炼，则似股非扇矣。又必有反有正，有陪衬有层次，看去才厚。又必意思层出不穷，一扇中已具一篇规模才合。他人一篇中只此意，我却于一扇中全用之，下扇又具一篇意。以两篇力量作一篇文，有不挽强命中者乎？戊辰"畏大人，畏圣人之言"二句题，闱墨不见两扇作者，余只见秦太史钟简朱卷按二扇作。一扇之中意思甚多，令人看去不忍释手，真二扇中之出色者也。惜余只匆匆一观，未暇钞录。

散行文从《必也临事而惧　二句》魁墨杨作后，不复见矣。先辈谓两扇难于六八股，散行难于两扇，何也？两扇虽层叠疏荡，仍与作墨卷一副笔墨。散行则另换一副笔墨矣。若用时墨调作散行，徒成笑柄耳。必其平日熟于《左》《国》《史记》《汉书》及八家等书，又常作古文，出笔才合。若平日只读时墨，却万不可作。余乡会二场《春秋》文均以散行出之。彼时力避时墨调，而终不能麾之尽去，胎息不古也。然《春秋》文夹叙夹议，任自己寻常笔路，尚可勉为之。若四书文，则非有古香古色不可。欲作此者，平日于古文多读《国策》，于时文多读汤海秋初、二、三集，庶几近之。且读此二种，不特利于散体，且增长气概，作六八股亦必另有可观，无一切阘冗之病。

凡作文必先审题，前编已言之矣。从题中审题，固须平日工夫及先生传授，而从上文或远上文审出题解者，则又在自己聪明、平日看书心细也。丙辰会试后题出，大家纷拟。先师詹晓斋先生为讲三题“莫如为仁”云：“此题‘仁’字必跟定‘天爵’，盖从‘天爵’句一气贯至此句，中间并无隔断。‘莫如为仁’，仍是莫如尊天爵也。”榜发后阅元墨果然，方知名手所见皆同也。

先师又出“子路率尔对曰至舍瑟而作”题，讲题云：“对先生无不‘作’者。子路亦率尔而‘作’也，记者何以不言其‘作’？气象欠安详之度，不以‘作’见也，故略而不书。求、赤亦皆‘作’而对也，无点之从容，故不之记，记之反不见点之‘作’之气象也”云云。上下熔成一片，以“作”字为线索，故觉若网在纲，有条而不紊。

吾友王鉴堂农部，癸亥会试题“此谓唯仁人为能爱人、能恶人”，其承题云：“夫仁人，一个臣也。”只此一句，已密圈矣。场中如此看者，亦只一人，有不挽强命中乎？今学者作文，近脉尚不管，况远脉乎？

时下作文，安能句句己出？韩文公所谓“惟古于词必己出，降而不能为剽贼”也。然必平日蕴酿于胸中，作文时化出才合式。若临文各处去翻，挖肉补疮，此人一味只顾搜寻同类之文，又安能细心去想？即想，亦不入也，其终身不能长进也宜矣。然腹中熟读，又必变化而出，不宜直录其原句，斯为善于脱胎者。吾乡牛芸阶太史作“独孤臣孽子至故达”题，有句云：“奇暖者冰霜，特不历其寒，无以知其暖。至甘者药石，特不尝其苦，无以得其甘。”此数句从己亥广西蒙赐“仁爱之能勿劳乎　二句”题，墨中“是知不言教而言劳，奇暖者冰霜，瞽叟何必非慈父？不言谏而言诲，至甘者药石，鬻拳一作“权”，见左。何必非良臣”数句脱胎而出，然较蒙作更精更炼，却又是从题中想出，非贪句法新颖者可比，真所谓青胜于蓝矣。故凡套者，套其神为上，变其句次之，直套原句者又次之。若见题后东翻西觅，久之遂至无书不能成文，是尚不知作文为何物，不在此例。

凡作文，题中有口气虚字，此数字最难出。辛亥顺天乡试“已矣乎，吾未见能见其过而内自讼者也”，前数篇出“已矣乎”三字，无有力者，亦无一跳跃者。因选读本多不恰心，取全墨读之，亦无满意者，故此科文一篇未读。今科会试“君子坦荡荡”，榜前命诸生拟作，无一卷出“荡荡”有力者。俟闱墨出，自当有合式之作。他如“德不孤必有邻”，“邻”字最难出，最怕“邻”字未作透，突然出来，致阅者闷闷欲睡。凡此之类，不一而足。在学者读文时，别有会心可也。

题中有看去甚不要紧，而却不宜脱略者，去秋乡试“三月不违仁”，“三月”二字是也。忆童时作“一日克己复礼为仁”题，先师詹晓斋先生谓“一日”二字万不可脱略。因将凡此之类者，列出十余题。兹虽不能全记，大约可以类推。学者留心，见题后自有把握也。

忆童时作“德不孤必有邻”题，一篇已就，惟出“邻”字不妥。思之半日，始得一出落云：“《易》之懿文德者曰：‘富以其邻’，盖征合志之象也。《诗》之咏不孤者曰：‘洽比其邻’，盖验感应之孚也”云云。冯鲁亭师独为此数句击节，谓童生作文，出落每多了草，而此偏惨淡经营也。

有志之士与苟且之士，其居心自命迥然不同。余天资学力均不及人，而平日立志决不卑污，场中作文为猎取科名计，只求其佳，不论套文不套文也。若窗下则每句必己出，决不肯东翻西阅。故家中所存《文海》，其文数万篇，无题不备，而生平从不寓目。后恐其误及子孙，已赠人矣。入学后与同人会文，阅卷为吾郡耿栗斋先生。先生取余名次不高，而每发卷时，谓将来必中会者，二十人中，余一人而已。人问其故，先生曰：“其作文既不肯抄袭，而造句每戛戛生新，可造之士也。”后余文略有进境，而先生已不及见。至今思知己之言，每为怆然。

大抵天资由天授，人不得而主者也。立志由人为，不特可以自主，而且可以常主。故观人者，于作文可定之。苟立志不肯抄袭，漫漫自有进境。且此事不卑污，他事易于此者可知矣。学者苟信余言，不特学问所关，亦人品所系，可不慎哉！

人但知八股始于宋王安石，盛于前明，而不知皆由孟子开端。“欲常常而见之，故源源而来”，已开后世对耦之祖。“先生以利说秦楚之王”二节，已开二比开合用意法。“君子有三乐”二句，已开后三复笔法。他若起承转合、前呼后应等类，不能枚举。学者果能变化从心，即《孟子》一书已尽八股之道，况三传及八大家乎？

文章随时会为转移，自是确切不移之论。《尚书》往往不用虚字承接，自能成其片段。如“克明峻德”一节，何等简老，何等自然。《论语》去古未远，已不能去“之、乎、者、也”等虚字而成文，况其在后者乎？天、崇当明运会之末，文虽简洁，而气机薄弱，不若国初之厚，然国初终逊其巧。今之八股，求为国初诸公之文而已不能，非其才其学不及古人也，风气使然也。乃老学究日抱天、崇一编而摹之，犹自以为高老，即使皓首青衿，亦不肯易其操。呜呼！生非天、崇之时，而欲作天、崇之言，岂非梦梦？况天、崇乃亡国之余音乎！

黄冈刘子壮字克猷，以制艺名家，为顺治己丑科进士第一人。刘故前明乡举士，同邑杜于皇读其文而奇之，携示云间陈卧子，陈大惊曰：“此盛世开国之元音也，何遽得此？”慨然知明祚不永矣。夫文代圣贤立言，何关国运，而国运随之。此以知天、崇之不宜学也。虽钦定《四书》文中亦所不废，然彼时去明未远，本朝文不多，故望溪先生作寻源之举，选而存之。若在今日，自有渊源，望溪复生，亦必不取。学者观于此，可不力戒浇风而崇敦厚，共维持国运于不敝哉？

或曰：“如子之言，则天、崇可废乎？”曰：“何可废也。童子入庠后，取数十篇读之，使窥古人用意之所在。迨机致既开，无之不可，则有今日之文在，读之，自能华实并茂。若有嗜痂之癖，谓非此不足供吾揣摩，则一隅自限，坐井观天矣，安知井之外尚若大天乎？”

有人问作文之法于东坡，坡曰：“譬如城市间，种种物有之。欲致而为我用者，有一物焉：曰‘钱’。得钱则物皆为我用。作文先有意，则经史皆为我用，而文成矣。”余谓此言实切中诸生之病。诸生之不能为佳文者，非不知墨裁耳。特见题后即去作文，既不先想题，又不就题中想出意思，故愈作愈滑耳。取东坡言而三复之，当必有进。

时墨必讲平仄，已舌敝唇焦，为诸生渎言之矣。而均漠不用心，一似此无关得失者，而不知得失即在此。试观今科会试《君子坦荡荡》文中用“影衾”者颇多，彼岂不知“影衾”之不如“衾影”现成乎？特以平仄所限，不得不然耳。大抵中会诸公，其平日见解大略相同。乃得意诸人视为甚重者，而吾党特轻之。其见解与青云之士相反，而欲直上青云也，可乎？不可乎？当亦自揣而得之矣。

今春会试“君子坦荡荡”题，场后曾命诸生拟作，而出“荡荡”二字无一有力者。前篇已详言之，并为录童时作“德不孤必有邻”题，用《易经》《诗经》出“邻”字之法。昨观闱墨第二出题云：“《易》曰：‘履道坦坦，幽人贞吉。’独幽人也乎哉？君子象之矣。《书》曰：‘无党无偏，王道荡荡。’独王道也乎哉？君子之心象之矣。”与余言若合符节，足见吾之教人者，均场中秘诀，得之，何难中魁？其奈诸人之不用心何？起宣圣于昌平，亦难强不用心者而使之长进，况余哉！

古人八股专讲用意说理，而今则兼讲声调。盖以意思理路皆被前人说尽，见之者多。场中每一题出，其意都大同小异，不得不于万手雷同中，求一与众稍异之声调耳。然声调正难猝办，必其平日取前人已炼成之调，融会贯通之，方能用之于一时。然前人已炼成之句，亦非其自出也。不知几经于经史古文中淘洗，而始有此佳句耳。使其于风檐寸晷中仓忙办此，亦必不能。夫以古人之才之学，尚不能于风檐寸晷中求佳调，况今人乎？余在兵部时，于友人处偶谈及之。一友云：“如子之言，则古文名作如《滕王阁序》等篇，均措手于一时者，其调均坚光切响，又何处取已炼成之调乎？”余笑曰：“安得谓无之？即如王子安‘落霞孤骛’二句，与庾子山‘落花杨柳’二句相似。‘层峦耸翠’四句，亦似王简栖《头陀寺碑》‘层轩延袤，上出云霓；飞阁逦迤，下临无地’云云。其他杜牧《阿房宫赋》‘六王毕，四海一’等句法，出陆修《长城赋》‘千城绝，长城列’云云。‘明星荧荧，开妆镜也’等句法，出杨敬之《华山赋》‘见若咫尺，田千亩矣’。东坡《赤壁赋》云‘自其变者而观之，则天地曾不能一瞬；自其不变者而观之，则物与我皆无尽也’，又直套《庄子》‘自其异者而视之，肝胆楚越也；自其同者而视之，万物皆一也’。此外有直用成句者，如‘杯盘狼籍’‘归而谋诸妇’出《滑稽传》。‘正襟危坐’出《日者传》。‘举网得鱼’出《龟策传》。似此者不能枚举。”其人语塞。其实余所见者，不过万分之一耳。而古人之博览，有非我辈所能窥其崖岸者。要之，文章依榜前人不免，第青胜于蓝，是为可贵耳。八股之诀，如是而已。学者知留心词藻，则于此道思过半矣。

读书惟在牢记。陈晋之一日只读一百二十字，后遂无书不读。所谓日计不足，岁计有余。今人谁不读书，日诵数千言，初若可喜，而旋读旋忘，终岁未尝得百二十字，况一日乎？余读文，凡已经读过者即不忍割爱，每日必带诵之。集之百篇，日不能读遍，则分二日温之。至百五十篇，分三日温之。至三百篇，分六日温之。再多亦以六日为断，再无可分矣。温愈久则愈熟，诵愈快，一日百篇可竟读。生文则以五日为期，三日念熟，二日揣摩之。所谓三日，亦只每日半天，其半天仍温熟文。二日之心思志念，全注于七百字中，自无义不搜矣。倘有未悟，继之以夜。必使句句心得而后已。大约余之读文，揣摩之功胜于读之功，盖以长进全在揣摩有真得也。徒口诵而心不维，虽熟读万篇何益。此又与童子读他书小异者耳。

宋张兰泉名建，论诗云：“作诗不论长篇短韵，须要词理具足，不欠不余。如荷上洒水，散为露珠，大者如豆，小者如粟，细者如尘。一一看之，无不圆成，始为尽善。”余谓时文亦然。令人看一篇机局圆熟，即反而细看一股，至于摘一句以观，即一字以酌，处处圆熟，增减一字不得。一篇如是，篇篇如是，即时文家所谓炼就金丹也。然此境正未易到。欲求篇中无病，固因多读时文中来。欲求词句稳谐，无不安之理，则又从《四书》讲章中淘洗而出。徒多诵时文，尚未能此。此语似迂，用功者按此试之，久而自知。

高复古尝谓学者胸中无千百家书，乃欲为诗，如贾人无资，终不能致奇货也。余谓时墨与此亦不少异。胸无数百篇揣摩烂熟之文，安能为佳文？且并有甚于贾者：贾无资不能致奇货，常货或能致之。胸无文，佳文不能作，即寻常泛墨卷亦不能作。见其百孔千疮，难寓目而已。

作文宜先审题。今春省城李中堂甄别举监生贡题，系“汤之盘铭曰　二节”，归来亦以此题课士，诸卷殊少佳作。有一卷略可，因为之批云：凡作文必先想题，作题之准法得矣，说来说去均是佳文。如此题上下节均成文林立，若上自上而下自下，觅每节之极佳文二篇，每篇取一股裁对之便成矣。此人人所能者，场中何虑千万本。以此取中，岂胜中乎？不得已取是此题之文而录之。何谓“是此题”？此两节题也，必取两节题文，凡前说上半、后说下半者，概从点落，此定式也。然所谓两节题文者，上下融洽是也。若他题尚可以融洽见长，此题自新为新民之本，人人皆知以此意融洽，场中又岂少哉？揣摩家至此，知空空融洽又难争胜，则不得不于寻常所想之外，自出机轴。因想出实融洽之一法，用汤武实事以联络之。而实事总在《诗》《书》经，掇拾不难。法虽截作，而说上半处用典，与下半粘合，说下半亦然，场中似此者必少。缺者为贵，有不中式者乎？由此推之，见题宜有把握矣。

友人冉砚农谓吾乡张肇一太史固为时文巨擘，然其平日用功，实有时人所不能及者。问于何见之，曰：于其讲文见之。试举脍炙人口者论，《足食足兵　二句》题文，第二李作小讲一起云："且圣王之治天下也，厚民生，振民气，而遂因以得民心"云云。浅学者以为是从题面正起矣。先生讲云："此就题后想出，是现成的。圣王已足食足兵之效如此，圣王治成之政如此，如今亦宜如此。下此岂有异术哉？才转入正位。"余谓此揣摩极熟之论。大抵前辈用功，总求甚解。一句不解，不惜破十日八日之功，以细心体贴之。一字不解，不惜各处考据以详明之。如此日积月累，所悟既多，所得亦多，出手即是佳文。今人无此功，只囫囵吞枣。每于一字也，知其然而不知其所以然，甚至于"之、乎、者、也"数虚字，心知其解而口不能解。此由于心不细之过也。若先生用功，可以法矣。

作文宜认题。如"吾未见刚者"，"刚"字稍说成血气之勇，便将题认错。"上老老而民兴孝"，必跟注"亦可以见人心之所同"说，才有"矩"字在。庚午"季康子问仲由　两章"，必处处扼重"季氏"，斯能提纲挈领。辛未会试"信近于义　一章"，必跟注"慎始虑终"方合。盖注中惟此四字可扣全题也。不特作文，凡议论、作诗皆然。惟看题真，说来才有理。宋张戒《岁寒堂诗话》云："'萧萧马鸣，悠悠旆旌'，以'萧萧''悠悠'字，而出师整暇之情状，宛在目前。此语非创始之为难，中的之为工也。荆轲云：'风萧萧兮易水寒，壮士一去兮不复还。'自常人观之，语既不多，又无新巧。然而此二语遂能写出天地愁惨之状，极壮士赴死如归之情，此亦所谓中的也。"作文若悟得"中的"二字，则佳构不难矣。

《礼记》"子夏哭子丧明，曾子责之"云云。子夏曰："吾过矣，吾过矣。”盖因其哭亲未丧明，哭子丧明，是重子而薄亲，此其所以为过也。王仲（珪）［任］《论衡》则云，“耳目失明，谓之有罪。心腹有病，亦可谓有过乎？”又云：“且丧明之病，孰与被厉之病？丧明有三罪，被厉有十过乎？颜回早夭，子路菹醢，极祸也。以丧明言之，颜子、子路有百罪也。由此言之，曾子之言误矣”云云。盖误以因有过，天罚之，故使之丧明，岂当日曾子责之本意乎？此之谓认题未真，故言愈多，而支离愈甚。今之作文，与此不异。所谓失之毫厘，差之千里也。

苏东坡喜笑怒骂，皆成文章。在各人心境如何耳。昔吾乡城外有牧羊儿为雷击，众论纷纷。一友质之于余，余曰：“雷为人之误触，非天故意罚人。王充《论衡》已极辨之。明初刘伯温作《雷说》，亦谓天之罚人者，妄也。人皆疑信参半。自洋人能取雷如格物入门中，电学所言是也。始恍然雷之击人，果人之误触矣。”友曰：“虽然，民可使由之，不可使知之。谓天有罚人，尚敢为恶。若说破，则更肆行无忌矣。”余云：“子之所云，乃文章之一股耳。试将此意反一股以对之。”友曰：“不能。”余为之对曰：“然又不可不使民知也。若告以必由天罚，往往行善者反被雷击，行恶者反有时而漏网。是使民谓善不宜行，而反入于恶矣。”此即文中一意化两之法也。吾人寻常说话作事，均有文章，特人不肯用心耳。

吾人窗下用功既不言命，而一切因果乃释家言，更不宜信。惟行善必有善报，则确切不移。《易》云：“积善之家，必有余庆。”圣人固言报应矣。数十年来流览说部，见积善而获售者更仆难数。聊举记忆所及一二端有关八股者，以例其余。学者观之，亦可以自勉矣。明季曹公鼐初中乙榜，例应就教。公谓教官无可自效，愿得亲民事，即典史亦可。铨曹选为典史。公既选，尽心供职，亲捕盗，无所避。一日擒一剧盗。盗有所掠人家女子，美姿容，艳丽特异。公收得之。值夜，女侍侧。公心动，默念“吾何当坏女节”，援笔书桌上曰：“曹鼐不可。”夜分又心动，又书曰：“曹鼐不可。”无何，天且明，遂访其父母，以女还之。后入觐，疏请就试铨部，以典史未入流允之。比入场作制艺，空中忽飘下一方纸，上有“曹鼐不可”四字，盖前完女事彻于上苍也。是年及第，卒为相。死土木之难。此《拙斋笔记》中所载也。又佟符者，山东兖州府生员，庚寅岁赴省乡试。行至中途，遇妇人携儿子哭甚哀。问故，妇人曰：“吾子也，因岁歉，负债多端。夫命以此偿债，母子分离在俄倾，故哀尔。”佟问偿债若干，妇云：“长钱六七千。”佟捡囊中资斧尽与之，曰：“此吾上省考费也，今且赡尔，以完骨肉。”妇拜谢，携儿回。夫惊问故，妇告以途遇好人赠金，此儿不须卖矣。夫泣问如此好人是何姓名，妇自悔仓卒昏乱，忘问姓氏，只记得是上省应考相公。夫曰：“若然，尚好寻觅。闻乡试相公中秋毕场，都当还家。我与若俟彼时，途中守候之，当可识认也。”届期，夫妇同往。遥见佟符跨蹇驴得得而来。夫妇趋伏道侧，邀归茅舍，执礼甚恭。夜阑引入寝室，启门直入。中堂洁供神像，纱帽红袍，员领角带，白须垂腮。佟审视良久，惊问何神，夫曰：“吾祖也，仕前朝，为显官。传迄于今，仅存愚父子两口，若非恩公盛德，卖去儿子，则奉祀绝矣。公德逾覆载，何以图报！”佟闻言，色动神飞，瞿瞿然惊，又孜孜以喜，曰：“果若所言，则令祖报我为不薄矣。我何福以当之耶！”盖佟符者，兖州寒儒，砚田糊口。大比之岁，借亲友佽助，不满十金。中途遇卖子者，一念不忍，尽以赠之。赤身踉跄抵省，东食西宿，悉假同侪。拮据进场，漏下二鼓，方假寐，忽梦有纱帽红袍者呼告之曰：“今科闱题，须宋鲁分股方可抡元。”醒而题纸下，首题“孔子于乡党”五字。佟如梦中言，用宋鲁分股，文思滔滔若有神助。三场既竣，踌躇满志，自揣必售。归途遇卖子者，邀之留宿。抵寝所见神像，则即梦中告以题义者也。故不觉大惊，而继以大喜也。逾月发榜，果中山东解元。君子曰："佟子之获报也，宜哉！然何其速也？"或曰："赠人未满十金，而报之以元，毋乃已过乎？"君子曰："岂其然哉，岂其然哉！夫济人之急，忘己之困，岂争多寡？不计其报而报随之，岂论迟速？呜呼！如佟子者，可以风矣。"以上皆《只麈谭》中语也。余按：其文载在袖珍本《文备》中。孔子其先宋人，后迁于鲁，固是一篇大意，而造句坚光，包扫一切，即使不遇默中指示，亦不失为抡魁老手。特其工夫已到，又行阴德，所以抡元。若不用功，专恃行善，万无可中之理。且惟其不望报，故报之速。若专为得科名而行善，则是有意为之，便不灵矣。总之，大丈夫宜求其心之所安，纵使因之得祸，亦所不计，又何暇于计福乎？

古人之文置之今时，今人固不能作，而亦有今人不肯为者。盖在古时甚佳，而今人习见之，遂觉讨厌。如《约编》中《先进于礼乐　一章》题中比"尝观一乡一邑"云云，今竟用之，不免厌矣。曹子建"明月照高楼"，谢康乐"池塘生春草"，古人传世之句也，且皆云后人万不能及。余谓子建诗若不观下"流光正徘徊"，而但以起句置今人集中，亦泛常句耳，何不可及之有哉？

宋张戒云："论诗文当以文体为先，警策为后。"此说在今日又为当务之急也。如辛未会试"信近于义　一章"题，用功者一见题，虽知三扇为正格，而欲抡元，必作七股。今科乡试"有德者必有言　一章"题，一见知为两扇格。且山东前亦开科，元文系两扇，则两扇格为正矣。用功者则知此科抡元，必六比或八股，决不取两扇也。何以知之？"信近于义　四句"题，辛亥江南亦曾开科，两扇作者极多。今取其两扇略减之，再加一扇即是一篇墨裁。“有德者必有言”，上下截均有成文。取成文而增减之，便是两扇。如此则太易矣，不见经营。故阅文者避之，而不以冠冕群英也。虽然，在阅文者则可，在作文者必反视自己笔路，相近六股，则作六股；相近三扇两扇，则作三扇两扇。若谓中元在七比六比，而刖足就履，反生涩难中矣。

人谓薛淮生先生乡会墨，前八行同一调，文境未免犯复。余曰：自套自文，终胜于套人者。况人人皆有自己笔调，窗下不嫌常常用之。窗下虽常见似厌，而场中只一见。但能切题，虽通篇同调，何害之有？古人一篇文中，往往有犯复者。如屈平《离骚》经前云：“世溷浊而不分，好蔽美而嫉妒。”后云：“时溷浊而嫉贤，好蔽美而称恶。”前云：“朝发轫于苍梧，夕吾至乎悬圃。”后云：“朝发轫于天津，夕吾至乎西极。”前云：“尔何怀乎故宇？”后云：“又何怀乎故都？”李白：“思归若汾水，无日不悠悠。”又云：“怀君若汶水，浩浩寄南征。”陈子昂《感遇》诗三十六首中重调更多，如云“便便夸毗子”，又云“嗤嗤夸毗子”；前云“孤鳞将奈何”，又云“孤英将奈何”，又云“孤凤岂如何”。袁子才《马嵬坡诗》：“江山情重美人轻。”《题柳如是画像》云：“红粉情多青史轻。”他如此类，不堪枚举，而东坡诗中更多。皆用自己常用之调，而仍不害其为佳诗文也。

余之教人学墨裁，教人得科名耳。或曰：“汝不教人学名大家，为传世计，而乃区区于科名乎？”余曰：“学名大家而不从名大家根底入手，势必欲传世而不能，欲求科名而不得。学墨卷学成，虽不能传世，而科名则必得。得科名后，何书不可读乎？袁子才云：‘立名最小是文章。’以文章立名已小矣，而又区区于文章中之八股，不更小乎？是不学墨裁，终亦不能传世。尚不若习墨裁而早中者之有暇博览旁搜，或考据成家，或诗赋擅长，或古文名世，均较之八股为可以传、可以久也。东坡云：‘往时陈述古好论禅，自以为至矣，而鄙仆所言为浅陋。仆语述古：公之所谈，譬之于食龙肉也，而仆所学，猪肉也。猪之与龙则有间矣。然公终日说龙肉，不知仆之食猪肉，实美而真饱也。不知君所得者果何也?'东坡之言如此。余谓今之学天、崇者，即陈述古之食龙肉也。而仆之所云，食猪肉也。龙与猪虽殊，而有所得无所得判然矣。"

明武宗好微服私行。值试年，士子云集京师。前门外某日者颇著名，有数士子往卜焉。日者指其中一人曰："君命今年解首也。"其人甚乐，归寓后，友人因醵酒预贺。饮至夜分，将入场矣，其人大醉。比醒，天已晚，场中封门矣。因思若不遇日者，不知其为解首。不知解首，必不尽欢饮。是误场由日者之一言也，因寻日者理论焉。日者云："君若入场，我保必中元。今未入场，与我何咎?"其人曰："汝若不以元相许，我必不痛饮。不饮醉，则入场矣。是我之不得入场者，由子之一言也。"日者不服，彼此口角争斗。武宗适在旁，因问日者曰："汝能保其入场必元乎?"日者曰："入场而不元，取我头去。"武宗探怀中取小图章纸条付之云："执此入场去。"意盖归即降旨，故令此人不中，以穷日者之术也。比入宫，适有新进美女，遂忘此事。士子执此到场前叫门，门者见有皇上图记，即开门放入。试官哄动，共议此必上之友也，将何以处之?或曰："是必抡元，否则恐见罪也。"因露其卷而阅之，文亦清顺，遂定解首。进呈时，考官谓取上之友冠冕群英，必合上意。武宗始忆往事，未及降旨而已无及矣，因叹日者之术之神也。此事仿佛见《客窗闲话》中，真否未知。后人遂以是必有命，将安坐任命矣。不知纵有其事，数百年来只此一人，用功中者更仆难数。今不为其易者，而安冀夫千百年偶一遇之奇缘，安有济乎?如成圣成贤，人人可勉而能者，且血食千秋，所得亦厚矣。而人偏不为之，反求诸恍惚之神仙。要知世间安有遇神仙者？历年已久，耳闻者有之，目见者谁乎？汉淮南王因谋反事泄自杀，确有实据，而记载者遂谓八公山鸡犬皆成仙。即此一事观之，世所谓神仙者，亦半属虚伪，而谓可以人力求乎？余恐学者窥《客窗闲话》，遂谓科名有命，而坐以待之，无须用功矣。卒之误尽终身，与世之求神仙者等。又有谓中会早书之天榜，非由人力者。无论天上无纸墨笔砚，不能书榜，即使果有之，亦必察人之用功，可以为孝廉，为进士，而始书之，俗所谓上天不负苦心人也。岂目不识丁而可中会之乎？故备述于此，以为及门勉。

阳明为一代大儒，吾无间然矣。然其“良知”之学，援朱入陆，终非至论。孟子虽有“良知”之说，不过言本然之知耳。至阳明始畅其言曰：“无善无恶者心之体，有善有恶者心之动。知善知恶是良知，为善去恶是格物。”不善学者窃其绪余，互相授受，开坛讲学，后遂有复社。有复社遂有东林，而一时社事纷然杂起，若几社、应社、闻社、澄社、征书社、南社、则社、大社、席社、云簪社、羽朋社、匡社、读书社等，名目不能枚举。先犹砥砺名节，后渐标榜声气，各立门户，薰莸并器，雅郑同声，人心愈漓，风俗愈薄，而国运随之矣。是知学问稍有不纯，其流弊至于此极，可不畏哉！前余阅诸卷，有以“良知”立胎者，已细评本卷中矣。在作文者，未必有意师余姚，而事不可不防其渐。《泾川丛书》中如《水西会条》《赤山会约》十余种，均明末社中问答语，扬“良知”之余波，昧程朱之正论。学者观其文则可，遵其理则诬矣。

陆氏之学，在当时均从禅入手，《黄氏日抄》中已详言之矣。《宾退录》中载阳明尝与其徒同游一寺，见一室封闭甚密，欲开视，寺僧不可，曰此中有入定僧五十年矣。阳明疑其有奸而托词以拒也，怒而开之，见龛中坐一僧，俨然如生。从者皆曰：

“其形何酷似先生也!”王笑曰：“此岂吾之前身乎?”举首见壁间有一诗云：“五十年来王守仁，开门还是闭门人。精灵剥后还归复，始信禅门不坏身。”王怅然久之，为建一塔，瘗之而去。由是观之，则阳明亦禅根也。其遵陆也，有由来矣。朱子少年虽涉猎二氏之学，然穷则思返，岂终误入迷途乎？前阅诸卷，有引入禅机者，曾痛斥之。盖吾儒万万不可入异端，况八股代圣人立言，而可夹杂他术乎？梁芷芩先生《楹联丛话》中载：陆稼书先生从祀文庙，初议时，或以先生家中曾延僧讽经为疑。其后人出先生手书厅事一联云：“读儒书不奉佛教，遵母命权作道场。”议遂定。若非有此一联，则先生几几乎斥诸宫墙之外矣，可不畏哉！吾人有志希圣希贤，必当以是为戒。

程鱼门太史主敷文书院讲席，尝游云山阁。故宋吕公著所建，壁间有小字数行，甚娟秀，似钩勒在上者，云：“顷从斗瑶宫拈得课题，烦江南北诸名士撰成之。中额者从余仙去，如不欲仙，注名桂籍，俾联蜚瀛院。”题为《步虚词》，拟汉《铙歌》《五岳真形图赋》《九阂八柱论》《昊天通史序》《云汉源流考》《东王公传赞》。程异而录归，讫无能作全题者。《花笺录》中谓蒋心余太史有拟作。余往寻太史文集而不可得，终不知果作否也，姑录于此，以俟博学者。大约非仙籍中人，亦难有佳构，不待撰成而始仙也。余按：《五岳真形图》见《遵生八笺》中。

杜君撰与宋征舆友善，家云南，狎一妓曰惜奴，彼此好合，遂属意于杜，杜亦不复娶焉。惜奴精制义，常谓君撰曰：“科举文风会所趋，多尚才藻，而理法仍由经史古文脱胎，但就时文矩矱耳。凡为文，惟叙事、议论两体。时文议论为多，剪裁承接之法，当求之韩、柳。而宋人长于议事，亦利举业。然子命薄，当别谋生业。”因出其拟作一篇，杜携以示宋征舆。宋大惊，因以己作令就其笔削。惜奴阅良久，慨然曰：“此生才思豪纵，笔力排奡，可教之成名。妾前嘱谋生计，今无烦他求也。”因改窜而润色之，并作书以贻宋。内有句云：“以君秀异名才，不难俯取青紫。如不嫌女匠操斤，必当匡翼功名，赞成伟器。‘苟富贵，毋相忘’也。”宋阅书惊呼绝倒，自后为文，悉就商确。有《郊社之礼　二句》题文，惜奴评驳之，谓：“三代无专祀地祇，郊天合祭地也。《书》‘肆类于上帝’‘六宗’‘山川’皆祭告，而不及地祇，则举天而并祀地。《诗》‘昊天有成命’，《序》谓‘郊祀天地之诗’。按《春秋》，一岁二郊，报天而地在其中。又《礼》云‘王为群姓立社’，《无逸篇》大社惟松，故天子有大社之礼，与后稷之神并称，不得列郊天大典礼。《周官》南北郊，刘歆等袭说《中庸》，立言正合周制，不当以后土省文之义自相抵牾。宰我问社，即王者右社稷、左宗庙之制。《禹贡》‘厥贡惟土’，为社是也，非郊天合祭之礼。作文宜于祀上帝推勘郊社，方合圣人浑举微意。”宋自此精深宏博，遂举于乡。宋家本富，感其琢磨之功，赠三千金。惜奴直受之，为杜置田宅，并为拟文十余篇，密授宋入京会试。闱中七题皆符所拟，遂联捷成进士。复厚赠焉。后得君撰书言，惜奴已于某日置酒叙别，飘然逝矣。节录《花笺录》十分之六七，其一切情语艳语概从点落。

某生一生与颜子有缘，入学题“贤哉回也”，乡试“夫子循循然善诱人”。至会试入闱，题无颜子，自谓绝望矣。后榜出报捷，不解其故。及谒房师，则姓颜，复圣之裔也。事亦奇矣。此事恍见《阅微草堂笔记》中，或渔洋《池北偶谈》中。余一生与禹有缘，入学则“见而知之若汤”题，虽无“禹”字，而上文紧接“若禹、皋陶”。乡试三题“禹、稷、颜子易地则皆然”。会试虽与禹无涉，而朝考系“大禹勤求贤士疏”，似与古人所云仿佛矣。随园谓“‘缘’之一字，可补圣言之缺”，不为无见也。

余昔好积古铜器，而于古钱尤留意焉。《钱志新编》及《西清古鉴》等书固常常翻阅之。庚午入都补岁考，带补考罗，考罗次题“问历代钱法源流策”，他人皆窘甚，而余独滔滔不绝。可见学者开卷有益，不可不多见也。

南唐二徐，大儒也。铉为吏尚，锴为舍人。后主岐王六岁，戏佛像前，有大琉璃瓶为猫所触，划然坠地，因惊得疾，薨。诏锴为王作墓志，两日矣，铉谓曰：“受命作文，当早为之。”锴曰：“文意虽不引猫儿事，此故实兄颇忆否?”铉因取笔书之，得二十事。锴曰：“未也，适已忆七十余事。”铉曰：“楚金大能记。”明日又云：“夜来复得数事，兄抚掌而已。”何古人胸中典故如是之多?惜其未抄出，后人不知果何典也。向与友人谈及，因各搜索枯肠，猫典甚少，所凑不过十余事而已。因悟古人作文所以能厚者，腹中渊博也。今之作八股者，果典多而不明用，使助其气味，出笔自与人不同。如说“勇”字题，却将《四书》《五经》中凡说“勇”者全融会心中，文内虽不用一典，全用白描，而其文与空疏者迥异。袁子才论作诗亦用此法，故以渔洋到处必有诗，诗中必用典为有意为之，不见性灵也。

或问于余曰：“我平日经书甚熟，而临文一字不到，何也?”余曰：“不能会其通也。古人云：‘读书万卷，临文了无所得，其趣不亲也。如宾客满堂，缓急不相助者，彼以貌合，非以天属也。’杜诗‘读书破万卷，下笔如有神’。子能悟得‘破’字诀，则此道三折肱矣。”曰：“然则何以为功?”余曰：“即如读《诗经》，先读之烂熟，然后取朱注而逐字逐句细玩之，字字得其真解，不独能解《诗》，且有益于作文。如‘关关雎鸠’章，注引匡衡言云：‘情欲之感，无介乎容仪；宴私之意，不形乎动静。’此二句文家固常常用之。注中此类甚多，均可为作文之助。昔纪文达公尝语人云：‘《四书》《五经》中句法，无一句无耦者。’人不之信，因举一句云：‘“唯女子与小人为难养也”，此句以何句为对？’文达公应声曰：‘有寡妇见鳏夫而欲嫁之。’此事似见梁茝苓先生《归田琐记》，或《浪迹丛谈》中。借非《诗经》熟，何能敏捷如此？然朱注阅完，犹不免一隅之见。再取《折中》而观之。《折中》固多考证，而造句工整，更有益于时文。《折中》看熟，再看小序小序在旁训中及《韩诗外传》，将各家异同．均旁参互证，以得其指归。再取《注疏》观之，《注疏》要看阮刻者，较汲古阁多校勘。《诗》中之义无遗矣。此外考据家尚有辨驳者，如袁洁斋《毛诗讲义》等书，则在暇时翻阅闲书以记之，不必作正工夫看也。如此用功，《诗经》熟矣，推之《五经》皆然，有不上手者乎？”或曰：“依子之言，何时习墨卷？”余曰：“余所云者，平日也。若临场，则无暇及此矣。童子入学后，为日正长，何不可遍读乎？乡试落第，亦可为之，借消其胸中抑郁之气，不较胜于游嬉乎？”

用功之道，其要诀无过于多作、多读、多看，三者废其一，不可作文读文，前已言其梗概矣。至于看文，则莫妙于朱子所言看书法：看上句只玩索此句，若不知有下句者。看前段只玩索此段，若不知有后段者。照此逐篇看去，胸中自长见识。余在山中时，每日饮酒吃饭时无暇诵读，则旁置一文稿以玩之。昔人以《汉书》下酒，我何不可以时文下酒乎？夜间睡倒，枕前安放一灯，亦可取生文玩之。总以玩一篇心中必有所得，不能虚玩也。若一目了然，过而不留，则与不看等，非特看文无进境，即看他书，亦徒劳目耳，与蹉跎岁月者相去几希哉！各家文稿均有生平得力处，多集而置座傍，以备不时翻阅。

孔子曰：“夫三年之丧，固优者之所屈，劣者之所勉。”余谓独三年之丧乎哉？时墨之式亦然矣。才高者必俯而就，矜才恃气无当也。质钝者必勉而企，半途而废无成也。《四书典腋》造语有极佳者，如“椎牛展祀，何如此日鸡豚；列鼎竭诚，尚忆当年藜藿。”甲子“上老老而民兴孝”题用之遂中元。用则人人能用，用来如此切合，而使文情悱恻者少也。此由于平日熟记于心中，临时自能脱口而出。每见窗下作文者，只于作时翻开同类用之，能免挖肉补疮之诮乎？故学者在乎日能记话，不在临文时善翻书也。若临文翻阅亦同于平日记熟者，则固人人能翻，人人皆能作佳文矣。此外可记之话尚多，如“子职无亏，即帝陛之风雷可试；亲恩罔极，即天王之明圣难酬”此联不在《典腋》中，则在《五经囊括》中。等语，均精金百炼，学者取办于一时，断难如是之坚光切响也。是宜另本抄出，时时温习之。遇有两字四字，凡心中所无者，亦都抄录。陶侃竹头木屑皆非弃物，亦顾其用之者何如耳。

《汉书·匡衡传》诸儒语曰：“无说诗，匡鼎来。匡说诗，解人颐。”时文亦有令人解颐者，及门吴子文作《无欲速》题，小比起句云：“君相责我以事功，未尝限我以时日。”又王春熙甥鹤龄癸酉乡墨《回也其心三月不违仁》题，后比有句云：“盖三月而总此不违，非无违而仅在三月也。”对比云：“盖三月而验其不违之心，非以三月而定其不违之候也。”均能令人首肯。袁简斋先生云：“选诗如选色，总觉动心难。”作文而使人一见动心，则庶几矣。

今之劝人惜字纸者，动举王沂公事以证之。谓沂公之父敬重字纸，梦宣圣以曾子授之，并云：“使光大其门楣。”后生子故名曰“曾”，即沂公也，由状元起家。余谓此事可以劝俗人，而不可劝儒者。儒者不言报应轮回，以此劝之，适以滋其疑。古人云：“智慧文章皆从字得，惜字无非报字；忠贞孝友俱自书来，读书能勿珍书？”此据理而言，可作座右箴。昔毛奇龄有妾，明慧多才，承给笺管铅黄及印记标签，善承意旨。毛著述宏博，架罗卷帙浩繁，时翻阅獭祭，惟妾伺之。一日舟中戏语妾曰：“人不读书，故甚逸乐。今在道途间，无群书拱对，心境自佳。然汝平日从事于书卷，得毋厌倦劳苦，自必致恨笥中物也。”妾曰：“君性好无常。若妾者，固难常邀盼睐。所以能历久侍颜色者，以有架上微役耳。方且德书卷之不暇，奚敢怨恨。若今科第中人，皆习程朱传注，致名通显，没世不敢泯其泽。即君继入宏词科，其始固由科名进，而何排击朱子之不遗余力也。”毛闻之默然。今人之得科名，丰衣足食，仰事俯蓄，无非由字而得。乃不知爱惜之，何其见之出此妾下哉！

古人文章原有定价，造诣既成，海内公论，位置与入场丝毫不爽，故无人不服也。相传汉阳熊伯龙号钟陵，与黄冈刘子壮号稚川，俱以制义名家。刘矜才豪迈，熊理路纯到，各不相下，居乡未尝通辞问。熊之将赴公车也，妻止之曰：“稚川老必夺状头，君奈何为其次？”熊不听。后登顺治己丑进士，刘果第一，熊即次之，卒如其妻之言。妻某亦雅能文，熊稿中《因民之所利》及《驱飞廉》题，相传即其所作。熊才思敏异，日往复唐、归之作，谓士人涉猎强记，如匠氏日操圬镘，昧于运斤，讫无以任营室也。若今之墨卷，固有一时之长短，不能必操第一第二之权矣。而其文亦只传诵一时，风气既过，即束置高阁，安能与熊、刘同寿世哉？

作文宜独具只眼，自出议论，尚论古人，不蹈前人窠臼，不拾今人牙慧，才能戛戛独造，簇簇生新。如“荡荡乎民无能名焉”题，既云“无能名”，宜无佐证矣。而袁子才作此题，偏有许多凭据。如云：“试观伯益有赞，而文武圣神必以‘乃’字疑之。”此题引“乃圣乃神”二句，似乎有以名之矣。而从“乃”字上生意，便觉虽可名而仍无能名。《书经》谁不读？能如此用《书》者几人乎？

刘印山孝廉玺珍，华三弟壬戌同年友也，领乡荐时年尚少，造诣未深，而文气特热。后屡上公车不第，其工愈密，其文愈精。数年来莲池书院月课皆列前茅，前岁甄别第一。李少荃师相特赏爱之。余进见时，犹称许不离口。此亦可见相国之宏奖人材矣。余出，急索其文观之，题系《周公思兼三王至夜以继日》。其小比作“仰”字，意甚深厚。余曰：“此文佳矣，然用意太深，宜月课而不宜场屋。月课甄别，文虽千余篇，阅者数人，不限以时日，故有暇细为寻绎。一看而不得者，再三阅之，所以能不屈佳文也。若场中倦眼一观，谁复能细为寻绎？故必深入显出，为第一妙诀。”当时印山颇以为然。奈文随境老，欲学中举时之显豁呈露，而终不可得。余谓其熟文太多，用功太密。八股小道而日日不倦者二十余年，其意境之深，实不自觉。因又劝其坐荒一二年，见题后凡想入非非之处，使其渐渐不存，再作文当必浅显，然不可行所无事也。取极熟者抽出一二十篇，尝诵之使不荒芜，而亦不晦涩，命中何难？所谓无过不及也。

大场功令森严，固不准夹带，不知虽带亦无益也。何也？文有风气，古人远者无论矣。三五十年前之作，置之今日场中，亦不能保其必中，而自己窗稿如果可中，场中何难再作？如其造诣尚浅，窗下之作亦必不佳，即使延名手作文，而文有一时之长短，即有遇合不遇合之机。百里奚愚于虞而智于秦，乃人间常事也。而谓名手遂能篇篇必中乎？

今人往往于造诣浅而中者谓之徼幸，余以为非也。场中阅文者，无论如何荒芜，万不能妍媸不判、以劣为佳也。或曰：“果如子言，则造诣浅者何以亦有中者乎？”曰：“其平日造诣虽浅，场中一时兴到，忽作一篇诂适文字，次三又顺，故入选。谓之徼幸作佳文则有之，谓之劣文而幸中，则无是理也。试取遇合之文观之，必有片长足录处。特一时同落第者心中不服，虽好亦不之觉耳。”

窗下作文，人各有所长。有他长者，未能保其必中，而惟笔下气热者，决不能久处囊中。所谓得春夏气也。余尝令及门自思春夏气为何如气，则可以悟作文之妙矣。若一出笔即带秋冬气，决非得科名之笔。必须多读多作，化其肃瑟，才可命中，然已不如天生笔热者之自然。而谓时作时辍，而能化其气质之偏乎？

所谓春夏气者，生发之气也。过嫩固近于稚气，而过老亦非利器。物至秋冬而始老，老气所以谓之横秋也。必其处处不老不嫩，如初写《黄庭》到恰好处，能使人人见之点头，才是百发百中之技。尝见遇合之文，乍观之令人吃惊，及至将其文读熟，又似无甚好处者，此无他，一股热气鼓荡于字里行间，故看去甚好也。久读，略其气而思其文，故觉不如初见时之佳。然场中只走马一观，谁为细读之而细思之乎？此其所以挽强命中也。

春夏气惟少年工夫到者有之，老年人无有也。然腹中熟文多，工夫不间断，亦有一股旺气。所以老笔有纷披之致也。若工夫不密者，场中作了一句再想一句，无振笔疾书之乐，安得有气乎？

或问余场中必中之诀，余举一字以告之曰："热。"问余场中必不中之故，余亦举一字以告之曰："冷。"热而有疵，容有不中者，断断无冷而平妥能中者。童子开笔后，观其字里行间之气，其终身荣枯可定八九。其气又实与生俱来，其人举动精神，言语兴会，其文气亦必旺。若精神疲惫，言语无力，举动看似老成，作文时气必不能甚旺。此又余于阅历而知者也。

今科顺天闱墨出，有执第一第二求余讲者。余曰："北闱元文向讲文度。此科元作，文度固安详矣，然其佳处尚不在此。'有德者必有言'一章，尹注云：'有德者必有言，徒能言者未必有德也。仁者志必勇，徒能勇者未必有仁也'云云，与覆述大字白文无异，考亭所以存之者，以其二'徒'字说理精确耳。

然‘徒能言’‘徒能勇’说理固好，而于‘不必’，神理终欠细。徒能言勇是必不有德仁矣，岂‘不必’口气乎？故蔡虚斋特辨之，谓其不如内注‘或’字斟酌切当也。元文处处从‘或’字设想。如中比乃‘或衷道义，悉本躬修。或逞才华，只争口说’云云，确是‘不必’神理。‘不必’者，非一定没有德仁，特不敢谓其必有德仁耳。后比‘或近浮夸，无裨身世’，亦本此意。此其所以高人一着也。至于局度雍春，犹其余事。”

方望溪先生云：“江西五家每遇一题，必思其所以然之理”云云。此天、崇时作文之诀，近来渐渐不讲矣。惟今科第二，后比特守五家典型，直说题之所以然。然说“有德者必有言”一章之所以然，仍恐人云亦云，泛而不切，故从必不必上想出当日所以立言之故来。夫子何以说个“必有”？盖恐有德仁者自觉德仁深含于内，无由表见，因而灰心。故云“必有”，俾有德有仁者知德仁终须发著于外，不至掩没。不彰美之，正所以励之也。夫子何以说个“不必有”？若云“必无”德仁，恐徒有言勇者自谓去德仁太远，纵极力改悔，亦不能到德仁地步，因而以言勇自安，愈失愈远，遂至诈伪成风。故言“不必有”，俾知与德仁相去在毫发间，一内返即是，无烦另觅别途。正所以进言勇也。此即后二比意也，即夫子说“必有”“不必有”之所以然也。意虽甚佳，然读江西五家者，容或有时想到而措词甚难，盖层折颇多，未易说明。此篇能将其意曲曲达之，颇有艾南英稿中风度。若在窗下读文，自可知其用意之所在。闱中走马一观，竟未屈抑，是不独作者手高，阅者眼高可知矣。数十年来学大家者，遇合颇难。有兹文出，足为名手吐气矣。

《朱子家训》从前均谓晦庵作，后诸说部中皆谓朱柏庐先生作，犹之《四时读书乐》之为翁森作也。今都下仿格题签，皆写柏庐矣。然余观朱子全集、杂著，未实载《家训》，岂其后人不知而误收之欤？抑谓柏庐者误欤？场中作文如遇类此者，只可不用为是。忆余幼时，见山东闱墨诗题“兵气销为日月光”。诗中多有用“升、恒”者。“恒”字作平声用。后余场中用之，被黜。房批云：“‘恒’字本平声，而《诗经》‘如月之恒’，‘恒’字读仄声。此以平声用，失黏矣。”次科余按仄声用，虽未明批失黏，而此句傍用蓝勒批云诗不妥，亦被黜。吾人自安义命，固不敢心中不平。然亦自己太拘，初次用时，心中既知有仄一读，即不宜用。既用而黜，次科偏又用之，岂非向隅乎？故场中遇有稍涉疑似者，即宜弃之，另想他典，不必犹豫，不必问人。即使平时用考据之功，学问渊博，真有凭据，而僻典亦宜慎之。如张说《西岳碑》云：“西岳太华山，当少阴用事，万物生华，故曰华山。”若然，华山“华”字宜作平声读矣。今试帖中若按平用，鲜不以为失黏者。失黏被黜，纵执书与之辨证，已觉多事，况《康熙字典》中亦以为仄声，引《禹贡》“至于太华”为证，并未平仄两收乎！似此者只有不用，觉得心中安然。若骋其渊博，必至害事。学作诗及二三场经策文者，又不可不知也。

余前言用四字句分扣题面，甚有又贴切又现成者。如今秋“有德者必有言　一章”题，用“修辞立诚”扣上半者多矣。有一篇独用“词达理举”四字。“词达”扣“有言”，“理举”扣“有德”，此四字常见于文章评语中，有心人遂记之。用的恰合，便分外动目，即此可悟四字成语不可不多记也。

“修辞立诚”四字分扣“德、言”，颇现成矣。第十九名恐其不显豁，而用题字黏合之，更觉亲切有味。如云“德以诚为体，立诚即所以修辞；仁与心相依，动心而奚由养气”云云。此法最利初学，能熟玩之，何题不可如此用？盖其心中欲从“有德”渡到“有言”，特想出“修辞”与“立诚”相连来。欲从“诚”字关合“有德”，特想出“德以诚为体”来。层层递接，遂成牟尼一串，开后来无限法门。

今科“有德者必有言　一章”题，落卷有小讲后即辟分两大扇，不用讲下者。若谓之不合，则必以昔年山东此题元文借口。要知昔年风气非今时可比，外省风气非顺天可比。近来所重，全在入手及出落，而谓可减乎？即使不重讲下，讲下可以无有，亦必以小讲作入手。小讲或提或拈题字，使题要紧者层层跌出，下便可直接两比矣。如小讲全不似讲下，亦必两扇一起，随提随点才可。若外此二法而减却讲下，成何文哉！

六比八比文有用二小比入手者，如庚申“大学之道”第四是也。此以二小比入手，非无入手也。若板板六比而无入手，有是文式乎？

二场五经文，有御案者，遵御案以立言，否则以考据为上。考据不拘体裁，宜征引渊博。折衷至当然，必平日用考据之功，斯能临时措办。余生也贱，家无藏书，惟事一瓻之借，阅毕即还，至今书名大都忘却矣。兹就记忆所及，而考据之最称善本者，如程大昌《考古编》，《容斋随笔》，王伯厚各种，如《困学纪闻》及《玉海》中十余种。王观国《学林新编》，李冶《敬斋古今黈》，叶大昌《考古质疑》，张淏《云谷杂记》。各书内均有辨证五经者，可条条记之，以为场中之助。此外释经者尚有数十家，如朱彝尊《经义考》，毛晃《禹贡指南》，袁燮《诗经经筵讲义》，顾宁人《日知录》等类，不能枚举。一一搜求，置之座右，时时翻阅而辨证之，自能增其识见，临文滔滔不穷也。至于《家语》《韩诗外传》《诗书序》《十三经注疏》，则又人人常阅者，无须再为置喙也。《潭记丛书》及《秘书廿八种》《黄氏日钞》，亦宜暇时作闲书看看。书愈多，引证愈繁，辨别愈精。场中无论出何经题，亦不至窘步矣。

不能考据，则莫知五经各合体裁。《易》则翻卦最易，觅

《易艺举隅》及《花样一新》各一部，平常习之，一月即会矣。《书经》用诰体，词必古奥，然又不宜以艰深文浅陋，要句句现成，句句典雅，自有古香古色。《诗经》则如后世颂体，即王伯厚《辞学指南》中所载者。然此体最难，必《文选》烂熟，才能填满。《春秋》断事用论体，能仿三传更佳。总要熟于当时之势，明于体例，自己有断制方能动目。三传中盲《左》最难摹仿，惟《公》《穀》断制多而叙事少，可以学也。《礼记》则不拘体例，宜相题为之，如《月令》题，如“萍始生”“王瓜生”“鸿雁来宾”等题。直可按赋作。而赋则又古赋为佳，时赋次之。其他或作论体，或作箴铭体，总期与题相称也。

经文固宜典雅，十分僻典亦宜禁用。余经文中用扬子《太玄经》中语，如“硐而磒而”等句。及《易纬》中语，如“声声和，则公卿大夫列士诚信”等句。友人颇以为当时胆大，竟用僻典。而实则腹中书卷太少，经文又不可不满。既从枯肠中搜出一典，而又弃之，恐后不能继，不得不用之也。忆余闱中尚用《参同契》中语，脱稿后恐其害事，费半日功始另想一典以易之。枵腹从事之难如此，敢将稍僻者均易之乎？此窗下所以不可不多记也。他如“岩陁献锜”等句，出《文选》及《家语》《韩诗外传》中，多用亦不妨事。《十子丛书》中惟孔丛子、庄、列、荀可用。《吕氏春秋》中多引孔子言，亦有可采用者。《汉魏丛书》中惟《说苑》《论衡》《山海经》数种尚可。若《十洲记》等类，则不可入经文矣，以其皆诞妄不经语也。

《春秋》于前明洪武年间，四传并行。至永乐间，始专主胡氏。识者以为圣人复起，不能易也。后王阳明、高新郑、张忠烈诸公俱云：圣人不为艰深隐晦之辞。专专舍传问经，毕竟草草，未见康侯二十载苦心也。嗣遂废胡主《左》。我朝国初仍遵胡传，后渐废之。今则又专遵《左》矣。近来如遇有御案者，总以遵御案为是。其他或遵《左》遵胡均可，《公》《穀》则用之作衬笔，不以之立意。杜之评《左》亦甚好，可以参看而酌用之。

乙丑会墨出，有谓元文“忠可移君”四字费解者。余谓此特文人凝炼之小疵，非大过。盖作者意在句句修洁，遂有习而不察之失。若“移”字下加一“于”字，念去虽顺而欠老炼矣。若以此为訾，则古人之“不出而图君”“苟出而图君”诸句法均可议矣。“君”而曰“图”，较“移”不更难解哉？

作文难，批文更难。批寻常窗课，偶有不合，不过一二人知之。若批发刻之文，千人共见，尤宜考据详明，不可以管窥蠡测辄薄前人。吾乡纪文达公校《四库全书》，于元人李冶《敬斋古今黈序》云：“其论《小雅》‘每怀靡及’一条，《礼记》郑注‘温藉’一条，皆参杂韵语成章，不免涉文人狡狯之习”云云。余按：《史记·循吏传》后太史公曰：“孙叔敖出一言郢市复，子产病死，郑民号哭，公仪子见好布而家妇逐”一段，亦入韵矣，岂文达公未之见乎？公学问最称渊博，而为是语者，特恐后人习之，有坏文体耳。不然《孟子》中亦间有韵语，文达何至遂忘之。然后世必有议之者。或传王重三先生为及门改《孝者所以事君也》文，小讲一起云：“且自古教孝有经，而教忠无经”云云。咸谓《孝经》与《忠经》今世并传，何遂云无？疑先生所见不广矣。后余归，有为余诵之者，意在博一笑也。余曰：“《忠经》乃马融著。文章代圣贤立言，圣人之世安有马融乎？先生之言未错，传者所见不博耳。”众皆疑信参半。后余翻出许多书证之，浮言始息。凡此之类，闲谈则可。若评文，则断断不宜考证不确而卤莽从事也。

时下作文，于经书成语必拆开另炼之。谓整用之人人皆能，不见经营也。然亦有用史中成语见长者。如癸丑《听讼吾犹人

也 二句》元文入手云："法令者，治之具，而非制治清浊之源也。"则固整写太史公《酷吏传》中语矣。盖用来恰如其分，故分外醒眼，所以抡元。或云《考卷约选》中《道之以政 一章》题文中亦用之。余按：太史公于此一段内曾引"道之以政"一章及"听讼吾犹人也"二句，有心人读之，见太史公引此两章，而于作此两章题，遂引太史公语，有不切合者乎？若于题不相关，及相关不中肯窍，又不如不用之为是矣。

前有一人质文于余，后比尽套癸丑《听讼吾犹人也》元文后比。余不许可。其人曰："汝以为后比不好乎？汝尚未知后比乃套元文也。"余笑曰："我之所以不推许者，正以此耳。"其人愕曰："元文不可套乎？"余曰："非也。此科元文，家喻户晓，人人常套，已成滥觞矣。且其所以佳者，以题内有'乎'字，故后比一起亦用'乎'字，正所以肖题之貌也。今题内并无'乎'字，何用'乎'字调？若自己作，偶有佳句，一起用'乎哉'字均可。如壬戌第二小比是也。若觅调，则切题之调甚多，何必取此乎？盖君当日读是文时，并未见及其后比，所以用'乎'字调者，以题有'乎'字耳。若早见及此，今日必不套矣。"其人语塞。或谓癸丑元文后比亦有所本，乃从李少荃爵相会墨脱胎而出。余尝觅爵相文而不可得，不知其果是否耶？

文中二字四字句要现成。如《足食足兵 二句》闱墨均云"兵食"，何也？"食兵"不现成也。第二破云："食与兵交足。"必加"与"字才不生，若单用，皆云"兵食"，无云"食兵"者。宁稍有颠倒，不使生凑。颠倒小疵，生凑成大病矣。学者可以类推，凡二字四字不现成者，总以中间加"与"字为是。

缙山书院文话卷四

前谓两节两章题宜总做后比。然所谓总者，必有意思、有笔仗、有议论才佳，亦不宜板板向题面敷衍。庚午“季康子问仲由”两章题，有一人自诩后比能总做。余榜前曾取其文观之，笑曰：“总则总矣，仍不见长。”人问何故？余曰：“后比虽总做，看去却似两个小讲。一起如小讲之起，一承一转一收，均小讲式。人皆做二比，此只做二小讲，安能中乎？”后闻果未出房。固知此事不可强为也。

两节题有宜于后路总者。即有不宜总者，如丙子会试“康诰曰克明德　二节”题，宜分疏到底，总做即犯下。皆自明也。榜前有一后比总做者，余曰：“此文佳则佳矣，惜后比费力不讨好耳。”其人瞋目曰：“君言差矣。此题既不宜总小讲，亦宜分开做二讲矣，何以皆总之？小讲既可总，又何处不可总乎？”余彼时实无言以折之，然不可为训也。

殿廷之文谨记：勿点句勾股，误犯之，亦以不合论。盖殿廷乃进呈者，岂有天亶之聪而尚须做者点句读乎？且满篇勾点亦觉不恭，是以禁之也。时下有每股到底者，亦是一法。破、承整两行，小讲整三行，入手整一行，前中每比各二行，出落一行，后比各三行，顺下一行，连题共二十四行，以满两开之数。不准有空格，亦不准半行而止。是虽不勾股而段落分明，与勾股无异，亦讨好之一法也。然必自然，不可勉强。勉强不如照常做。此言大题，题占二行，文二十二行。若小题，题写一行，文须二十三行，才能满两开之数。

“信近于义　一章”题，场中颇有后比一分排、一交互者。我道分合用意，固是两排三排题之常事，而惟此题则甚不相宜。何也？他题只一二层，前中将题之正义发挥完，后比一比分排、一比交互，作题之余波。此题共三项，而每项又三层。前中正义不能说完，赖后比发之，尚何暇交互乎？且交互亦甚难。“信恭”因交则遗下二层。“可复远耻辱”等句交则遗上二层。“义礼”因交则遗上下二层。三层全交互，则话太多，一比说不完矣。然亦有获隽者，同年张莲舫水部冲霄后比即然。然其魄力甚大，笔又挺拔，故能面面俱到。他人则未必如是之圆融也。

“因不失其亲亦可宗也”题，童时曾读《明文传薪》中及《续时艺核》中各一篇。辛未入场作“信近于义　一章”题，自觉抉“可”字不透。后见陈际泰作《因不失其亲　二句》文，小讲有句云：“人以为友之为友，情欲其可亲，而道欲其可宗，兼之为难。吾以为得其一，而其一者，固即此而在也”云云，始恍然于古人之看“可”字，别有会心，断非今人所及也。其设想盖以为亲而能宗，似不能兼有，而不知不必二事兼求之，但能“因不失其亲”，亦可宗也。如此命意，不独“可”字透，“亦”字亦透。其中比反煞“可”字固佳，而其作“可”字之心，终不如小讲之丝丝入扣也。《岭云编》中载康熙某科“信近于义　一章”题，有作“远耻辱”云：于此而以耻辱加之，彼自耻辱也。此其大意，原句则忘之。诠“远”字亦别有会心。

时文不准用后世语，以圣人说此话时并无此事也。如“割席”二字，乃华歆、管宁事，而《续时艺核》中用之。润生先生最讲文法，此事亦未之摘出，何况其他。辛未会试有“子曰信近于义　一章”题，第二中间用三比点题。第一比点“信近于义”有句云：“念良朋之约，鸡黍留宾。”此二句若按交友泛话用，则宜用于第三比“因不失其亲”内。若用范式、张劭事，劭字不知是此字否？此处无书可查。扣“信”字，则此事系后世事，在作者腹笥便便，随便溢出而不之觉，而读者则不可以为法也，然此亦不自今日始也。“臣罪当诛兮，天王明圣”，乃韩文公《拘幽操》中语，程朱皆不以为然，而前明杨以任《为人臣止于敬》文中用之。其所由来也渐矣。

古人评文都有学问，非若今日但以气充词沛、机旺神流等泛句了之也。如吴堂作《王者之迹熄　一章》题，文后望溪先生评云：“风雅颂体制各异。《黍离》降为《国风》而《雅》亡，朱子本先儒之说则然。其实《风》《雅》中所载东迁以后之诗多矣。所谓“王迹熄而诗亡”者，谓如晋享叔孙豹歌《文王》《鹿鸣》，赵武奏《肆夏》，鲁三家歌《雍》，而王更不能讨。齐有《南山》《载驱》之诗，陈有《株林》之诗，而九伐不能行也。乱臣贼子公行无忌，其端兆实开于此。故孔子惧而作《春秋》，观反鲁正乐，而鲁之乐官一旦皆翻然勃然，身投于河海，而不能一日安于其位，则知《春秋》之作，与禹、周同功。而孟子所谓‘诗亡然后《春秋》作’，其实理始显著矣。”此一段议论，实于作文有裨益，故录之。

思如泉涌，“随物赋形，而行于所当行，止于所不可不止”，东坡自道其文云然。其实乃文入妙来之境。作时墨者，能臻“行乎所当行，止乎所不可不止”地步，其文成矣。读时墨者，玩出斯文所行所止之妙，其文熟矣。

东坡云：“都是几个字，只要人会安排。”细思时墨，何独不然？如说政事题，无非宣猷布化、忧盛危明、忧勤惕厉数句泛话，安排妥当，便是佳文。其所以能妥当者，不外“力余于文”四字。如见一题后，胸中之意按此题作三四篇而有余，则意自不窘矣。腕下之调作三四篇而不犯复，则词由我选矣。笔下之泛话如宣猷布化等类作三四篇而不绝，则句由我用矣。意何以有余？多看故也。调何以有余？多读故也。话何以有余？多集故也。墨家擅此三长，有不挽强命中者乎？特恐学者言之甚易，而行之甚难也。

昔人谓，有一士子天资最钝，后取文一篇糊于桌上读之，俟其磨灭尽净，再糊一篇。如此三年之久，遂中解元。前明五家中惟艾南英天分有限，有时为文风味清古，犹胜于黄、陈，盖其读书多而用功深也。观此，世之以天分自弃者可以返矣。

望溪先生评明文云："凡文之辨难转换，有一字不清彻，虽有好意，亦令人览之欲卧矣。"可知前明亦讲词藻，特不如今日之谐耳。前人作文专尚味厚，每造一句，令人数日寻绎不尽。今日则尚显露，令人一览无余才是上乘。若留余蕴，便谓之晦。然前人所以讲味厚者，意在传世。如陈大士、金子骏诸公是也。今之尚显露者，意在得科名也。其志之所向不同，而其趋自异。使前人亦专为得科名计，亦必不如是之费尽平生之力矣。

昔人评陈际泰《学不厌智也》题文云："转笔处每微觉艰涩，应是方在脱换时也。凡为文最恐此关难过。"方望溪云："所指乃学者尤宜用心处。盖不至陈言务去，亦不得有此艰涩也。求免于此，而务为浅易肤平，则终身无以自拔于俗径矣。"此数语尤能切中今人之病。文不极熟者每多艰涩，求免其艰涩，又多肤浅，满纸俗态。能知艰涩之非宜，而又不流于浅俗，则近之矣。

作文六八比中不用重调，以其读去犯复也。余会试文第三篇小比、中比，收处均用四字句。读者常觉其复，有问于余者曰："此等处时下墨家所忌，若首艺如是，不害事乎？"余曰："此余一时兴之所至，不暇检点也。虽然，窗下常读之，知其调复，场中走马一观，固不之觉也。若《墨选读本》中乙卯《我对曰无违》题，成林作中比云：‘则违焉者之覆辙，或反借无违以相安。’后比云：‘或反贻后儒遵循之误。’固其用意最佳处，无妨于复，亦不嫌其复也。”

文章全在前八行，而前八行又全在小讲。余庚午出场，友人李静亭广文书林阅余《季康子问仲由　两章》题场作，小讲中四句“强公室不止益私门，直决之而无难胜任也。辅私门正恐弱公室，婉谢之而绝少抗颜也”，谓扣上下章如此自然，必中之作也。辛未二场与李星如联珠同号。余于入场第一天无事，将头场所作《信近于义　一章》题文钞出，众人传观。星如看至小讲中四句“慎以持己，坊表立而交际维严。慎以接人，尤悔无而性情胥洽”，谓以一句扣全题，而念去自然，毫不吃力，满纸皆见工夫，必中之作也。揭晓后，星如中会元，而余亦附骥尾。后于引见时遇星如于大内，星如指余向人曰：“此即余所谓一句扣全题者也。”二人皆看余小讲，皆为必中，而皆如其言。则小讲之所关岂不重哉！今诸卷直以小讲为无甚紧要者，则所见左矣。

作文能令人一见即不忘，其文必熟，所谓如在别处见过者也。余庚午出场，李静亭只阅一过，便朗朗上口，逢人辄诵。辛未出场，刘印山亦只将余文阅一遍，亦能向人诵之。此即熟极而流之候，用力固多，而外面毫不费力。故未见在人人意外，既见又在人人意中。若使今日为之，文境较往日虽略有进，而读去如流之概少矣。何也？腹中熟文偶一诵之，渐忘渐删，不似从前之日日在心也。看文多只长见识，或记一二声调。若使通篇气热，非多读且熟不可。古人论文之诀多矣，而惟“热如火”三字实中会之左券。但此三字知之非难，为之实难。能为之，其工夫可观矣。

辛未余将刻朱卷呈文于先房师杜蓉珊先生来锡。先生云：

“余在军机，略无暇日，不能笔削，尔等自去笔削可也。”余归，正与友人参酌。或谓余小讲一起“今夫人持躬涉世，亦矢之以慎而已”，未免太率，宜改之。同年李松坪比部云：“此二句正是入彀之文，非老手不能办也。况看去似率，思之却能扣全题。若必板板作三排起，而三排又句句用力，此最不利场屋之文也。适足以误学者，何如仍之乎？”余颇服其言，故从之。

“有子曰信近于义　一章”题，余场中一见题即想出三比总作之格。盖欲三比以肖题貌，总作以见经营也。因思通篇既拟定总作，而小讲若尽用平分，于一篇之格不称矣。是必亦总作一联才好。想来想去，无一总法。后于朱注中言行交际上想，才有头绪。然亦强令其总也。总作中联，下必赶紧分开作三句方显豁。若一味总到底，虽扣题稳洽，亦看去模糊，以其与题貌不肖也。

人于作事，往往有取巧者，而不知作文亦有取巧之法，在各人见解何如耳。余辛未场中三比总作，众皆以为颇见为量，而不知余彼时不以为难也。盖他题有出三排者，总作必须照顾三项。若平分三比，每比只管一项。此题三排，而每排仍三项。若使平分三比，必说“信”一层，“近义”一层，“复言”一层才完得，一比意不能只顾一项也。余虽总作，而第一扇“信”　“恭”“因”，第二扇“近义”“近礼”“不失其亲”，第三扇“复言”“远耻辱”“亦可宗”，每扇亦只说三层，与分作等耳。特三比柱意确是一层进一层，成牟尼一串，非生凑可比，为差强耳。如第一扇扣“义”“礼”“可亲”，则云“谨之于先幾”。二扇扣“信近义”“恭近礼”“因不失其亲”，则云“辨之于当境”。三扇扣“言可复”三项，则云“无悔于将来”。盖必“谨之于先幾”，始能“辨之于当境”。必“辨之于当境”，始“无悔于将来”。而“先幾”确是“义礼”，“其亲、当境”确是“近”字、“不失”字，“将来”确是“可、远”等字，非同题外设想也。当作时，余一眼认准必跟“慎始虑终”。而“慎始”只扣“义礼”，因“虑终”只扣“言可复”等项。中间“近义近礼，不失其亲”尚无着落，故又想出“辨之于当境”一层来。是前后二比意只就“慎始虑终”生发。而余自想者，特中比意耳。

近来场中又重磨勘，中定之卷因小疵点落者多矣。友人王秀数文铊于三场中写“范蔚宗所言”云云，而漏一“宗”字，即写“所”字，随手将“宗”字添于“所”字下，而未将“所”字涂去。场中业已中定，后又细细磨勘，见“范蔚所宗所言”不成句，且割裂人名，因之被黜。后余问其何以不即将“所”字涂去，云：“向来有错字，均俟完卷后才涂改，早改恐漏添注涂改字样，谁知完卷后涂改一切错字，竟未将此字看出。”此固由于命不应中，然亦冤矣。

此未出榜时磨勘也。榜后磨勘，近来更严。余谓自己居于无过之地，虽吹毛求疵，何惧之有？自己居于有过，何怪人之指摘哉？谓二场经文易于得过，则莫如读经，经书熟，自能无过。谓三场策问易于得过，则莫如读史，史书熟，自能无过。若经书不熟，则是无根底之学；史书不熟，则是无考镜之资。纵释褐登朝，必有劝读《霍光传》者，何如备之于早场中，既免愆尤，为官亦不至孤陋矣。

或谓以“天”字作主，场中不取矣。此言亦未必确然。每科均有以“天”字作主者，人人效之，亦太滥矣。阅卷者纵无成心，亦难保其必中。凡事少见则奇，多见则俗，俗则厌，厌则揣摩家必不为也。

作文首在谋篇，近来闱墨王莘锄最擅长。如乡墨后比用“然则”接气最热，机最圆。会墨“大畏民志　二句”题，小比收云：“夫孰使之迫厉也者？”次比云：“夫孰使之悚惶也者？”中比即接云：“则尝观”云云。中比收云：“能如此之洗心革面也乎?”次比云:“能如此之涤瑕荡秽也乎?”二比将“此”字顿足矣。后比起云:“而荡涤者竟如此也,则必宫廷之声教早讫于南朔东西可知也。”趁势跌醒“知”字,机神一片,所谓“官欲止而神欲行”也。谋篇至此,叹无以复加矣。学者即此二篇熟读之,得其鳞爪即可抡魁,不必全体皆肖也。

题有单说不显者,取题外相对之字以托之即醒。如“仁者安仁,知者利仁　二句”题,甲子河南第二十六名周作,中比云“安仁与依仁异”,“依则”云云,“安则”云云。又云:“且也安与危对,惟不为人心之所危,乃能即道心之所安。安从勉来,惟不忘初心之所勉,乃能惬本心之所安。”次比云:“利仁与好仁异。”又云:“且也利与害相因,知力祛其贼心之害,斯养心之利可获矣。利与义相反,能不汩于疚心之利,斯悦心之义弥旨矣。”癸酉“回也,其心三月不违仁”,亦有用“不违与无违异”者。此类亦宜记之心中,以备一法。场中窘时,偶一用之,但能将理说圆,亦可命中。若用来牵强,及抛荒题义,则不如不用矣。文家巧处似此者颇多,平常多记一法,心中多开一窍,场中多一辅佐。所谓多足之虫,至死不僵,以辅之者众也。

书中之理都被前人道尽,学者偶一得,遂谓独得之奇,而不知所见者少也。忆余童时初学作文,马馨圃德浴先生以“三年无改于父之道”命题。领题时立命先自讲白文,余按朱注讲之。先生曰:“未观尹注乎?”余曰:“已观之矣。然白文既曰‘道’,自是不可改的。不改其道,则不合道者可知矣,又何必看尹注乎?”先生笑曰:“汝虽看‘道’字未真,然能如此用心,尚可渐进于明白。”彼时余自谓独具只眼矣。后阅鹿忠节公《四书说约》,已早言之矣。又余前行至湖北某县所属之上津县,一农夫云:“吾种地交粮,无欠国课,朝廷亦无德于余”云云。余折之云:“子言差矣。试思朝廷若不为我辈设官经理屈直,汝虽有田地，能独食乎？虽有妻女，能安居乎？早被强者抢去矣。所以汝得安居者，以有朝廷之官，强者不敢抢耳。近来叛逆之民，皆汝等此言启之。若将余言晓谕之，人人皆戴朝廷之德，而何有匪类乎？”彼时亦自谓独得劝民之道矣。后见元刘静修《上宰相书》有云：“凡吾人之所以得安居而暇食，以遂其生聚之乐者，是谁之力欤？皆君上之赐也。”是此言又被人先道矣。

前辈论作三节两节或三章两章大题，要一入手即将末节或末章末句钩起，以清题界，令阅者一望而知题出到何处。学者闻此言，讲下竟先提下节或下章才落题首，看去竟似题倒置者。用法而不知法之所以然，故有此失。余谓所以先勒题末者，恐人看不出题界，竟似一节题耳。今若直提下节，看去仍一节题文，即使落清全题，亦似此节在前者，是恐无题界而竟乱题次矣。法宜先用提，笼起全题，再勒题界，再落题首，才无疵类。盖传此法者只云入手先提下节，致误浅学。若加一句云“入手一笼全题，即清题界”，庶闻者知所用法矣。

不特连节连章题，即一节或数句题，有上文者一领上即勒题界，落到题首才有法。近见有随便一落，竟不落题首者，无怪乎其通篇不得机得势也。

余每遇句调之新者，即命一名以便记忆。如“玉连环”等法是也。然必肖其文且确切不移才可。若《花样集锦》中“三炮升堂”等名目，则太穿凿矣。

莲池书院前出“可以兴、可以观、可以群”题，余总作三比。或云若出四句亦可总作，非的法也。论题者以三扇平还、彼此穿插为正格，而曾文正公专意取“钓、渡、挽”截作者，一时截作甚少，不能足额，始以他格补之。友人李少垣祥麟已作两篇矣，后以精力疲倦，嫌他格费力，随手截作一篇，已被阅卷者点落，曾文正搜遗卷，见是截作，亲拔第一，亦奇遇也。此题明明截去上下句，截作亦正。不知当日大家何以多忘之也。

陈钧堂同年文稿刻出，不胫而走，四方已家置一编矣。墨卷之结实老到，近今无与比伦，而无格不备，尤为难得。即如“用之则行　二句”题，文不过七百余字，而作一百五六十句，都中以七百五十字作百二十句为难，兹则又不止其数，不更难乎？余谓句多不难，难在读去令人不觉耳。若使他手为之，句法短炼，未免伤气。炼而不伤气，固由于工夫纯熟，而亦实天生笔熟，而又加以工夫，故能辟易千人耳。墨裁至此，叹观止矣。

余看成文，每以不知其人何官何里及品行如何为恨。近见《墨选空群》，仿俞长城《百二名家制义》之例，每人系以小传，加之评语，不特其人之爵里详，而其生平已具大概，令读者一目了然，毫发无遗憾。至其搜括藏稿，决不登已选之作，尤称近来善本，墨选中所仅见也，足可为将来法。

前辈讲墨裁，谓句法不宜过九字。余谓亦看何处耳。若小讲与前中，正在凝炼之地，用九字长句则气不热矣。若后比一收，正宜用长句以托之，才觉郑重，兜得住上文一切。然亦九字为度，再长则冗矣。

后比用四六对收，文家偶一为之，必其笔路至此，适得一联才合。所谓行乎所不得不行，止乎所不得不止也。若有意为之便板。时下谓后比一收若用“者也”“已矣”等字，读去不响，不如用“也哉”，或单用“哉”字。余谓亦视其一比之意何如耳。若庚午元文，正以用“已矣”为佳。

平日窗下用功，设“备忘录”一本，见有文调好或有包孕语，凡我所不能作而一看动目者，则录之，诗中之典亦然，以便常常翻阅。久之所积既多，作文时不无小助。然必平时均熟记于心中，临用时自来方好，间有一二字遗忘，再阅之。若平时不记熟，临用才翻之，丝毫无益，而且有挖肉补疮之痕，是备忘反害事矣，不可不知。

余于本朝人诗，七绝最喜渔洋，五七古最喜吴梅村、吴谷人，而三家之时艺无闻焉。路润生先生文法言到极处，而诗无闻焉。谓古近体，非试帖。可见艺必专而始精，兼顾难精也。

古人云："识时务者为俊杰。"不独处世，作文亦然。咸丰年间，南闱尚王、尤体及专经，《龙宥集》所收者是也。北闱亦间有之。目下此风已过，不能擅长矣。乙亥"有德必有言　一章"题，友人有专《春秋》者。此题本有四"者"字，实作"者"字，举出《春秋》之人来，理非不可，且其文甚切，虽专经而不抛荒《正义》。出闱后示余，余曰："文甚佳，惜晚矣。若在二十年前，可期必中。"后果落第。及门问故，余云："不必观每科之文，亦不必见考官而问之。以理而论，知其不合于时。盖从前所以尚专经者，以人人经书生，而彼经书独熟也。"

国家以经术取士，彼能融贯经书，不是之取而何取哉？既取之，则此风开矣。于是有集是类之文而刻之者，如《龙宥》《虎宥集》是也。此外又有集经分类诸书，如《五经囊括》，及小瑯环山馆中各经《蒙求》《组珠》等编是也。向之专经，必经书烂熟，自有诸类书出。但读过五经而不烂熟者，亦可专经矣。若以此取之，数科之后，未读经书者亦能专经矣，专经之文可胜取哉？凡事极则必变，理之固然也。

从前犹有错综《易》卦及镶嵌卦名者。吾乡孙韵武思寿观察，乡会试皆用《易经》获隽，然亦适遇其题耳。乡试"已矣乎，吾未见能见其过　一节"，中有"讼"字，即以《讼卦》作主。小讲以"假年学易可以无大过"入手，尤为警策。会试"听讼吾犹人也"二句，又遇"讼"字，仍以《讼卦》为主，而嵌入六十四卦，巧不可几。戊午"吾未见刚者"题，有效颦者，亦中前茅，今则不见矣。余在山中时，书院出某题，题中有

“水”字。余曾以《坎卦》作主，颇自觉新颖，而未得高取，以后再不敢为此费力不讨好之事矣。

袁子才最不喜渔洋，故有诗云：“不相诽谤不相师。”又谓“到处必有诗，诗中必用典”为纯事造作。而其实渔洋七绝声调之高，实非随园所及。明七子学唐纯讲声调，亦未能过之也。是作诗固宜见性真，而声调之高，唐人最重，安可厚非哉？顾人知诗之声调宜高，而不知时艺亦然。明文中《父母惟其疾之忧》后比“罔极之深恩未报，而又徒留不肖之肢体，贻父母以半生莫殚之忧”。一比只一气，声调之高，后来莫能及。又“空山之中，蔼然孝弟。九原可作，至今如见其心”二比，每比只二气，声调亦高。“空山之中，蔼然孝弟”为一气，下“九原可作”又一气。“九原”句秃接，比上气高两头，故读去调高。后来惟曹寅谷《先生适楚》一篇为能抗手。余作文，每一气完，下气往往用“五百年”之类秃接。或问其故，余云：“九原可作”比上气高两头，“五百年”“八百国”“十六字”等句法，比上气高三头，故喜用之。学者悟得声调之所以高，便无阘冗之病。华三舍弟壬戌同年王莘锄先生，场作无一气不秃接，无接不高。真不愧响遏行云之目，令人读时不禁为之昂头。学时墨者最宜潜玩，于兹有得，墨裁不患其不佳矣。

文之调高，一读即晓。若诗，则非知音律不解其高也。“渭城朝雨浥轻尘”一首，谓之《阳关三叠》，相传唐诗中谓调最高者。当时歌此诗，笛为之裂。夫声调至能裂笛，其高可知矣。今读之，乌见其高？且入调非只此二十八字，其中尚加闲字二十余个，如“渭城朝雨”四字下加“刺里离赖”四字。有和之字，有不和之字。和谓之叠。世传上下句互易为三叠者，均未见原曲，只就此四句言耳。若使见当日原曲，以笛谱之，则其高立见矣。

三家村老学究教人作文，动曰：“以意为主，而词其余事。”

吾读天、崇某篇以意胜，隆、万某篇以意胜。今之讲词华者，均逐末者也，万不可以为法。于此有折之者，必不服也。而不知此言宜于平时，而不宜于临场。试观近来如《回也，其心三月不违仁》后比大约均以“精心果力”立意。《有德者必有言　一章》后比均以“修己观人”立意。一场中几于人人皆然矣，而何以不人人皆中乎？即此而观，遒炼不可不讲也明矣。或曰：“场中不宜以词华取士。”余曰：“惟用功者，其词乃能绵密稳恰。不用功者，不能也。场中见斯文，知是用功者而不之中，岂反中不用功者乎？”至于童子平常作文，固宜先以意为主。余谓意亦逐末者也，莫如先以理为主。先为讲《朱子集注》，使知程朱之所用意。再令其取先儒语录、《朱子大全》而纵观之，俾圣贤之理所以异而同、同而异者，常往复于胸中，作文时自不患其无意。然此亦只论作文耳。若论为学，尤宜躬行实践为主，不但只明其理已也。《酉阳杂俎》中言：某官向一高僧求秘传，僧告以“诸恶莫作，众善奉行”二语。某曰：“此三尺童子皆知者。”僧曰：“三尺童子皆知得，百岁老翁行不得。”正谓此耳。

吾乡耿栗斋先生每为及门讲书，旁引曲证，举前儒名理发挥无遗。而每讲一句，必为诵此句题成文数篇，以见作此题之大意。其胸中所记文不下数万篇，而于《四书》《五经》融会贯通，头头是道。故其及门掇巍科、登高第者，指不胜屈。咸丰庚申、辛酉间，余在抱阳山上，先生适来，盘桓数日。询读文之法，则云：“初亦不能多记，后静坐三年，屏弃尘务，再取书看之，如镜之照物，过辄留形。故见前人名稿，尽一日之功可阅百篇，阅毕一句不忘。积之既久，自亦不知其数也。”余虽服其博，而不欲效其人。盖其打坐，本意学禅，非吾儒所欲知也。今学者若舍禅而专事静坐，亦可医健忘之病。刘念台先生云：“静坐是闺中吃紧一事，其次则读书。”朱子云：“每日取半日静坐，半日读书。如是行之一二年，不患不长进。”是静坐兼之读书，读书全赖静坐，相辅而行，既不至如耿栗斋之佞佛，而可收其多记之效矣。临场照此可多记成文，平时读取他书，亦不至过而辄忘。程子主敬之说，实不外此。果能时时行之，而格物穷理，自能会通。以之为学，可至圣贤之域。以之作文，实不出清、真、雅、正四字。且气定者神凝，凡看文看书一目了然，其理自无扞格矣。非特此也，从前所读过书已不复记忆，而静中偏能想起，是主敬之功，较读文之功事半功倍，而遏欲不待言矣。薛文清公曰：“心如镜，敬如磨镜。镜才磨则尘垢去，而光彩发。心才敬则人欲清，而天理明。”由斯言观之，主敬之功可忽乎哉？相传甲辰“文献不足故也　二句”，解元因上科落第归家，不理家务，不酬世事，面壁三年，竟中第一。此虽由其功夫已到，偶尔屈抑，故一沉静即发。若无其平日之功，即面壁无益。然面壁实能获益，况静坐而兼读文，自能日进无疆乎？此用功之第一捷法也，不可不亟效之。由勉而安，甚有趣味。

座师毛旭初尚书，风裁严峻，学问渊深，久为海内所钦仰，《胡文忠公全集·荐剡》中亦极口称道之。辛未余初进见时，叩及引见礼节，先生不惮详言之，并嘱起跪不可荒张，恐失仪注。余问：“倘有失仪之处，上见罪否？”先生云：“草茅新进，上无不宽恩。然揣诸臣子敬君之心，岂可因上之不怪而遂疏忽乎？”甚矣！先生之言之忠也。一生悃愊，于此可见一斑。余至今服膺斯语，而未敢旦夕忘也。因推广先生之意，以示及门曰：“时下作文，忌说败兴语。人谓世风日下，避讳偏多。余谓非也。揣诸夫子事君以礼之心，自不忍作国家衰颓之想。心不忍想，口自不言，非谓只口中避忌已也。此特为作文言耳。若人臣谏君，又当别论。古人有直陈利害，以期悔悟君心者。是其虽说颓败，而心中实不欲如此，与不忍言者用心等耳。如孟子在齐，托疾不朝。

身无疾而谬云有疾，岂非欺君？而不遑恤者，意在感悟耳。倘君因此改悔，重道崇儒，而国治矣。”

袁子才尺牍，遇难说之理，以他事比喻之，不烦言而已解，较之直指此事委曲详尽者，句省而意达。人皆服其笔妙，而不知宋人实重此法，不特用于他文，即时艺中亦往往用之。如王安石《知者动，仁者静》文内有句云：“孔子曰‘仁者静，知者动’，何也？譬今有二贾也，一则既富矣，一则知富之术而未富也。既富者虽焚舟折车，无事于贾可也。知富之术而未富者，则不得无事。此仁知之所以异其动静也。”陈傅良《未见其止也》文内有句云：“譬之适千里者，甫及其门，未获解鞍，盘泊以就息肩之所，而事已夺之。圣人于此，为得不深恨耶”云云。此类甚多，看去似浅，而非理学极精者不能道。较之“尝观一人一家”等语，真天渊之别也。半山《临川集》中尚有《以予观于夫子二句》题文，亦别有见解。戊辰闱墨中，未见有用其意者也。

古人作文，都期躬行实践，非止托诸空言也。文文山作《事君能致其身》《箕子为之奴》等题文，激昂慷慨，他日之行均能副之。读其制艺，已得其节概正，不独读《正气歌》而始知也。至有明之世，文法视宋而愈精，而作伪亦愈甚，言与行始分而二矣。项水心作《临大节而不可夺也》，亦殊有凛然正气，而其后卒不然。盖古人无所拘束，一见题后，直言胸臆，直道性情，故能于制艺中毕露其生平。后世成文既多，学者均舍书而读文，说来说去无非前人已说，安得见抱负乎？况文法日密一日，学者处处循规蹈矩，纵有性情，为法所绳，不能展布，只得敛其才气以就范围，而其人之品概，遂不能于文见之矣。昔人云“诗话作而诗亡”，吾亦云“文法密而文亡”。犹之汉初法令疏阔，网漏吞舟之鱼，而天下晏然。厥后张汤、赵禹辈出，更定律令，文法益密，而天下亦不得安矣。

“道统”二字，古无是说，自韩文公始有之，然亦不过曰传之而已。而后世理学家又为分“正统”“闰统”，竟欲与帝王分席鼎峙。夫欲明圣道，曰“正学”、曰“曲学”、曰“异学”足矣，何必强立名号，视为固然而不自觉其僭越也。昔封夫子以王爵，识者犹以为非夫子之所安。况使凡为学者，均分帝王之名号乎？吾尝疑之，故作《道统辨》，已入文集中矣。今诸卷动曰“道统”，一似此二字出之夫子者。古无“道统”之名，今既用之，今之“正”“闰”，后将沿而用之矣，不可不防其渐也。

“道德内自有功名，功名中自有富贵。富贵中却无功名，功名中却无道德”，数语忘出何书，而实有至理。

昔人谓南省中之教童子也，将开笔时，不令其作制艺，先令作论，无法以拘之，无字数以限之，任其心之所得、笔之所之而发挥之。久之，心襟开阔，见题无滞机，再教以八股之法。此由博反约之道也。余在兵部，与三江友人晤谈，偶忘其说而未之问，不知南省果若是否？要之亦教童子之一法也。

策论每言功利，辞赋纯事浮华。王介甫出，乃裁六经题以为制义，至今独重于科目者，为其明义理，切伦常，非孔、曾、思、孟之言不敢道耳。后来兼尚词藻，已非当日立制义之意。近数科乃竟将后世事明用之，不似从前包孕矣，去古人立制义之本意不愈远乎？要知太史公所以独绝千古者，以胸有万卷、笔无点尘也。若用事而令人知是某事，看去似博而反浅，难免詅痴符之诮矣。

文家之妙，有其意正、其词反者。如明时，秦王维焯请关中田为牧地，廷臣请勿与，武宗怒，令内官促草制。及见梁储草制始骇曰：“若是可虞，其勿与。”王阳明谏迎佛亦然。他人均言迎佛之非，愈触帝怒。文成公偏言迎佛之是，而却能止其迎。均所谓以顺为谏也。学者取其文观之，则知用意用笔之妙，有出人意计外者，长许多见解，岂徒于作八股有益哉？

人谓时下元文必讲文度，壬戌“吾斯之未能信子说”题，第一则专以度胜者也。余谓顺天为首善之区，而解元为群英之冠，故兼以度取。然其说不自今日始也。《泾川丛书》中万三峰作《杨维斗传》，一则曰：“维斗初为峨峨冠佩之文。”再则曰：“维斗遗余书曰：‘弟用粗粝之作为主者，以气象相收’”云云。则此风在胜朝已然矣。又云：“已而解元三伐髓，其文轨于先型，冲然而粹，而六上春官，终明之世不第。”由是观之，中举后厌薄墨裁、忽思变计者可以为鉴矣。

往见阳明集中，言举业无妨于道，至详且尽。窃意古人举业与道学合而为一，今则分而为二。后观李侗《谒罗豫章书》云：“侗之愚鄙，欲操袚篲以供扫除，几年于兹矣。徒以习举子业，不得复役于门下。”则知举业自举业，道学自道学，自宋已然矣。然前明精八股者，多深于理学，往往名贤并出一时，遂成千秋佳话。如成化中会元章枫山，状元则罗一峰。嘉靖中状元罗念庵，会元则唐荆川。四人后均以理学名世。而文毅、文恭及文庄，世号“三罗”，犹啧啧人口。云学者即前贤而取法之，既可上接程朱，亦可绍元灯衣钵。何至讲理学而有误科名，务科名而无暇理学哉？特自幼父兄以此为教，童子以此为学斯可耳。若半途而欲兼顾，则有鞭长莫及之势。为人父兄者，可不知所从事哉！

苏云樵明府维垣，余辛未会试同年友也，又与余同邑，其在乡间著名有年矣。朱卷刻成，余读之，见其每篇六比，每比正说，统三艺观之，无一反面。心甚讶之。后见面询其故，曰：“正面意尚未说完，何暇反面？”余谓有云樵层出不穷之意则可，若意稍窘，而六比作正面，安能讨好？况次题有“果能此道矣”。“果能”字、“矣”字，必从反面作才得其神。三题“斯友天下之善士”，“斯”字亦然。云樵力量甚大，故能于正面摹取。

若无火候而效之，味同嚼蜡矣。

东坡题吴道子画云："当其下手风雨快，笔所未到气已吞。"少陵题画马云："一洗万古凡马空。"余谓此数句即论文之秘诀。人悟得笔未到气先吞之妙，则文之能事尽矣。悟得"一洗万古凡马空"之妙，则浮姻涨墨、一切俗响，一扫而空矣。

袁子才《续诗品》云："知一重非，进一重境。亦有生金，一铸而定。"我道前二句是窗下作文工夫，后二句是场中作文三昧。

余同年张春华孝廉兆桐尝云："窗下作文不可有解元之见，自命中元必狂妄无知，夜郎同诮矣。场中作文又不可不以解元自命，每作一句，自觉可以抡元，才有兴会，愈唱愈高。若作一句，觉其不佳，未免中馁，越作越无味矣。"

古人之文均精金百炼者，昔人每乐用之，如"吾人不出而图君"等类，后渐觉讨厌。故学墨者均于墨卷中讨生活，不知物以罕见为贵，此时用古文中调，又觉簇簇生新矣。昨见癸酉全省闱墨中，有用《楚辞》中调者，似觉醒目。余从前二场《诗经》题，曾套《阿房宫赋》中数"也"字一段，亦被阅者批好。然必古文甚熟，吾作吾文而其调适至才恰合，故套便不切。

宋时谚语云："《文选》烂，秀才半。"言《文选》烂熟，秀才已有一半了。今则全个秀才《文选》烂熟者几人乎？前明以士之枵腹者为《韵府群玉》秀才，谓其胸中所记，不过如《韵府群玉》之多也。今有斯人，敢以枵腹目之乎？某说部中载：明太祖爱阅《韵府群玉》，其臣谓为"兔园册子"不可看。今观是书，除其注释太略如"河鱼之痛"及强不知以为知如"急就章"等注之外，虽于王者治道无关，然有益于吟诗。以为"兔园册子"，每乃太过。盖古人胸中淹博，故以此为不足耳。《随园诗话》中谓，某先生教一庶常云："已读过之书不可不温。此外《唐宋诗醇》及《文选》均读之烂熟，词林中便铮铮矣。”可见从前均以读书为务。自风气日趋日下，始束群书于高阁，而专意于时文。所谓“六经根柢史波澜”者，已不多见矣，安得为父兄及为师者教之于幼，使士咸务实学而崇经术哉？

从前作文出题，不拘股中段中，总以如土委地、自然流出为妙。三排题作七比，间有从中间点题者。自戊辰《畏大人畏圣人之言》元文及魁墨均从中比出题，辛未《信近于义　一章》作七比者皆然矣。甲戌《君子坦荡荡　一句》元文亦出题于中股，乙亥《有德者　一章》从中比出题者更多。此事几几乎竟成风气矣。

凡作三排两排题，其所用泛字扣题处，必须一类。如辛未“信近于义　一章”题，有以“衣冠”扣“礼”，“车笠”扣“因”，看去便分外连属。又有以“鼎铭金石”等类字眼分扣者。今科“有德者必有言　一章”，第三十七后比有句云：“媲典谟而音如金玉，塞天地而气贯日星。”亦以类对也。如云：“垂彝训而言同誓诰，塞天地而气贯日星。”何不可对？而“誓诰”究与“日星”不类，对去便不工。此亦墨家之所宜知者也。

吾前言昔人论文必以句双气双字双为诀，近来渐不甚讲。今科三十七名小比如云：“伊古忠臣孝子，岂屑争于口舌之间。然深造自得，存之为性命之原，发之即文章之富。”读去亦甚顺。而必曰“深造自得，存之为性命之原；有感而宣，发之即文章之富”者，欲其意虽串而句法双也。双则气足，双则势厚。若少“有感而宣”四字，便气促。然小比必意侧而句平，才有流行之致。若板板四六，机便滞矣。

相传顾元熙之中第二也，“君子喻于义　二句”题。原拟本第一。吾乡纪文达公亦主试，细玩其文，移置第二，而以孔传纶抡元。旁人问故，文达公曰：“此文非不佳，但精华毕露。其人真气已竭，恐不久终人世。以之抡元，恶其不祥耳。”人都不信。后顾果死。此事不见文达笔记及全集中，余亦未考顾何时死，果与文达公同时否。但父老相传已非一日，余谓纵未必有其事，而不能无其理。李长吉命奚奴负锦囊，得诗辄入之，其母谓“呕尽心血”，后果早亡。诗既如此，文何独不然？况顾之文不遗余力，处处精心为之，在《兰修馆稿》中应为压卷。是其生平全力注于八股，而八股中又专注于斯文，其精神之尽也宜矣。或曰：“江淹才尽，何以不死？”余曰：“才尽也，非精神尽也。世之无才者多矣，均得生，何江郎而遂死乎？”壬午入秦，因关中山长李稚和观察系当日史官，持书往谒之。观察云：“纪文达卒于嘉庆甲子。至己巳会试，文达之殁已五年矣。顾耕石先生虽不甚寿，亦不知殁于何年，然戊寅大考列一等第二。开坊距己巳已十年，是亦非甚夭也。其由会元改第二，则英煦斋协揆《恩福堂笔记》中曾言之，可见传言之未确。而顾文实觉精华太露，非远到之象。姑存其理，无不可也。”又云：“孔文精刻远不及顾。经艺余曾见之，果极华赡。而顾亦博学有词藻者，何二三场竟逊？英所记本言名次亦有定数，人不能强也。”附录《恩福堂笔记》云：“余三主礼闱。己巳科公定江苏会元，已三日矣，青阳王文僖公忽执浙江省卷欲易之。同事皆不欲易。文僖公曰：‘江苏卷三篇，诚足以冠多士，唯试律及经艺、策对皆不若浙江卷。以之易江苏卷，诸公不必复疑。’顾元熙遂为第二人，孔传纶居榜首矣”云云。余按：英名和，官协办大学士。王名懿修，字春甫，礼部尚书，文僖，其谥也。

《说豉》中载：诸生朱炎之舟遇一人甚异。朱曰：“尔为神耶？鬼耶？”其人曰：“我宜兴储同人也，为文昌录命曹官。顷与王耘渠较阅闱卷，劳甚，偶散步耳。”朱因跪问科名，且乞灵。其人哑然曰：“此未可幸求，即有名亦难遽告汝。”朱曰：“今科得二巨眼评骘，所取文必大可观。”其人曰：“是大不然。譬如世间能文，主试官拔士亦岂尽当？凡人得失荣枯皆由机缘辏泊，并不尽由命定。若人力强求，则更愚矣。惟一事可勉，同学宜究心注疏，勿习大全讲章语。”是又见鱼治荃之一术也。余谓科名固不必强求，然不可不尽其在我者。试观榜上之文，究属佳者多。可知有工夫而不得，容或有之，万无得而无工夫者也。至于习注疏之言，至今未验。余疑并“机缘辏泊，不尽由命”之说，均朱炎之假托也。

古无作文之书，盖以猎取科名，均不屑为也。然有论文之诀，如董思白、茅鹿门诸说。时墨中如《四书文备》《花样一新》等部，皆有论说。但或三四条或五六条，只言截法，或但言神理。均附着于所选文前，及散见于各文评语中，并未有著成书者。惟浦江楼季美沨作《举业渊源》一书，专为谋举业者而设。其中先言养心，次言立行，是八股入手工夫，亦理学入手工夫也。法非不善，惟所言皆见于诸儒语录中。讲理学者固常常见之，不必再观此也。不讲理学者又谓其为腐儒语。故其书不能盛行于海内也。然其汇辑作文说亦多可采。兹节选其精者录之，为学文者之一助。

《易》曰：“方以类聚，物以群分。”盖言万物之各有其类也。即今诗赋家亦各有类书，诚以理分其类，则取材易而收功捷也。然吾谓文章宜分类，不特诗赋制义亦然。习举业者，必须分出门类，然后可以专意加功。其类维何？一曰道理，二曰题体，三曰文品。道理所以扩其见识，题体所以分其位置，文品所以辨其家数。然三者之类，虽皆不可不备，而需用有缓急之分，用功有乘除之异。何谓需用有缓急？盖人当少年，见识未充，须先穷道理。及见识已充，又恐不知位置，故须辨题体。及位置得宜，又恐不能成家，故须辨文品。何谓用功有乘除？盖始备理体，固以道理分类。然穷理之余，必须预分题体，庶可为后来开笔行文之地。继备题体，固以题体分类。然审题之后，必须预辨文品，庶可为后来揣摩摹仿之基。总之，知题体而不知道理，虽明于位置，而苦于无所发挥。知道理而不知题体，虽见识已充，而苦于一筹莫展。知道理、题体，而不知文，虽理法粗稳，而文品未成，终不足以为荣世寿世之品。

唐翼修曰：士人读文宜分其义类，拣必需之题各读数篇。若将闲杂之题多读，不能割爱，其必需之题反多遗缺，此其弊最大。何也？譬如吴绫蜀绮，非不甚佳，然有以备服饰之需即足矣。设爱博而多购之，十倍其数，则财力有限，必需之物反致缺少，害可言乎？故余将题分类，欲学者于必需之题各读数艺，则学充识广，有所取资。重叠之文自可以不多读也。

道理无分于古今，先辈何分于先后？古人而不通，则亦后之而已矣。今人而尽善，则亦先之而已矣。制义一道，虽推明文，然先辈中有纯粹之先辈，有必发之先辈，又有幸进之先辈。有刮垢磨光、志在必传之先辈，又有功成名就、苟安一时之先辈。苟以为先辈而遂以为尽善无弊，则彼之佳处未得，而彼之疵处先来矣。是故读先辈者，大疵则舍之，大醇则取之，大醇小疵必改之，而后读之。

古之所谓妙手空空者，非以不用词语为空也，正谓其见理真切，随手写来毫无浮词牵挂耳。

文之奇妙在虚字，不在实字，在语妙，不在语句。

作文贵先有成局，此论本领，非论局阵也。如局阵有成局，便如印板一般，令人一望而厌矣。故先辈作文，并是相题立意，移步换形，是以文成而法立。

曾闻名人有云：“凡作文必须究其所从来，而推之以至于所终极。”此言诚可为初学津梁，然非所语于上达之神妙也。金圣叹云：“善用笔者，心之所不得至，笔已至焉。笔之所不得至，心已至焉。笔已至，心遂不必至焉，心已至，笔遂不必至焉。”斯言至矣，尽矣。学者熟读此集，当自得之。

文章书札皆贵因乎自然，自然则千变万化而不可胜穷。

行文有四法：一曰篇法，二曰股法，三曰句法，四曰字法。四者俱不可忽，要之以篇法为主。

辞从意出，意从局出，局从题出。凡作文者，未相题，莫立局，未立局，莫用意，未用意，莫使辞。

儒家所谓设身处地，即释家所谓现身说法也。作文者果能现身说法，则圣贤奸佞口吻，无不栩栩欲活矣。

文有妙想，非笔不足以达之。文有妙笔，非调不足以谐之。惟善于养气者为能两臻其妙。

吴因之曰：文章贵议论，不贵铺排，贵抉其所以然，不贵赘其所当然。当然者传其形，所以然者传其神，铺排者铢积寸累而无功，议论者提纲挈领而了了。

杀虎必挫其腰，杀蛇必刺其顶，凡制其要害而已。作文者诚能中题要害，自然字字警心，句句夺目。

王缑山曰：文章有一字诀乎？曰“紧”。“紧”非缩丈为尺、蹙尺为寸之谓，谓文之接缝斗笋处不散漫也。

沈虹台曰：文章硬涩，只是不熟。不熟，由于不多做。做多，则其间利病不必待人指摘，自能见之。东坡云“新诗如弹丸”，盖言圆熟也。

夫作文者，字欲其响，句欲其洁，笔欲其健，韵欲其悠，气欲其壮，意欲其精，理欲其细，神欲其闲。

米老之相石也，要秀，要皱，要瘦，要透。余谓作文亦须如此。盖文不秀，必失之笨；不皱，必失之平；不瘦，必失之痴；不透，必失之浮也。

学者行文，毋论闻见多寡，当落笔时必须尽置度外，独将本题真正神理细细摹做，细细搜求，自然有一种出色处。

作文能依题神以立局，便有官止神行之妙。

文章处处有结束，则神力完固；处处有转折，则变化不穷。

长篇多结束，则文长而局愈紧。短篇多转折，则文短而气转长。

奇辟之文，须从纯稳之思破露而出。纯稳之文，须从奇辟之意涵泳而成。

董元宰曰："文章要知取舍。众人密者吾独疏之，众人巧者吾独拙之，众人华者吾独朴之。"又曰："取人所未用之辞，舍人所已用之辞。取人所未谈之理，舍人所已谈之理。取人所未布之格，舍人所已布之格。取其新，舍其旧，不费辞却不用陈辞，不越理却不用皮肤理，不异格却不用卑琐格。得此，思过半矣。"

张洪阳曰："行文知其忌，则文自工。忌俗，忌粗，忌庸，忌泛，忌弱，忌冗，忌生，忌空，忌疏，忌促，忌险，忌滞，忌板，忌晦，忌混，忌淡，忌颠倒，忌斩绝，忌雕琢，忌诡，忌哑，忌赘，忌涩，忌杜撰，忌套，忌合掌，忌叠床架屋。"

袁了凡曰："股中立柱，第一忌沉腐。如'穷达常变'之类，一见令人可憎。第二贵如题。讲圣人题，用不得'明健'作柱。讲三代以后题，用不得'王猷帝载'作柱。余如细题，用不得俗柱。仿此推之。"

陆稼书曰："用字用句必有根据，非六经、《语》、《孟》及经周、程、张、朱论定之语不可轻用。然用六经字句，亦须避其古奥者。用周、程、张、朱字句，又须避其通俗者。又有语出六经，今人所习用而当戒者，如贻、厥、媚、兹、念、典、物、恒、居、诸之类。将古人成语恣意割裂为歇后、为射覆，不成文理，亦大雅所不取。"

文话附录

作文有偏锋奇格，能自完其说，亦多入彀。理虽不甚圆，而说来甚圆，令阅者但觉其佳，而不觉其理之碍才好。孟子言性善，而荀子偏言性恶。今执学者而语之曰“性恶”，鲜不咋舌而走矣。试翻《荀子·性恶篇》观之，说来亦似有理，令人不觉其偏，由其笔妙也。序言其有感而言，故为愤激之谈，或其然欤？使其文不能完其说，便令阅者生厌矣。此韩文公所以荀、孟并举也。管世铭稿中无一篇不独具只眼，场中能仿其看题命意，有不高人一着者乎？兹即成文中之偏锋用意者聊记数条，其有未见成文而杂见他书，将来可作偏锋用者，一并附录。若所言之理与《集注》同，而词甚显豁，可以发踢朱注者，亦存之，以备作文之一助。

“学而时习之”，邢氏疏引皇氏，以为凡学者有三时：一身中时，一年中时，一日中时。身中时者，如《学记》云：“发然后禁，则扞格而不胜。过然后学，则勤苦而难成。”故《内则》云：“十年出就外傅，居宿于外，学书计十有三年，学乐诵诗舞勺，十五成童舞象是也。”年中时者，如《王制》云：“春秋教以礼乐，冬夏教以诗书。”郑氏曰：“春夏阳也，诗乐者声声亦阳也。秋冬者阴，书礼者事事亦阴也。互言之者，皆以其术相成。”又《文王世子》云：“春诵，夏弦”“秋学礼”“冬读书”。郑氏曰：“阳用事则学之以声，阴用事则学之以事。因时顺气，于功易也。”日中时者，如《学记》云：“故君子之于学也，藏焉，修焉，息焉，游焉。是日日所习也。”

“人不知”，何氏注引邢疏谓：“人有钝根不能知解，君子恕之而不愠怒。”其意盖由学而朋来，朋来而教诲，意一串也。

苏子由《论语拾遗》曰："巧言令色，世之所说也。刚毅木讷，世之所恶也。"又曰："故此曰'鲜矣仁'，彼曰'近仁'。"此以"巧言"章与"刚毅木讷"章对看，亦豁。余又见成文一篇，以"鲜矣"属上句读，"仁"字单作一句读，如云巧言令色少了，此人便可谓之仁。正意不错，特反其说耳。

"父在观其志"章，李翊《戒庵漫笔》曰："父在观父之志，父没观父之行。先意承志继志、述事之教，非孔子观人也。若曰父在子不得自专，而志则可知，是启人以阴蓄叛父之志也。此是朱近斋之说，考亭闻之，亦当心肯。"

"有耻且格"，何屺瞻曰：《后汉·杜林传》注："格，来也。……人皆有耻惭之心，且皆来服。"此盖本《书经》"格汝舜""格汝众"之"格"字解。

"三月不知肉味"，邵博《闻见录》以"三月"作"音"，是属上句读也。

"至于犬马"，以犬马属人子，犬以守御，马以代劳，皆养人者。子之养亲而不敬，与犬马养人何别？此包咸语也。何屺瞻曰："至于犬马，只从能养极言。若从事亲说下，便背理伤道，亦觉其不安。"

"色难"章，何氏曰："曰弟子，曰先生，则以幼事长之常道也。罔极之恩，可以是为报乎？"

"何为则民服"章，王伯厚应麟《困学纪闻》曰："孙季和谓举直而加之枉之上，则民服。枉固服于直也。举枉而加之直之上，则民不服。直固非枉之所能服也。若诸家解，何用加二'诸'字？"按阎百诗谓："如此则尤与子夏'舜有天下，选于众，举皋陶'节语意相合。"

"祭神如神在"，何屺瞻曰："朱注引程子曰：'祭神，祭外神也。''外神'二字乃对先祖言之。夫子之分所得祭者，亦不过室中之五祀而已。”

“三归”，何氏注：“包曰：三归，娶三姓女。妇人谓嫁曰归。”邢氏疏曰：“《礼》：大夫虽有妾媵，嫡妻唯娶一姓。”

“事君数”章，陆氏《释文》引梁武帝：“数，色具反。数己之功劳也。”此盖以人臣挟功而要其君，朋友恃劳而干其友。无厌之求，至不可忍，而辱与疏随之。

“无所取材”，苏氏《拾遗》曰：“子路亦岂诚欲入海者耶？亦喜孔子之知其勇耳。”按：时墨不说坏圣门弟子。夫子虽有贬词，而作文则无贬词。《拾遗》之解，作时文颇合，故录之。

“十室之邑”节，邢疏云：“卫瓘注云：‘焉，于虔反，为下句首。’”按王若虚《辨惑序》云：“此盖笃实教人，欲其知所勉耳。而卫瓘以‘焉’字属下句，意谓圣人不敢以不学待天下也。此过于厚也。”此说自正，而卫说亦可备一义。

“自牖执其手”，顾宁人《金石文字记》曰：“《论语注》：‘《礼》：病者居北牖下。’金仁山曰：‘牖当为墉。室中北墉而南牖。’按金说《味根录》引之。《上柱国任君碑》云：‘未挂东都之冠，先覆北墉之首。’”

“仁者虽告之”章，朱注“而忧为仁之陷害”。何屺瞻曰：“‘陷’字原本作‘蹈’，极善。”按此条无与于作文，惟《味根录》但引王观涛之言而未及此，故录之。

“自行束脩以上”，张凤翼《谭辂》曰：“‘束脩’二字，人知为弟子馈师之礼，不知《邓后纪》云：‘故能束脩，不触罗网。’注：‘以约束脩整饰之。’又郑均‘束脩、安贫、恭俭、节整’，冯衍‘圭洁其行，束脩其心’，又刘般‘束脩至行’。可见‘自行束脩以上’，言能饰躬者皆可教也。又杜诗《荐伏湛疏》有云：‘自行束脩，讫无毁玷。’而注又云：‘十五以上，吾自束脩以来，为臣子忠孝，交不谄渎’。”

“子行三军，则谁与”，《味根录》于朱注“自负其勇”下添何注，将子路抬高。作文宜从之，俾不说坏贤者。

“夫子为卫君乎”，罗泌《路史》曰：“公子郢之德，实媲夷、齐。孔子居卫，盖有疑辄不可为君，而郢之贤可立而不立者。故冉子求折衷于子贡，而子贡举夷、齐为问。夫子以为求仁得仁，盖以明其志之得也。知夷、齐以逊国为仁，则夫子不为卫君，而郢贤可知矣。”父子之争，十恶之罪首也。孰有求赐高弟不能知此，而反圣人疑耶？公羊高以辄之拒命为正，谓：“不以父命辞王父命。”嗟乎，父子之间，纯乎天理者也。岂无是非曲直所哉？

“子钓而不纲，弋不射宿”，一道人说此两句是圣人心存教化。圣人本无心于取物，其“钓而不纲”者，示其贪则取之也。“弋不射宿”者，示其动则取之也。其意在戒世之贪得与妄动者，不然圣人岂徒为钓与弋也？余以圣人道理无所不包，以之讲书，则不能尽圣人之言。以之作文，则极好后二比。盖前路将正意发挥完，恰好以此作余波也。

“三以天下让”，邢疏引郑注云：“太王疾，泰伯因适吴越采药，太王殁而不反。季历为丧主，一让也。季历赴之，不来奔丧，二让也。免丧之后，遂断发文身，三让也。”苏子瞻曰：“泰伯断发文身，示不可用。使民无得而称之，有让国之实，而无其名，故乱不作。彼宋宣、鲁隐，皆存其实而取其名者也，是以宋、鲁皆被其祸。”按：东坡此说，子由尝驳其非是。

“兴于诗”章，韩文公《笔解》：“三者皆起于《诗》而已。先儒略之，遂惑于二矣。”

“师挚之始”章，《隋书·经籍志》曰：“王泽竭而诗亡，鲁太师挚次而录之。”朱竹垞曰：“如《隋书》所说，是太师挚录诗以《关雎》为始也。《论语》‘师挚之始，《关雎》之乱’

是也。”

“必有寝衣”，何氏注：“孔曰今之被也。”余按管世铭《蕴山堂文集》内有此题，别有眼界。余一时忘其说，而又无管稿可查。故志于此，学者自阅之可也。

“孝哉闵子骞”，蔡虚斋清曰：“吴氏谓夫子之于弟子，未尝称字。此或集语者之误。近遂有以‘孝哉闵子骞’五字属人言者，义亦通。”《约编》中储作中有句云：“‘孝哉闵子骞’，吾之闻是言也久矣。”则从近解。

“孔子对曰”，邢疏：“季康子，鲁执政大夫，故言‘氏’，称‘对’。”赵氏《论语注参》曰：“按《论语》无与臣言而称‘对’者，惟季康子屡称‘对’。邢疏言或可从。”

“点，尔何如”节，余为及门出此题，曾为之解题云：“夫子问‘如或知尔，则何以哉？’问酬知之具也。三子皆言所以酬知，夫子不与。点所答似非所问，夫子何以与之？盖三子皆凭空预先设想，点独就现在者言之。现遇暮春，则浴乎沂，风乎舞雩。现遇童子冠者，则与之偕。若逢老者，则必安之。若逢朋友，则必信之。正素位而行之志也。三子酬知，必俟诸异日。傥终身无知者，此志难酬矣。点则无时不可行其志，正时中之圣也。特口能言而行未必皆然，此其所以为狂士也。”后观郑晓古言曰：“所遇在此，即所乐在此、所志在此也。若使点是时有国有邑，其志又必欲一国一邑之人各得其所矣。夫子所以与之者，只因三子是妄想，点是眼前事耳。若时非春而待暮春，未见童冠而待童冠，与妄想何异？”与鄙论若合符节，故僭志之。

“浴乎沂”，韩文公《笔解》：“‘浴’当必‘沿”字之误。周三月，夏之正月，无浴之理。”

“惟求则非邦也与？惟赤则非邦也与？”何氏注：“非曰明皆诸侯之事，与子路同，徒笑子路不让。”赵竹坡《论语注参》

云："此二句不作点问，最为有理。不然，夫子已告之以安见非邦，不当复问赤之非邦也。"

"鲁卫之政兄弟也"，何氏注："包曰：周公、康叔兄弟。康叔睦于周公，其国之政亦如兄弟。"此"政"指盛时言，与朱注相反。

"吾党有直躬者"，《吕氏春秋》曰："楚有直躬者，其父窃羊而谒之上，上执而将诛之，直躬者请代之。将诛矣，告吏曰：'父窃羊而谒之，不亦信乎？父诛而代之，不亦孝乎？信且孝而诛之，国将有不诛者乎？'荆王闻之，乃不诛也。孔子闻之曰：'异哉，直躬之为信也。一父而载取名焉。故直躬之信，不若无信。'"

"俱不得其死然"，李豫亨《推篷寤语》曰："'俱不得其死'为句，不当如'由也不得其死然'例，而以'然'字属上句。盖由也未然，而羿、奡则已然也。"

"陈成子弑简公"章，东坡曰："哀公患三桓之逼，常欲以越伐鲁而去之。以越伐鲁，岂若从孔子伐齐，既克田氏，则鲁公室自张，三桓将不治而自服。此孔子之志也。"

"是知其不可而为之者与"，何屺瞻曰："'是'字言独是他如此，若作原来是他，便大悬绝。晨门只见得难便住手。'与'字有未知圣人更用何法以旋乾转坤之意，盖疑词，非刺也。"

"卫灵公问陈"章，苏氏《论语拾遗》曰："孔子以礼乐游于诸侯，世知其笃学而已，不知其他。黎弥谓齐景公：'孔子知礼而无勇，若使莱人以兵劫鲁侯，必得志焉。'卫灵之所以待孔子者，殆亦至矣。然其所以知之者，犹黎弥也。久而厌之，将傲之以所不知，故问陈焉。孔子知其决不用也，故明日而行。使诚用之，虽及军旅之事可也。"

"乐则韶舞"，余见近科以"乐"字作一句读，贯下二句。

“则”字作“法”字讲，言如欲用乐，法韶舞，放郑声。“则”字正与“放”字相对。

“而谋动干戈于邦内”，注疏“邦内”作“封内”，亦有理。颛臾为鲁附庸，不得云“邦内”，而可云“封内”。上“邦域之中”亦然。

“则庶人不议”，王伯厚《困学纪闻》云：“古者士传言谏，其言责与公卿大夫等。及世之衰，公卿大夫不言而士言之。于是有欲毁乡校者，有谓处士横议者。不知三代之盛，士亦有言责也。夫子曰：‘天下有道，则庶人不议。’而不及士，其旨微矣。”

“宰我问三年之丧”章，邢疏引缪协云：“尔时礼坏乐崩，三年不行。宰我大惧。其往以为圣人无微旨以戒将来，故假时人之谓，启愤于夫子，意在屈己以明道也。”按：此不说坏宰我，于作时文甚相宜。

“放言”，何氏注：“包曰：‘放，置也，不复言世务。’”王伯厚曰：“介之推曰：‘言，身之文也。身将隐，言用文之。’”《中庸》曰：“其默足以容。”古注有味。

“子夏之门人”章，何氏包注曰：“友交当如子夏，泛交当如子张。”

以上所记，均于作文有益，且于圣人道理不甚背谬者。若王充《论衡》刺孔刺孟诸说，则固无理取闹矣。如谓“使乎使乎”为“非之也，非其代人谦也”。此类甚多，甚为无理。王充汉人，其说如此，则战国横议时，其讥刺圣贤可知矣，宜秦火焚之也。

或谓古人作文各有笔路，到底不变。如《论语》中无“此”字，《大学》中无“斯”字。盖其出笔即用“斯”字，不用“此”字，亦由《大学》出笔即用“此”字，不用“斯”字也。此言似见王骥《续聊斋》中。由此观之，前人谓《论语》出一人之手者，信矣。

《平园记》客言："《论语》凡称'或'者，其言皆无可取。故略其姓氏。"余细思之，其言亦有理。今之说部如《随园诗话》及纪文达公笔记，凡事之可贬者，皆以"某"字代之，不言其姓名，存忠厚也。其亦有见于《论语》之微旨欤？

往见《国朝先正事略》，余每拟仿之作《孔庭事略》。凡先贤先儒之从事孔庭者，搜辑国史，即其本传汇订之。无传者，考其生平，参酌曾受一《拟传》以补之。并将道统一脉相传之故，亦特为揭出，俾学者知所法守。至于圣门事之可疑，经前人论定者，更宜详加参考，庶古人免不白之冤。特此地当居庸关外，无书可查，只有期诸旋里之后。兹将圣门事之可疑，经昔贤论定、余尚忆在某书者，聊志一二端于《文话》之后。其不复记其书名，虽知其事，亦不复赘焉。孙子香《花笺录考正》中一则云：张世经教授曰："世传孔氏三世出妻，盖本《檀弓》'孔氏不丧出母，自子思始'之说。"予窃疑之，以为孔子大圣，子思大贤，即伯鱼早夭，亦不失为贤人。岂刑于之化，不能施于阃内乎？间尝反覆取《檀弓》之文读之，忽得其解。其曰："昔者子之先君子丧出母乎？"夫曰"出母"者，盖所生之母也。吕相绝秦曰："康公，我之所自出。"此句记得《左传》似无"所"字，俟查。则"出"之为言"生"也明矣。其曰："为伋也妻者，则为白也母。不为伋也妻者，则不为白也母。"夫所云"不为伋也妻者"，盖妾是也。意者白为子思之妾所出，而子思不令其终丧。故曰："孔氏之不丧出母，自子思始也。"由是言之，子思且无"出妻"之事，而况于伯鱼、况于孔子乎？读者不察，遂讹传为孔氏世世"出妻"，使大圣贤负不白之冤。即谓汉人皆谬，未有无故而毁圣贤者。此非记《檀弓》者之过，读《礼》者之过也。以上皆《花笺录》中语。余往见都门有作书专论此事者，已刻板行世矣。此条议论，他书中亦仿佛常见之。词虽不同，而意则无异。兹特录此，以见其概云。

宋张淏《云谷杂记》云：《史记》“宰予字子我”，“为临淄大夫，与田常作乱，以夷其族，孔子耻之。”司马贞《索隐》曰：“按左氏无宰我与田常作乱之文，然有阚止，字子我，而因争宠遂为陈恒所杀。恐字与宰我相涉，因误云然。”《东坡志林》曰：“李斯上书谏二世，其略曰：田常为简公臣，布惠施德，下得百姓，上得群臣。阴取齐国，杀宰予于庭。是宰予不从田常，为常所杀也。《弟子传》乃云宰予与田常作乱，原注：李斯事荀卿，去孔子不远，宜知其实。《弟子传》妄也。使吾先师之门乃有叛臣焉。而天下通祀者容叛臣于其间，岂非千载不蠲之惑也。近令儿子迈考阅旧书，究其所因，则宰我不叛，其验甚明。太史公因陋承疑，使宰我有冤千载，而吾先师蒙其诟。自兹一洗，亦古今之快也。”苏子由《古史》曰：“田恒之乱，本与阚止争政。阚止亦子我也。田恒既杀阚止，弑简公，则尚谁族宰我者？事盖必不然矣。”子由又曰：“李斯言田恒阴取齐国，杀宰予于庭，因弑简公。”又刘向《别录》：“田成子与宰我争，宰我夜伏卒，将以攻田成子。令于卒中曰：‘不见旌节毋起。’鸱夷子皮闻之，告田成子。成子因为旌节，以起宰我之卒以攻之，遂残宰我。”信如此说，则宰我乃田恒之仇，为齐攻田恒者，非与恒作乱矣。要之，阚止亦曰“子我”，故战国诸子误以为“予”，皆不足信也。考诸家所言：《索隐》则以其字同阚止，遂至于误。东坡则援李斯之言，以宰予不从田常，故为常所杀。子由固以为阚止，而未免以李斯、刘向之言为惑。然刘向所谓“鸱夷子皮”者，范蠡也。田常之乱在周敬王三十九年，是时范蠡方在越与勾践谋伐吴。后八年吴灭，蠡始浮江湖，变名易姓，适齐，为鸱夷子皮。《国语》及《蠡传》可考其妄，已不待言。李斯之言正由一时承袭之误尔。《索隐》《古史》谓为阚止，然无确然之证，终不能祛人之疑而破人惑也。予按《左传》哀公十四年，齐简公之在鲁也，阚止有宠焉。及即位，使为政。成子惮之，原注：成子，陈恒字也。陈敬仲如齐，以陈为田氏，故曰田恒。汉文帝讳恒，故《史记》以恒为常。诸御鞅言于公曰：陈、阚不可并也，其择焉。弗听。夏五月壬申，成子兄弟如公。子我属徒攻闱与大门，不胜，乃出。陈氏追之，杀诸郭关。庚辰，陈恒执公于舒州，公曰："吾早从鞅之言，不及此。"《说苑·正谏篇》："齐简公有臣曰诸御鞅，谏简公曰：'田常与宰予，此二人甚相憎也。臣恐其相攻，虽叛而危之不可，愿君去一人。'简公曰：'非细人之所敢议也。'居无几何，田常果攻宰予于庭，弑简公于朝。简公喟然而太息曰：'余不用鞅之言，以至此患也。'"《说苑》所云，与左氏正同。独以阚止为宰予者，则后人误以阚止之子我为宰氏之子我最分明。夫一名字之混，遂至贤逆之无辨。"曾参杀人"，真可畏哉！太史公作传，实以《家语·弟子解》一篇为之。殊不知此书不全出于孔氏弟子之手，多为好事者以意增损。孔安国尝病之矣。宰予之事正所当考者。略不致审，信笔纪录，遂使圣门高弟重罹诬谤，谓之良史，可乎？东坡之辨固足以雪其耻矣，而尚以宰予为常所杀。是宰予犹死于非命也。以今所考，常之所杀，乃阚子我也。则宰予之枉可一洗无余蕴矣。以上皆张淏语也。余按：古今来说部中论此事者甚多，如杨龟山诸公皆有论说。兹辨尚详，故特录之。

洪景卢曰："《孟子》载三子论圣人'贤于尧舜'等语，疑是夫子没后所谈。不然，师在而各出意见以议之，无复质正，恐非也。"此言从虚中会悟，而不必实指确据，亦读书得间者也。特其全段议论，余不复记忆，惟记此言云。

圣门颜渊死，鲤也死。据《论语》则鲤死颜先。邢疏按《孔子世家》，定公十四年，由大司寇摄行相事。以哀公十六年卒，年七十三。颜回少孔子三十岁，三十二而卒。则颜回卒时，孔子年六十一。伯鱼年五十，先孔子卒。则鲤卒时，孔子盖年七十。若伯鱼卒于颜回之先，则是卒于孔子六十一岁之前。卒年五十，岂孔子十一岁而能生伯鱼乎？王肃《家语注》云："此书久远，年岁错误。未可详也"云云，尚可存疑。或以为《论语》假托之词，则其论更谬妄。圣人无论如何譬喻，万无伯鱼未死而托为已死之理。然古今讫无定评，此事竟成千秋疑案。故备述于此，以俟博雅君子一考正焉。

《史记》谓孔子之父叔梁纥名纥，字叔梁求婚于颜氏。颜氏有三女，其小曰征在，以妻之。与纥野合，遂生孔子。"野合"二字，后人疑之。曾受一作《尊闻录》，谓《史记》择之不精，其小疵不具论。至谓母以野合，讳其父基，此则得罪之大者。余按《天禄识余》云："女子七七四十九阴绝，男子八八六十四阳绝。过此为婚，是为野合。"始恍然于司马迁之所谓野合者，以叔梁纥过六十娶颜氏少女故也，岂桑间濮上之谓哉？盖古人不以成法均谓之"野"。《宋史》岳武穆不按古人阵法而战，谓之"野战"，足可证也。男子三十而娶，女子二十而嫁，此古人定制也。今不按古制，故曰"野"。盖在汉时，不知"野合"有二说，故用之。后世不知何时，始以私奔为野合。遂谓司马迁诬圣人，而不知实诬司马迁也。此则不容不亟辨者也。

罗泌《路史》曰："微子去之，初不明其何之。而说者乃以为抱祭器以归周。吁，有是哉！按《周本纪》，抱器者为太师疵、少师强，而非箕子、微子也。所谓'去之'者，特不在其朝。而其所谓逊于荒者，直亦盘庚之出，遁荒野以自免于刑戮而已矣。何至挟祭器降周哉？"按：此亦足破后人之疑矣。以上皆确知出某书者，其有但记其事，不记书名者，别存《二然斋随笔》中，有关于诗者，存《试帖丛谈》及《诗话》中，兹不俱录。

正义启蒙

〔清〕张之洞　鉴定

导读

清光绪二十八年（1902），朝廷废八股取士，在乡、会试的首场以五篇中国政治史论代替三篇四书文，第三场则试四书义二篇，五经义一篇。

光绪三十一年（1905），袁世凯、张之洞奏于三十二年开始废除科举，所有乡、会试和各省岁考、科考均停止。但考虑到有数十万之多的举人、贡生、生员面临出路丧失而可能造成社会危机，便采取给出路的政策，即停科举后，仍举行生员照考优贡、拔贡与考职及保送举人、贡生照会试例会考之事。

照规定，在本省考优、拔贡分两场连试，试四书义或五经义一篇，史论一篇，省取中后送京朝考。因人数太多，先在学部考棚分考各省优、拔贡一场，试题为四书义一篇，史论一篇。录取者定期在保和殿朝考，试经义、史论各一篇。评定分一、二、三等发榜。一等及二等前十名，中年以下者用为小京官，年长者以知县用。二等十名以后者，京官以部司务用，外官以盐库大使、州判、州同、经历、县丞等用。三等不授官。

这样一来，四书义、五经义便成为举人、贡生、生员们新的谋取富贵的工具。大家便要如写八股文一样去学习写作。于是，像曾经各种讲授八股文作法的选本不断问世一样，有关四书义、五经义作法的书也大量问世。《正义启蒙》即其中最有名的一种。因为它是由中过探花，当过大官，又奏废了科举的大名鼎鼎的张之洞鉴定的。

张之洞（1837—1909），字孝达，一字芗涛，又作香涛，晚号抱冰老人，直隶南皮（今河北南皮）人。少有大略，务博览，为词章，记忆力惊人。小时师从韩超、胡林翼。十六岁时应咸丰二年壬子（1852）科顺天乡试，夺得解元，一时名噪京师。然屡应会试不中，直至同治二年癸亥（1863）科才考中进士，廷对不循常式，慈禧亲点为一甲三名探花，授编修。同治六年（1867）充浙江乡试副考官，旋督湖北学政。同治十二年（1873）典试四川，就授学政。他所取多贫寒才隽之士。在学政任上大力兴学，在湖北设立经心书院，在四川建尊经书院，欲以经术造就人才。光绪初，擢国子监司业，再迁洗马。光绪六年（1880）授侍讲，再迁庶子。张之洞以文儒致清要，遇事敢大言，常论时政，洞中要害。与宝廷、陈宝琛、张佩纶三人不时上疏言事，纠弹时弊，号为清流。光绪七年（1881）由侍讲学士擢阁学，随即授山西巡抚。在任时惩贪举廉，救济灾民，颇有口碑。光绪十年（1884）升两广总督，起用冯子材，抗击入侵法军，并开设广雅书院，用新学培育文武人才。五年后调任湖广总督，修铁路，开纱厂，兴办民族工业。光绪二十年（1894），代理两江总督，上疏反对签订《马关条约》。次年，为强学会捐金相助。但北京强学会被禁，他为自保，封闭《强学报》，反对维新变法。光绪二十四年（1898），作《劝学篇》，宣扬“中学为体，西学为用”的主张。庚子事变，他与李鸿章、刘坤一倡东南自保，不怕得罪慈禧，这是要点胆量与识力的。光绪二十九年（1903）奏办京师大学堂，尤重师范科。光绪三十三年（1907），擢体仁阁大学士、军机大臣，兼管学部。次年，兼充督办粤汉铁路大臣。宣统元年（1909），充实录馆总裁，八月病逝。谥文襄。

张之洞雅爱读书，学识渊博，为学兼综汉宋，且口若悬河，能诗和古文辞。十一岁为文即受塾师称赞。陈衍在《石遗室诗话》中说他："生平文字以奏议及古今体诗为第一。古体诗才力雄富。"著有《广雅堂散体文》《广雅堂骈体文》《广雅堂诗集》《广雅碎金》《论金石札》等，合刊为《张文襄公全集》。

张之洞考中过解元与探花，证明他的八股文素养还是很深的。他的八股文写得中规合矩，于代圣贤立言之旨领会深刻，把握准确，恪守不逾。他又是一个才气横溢的人，布局谋篇，追求气势雄宏；遣词造句，讲究清丽雅洁。故他的八股文呈现出说理细密，一气雄注，整齐流动，又有文采斐然、纡徐妍丽的特点。且他关心时务，讲求经世致用，故其文多实而不虚，夹叙夹议，切中时弊，有清议之风，一时也为文坛所瞩目。

然而，张之洞又是一个善于与时俱变之人，人们称他起居无时，也是他不拘守一格的表现。其八股文观也在不断变化。光绪初元，他任湖北学政，在科、岁二试考生员及童子试选拔秀才时，专尚才气，并大力推广其见解。他选取优秀之作编为《江汉炳灵集》，其中多为逞才使气之作。它们气势流转，技巧纯熟，读来让人耳目一新。且文中并不强调遵经守注，直接用后世史实者触目可见，影响甚大。到甲午（1894）以后，湖南、湖北八股文坛渐效其体，乱引书名篇目，挦扯子书僻文，与所谓代圣贤立言之旨毫不相干，从而瓦解了八股文的载道功能，受到许多人的指责。这不能不说是张之洞对取消八股取士所做的贡献。

作为一个政治家，他懂得废科举后安抚几十万举人、贡生、生员对社会稳定的重要性。所以，他对能稳定废科举后几十万士人情绪的考试和考试所用四书文和经义文的作法特别关注。

张之洞学有根柢，精于八股文写作，又是从写八股文得以位至大学士的，还当过学政，办过书院，懂得士人的所思所求。所以，经他鉴定而作为学习四书义作法的书里，对四书义的题目、体式、写法都有明确的规定，以作为样式向广大士人推行，故书名为“正义”，即四书义的标准文章。又标为“启蒙”，即是给初学者指明写作方法的，故在文后有作法评点。

从《正义启蒙》所收之文可以看出，四书义、五经义的题目都是从《四书》《五经》中摘取的。这种做法有两种用意：一是与八股文接轨，使写惯了八股文的士子们在转型时不致因陌生感太强而对新文体产生怨恨，而能很快进入角色，参加考试。二是继承了将八股文作为儒家正统伦理价值观传输器的做法，使四书义、五经义仍担负起向士人们传输儒家思想的作用。从这点而言，四书义、五经义是八股文的变种，是换汤不换药，新瓶装老酒，也是八股文已深入人心，不能轻易挥去的反映。但在文体上却有很大的变革。八股体式被放弃了，破题、承题、起讲这个冒子被取消，正文也不用分股的格式，而是恢复散论的古文作法。

我们以书中首篇《学而时习之》为例做分析。

该文可分为三段。第一段为总起，抓起题中第一个字“学”做文章。第一句概述“学之有益于人大矣哉”，接着讲学的好处，最后指出“人之不可不学”。第二段阐发“时习”二字，以“学不时习”则会使学而知、学而能变成“不知”“不能”，从反面说明“时习”之必要。第三段为总收，肯定只有“时习”，“始终不懈，久暂不分”，才能“知”“能”俱无穷。最后以“是学之益，岂不大哉”结束全文。

由以上分析可以看出，虽然不用八股体式，但作法仍然是使用作八股文的主要方法，即抓住题中关键字眼依序阐发。只不过行文不似八股文那么拘束，笔墨活泼许多，而内容仍与八股文的阐发题旨无大的区别。其变化处从尾评可以看出：“说者谓初学舍八股不能通，不知八股之破、承、起讲，实为不通。如此题破称圣人，承称夫子，起讲称吾，隔阂殊甚，通乎不通。今上谕戒用八股程式，何必仍学破、承、起讲，故以此代之。”这段尾评告诉人们：四书义、五经义的体式裁割了八股体式的破、承、起讲，而以总起代替了。

其实这段尾评大有商榷的余地。

对一般文章而言，文章要戴顶“冒子”，即破题、承题、起讲，的确可说是不通。但就八股文而言，就不存在通不通的问题。因为八股文是一种用以培养、选拔符合专制统治人才需要的科举考试专用文体，故通过破、承、起讲以培养写作者的概括、分析能力是必要的。至于四书义与五经义只是在废八股后用于乡、会试的第三场考试，其重要性已大大降低。废科举后用于生员考贡与考职，及举人、贡生照会试例至京会考之试，不必讲求思维训练，故删去八股文之冒子，改变其体式而保留其思想内容，便属题中应有之义了。由此可以看出，尾评写作者并未懂得八股文与四书义、五经义的本质区别与功用之所在。

本书收录标明“南皮张香帅鉴定”之《正义启蒙》一书，是要让人知道在废八股取士后，八股文的变种四书义、五经义的面貌如何，与八股文有何关联，令人更好地认识八股文的功用及影响。

收入本书的《正义启蒙》，据清光绪年间刻本校点录入。

（龚　昊）

正义启蒙目录

德不孤必有邻

朋友数斯疏矣

可欺也不可罔也

求仁而得仁又何怨

述而不作

不在其位不谋其政

学而时习之

学之有益于人大矣哉！不知者以学而知，不能者以学而能，则人之不可不学也明甚。

然学而不时习，则以学而知者，久必返于不知。以学而能者，久必返于不能。不且学如未学乎！

惟时以习之，始终不懈，久暂不分，知无穷，能亦无穷矣。是学之益，岂不大哉？

说者谓初学舍八股不能通，不知八股之破、承、起讲，实为不通。如此题破称圣人，承称夫子，起讲称吾，隔阂殊甚，通乎不通。今上谕戒用八股程式，何必仍学破、承、起讲，故以此代之。

学而时习之不亦说乎

学也者，人生之快事也，而人往往有不学。即学而有不时者，大抵以此事为无味耳。

夫学不得其道，则苦于不能入。学既得其道而入矣，或作或辍，半途而废，究与未学者等，又何怪抑郁无聊也。

若夫有志于学，则必有所得，而复加以时习之功，则所得者必不失。由是外观于人，内念于己，人多无所得，而已有所得。人多既得而复失，而已既得不复失。其心有不欣然自喜者，无不情也。

循题转折，反正不淆，初学指南。

有朋自远方来不亦乐乎

且夫道在天下，贵有人以传之焉。使吾学得其道，而无同志者以为授受，则其道不可传。将心止于吾之一身，是大道之忧，即吾心之忧也。

所以有朋友来，且自远方来，得天下英才而教育之，济济一堂，道传于以甚广。

天下同归于道，后世咸知其学，非独吾之幸，抑亦道之幸也。吾能不乐以忘忧也耶？

明白如话，最利发蒙。

巧言令色鲜矣仁

人心之内，理欲不能并立。天理存，则人欲去，人欲肆，则天理亡。此理之必然而无疑者也。

人苟巧其言以悦人之听，令其色以悦人之观，则人欲肆矣。人欲肆而谓天理有不亡者乎？噫！巧言令色，方且自谓得计，而不知鲜矣仁矣。

夫言不巧，不过不足以悦人之听。色不令，不过不足以悦人之观。庸何伤，而以巧令之故，致于鲜仁，不可以为人矣，学者可不知戒乎！

浅而有意，学此不误。

其为人也孝弟而好犯上者鲜矣

自有天地以来，上下之分甚严。下固不可以犯上也，而世之犯上者，大抵为人不能孝弟耳。

尽孝者所以事君，弟者所以事长。其为人能孝以事亲，弟以事长，则其心之和顺，无在不然。纵不能于在上之人多方曲就，亦不无端乖戾矣。

而或有其事，亦偶然耳，岂其心之所乐为哉！

清甚浅甚，何难于学？

人不知而不愠不亦君子乎

寻常之人，即无所学，犹欲求知于人，以为弋取富贵之资，而况学成于己，有不求知于人者哉！

夫至求知于人，而人或不知，则忿从中来，有出于不自觉者矣。若此者学虽优，德实不足。

所以学成于己，尤必不求知于人。人知之亦嚣嚣，人不知亦嚣嚣，毫无芥蒂存乎其中。而后德极其纯，无愧于大雅之林也。

但取成词清气，为初学引针石。

使民以时

治国难，治大国尤难。何也？盖国大则事多，在上之人不能自为之，不得不使民为之。如不使民为之，则事废。然使民为之，则民怨。此治大国之所以难也。

子曰：道千乘之国，使民以时。此道得焉矣。夫所谓时者，农之隙也。农隙之时，民闲暇矣。以闲暇之时，治君国之事，无损于民，而有益于君，岂非事不废而民无怨哉？是故农事非不重也，亦必有闲暇之时。贤君非不使也，要必择其时之可。

时可使不使，民亦不加利。不惟无利，而且有害。如城郭沟池，为君防也，而实为民防。不及时为之，不利于君，安能无害于民乎？

时不可使而使，是夺民之时。夺民之时者，势迫刑驱。民虽不敢违，未必不敢怒。民虽不敢怒，未必不敢怨。有国者致使民怨，而民失矣。

民失而国不亡者，未之有也。即使国不亡，而君为民父母，使民不得谋衣食，饥寒交迫，老弱转乎沟壑，壮者散而之四方，恶在其为民父母也。

使民以时，夫子此言，不独治国当如是，即治天下亦当如是耳。

以事不废民无怨立意，方见时字妙处。

无友不如己者

朋友在五伦之内，友固不可少者也。然人之交友，有有益于己者，亦有有损于己者。所谓有损于己者，非必匪友也。即不如己者，己与之友，则必有损焉。盖友所以辅仁，人之仁不如己之仁，己与之友，人方赖己辅其仁，己安能得人之辅哉？

不第此也。平昔砺身砥行，诵诗读书，有得于己，或自疑己不如人，或自信己已胜人。迨出而与不如己者友，自疑不如人者，释其疑矣。自信胜人者，坚其信矣。己有不快然自足者乎！

夫满招损，势所必然。以交友而至于损，不如孑然独立之为愈也。故夫子曰：无友不如己者。然或者疑之，谓人皆持此心，则胜于己者，己虽欲友之，人以不如己而拒之，己将谁友哉？嗟乎！此亦未尝深思也。

孟子曰：一乡之善士，斯友一乡之善士。一国之善士，斯友一国之善士。天下之善士，斯友天下之善士。以友天下之善士为未足，又尚友古人，纵使乡、国、天下之人，不与己友，岂诗书中古人亦不与己友哉？况夫子但言不如己者无友，如己者未始不可友，又岂必胜己者哉？人何为是沾沾过虑乎？

前幅拈损字诂题，发挥透彻。入后补足题意，尤为得解。

过则勿惮改

过贵能改，尤贵夫速改也。盖过而不改，是谓过也，固无足论。改而不速，久留于中，过将复至，改无日矣。人何可安其过而不改，改其过而不速哉！此夫子所以为为学者告之曰：过则勿惮改。

顾或者曰：人非圣人，孰能无过？过则人情之所不能免也。有过必改，改过何必速哉！与其改过如是急，曷若求道如是切，道一明，则过自去矣。嗟乎！此不识学修之言也。夫过与道不两立，过不犯，则道有可明。过未去，则道无由入。我既不能为无过之人，又何可为安于有道之人？既有改过之心，又何可不笃去过之志？

古之君子，过则改之，诚以不患其道之不明，特患其过之未改。不患其改之或难，特患其去之不速。学者岂可惮改过哉？

父在观其志

观人之法，视其所以，观其所由，察其所安，人焉廋哉！斯言固尽之矣。

然此第可以观人父，未可以观人子。何也？父在子不得自专故也。子曰：父在观其志。是观人子者，观其志可知矣。夫为人子者，父在不得自专。一言也，父命之言。一行也，父使之行。善恶似无从分，然其心之所向，诚于中自形于外。如其善也，父虽不善，不敢显违而彰其过，亦必念切几谏。如其恶也，父虽不恶，勉强收敛而遵其教，亦必退有后言。至于是父是子，善恶难分，要皆有安勉之异。安于此者，志在于此。勉于此者，志不在于此。故观其志，善与恶莫能逃矣。

观人者，持此以观人，可以知人子。为人子者，慎勿谓第有其志，而人不及知也。

为初学设身处地，故去净难深，一归浅显。

思无邪

且为学之功，莫先于治心。而治心之要，莫切于慎思。故孔子言《诗》，引《駉》篇之辞以括之曰：思无邪。

夫思者，人心之感于物，而形于言之余也。心之所感有邪正，即言之所形有是非。是三百篇之《诗》，不皆出于性情之正也。彼夫《周南》《召南》《鹿鸣》《四牡》《文王》《大明》，是出于性情之正。《扬水》《蔓草》《桑中》《溱洧》《静女》《鹑奔》，岂是出于性情之正？作诗之人，因事而发，所思者，岂皆无邪？但《诗》之为用，归于使人思无邪耳。

先王采风，善恶并呈。圣人删《诗》，美刺俱载。固使人考焉以鉴其得失，审焉以辨其邪正。正者感发其善心，邪者惩创其逸志，以归性情之正而已。然则彼虽以有邪之思作之，而我以无邪之思诵之，则彼之自状其媸者，乃所以为吾惩创资耳。而况曲为训说，而求其无邪于彼，不若反而得之于我之易也。巧为辨驳，而归其无邪于彼，不若反而责之于我之切也。

（嗣）［词］清义畅，发蒙正则。

父母唯其疾之忧

人子之心，宜体父母之心以为心，尤宜体父母常有之心以为心。父母常有之心，何非不愿子之成德也，而有时或忘，非不愿子之立名也，而有时或淡，皆非常有也。

常有者，其惟疾之忧焉。疾有时也，而父母之忧无时。疾已至固忧，即未至而恐至，未至而亦忧。疾未去固忧，即已去而疑未去，已去而亦忧。盖父母之疾，父母自知之。其子之疾，父母不知也。不知，故有疾固忧，无疾亦忧也。然则父母忧子之疾，深于忧己之疾矣。惟其如是，而谓有时淡忘之哉！

然所以无时淡忘者，疾为身命所关。德虽不成，而身犹存。名虽不立，而命无损。而一有疾，则身命危矣。此夫子所以举父母唯其疾之忧告武伯也。为人子者，常体父母此心以为心，守身慎疾，而无贻父母之忧则孝矣。

说理甚清，措词甚浅，洵是入门正宗。

君子不器

君子有全才，应夫此可应夫彼，应夫小可应夫大，要非可以一器拟也。夫岂偏长薄技，仅足见一事之能，彼此不能相通，大小不能相济哉？此夫子所以有君子不器之叹也。

君子者，体无不具之谓也。惟其体无不具，故其用之也周。修齐平治之道，何莫非所素优。大而经纶参赞，小而钱谷兵刑，无一不可。君子之为君子，岂若器之各适夫用，而不能相通相济也哉！盖器之为器，不能权变而无穷。彼夫琴瑟仅足以咏，钟鼓仅足以鸣，舟楫仅足以涉，乘舆仅足以行，以及权衡斗甬，仅足以度与量。使君子亦若是，不足以为君子矣，君子岂若是哉？

学而不思则罔

且为学而得罔者，是岂学之咎哉？乃不思之咎耳。盖天下之理，散于万事，不学固罔。抑天下之事，会于一心，学焉而不思亦罔。故学为圣，要思圣何以为圣。学为贤，要思贤何以为贤。学其当然，思其所以然，使事之曲折无不尽，理之渊微无不穷。而后学有心得，不致食古而罔化。学有达材，不致滞机而罔通也。

若有虑事之茫然者，深知学焉以致知。虑理之贸然者，深知学焉以力行。而不知参以一己之心智，以与古人相变通，而第泥其陈迹，会以此心之全量。以因今人为可否，而徒守夫一偏，则事以执而多沮，理以拘而愈窒。昔之茫然罔觉，贸然知者，今不依然如故乎！

所以励志之初，非不朝而诵、夕而读。而卒也学忠孝而愚，学廉节而矫，学仁义而假，学道德而僻。其与不学无术、不学面墙者，不等诮乎！故曰学而得罔，非学之咎，乃不思之咎耳，人可废思以学哉！

逐层洗发，题中无一字辜负，其开初学心机者不少矣。

攻乎异端斯害也已

异端之乱正道也，犹莠之乱苗，紫之乱朱。此自然之理，必然之势。人可不审邪正之机，利害之关，以正其学术，而攻所当攻，不攻所不当攻哉！

夫人以日用常行之道为道。道者，一中庸而已，岂中庸之外，更有所谓道哉？故君由斯道，君得为君。臣由斯道，臣得为臣。父由斯道，父得为父。子由斯道，子得为子。夫妇由斯道，夫妇得为夫妇。昆弟由斯道，昆弟得为昆弟。朋友由斯道，朋友得为朋友。吾见其益者，斯道也。未见其害者，斯道也。

若异端无父无君，悖天地之道以为教，背圣贤之理以为学者也。君攻异端，则君不君。臣攻异端，则臣不臣。父攻异端，则父不父。子攻异端，则子不子。夫妇攻异端，则夫妇不夫妇。昆弟攻异端，则昆弟不昆弟。朋友攻异端，则朋友不朋友。是禽是兽，其有害于纲常，害于伦纪，害于世道，害于人心也，岂浅鲜哉？故夫子为攻异端者，切指其害，不觉言斯戚，戚斯叹，叹斯恸，有不能自已者焉。

明白晓畅，初学最利。

君子无所争

人心本和平也，而贱者每争胜于乡曲。人性本静虚也，而贵者每争雄于廊庙。是其气力动心，而德性未定也。情欲远性，而学问未纯也。故无所争者，其惟德性坚定，学问深纯之君子。

夫君子不恃才，不负学，蔼蔼抑抑，齐物我为一致，泯彼此于无形。慎尔出话，言为德性中所流露之言。敬尔威仪，行为学问中所履历之行。和以处众，争将谁生？故天地和，阴阳各安其职，而大生无争夺之功。君子和，动静各止其居，而用心无争凌之势。不若驰情于仕宦之途，经营于什一之利者，患得患失，稍不称心，则入室而苦交谪之声，出门而怀不平之感。将堂阶殿陛，山林川泽，无在非争竞之场者焉。

然其所以然者，性命精微，体于寤寐，合意必固我而咸消，岂犹与斯人争胜负？天地万物，视为一体，任用舍行藏而胥安，岂犹与当世争雄雌？功名非所计也，而德性是乐。财利非所知也，而学问是荣。俯焉仰焉，优焉游焉，何所入而不自得欤？

德性学问，立意发出无争源头来，极得题要领。

居上不宽

宽为居上之本，不宽则无以居夫上矣。盖居上所以理民，宽所以爱民也。有理民之责，而无爱民之心，将有害于民者而不顾，利于己者无不为。虽民怨咨嗟，亦不以为忧也。不知民喜则国安，民怨则国危，国危，其将何以居夫上哉？

居上不宽，夫子所以为世之从政者警也。

且夫上也者，民之父母也。民也者，上之子弟也。世岂有父母而不爱其子弟者乎，抑岂有子弟而或困于父母者乎？况夫齐刑不如齐礼，善政不如善教。纵罪有所不容，而刑则亦不可滥。居上者可不以宽为本哉？

独是宽亦甚难也。假令一味以宽，民将无刑之可怀，则世之作奸犯科者，不将于此而起乎？然过宽固不足以居夫上，不宽亦不足以居夫上也。故典有五刑，亦有三宥，是上之不可以不宽也明矣，人奈何其不宽哉！

条理说来，题蕴毕露。

君子去仁恶乎成名

君子之名，其何以成哉？成于不处富贵，不去贫贱，存吾心之仁耳。夫仁居五常，人有五常，犹天有五行。五行去一，天恶得成其为天？五常去一，人恶得成其为人？盖仁者理也，富贵贫贱者欲也。守此固有之仁，以审夫富贵贫贱之境，身不为所累，心不为所牵，则理存而欲去矣。存理去欲，斯君子之所以成为君子也。

若夫负君子之名，而不顾君子之实，念念而贪富贵，念念而厌贫贱，天理于以渐灭，人欲于以渐滋，将名利所在，有趋之若鹜者矣。虽名流在望，儒雅当前，厌然而掩其不善。究之人之视己，如见其肺肝然。彼或依然以君子之名尊之，不知视己者，久不以君子之名称之耳。何者？富贵贫贱，乃小人之所念，非君子之用心也。君子之用心者，仁而已矣。君子之仁不存，君子之名，恶得而成？故向也存仁，名称藉藉，自尊为君子者，人共尊为君子。今也去仁，自虽尊为君子，人恶得共尊为君子哉？“君子去仁，恶乎成名”一言，学者当箴于户、铭于牖矣。

用意虽深刻，而措词甚浅显，真初学法程也。

见贤思齐焉

且吾人之为学，无论见夫贤也。即未夫贤，亦宜有志于贤，况既见夫贤，夫岂可不思齐哉？盖贤亦人，我亦人也。人能为贤，我独不可以为贤乎？思与之齐，则虽未即为贤，又何不可渐进夫贤乎？

况贤亦未必生而即贤也。当其未为贤之先，亦不过一见夫贤，能即人之贤。转念己之何以为不贤，且念己之不贤，必何如而后可以若人之贤。触目动心，奋然思齐，所以成为贤也。我见贤者，不思齐可乎？

夫人之心不思，则志无为。志无为，则品无成矣。才力聪明，虽足以希贤，亦安能以齐夫贤哉？故孟子尝曰：心之官则思。思则得之，不思则不得也，人何可慢其心而不思哉？假令未见夫贤，而有志于贤，既见夫贤，即能思齐夫贤，而谓其不能入于贤也，吾未之信。

事父母几谏

尝思君有臣谏，父有子谏。是父母有过，子固不可不谏者也。然子固不可不谏，尤不可不几谏。盖父子一体，不谏则亲体亏者，即子体亏矣。亦父子主恩，不几谏，则亲恩伤者，即子恩伤矣。故夫子曰：事父母几谏。

夫一言之失，父母未必不自知为失也。子直谏焉以彰其失，父母羞愧之心，其何以堪！一行之非，父母未必不自明为非也。子骤谏焉以扬其非，人子干蛊之道，岂容若是？故事父母者，以承顺为先，克谐为要。或雍雍论理，或闲闲言情。或借证夫前贤，或参观夫往事。多方曲计，旁引远喻。务使神明之感通，微喻于寤寐寝兴之地。精神之默运，潜争于屋漏衾影之中。虽子自知其为谏，而父母不自知其为谏焉。几谏若是，有谏之之言，而无谏之之迹。有谏之之事，而无谏之之形。善不觉以入，恶不觉以去，亲得其为亲者，子亦得其为子矣。事父母之道，其庶几乎！

简劲之中，理明词雅。

德不孤必有邻

人生天地间，苟孑然寡偶，独立无徒，固难乎其为情矣。然人不患其孤，特患其不孤而实孤耳。何则？德之不修，虽日与人论交，不过酒食游戏之徒，相与征逐而已。而声应气求之雅，究无一人焉，非不孤而实孤者乎！

故特患其不孤而实孤，不患其孤也。观于夫子曰，德不孤，必有邻，可知矣。人当屋漏自修，惟求衾影之无惭，遑问同调之可赓。而民之秉彝，好是懿德，（至）［志］同道合者，自此唱而彼和，必有其类，从之如居之有邻也。

夫居本各宅其宅，而聚族以处，不约而同。德亦如是，如舜之所居，一年成聚，二年成邑，三年成都。古之有德者，有明证矣。今人苟有德，古今虽遥，而心心相印，千圣（苑）［宛］在一室。关山虽隔，而脉脉相通，天涯亦若比邻。况梦寐常见，有朋远来，自有不孤者乎！人亦勉修其德而已，何患其孤哉！

不矜奇，不好异，循题说理，是为正矩。

朋友数斯疏矣

五伦之中，父子、夫妇、昆弟而外，惟朋友之情最亲。亲者固不可疏也。然疏而出于朋友，犹可说也，疏而由于我，不可说也。子游曰：朋友数，斯疏矣。此非由于我者乎？

夫劝善规过，朋友之道，不得已而再三渎告，以至于数，无非厚朋友而求其亲焉。而朋友厌听而疏我，不谅我之心，而拒我之言，似为朋友之咎，非我之咎也。不知孔子尝曰：忠告而善导之，不可则止。迁善改过，朋友亦必自知。即不知，我既忠告而善导已，犹不知迁改乎？如此而不迁改，是不可也。不可斯止矣，我犹剌剌不休，朋友非不谅我心之诚，朋友究难受我言之烦。因而割席事起，绝交书投，我自取之也，尚得归咎于朋友乎？

或曰，以劝善规过，而至于数，以数而至于疏，是求亲而反疏，疏亦无悔。然既疏矣，究何益哉？曷若不数，而情犹亲之为愈乎？

求亲反疏，此题铁板注脚，照此发挥，不失正旨。

可欺也不可罔也

人之处事，所凭者理而已矣。事无定也，而理有定。以有定之理，应无定之事，任事变无穷，宰夫理而自不能乱。然心不明夫理，遇事之来，将信将疑。无论理之所有者可欺，即理之所无者亦可罔焉。

若君子则不然。理无不穷，知无不尽。欺之以理之所有，虽实为妄诞，彼有必信。罔之以理之所无，虽善为说辞，彼终不听。故宰我问仁者，从井救人。夫子则曰：君子可欺也，不可罔也。夫仁主于爱，井有人焉，仁者固必救之。然必身在井上，乃可以救井中之人。若从之于井，则不复能救之矣。此理甚明，人所易晓。

谓仁者有仁术，曷不于井上救之？聊复一试，而仁者必尽其才。谓仁者能感神，曷不从井中救之，可以两全？而仁者难信其德。盖欺之以理之所有则可，罔之以理之所无则不可也。如可欺亦可罔，是愚也。此好仁不好学，其敝也愚。夫子尝揭以告子路矣，何宰我信道不笃若是哉？

以理字作主，有条不紊。

求仁而得仁又何怨

人不能无所求，即不能无所怨也，以有所求而不得也，如求则得之，怨何有焉？故夫子谓，夷、齐其人，求仁而得仁，又何怨。

夫夷、齐兄弟逊国，一则尊父命，一则重天伦。要各合乎天理之正，即得乎人心之安。所以求乎仁也，何尝求乎富贵哉？不求富贵而求仁，则不以不得富贵为怨，以不得仁为怨矣。不以得富贵为无怨，以得仁为无怨矣。何也？以仁为荣，以富贵为辱。以仁为重，以富贵为轻。弃轻求重，求荣去辱，人情也。求之不得则怨，求则得之则无怨，亦人情也。盖怨生于内，而发于外。夷尊父命而命不违，齐重天伦而伦不悖，是内有是仁之求，外即有是仁之得也。其心各遂，其志各得，内既无怨心之生，外又何有怨情之见？

故天理既正，人心既安，仁者也。仁者而视弃国犹弃敝（踪）［屣］也，谁得谓夷、齐兄弟逊国而逃，出于一时之矫激，而不免怨恨之心哉？

就仁字发出何怨，清切不浮。

述而不作

人有言曰，圣者作，贤者述。圣如孔子，岂犹述而不作哉？不知圣人亦不好作也。

三代以前，文教未兴，圣人不作，谁为之法？三代以后，文教大盛，人虽至圣，亦不敢作。不惟不敢作，且不必作。不惟不必作，且不当作。盖生圣人之后，而犹以作是好，非矜奇炫异，即（立）［离］经畔道，作何可乎？所以孔子删《诗》《书》，定《礼》《乐》，赞《周易》，修《春秋》，皆传先王之旧，而未尝有所作也。

然述而不作，亦非孔子自存谦让也。使孔子而生于尧、舜、禹、汤、文、武、周公之前，孔子必不得不作。使尧、舜、禹、汤、文、武、周公而生于孔子之后，尧、舜、禹、汤、文、武、周公，亦述而不作矣。如谓圣者必作，恶是何言也。

且夫述之功倍于作，集群圣之大成而折衷之，上绵坠绪，下衍新传。先孔子而圣者，非孔子无以传。后孔子而圣者，非孔子无以法。此何如之功也，当时以作疑孔子者，抑何浅欤！

观此知圣人不必作，亦不必述。宜作则作，宜述则述，惟视其时而已矣！

不在其位不谋其政

三代以前，各居其位，各谋其政，礼制昭然，不相侵越。降及春秋，王纲不振，臣职不修。纪纲法度之政，每致越其谋于位外。擅权好事，谁知礼分之严，而思不出其位哉？故孔子神游三代，目击春秋，以示警曰：不在其位，不谋其政。

夫先王任天下之官则有位，立天下之位则有政，出天下之政则有谋。位为其位，则政为其政，而谋为其谋也。若位非其位，则政非其政，而谋非其谋也。乃越俎自呈，商可度否？如责有不容委，指利陈弊。如才有所宜任，勿论局外之人，不谙局中之情，纵谋之克臧，亦非分所宜然，安免史笔侵越之诛？故位不在公卿，则公卿之政，听谋公卿。位不在大夫，则大夫之政，听谋大夫。其或会盟也，而不与谋其会盟。其或征伐也，而不与谋其征伐。素位而行，不愿乎外。素大僚行乎大僚，素小吏行乎小吏。君子所以安本然之分，以遵礼制之严，而远侵越之嫌也。专权炫长之辈，先孔子而生者，宜有斯言而获辜，后孔子而生者，宜有斯言而自敛矣。

切好权立论，得圣人当日立言之旨。

清史稿·选举志

赵尔巽　等撰

导读

关于清代八股文的工具性及发展变化，以及与清代科举制的关系，赵尔巽主编的《清史稿·选举志》中都有记叙。

赵尔巽（1844—1927），字公镶，号次珊，别号无补，奉天铁岭（今属辽宁）汉军正蓝旗人。清同治十三年（1874）二甲进士，入选翰林院。任监察御史时以直言极谏著称。历任知府、按察使、布政使、湖南巡抚、盛京将军、湖广总督、四川总督、东三省总督。辛亥革命爆发，被拥为奉天都督，旋辞职，居青岛。1914 年被袁世凯聘为清史馆馆长，领修《清史稿》。

《清史稿》是由北洋政府设馆编修的记载清朝历史的正史——“清史”的未定稿，全书五百三十六卷。所记之事，上起 1616 年清太祖努尔哈赤建国称汗，下至 1912 年清朝灭亡，共二百九十六年的历史。

《清史稿》编修工作历时十四年。至 1927 年，赵尔巽见全稿已初步成形，担心时局多变及自己时日不多，便决心以《清史稿》之名将各卷刊印出版，以示其为未定稿本。

有关八股文的记载在《选举三》之中。

由于“有清一沿明制”，故与《明史·选举志》相比较，《清史稿·选举志》中并无对八股文创制及定格方面的记叙，而是对沿袭明末已经走向成熟的八股文在不同发展阶段形态的勾勒，以及它在八股取士制中的运用情况的记载。其中对科场拟题与防弊情况的记叙较详，因这是对八股取士制及八股文本身破坏最烈之事，由此可知清廷对八股取士制的重视程度。

“清真雅正”衡文标准的确立，是清代八股文体内的经学性与文学性能和谐并存甚至相辅相成的保证，它的施行也使得以古文为时文的写作方法能大畅其行，以致“雍、乾间，作者辈出，律日精而法益备”。《选举三》中对“清真雅正”标准推行情况的记载，是清代八股文与明代八股文不同之处的准确反映。

最值得重视的是《选举三》中对于清代康熙时一度废除八股取士与乾隆时朝廷关于废止八股文争议的记载。这种事在明代不曾发生过，到清代则多次出现，这表明八股取士制到清代已经日趋衰亡。所以，八股文在清末被废止是可以预见的顺理成章之事。

《选举一》《选举二》均记叙了清代的学校制度。《选举一》记叙的是清代传统学校即国子监，府、州、县学，社学、私塾三级学校的学生、学习、考试、教官、选拔等各方面的情况。学校是学习《四书》《五经》，从事八股文写作训练的地方，它与八股文关系之密切是不言而喻的，当时的学校即是在写八股文。

《选举二》则记录了“学校新制之沿革，略分二期。同治初迄光绪辛丑以前，为无系统教育时期；辛丑以后迄宣统末，为有系统教育时期”。新制学校的开办与发展，从表面上看，与八股文没有关系，因为它们所从事的是西式教育。在无系统教育时期，主要是从事器物层面即从事制造、新式军事方面的教学。正是这种教育，使人们受到科学知识的启蒙，其思想内容与八股文所载的孔孟之道是完全不同甚至是对立的，从而动摇了八股文的根基。有系统教育时期，则从器物层面向制度层面发展，西方的政治制度、文化开始成为学习的目标。这样一来，八股文所载的儒家理念受到更大冲击，八股文赖以存在的根本都摇摇欲坠，八股文消亡之日自然就来临了。所以新式学校的兴起看似与八股文无关，实则是压垮骆驼的最后一根稻草。所以，将新旧两种学校的记载都选入了本节，让人们看到清代学校与八股文或相辅相成，或破坏瓦解的内在关系，为对八股文本质的了解是有益的。

收入本书的《清史稿·选举志》一、二、三，据袁金铠主持，1928 年所出之本标点录入。

（乌　媛）

清史稿卷一百六志八十一

选举一

古者取士之法，莫备于成周，而得人之盛，亦以成周为最。自唐以后，废选举之制，改用科目，历代相沿。而明则专取《四子书》及《易》《书》《诗》《春秋》《礼记》五经命题试士，谓之制义。有清一沿明制，二百余年，虽有以他途进者，终不得与科第出身者相比。康、乾两朝，特开制科。博学鸿词，号称得人。然所试者亦仅诗、赋、策论而已。洎乎末造，世变日亟。论者谓科目人才不足应时务，毅然罢科举，兴学校。采东、西各国教育之新制，变唐、宋以来选举之成规。前后学制，判然两事焉。今综其章制沿革新旧异同之故著于篇。

学校一

有清学校，向沿明制。京师曰国学，并设八旗、宗室等官学。直省曰府、州、县学。

世祖定鼎燕京，修明北监为太学。顺治元年，置祭酒、司业及监丞、博士、助教、学正、学录、典籍、典簿等官。设六堂为讲肄之所，曰率性、修道、诚心、正义、崇志、广业，一仍明旧。少詹事李若琳首为祭酒，请仿明初制，广收生徒，官生除恩荫外，七品以上官子弟勤敏好学者，民生除贡生外，廪、增、附生员文义优长者，并许提学考选送监。又言学以国子名，所谓国之贵游子弟学焉。前朝公、侯、伯、驸马初袭授者，皆入国学读书。满洲勋臣子弟有志向学者，并请送监肄业。诏允增设满洲司业、助教等官，是为八旗子弟入监之始。厥后定为限制，条例屡更，益臻详备。肄业生徒，有贡、有监。贡生凡六：曰岁贡、恩贡、拔贡、优贡、副贡、例贡。监生凡四：曰恩监、荫监、优监、例监。荫监有二：曰恩荫、难荫。通谓之国子监生。

六堂肄业，分内、外班。初，内班百五十名，堂各二十五名；外班百二十名，堂各二十名。户部岁发帑银，给膏火，奖励有差，余备赒恤。乾隆初，改内班堂各三十名，内、外共三百名。既而裁外班百二十名，加内班膏火，拨内班二十四名为外班。嘉庆初，以八旗及大、宛两县肄业生距家近，不住舍，不许补内班。补班之始，赴监应试，曰考到。列一、二等者再试，曰考验。贡生一、二等，监生一等，乃许肄业。假满回监曰复班。内班生愿依亲处馆，满、蒙、汉军恩监生习翻译或骑射，不能竟月在学者，改外班。旷大课一次，无故离学至三次以上，例罚改外。置集愆册，治诸不帅教者。出入必记于簿，监丞掌之。省亲、完姻、丁忧、告病及同居伯、叔、兄长丧而无子者，予假归里，限期回监。迟误惩罚，私归黜革，冒替除名。

课士之法，月朔、望释奠毕，博士厅集诸生，讲解经书。上旬助教讲义。既望，学正、学录讲书各一次。会讲、覆讲、上书、覆背，月三回，周而复始。所习《四书》《五经》《性理》《通鉴》诸书，其兼通《十三经》《二十一史》，博极群书者，随资学所诣。日摹晋、唐名帖数百字，立日课册，旬日呈助教等批晰，朔、望呈堂查验。祭酒、司业月望轮课四书文一、诗一，曰大课。祭酒季考，司业月课，皆用《四书》《五经》文，并诏、诰、表、策论、判。月朔，博士厅课经文、经解及策论。月三日，助教课，十八日，学正、学录课，各试四书文一、诗一、经文或策一。

积分历事之法，国初行之。监生坐监期满，拨历部院练习政体。三月考勤，一年期满送廷试。其免坐监，或免历一月二月者，恩诏有之，非常例也。顺治三年，祭酒薛所蕴奏定汉监生积分法，常课外，月试经义、策论各一，合式者拔置一等。岁考一等十二次为及格，免拨历，送廷试超选。十五年，祭酒固尔嘉浑议："令监生考到日，拔其尤者许积分；不与者，期满咨部历事。积分法一年为限。常课外，月试一等与一分，二等半分，二等以下无分。有《五经》兼通，全史精熟，或善摹钟、王诸帖，虽文不及格，亦与一分。积满八分为及格，岁不逾十余人。恩、拔、岁、副，咨部历满考职，照教习贡生例，上上卷用通判，上卷用知县。例监历满考职，与不积分贡生一体廷试。每百名取正印八名，余用州、县佐贰。积分不满数，愿分部者，咨部不得优选。愿再肄业满分者听。"从之。是年，科臣王命岳以贡途壅塞，请暂停恩、拔、岁贡。于是坐监人少，难较分数。十七年，固尔嘉浑奏停积分法，后遂不复行。康熙初，并停拨历，期满咨部考试，用州同、州判、县丞、主簿、吏目。自是部院诸司无监生，惟考选通文理能楷书者，送修书各馆，较年劳议叙，照应得职衔选用，优者或加等焉。

监生坐监期，恩贡六月，岁贡八月，副贡廪膳六月，增、附八月，拔贡廪膳十四月，增、附十六月，恩荫二十四月，难荫六月，例贡廪膳十四月，增、附十六月，俊秀二十四月。例监计捐监月分三十六月。雍正五年，定除监期计算。各监生肄业，率以连闰扣满三年为期。告假、丁忧、考劣、记过，则扣除月日。告假依限到监，或逾限而本籍有司官具牍者，仍前后通算。

旧制，祭酒、司业总理监务。雍正三年，始设管理监事大臣。乾隆二年，孙嘉淦以刑部尚书管监事。初，嘉淦在世宗朝官司业，奏言："学校之教，宜先经术，请敕天下学臣，选拔诸生贡太学，九卿举经明行修之士为助教，一以经术造士。三年考成，举以待用。"议未及行，迁祭酒，申前请，世宗韪之。先是，太学生名为坐监肄业，率假馆散处。遇释奠、堂期、季考、月课，暂一齐集。监内旧有号房五百余间，修圮不时，且资斧不给，无以宿诸生。嘉淦言："各省拔贡云集京师，需住监者三百余人。六堂只可诵读，不能栖止。乞给监南官房，令助教等官及肄业生居住。岁给银六千两为讲课、桌饭、衣服、赈助之费。"允之。是为南学。

至是，请仿宋儒胡瑗经义、治事分斋遗法。明经者，或治一经，或兼他经，务取《御纂折中》《传说》诸书，探其原本，讲明人伦日用之理。治事者，如历代典礼、赋役、律令、边防、水利、天官、河渠、算法之类。或专治一事，或兼治数事，务穷究其源流利弊。考试时，必以经术湛深、通达事理、验稽古爱民之识。三年期满，分别等第，以示劝惩。从之。令诸生有心得或疑义，逐条札记，呈助教批判，按期呈堂。季考月课，改《四书》题一，《五经》讲义题各一，治事策问一。时高宗加意太学，嘉淦严立课程，奖诱备至，六堂讲师，极一时之选。举人吴鼎、梁锡玙，皆以荐举经学授司业。进士庄亨阳，举人潘永季、蔡德峻、秦蕙田、吴鼐，贡生官献瑶、王文震，监生夏宗澜，皆以潜心经学，先后被荐为本监属官。分长六堂，各占一经，时有"四贤五君子"之称。师徒济济，皆奋自镞砺，研求实学。而祭酒赵国麟又以经义、治事外，应讲习时艺，请颁六堂《钦定四书文》资诵习。并报可。

清代临雍视学典礼綦重。顺治九年，世祖首视学。先期行取衍圣公、五经博士率孔氏暨先贤各氏族裔赴京观礼。帝释奠毕，诣彝伦堂御讲幄。祭酒讲《四书》，司业讲经。宣制勉太学诸生。越日，赐衍圣公冠服，国子监官赏赉有差。各氏后裔送监读书。嗣是历代举行以为常。乾隆四十八年谕曰："稽古国学之制，天子曰辟雍，所以行礼乐、宣德化、昭文明而流教泽，典至巨也。国学为人文荟萃之地，规制宜隆。辟雍之立，元、明以来，典尚阙如，应增建以臻美备。"命尚书德保，尚书兼管国子监事刘墉，侍郎德成，仿《礼经》旧制，于彝伦堂南营建。明年，落成。又明年，高宗驾临辟雍行讲学礼。命大学士、伯伍弥泰，大学士管监事蔡新，进讲《四书》。祭酒觉罗吉善、邹奕孝，进讲《周易》。颁御论二篇，宣示义蕴。王、公、衍圣公、大学士以下官，暨肄业观礼诸生，三千八十八人，圜桥听讲。礼成，赐燕礼部，恩赉有加。是时天子右文，群臣躬遇休明，翊赞文化，彬彬称极盛矣。嘉庆以后，视学典礼，率循不废。咸丰初，犹一举行焉。

道光末，诏整饬南学，住学者百余人，监规颓废已久，迄难振作。咸丰军兴，岁费折发，章程亦屡更。同治初元，以国学专课文艺，无裨实学，令兼课论、策。用经、史、性理诸书命题，奖励留心时务者。明年，增发岁费三千两。九年，乃复旧额。选文行优者四十人住南学，厚给廪饩，文风稍稍兴起。光绪二年，增二十名。十一年，许各省举人入监，曰举监。其后无论举人、贡监生，凡非正印官未投供，举、贡未传到教习，均得入监，以广裁成。

贡监生诸色目多沿明制，岁贡，取府、州、县学食廪年深者，挨次升贡。顺治二年，命直省岁贡士京师。府学岁一人，州学三岁二人，县学二岁一人，一正二陪。学政严加遴选，滥充发回原学。五名以上，学政罚俸。十五年，令到部时详查，年力强壮者，乃许送监。康熙元年，减贡额，府三岁二人，州二岁一人，县三岁一人。八年，复照顺治二年例。二十六年，罢岁贡廷试。其后但由学政挨序考准咨部选授本省训导。得缺后，巡抚一加考验，愿入监者益鲜矣。恩贡，因明制，国家有庆典或登极诏书，以当贡者充之。顺治元年，诏直省府、州、县学，以本年正贡作恩贡，次贡作岁贡。历代恩诏皆如之。九年，五氏子孙观礼生员十五人，送监读书，准作恩贡。乾隆后，恩赐临雍观礼圣贤后裔廪、增、附生入监以为常。至康、乾间，天子东巡，亲诣阙里，拔取五氏、十三氏子孙生员贡成均，则加恩圣裔，非恒制也。拔贡，因明选贡遗制，顺治元年举行。顺天六人，直省府学二人，州、县学各一人。康熙十年，令学臣于考取一、二等生员内，遴选文行兼优者贡太学，从祭酒查禄请也。明年，始选拔八旗生员，满洲、蒙古二人，汉军一人。时各省选贡多冒滥，三十七八年间，祭酒特默德、孙岳颁面试山西选拔张汉翀等六名，陕西吕尔恒等四名，广东陈其玮等三名，均文理不堪，字画舛谬，原卷驳回，学臣参处，遂停选拔。雍正元年，礼部尚书陈元龙疏请严成均肄业之规。部议，太学监生，皆由捐纳，能文之士稀少，应令学臣照旧例选拔送监。从之。五年，世宗以岁贡较食廪浅深，多年力衰惫之人，欲得英才，必须选拔。命嗣后六年选拔一次。明年，又谕学政选拔不拘一、二等生员，酌试时务策论，果有识见才干，再访平日品行，即未列优等，亦许选拔。故雍、乾间充贡国学，以选拔为最盛。

乾隆初定朝考制，列一、二等者，拣选引见录用，三等札监肄业。寻停拣选例。三年期满，祭酒等分别等第，核实保荐，用知县、教职。七年，帝以拔贡六年一举，人多缺少，妨举人铨选之路。且生员优者，应科举时，自可脱颖而出，不专借选拔为进身，改十二年一举。遂为永制。十六年，以天下教官多昏耄，滥竽恋栈。虽定例六年甄别，长官每以闲曹，多方宽假。谕详加澄汰。廷臣议，督、抚三年澄汰教职员缺，以朝考拣选拔贡充补。未入拣选者，札监肄业如旧。四十一年，定朝考优等兼用七品小京官。五十五年，朝考始用覆试。学政选拔分二场，试四书文、经文、策论。乾隆十七年，经文改经解。二十三年，增五言八韵诗。会同督、抚覆试。朝考试书艺一、诗一。副榜入监，顺治二年，令顺天乡试中式副榜增、附，准作贡监。廪生及恩、拔、岁贡，免坐监，与廷试。十五年，他贡停，惟副榜照旧解送。康熙元年，停副贡额。十一年，以查禄奏复，旧制优贡之选，与拔贡并重。

顺治二年，令直省不拘廪、增、附生，选文行兼优者，大学二人、小学一人送监。康熙二十四年，以监生止输纳一途，贫窭之士无由观光，令照顺治二年例选送。雍正间，始析贡监名色，廪、增准作优贡，附生准作优监。乾隆四年，限大省无过五、六名，中省三、四名，小省一、二名，任缺无滥。学政三年会同督、抚保题，分试两场，略同选拔。试四书文、经解、经文、策论，后增诗。二十三年，定优生到部，如拔贡朝考例。试书艺一、诗一，文理明通者升太学；荒疏者发回，学政议处。二十九年，学臣有以拔贡年分暂停举优为请者，部议拔贡十二年一举，而学臣三年任满，宜举优黜劣，通省不过数名，应仍旧例。嘉庆十九年，御史黄中杰条奏，请与拔贡一体廷试录用。礼部议驳。请免来京朝考，示体恤。帝以优生经朝考准作贡生，斯合贡于王廷之义。停朝考，名实不符。弗许。然卒以无录用之条，多不赴京报考。同治二年，议定甲子科始廷试优生，仿顺天乡试例，分南、北、中卷。八旗、奉天、直隶、山东、山西、河南、陕西、甘肃为北卷，江苏、江西、浙江、安徽、福建、湖北、湖南为南卷，四川、广东、广西、云南、贵州为中卷。考列一、二等用知县、教职，三等用训导。恩、拔、副、岁、优，时称“五贡”。科目之外，由此者谓之正途。所以别于杂流也。

恩监，由八旗汉文官学生、算学满、汉肄业生考取。又临雍观礼圣贤后裔，由武生、奉祀生、俊秀入监者，皆为恩监。例贡与例监相仿，由廪、增、附生或俊秀监生援例报捐贡生者，曰例贡；由俊秀报捐监生者，曰例监。凡捐纳入官必由之。或在监肄业，或在籍，均为监生。恩荫，凡满、汉子弟奉敕送监读书，恩诏分别内外文武品级，荫子入监。顺治二年，定文官京四品、外三品以上，武官二品以上，俱送一子入监。十一年，觉罗荫生照各官荫生例，一体送监。包衣佐领下官子弟，向例不得为荫监。康熙九年，例除。宗室给荫入监，自康熙五十二年始也。难荫始顺治四年，以殉难陕西固原道副使吕鸣夏子入监读书。九年，定内、外满、汉三品以上官，三年任满，勤事以死者，荫一子入监。后广其例，凡三司首领，州、县佐贰官死难者，亦得荫子矣。

外国肄业生，康熙二十七年，琉球国王始遣陪臣子弟梁成楫等随贡使至，入贡肄业。雍正六年，鄂罗斯遣官生鲁喀等留学中国，以满、汉助教等教之，月给银米器物，学成遣归，先后络绎。至同治间，琉球官生犹有至者。

他如顺治二年，于随征入关奉天十五学，取三十人入监，为天下劝。十一年，定随征廪生准作贡监。生员有军功二等，准作生监。更有军功二等，准作贡生，谓之功贡。未几例停，则开国时权宜之制也。

考送校录，始于乾隆三年，令国子监选正途贡生，年力少壮、字画端楷者十人，送武英殿备誊录。年满议叙。三十四年例停，归吏部誊录贡生内选取。嗣以吏部无合例者，仍由在监拔、副、优贡生考选。嘉庆间增十名，后不复行。

五贡就职，学政会同巡抚验看，咨部依科分名次、年分先后，恩、拔、副贡以教谕选用，岁贡以训导选用。康熙中，捐纳岁贡，并用训导。雍正初，捐纳贡生，教谕改县丞，训导改主簿。既仍许廪生捐岁贡者，用训导；恩、拔、副贡年力富强者，得就职直隶州州判。嘉庆以后，凡朝考未录之拔贡及恩、副、岁、优贡生，遇乡试年，得具呈就职、就教。优贡就教，附岁贡末用训导。道光初，许满、蒙正途贡生就职，与汉员通较年分先后选用。贡监考职，定例必监期已满，乃许送考。惟特恩考职，不论监期满否。凡正途、捐纳各项贡、监生，及候补誊录、教习、校录，一体送考。其已就教、就职及捐职、袭世职者不许。初制，考职岁一举，贡、监一例以州同、州判、县丞、主簿、吏目录用。乾隆元年，定考职以乡试年，恩科不考。恩、拔、副贡考列一等以州同、二等以州判、三等以县丞选用。岁贡一等以主簿、二等以吏目选用。愿就教者听。捐纳贡监考取如岁贡例。五十六年停考职。嘉庆五年，仅一行之。光绪三十一年，直隶总督袁世凯等奏停科举折宽筹举贡生员出路一条，“请十年三科内优贡加额录取。己酉选拔如旧，朝考用京官知县。督、抚、学政三科内考选学贡通算学、地理、财政、兵事、交涉、铁路、矿务、警察、外国政法之一者，三年一次，保送若干名，略视会试中额两三倍。赴京试取者，用主事、中书、知县”。诏议行。明年，政务处详议，己酉拔贡，照向额倍取，本年丙午考优。以后三年一考，视例额加四倍。廪生出贡许倍额，部院考用誊录，分举人、五贡、生员三等。二年期满奖叙。举人、优、拔，择尤改用七品小京官。又为广就职之例，五贡一体以直隶州州判，按察、盐运经历，散州州判、经历，县丞，分别注选，或分发试用。盖五贡终清之世，未尝废弃也。

算学隶国子监，称国子监算学。乾隆四年，额设学生满、汉各十二，蒙古、汉军各六。续设汉肄业生二十四。遵《御制数理精蕴》，分线、面、体三部。部限一年通晓。七政限二年。有季考、岁考。五年期满考取者，满、蒙、汉军学生咨部，以本旗天文生序补。汉学生举人用博士，贡监生童用天文生。

此外隶国学者，为八旗官学。顺治元年，若琳奏："臣监僻在城东北隅，满员子弟就学不便，议于满洲八固山地方各立书院，以国学二厅、六堂教官分教之，以时赴监考课。"下部议行。于是八旗各建学舍。每佐领下取官学生一名，以十名习汉书，余习满书。二年，从所蕴言，合两旗为一学。每学教习十人，教习酌取京省生员。其后学额屡有增减，教习于国学肄业生考选，止用恩、拔、副、岁贡生。如无其人，准例监生亦得考取。举人愿就，一例考选。雍正元年，于八旗蒙古护军、领催、骁骑内，选熟练国语、蒙古语者十六人，充蒙古教习。向例官学生分佐领选送。五年，定每旗额设百名。满洲六十，习清、汉书各半。蒙古、汉军各二十，通一旗选择，不拘佐领。年幼者习清书，稍长者习汉文。拨八旗教养兵额满洲三十，蒙古、汉军各十名钱粮分给学生。定汉教习每旗五人。乾隆初，定官学生肄业以十年为率，三年内讲诵经书，监臣考验，择材资聪颖有志力学者，归汉文班；年长愿学翻译者，归满文班。三年，钦派大臣考取汉文明通者，拔为监生，升太学。与汉贡监究心明经治事，期满，择尤保荐，考选录用。八年，定汉教习三年期满，分等引见。一等用知县，二等用知县或教职铨选。一等再教习三年，果实心训课者，知县即用。蒙古教习五年期满实心训课者，用护军校、骁骑校。满助教每旗二人，以八旗文进士、举人，翻译进士、举人，恩、拔、副、岁贡生，文生员，翻译生员，废员，笔帖式考取。三十三年，下五旗包衣每旗增设学生十名。满洲六，蒙古、汉军各二，不给钱粮。五十四年，于每旗百名内裁十名，选取经书熟、文理优者二十人，加给膏火资鼓励。嘉、道以后，官学积渐废弛，八旗子弟仅恃此进身。教习停年期满予录用例，月课虚应故事。虽明谕屡督责，讫难振刷。光绪初，力筹整顿。每学以满、汉科甲官一人为管学官，专司考核学生课程，教习勤惰。简派满、汉进士出身大员二人为管理八旗官学大臣。每学添设翰林编、检一员。月课季考，分司考校。春秋赴监会考如旧。

同、光间，国学及官学造就科举之才，亦颇称盛。然囿于帖括，旧制鲜变通。三十一年，监臣奏于南学添设科学，未几，裁国子监，并设学部。文庙祀典，设国子丞一人掌之。八旗官学改并学堂，算学亦改称钦天监天文算学，隶钦天监。而太学遂与科举并废云。

宗学肇自虞廷，命夔典乐，教胄子。三代无宗学名，而义已备。唐、宋后，有其名而制弗详。清顺治十年，八旗各设宗学，选满洲生员为师。凡未封宗室子弟，十岁以上，俱入学习清书。雍正二年定制，左、右两翼设满、汉学各一，王、公、将军及闲散宗室子弟十八岁以下，入学分习清、汉书，兼骑射。以王、公一人总其事。设总、副管，以宗室分尊齿长者充之。清书教习二人，选罢闲旗员及进士、举人、贡生、生员善翻译者充之。骑射教习二人，选罢闲旗员及护军校善射者充之。每学生十人，设汉书教习一人，礼部考取举、贡充之。三年期满，分别等第录用。十一年，两学各以翰林官二人董率课程，分日讲授经义、文法。乾隆初，以满、汉京堂各一人总稽学课，月试经义、翻译及射艺。九年，定每届五年，简大臣合试两翼学生，钦定名次，以会试中式注册。俟会试年，习翻译者，与八旗翻译贡生同引见，赐进士，用府属额外主事。习汉文者，与天下贡士同殿试，赐进士甲第，用翰林部属等官。十年，考试汉文、翻译无佳作。谕曰："我朝崇尚本务，宗室子弟俱讲究清文，精通骑射。诚恐学习汉文，流于汉人浮靡之习。世祖谕停习汉书，所以敦本实、黜浮华也。嗣后宗室子弟不能习汉文者，其各娴习武艺，储为国家有用之器。”明年，定学额，左翼七十，右翼六十。二十一年，裁汉教习九人，改翻译教习。增骑射教习，翼各一人。嘉庆初，画一两翼学额，增右翼十名。定每学教习满三人，汉四人。十三年，两翼各增学额三十，足百名，为永制。

觉罗学，雍正七年，诏八旗于衙署旁设满、汉学各一，觉罗子弟八岁至十八岁，入学读书习射，规制略同宗学。总管王、公，春秋考验。三年钦派大臣会同宗人府考试，分别奖惩。学成，与旗人同应岁、科试及乡、会试，并考用中书、笔帖式。学额镶黄旗六十一，正黄旗三十六，正白旗、正红旗各四十，镶白旗十五，镶红旗六十四，正蓝旗三十九，镶蓝旗四十五。满、汉教习，旗各二人。惟镶白旗各一。

景山官学，康熙二十四年，令于北上门两旁官房设官学，选内府三旗佐领、管领下幼童三百六十名。清书三房，各设教习三人。汉书三房，各设教习四人。初，满教习用内府官老成者，汉教习礼部考取生员文理优通者。寻改选内阁善书、射之中书充满教习，新进士老成者充汉教习。雍正后，汉教习以举人、贡生考取，三年期满，咨部叙用。学生肄业三年，考列一等用笔帖式，二等用库使、库守。乾隆四十四年，许回子佐领下选补学生四名。嘉庆间，定额镶黄旗、正白旗均百二十四，正黄旗百四十，回童四。

咸安宫官学，雍正六年，诏选内府三旗佐领、管领下幼童及八旗俊秀者九十名，以翰林官居住咸安宫教之。汉书十二房，清书三房，各设教习一人，教射、教国语，各三人，如景山官学考取例。五年钦派大臣考试，一、二等用七、八品笔帖式。汉教习三年、清语骑射教习五年，分别议叙。乾隆初，定汉教习选取新进士，不足，于明通榜举人考充。期满，进士用主事、知县，举人用知县、教职。二十三年以后，不论年分，许学生考翻译中书、笔帖式、库使。定教习汉九人，满六人。

宗学、觉罗学隶宗人府，景山学、咸安宫学隶内务府。诸学总管、教习等，类乏通才，经费徒糜。甚者黉舍空虚，期满时，例报成就学生若干名而已。光绪二十八年，翰林院侍读宝熙奏请援同文馆归并大学堂例，将宗室、觉罗、八旗等官学改并中、小学堂，均归管学大臣办理。从之。

他如世职官学，八旗及礼部义学，健锐营、外火器营、圆明园、护军营等学，皆清代特设，习满、蒙语言文字。

府、州、县、卫儒学，明制具备，清因之。世祖勘定天下，命赈助贫生，优免在学生员，官给廪饩。顺治七年，改南京国子监为江宁府学。寻颁卧碑文，刊石立直省学宫。谕礼部曰："帝王敷治，文教为先。臣子致君，经术为本。自明末扰乱，日寻干戈，学问之道，阙焉未讲。今天下渐定，朕将兴文教，崇经术，以开太平。尔部传谕直省学臣，训督士子，凡理学、道德、经济、典故诸书，务研求淹贯。明体则为真儒，达用则为良吏。果有实学，朕必不次简拔，重加任用。"初，各省设督学道，以各部郎中进士出身者充之。惟顺天、江南、浙江为提督学政，用翰林官。宣大、苏松、江安、淮扬、肇高先皆分设，既乃裁并。上下江、湖南北则裁并后仍分设。雍正中，一体改称学院，省设一人。奉天以府丞、台湾以台湾道兼之。甘肃自分闱后，始设学政。

各学教官，府设教授，州设学正，县设教谕，各一，皆设训导佐之。员额时有裁并。生员色目，曰廪膳生、增广生、附生。初入学曰附学生员。廪、增有定额，以岁、科两试等第高者补充。生员额初视人文多寡，分大、中、小学。大学四十名，中学三十名，小学二十名。嗣改府视大学，大州、县视中学减半，小学四名或五名。康熙九年，大府、州、县仍旧额，更定中学十二名，小学七名或八名。后屡有增广。满州、蒙古、汉军子弟，初归顺天考试取进，满洲、汉军各百二十名，蒙古六十名。康熙中减定满、蒙四十名，汉军二十名。旋复增为满、蒙六十，汉军三十。学政三年任满。岁、科两试。顺治十五年停直省科试，康熙十二年复之。

儒童入学考试，初用《四书》文、《孝经》论各一，《孝经》题少，又以《性理》《太极图说》《通书》《西铭》《正蒙》命题。嗣定正试《四书》文二，覆试《四书》文、《小学》论各一。雍正初，科试加经文。冬月晷短，书一、经一。寻定科试《四书》、经文外，增策论题，仍用《孝经》。乾隆初，覆试兼用《小学》论。中叶以后，试书艺、经艺各一。增五言六韵诗。圣祖先后颁《圣谕广训》及《训饬士子文》于直省儒学。雍正间，学士张照奏令儒童县、府覆试，背录《圣谕广训》一条，著为令。凡新进生员，如国子监坐监例，令在学肄业，以次期新生入学为满。

教官考校之法，有月课、季考，《四书》文外，兼试策论。翌日讲《大清律》刑名、钱谷要者若干条。月集诸生明伦堂，诵《训饬士子文》及卧碑诸条，诸生环听。除丁忧、患病、游学、有事故外，不应月课三次者戒饬，无故终年不应者黜革。试卷申送学政查覆。讫于嘉庆，月课渐不举行。御史辛从益以为言，诏令整顿。嗣是教官多阘茸不称职，有师生之名，无训诲之实矣。

学政考核教官，按其文行及训士勤惰，随时荐黜。康熙中，令抚臣考试。嗣教职部选后，赴抚院试。四等以上，给凭赴任；五等学习三年再试，六等褫职。雍正初，定四、五等俱解任学习。六年考成俸满，尽心训导，士无过犯者，督、抚、学政保题，擢用知县。

学臣按临，谒先师，升明伦堂，官生以次揖见。生员掣签讲书，各讲《大清律》三条，西向立；讲毕，东向立：俟行赏罚。

考试生员，旧例岁、科试俱四书文二、经文一。自有给烛之禁，例不出经题。雍正元年，科试增经文，冬月一书、一经。六年，更定岁试两书、一经，冬月一书、一经。科试书一、经一、策一，冬月减经文。乾隆二十三年，改岁试书一、经一，科试书一、策一、诗一，冬月亦如之。欠考，勒限补行。三次，黜革。后宽其例，五次以上乃黜。

驻防考试，清初定制，各省驻防弁兵子弟能读书者，诣京应试。乾隆时，参领金珩请许岁、科试将军先试骑射，就近送府院取进。严旨切责。嘉庆四年，湖南布政使通恩奏如金珩言，诏议行。应试童生，五六名取进一名，佐领约束之。训习清语、骑射，府学课文艺。明年谕曰："我满洲根本，骑射为先。若八旗子弟专以读书应试为能，轻视弓马，怠荒武备，殊失国家设立驻防之意。嗣后各省驻防官弁子弟，不得因有就近考试之例，遂荒本业。"

汉军设廪、增，自顺治九年始。康熙十年，满、蒙亦设廪、增。初制各二十名，嗣减汉军十名。雍正间定额，满、蒙六十，汉军三十。直省廪、增额，府四十，州三十，县二十，卫十。其新设者，府学视州学，州学视县学。其一学分两学，则均分其额，或差分之。

六等黜陟法，视明为繁密。考列一等，增、附、青、社俱补廪。无廪缺，附、青、社补增。无增缺，青、社复附，各候廪。原廪、增停降者收复。二等，增补廪，附、青、社补增。无增缺，青、社复附。停廪降增者复廪。增降附者复增，不许补廪。

三等，停廪者收复候廪。丁忧起复，病痊考复，缘事辨复，增降附者许收复，青衣发社者复附，廪降增者不许复。四等，廪免责停饩，不作缺，限读书六月送考。停降者不许限考。增、附、青、社俱扑责。五等，廪停作缺。原停廪者降增，增降附，附降青衣，青衣发社，原发社者黜为民。六等，廪膳十年以上发社，六年以上与增十年以上者，发本处充吏，余黜为民。入学未及六年者发社。科试一、二等送乡试，帮补廪、增，如岁试大率只列三等，八旗生员给钱粮，考列四等以下停给，次届列一、二、三等给还。优等补廪、增，劣等降青、社，如汉生员。八旗故重骑射，往往不苛求文艺，但置后等。

凡优恤诸生，例免差徭。廪生贫生给学租养赡。违犯禁令，小者府、州、县行教官责惩，大者申学政，黜革后治罪，地方官不得擅责。学政校文外，赏黜优劣，以为劝惩。如教官徇庇劣生不揭报，或经揭报，学政不严加惩处，分别罚俸、镌级、褫职。其大较也。

光绪末，科举废，丙午并停岁、科试。天下生员无所托业，乃议广用途，许考各部院誊录。并于考优年，令州县官、教官会保申送督、抚、学政，考取文理畅达、事理明晰者，大省百名，中省七十名，小省五十名，咨部以巡检、典史分别注选，或分发试用。各省学政改司，考校学堂。未几学政裁，教官停选。在职者，凡生员考职、孝廉方正各事属之，俸满用知县，或以直州同、盐库大使用。儒学虽不废，名存实亡，非一日矣。

武生附儒学，通称武生，顺治初，京卫武生童考试隶兵部。康熙三年，改隶学院，直省府、州、县、卫武生，儒学教官兼辖之。骑射外，教以《武经七书》《百将传》及《孝经》《四书》。学政三年一考。顺天旧设武学，自八旗设儒学教官，兼辖满洲、蒙古、汉军武生，裁武学官。大、宛两县武生，顺天教官辖之，学额如文生童例，分大、中、小学。自二十名递减至七八名。考试分内、外场，先外场骑射，次内场策论。岁试列一、二等，准作科举。故武生有岁试无科试。

各省书院之设，辅学校所不及，初于省会设之。世祖颁给帑金，风励天下。厥后府、州、县次第建立，延聘经明行修之士为之长，秀异多出其中。高宗明诏奖劝，比于古者侯国之学。儒学寖衰，教官不举其职，所赖以造士者，独在书院。其裨益育才，非浅鲜也。

又有义学、社学。社学，乡置一区，择文行优者充社师，免其差徭，量给廪饩。凡近乡子弟十二岁以上令入学。义学，初由京师五城各立一所，后各省府、州、县多设立，教孤寒生童，或苗、蛮、黎、瑶子弟秀异者。规制简略，可无述也。

清史稿卷一百七志八十二

选举二

学校二

学校新制之沿革，略分二期。同治初迄光绪辛丑以前，为无系统教育时期；辛丑以后迄宣统末，为有系统教育时期。自五口通商，英法联军入京后，朝廷鉴于外交挫衄，非兴学不足以图强。先是交涉重任，率假手无识牟利之通事，往往以小嫌酿大衅，至是始悟通事之不可恃。又震于列强之船坚炮利，急须养成翻译与制造船械及海陆军之人才。故其时首先设置之学校，曰京师同文馆，曰上海广方言馆，曰福建船政学堂及南北洋水师、武备等学堂。

京师同文馆之设，从总理各国事务衙门之请，始于同治元年。初止教授各国语言文字。六年，议于同文馆内添设算学馆。时京僚瞢于时务，谤讟繁兴，原疏排斥众议，言之剀切。谓："西人制器之法，无不由度数而生。中国欲讲求制造轮船、机器诸法，苟不借西士为先导，师心自用，无裨实际。疆臣如左宗棠、李鸿章等，皆深明其理，坚持其说，详于奏牍。且西人之术，圣祖深韪之矣，当时列在台官，垂为时宪，本朝掌故，不宜数典而忘。若以师法西人为耻，其说尤谬。中国狃于因循，不思振作，耻孰甚焉。今不以不如人为耻，独以学其人为耻，将安于不如而终不学，遂可雪耻乎？学期适用，事贵因时，物议虽多，权衡宜定。原议招取满、汉举人，恩、拔、副、岁、优贡生，并由此出身之正途人员。又拟推广，凡翰林院庶吉士、编修、检讨，与五品以下进士出身之京、外各官，年在三十岁以内者，均可送考。三年考列高等者，按升阶优保班次，以示鼓励。”诏从其议。

上海广方言馆，创设于同治二年。江苏巡抚李鸿章言：“京师同文馆之设，实为良法。惟洋人总汇地，以上海、广东两口为最。拟仿照同文馆例，于上海添设外国语言文字学馆，选近郡年十四岁以下资禀颖悟、根器端静之文童，聘西人教习，并聘内地品学兼优之举、贡生员，课以经、史、文艺。学成送本省督、抚考验，作为该县附学生。其候补、佐杂等官，年少聪慧者，许入馆一体学习，学成酌给升途。三五年后，有此一种读书明理之人，精通番语，凡通商、督、抚衙署及海关监督，应设翻译官承办洋务者，即于馆中遴选派充。庶关税、军需可期核实；无赖通事，亦稍敛迹。且能尽阅西人未译专书，探赜索隐，一切轮船、火器等巧技，由渐通晓，于自强之道，不无裨助。”上谕广州将军查照办理。

福建船厂，同治五年，左宗棠督闽时奏设，并设随厂学堂，分前、后二堂。前堂习法文，练习造船之术；后堂习英文，练习驾驶之术。课程除造船、驾驶应习常课外，兼习策论，令读《圣谕广训》《孝经》以明义理。首总船政者为沈葆桢，规画闳远，尤重视学堂。十二年，奏陈船工善后事宜：“请选派前、后堂生分赴英、法，学习制造驾驶之方，及推陈出新、练兵制胜之理。学生有天资杰出，能习矿学、化学及交涉、公法等事，均可随宜肄业。”寻葆桢任南洋大臣。光绪二年，奏派华、洋监督，订定章程。船政学堂成就之人材，实为中国海军人材之嚆矢。学堂设于马尾，故清季海军将领，亦以闽人为最多。

天津水师学堂，光绪八年，北洋大臣李鸿章奏设。次年招取学生，入堂肄业。分驾驶、管轮两科。教授用英文，兼习操法，及读经、国文等科。优者遣派出洋留学，以资深造。厥后海军诸将帅由此毕业者甚夥。

鸿章又于光绪十一年奏设天津武备学堂，规制略仿西国陆军学堂。挑选营中精健聪颖、略通文义之弁目，入堂肄业。文员愿习武事者，一并录取。其课程一面研究西洋行军新法，如后膛各种枪炮，土木营垒及布阵分合攻守各术。一面赴营实习，演试枪炮阵势及造筑台垒。惟学生系挑选弁目，虽聘用德国教员，不能直接听讲，仍用翻译，展转教授，与水师学堂注重外国文者不同。初制，学习一年后，考试及格学生，发回各营，由统领量材授事。其后逐渐延长年限，选募良家年幼子弟肄业。迨庚子之变，学堂适当战区，全校沦为灰烬矣。

此外广东水陆师学堂，则粤督张之洞于光绪十三年奏设。之洞调任鄂督，二十一年又奏设湖北武备学堂，其办法课程，水师分管轮、驾驶两项，陆师分马、步、枪、炮，营造等项，大略参照北洋成法。洎海军成立，新军改建，此类学堂，南洋及各省增设日盛，不具述。

至湖北自强学堂，亦之洞创设。初分方言、格致、算学、商务四门。惟方言一斋，住堂肄业，余三斋按月考课。其后算学改归两湖书院教授，格致、商务停课，本堂专课方言，以为西学梯阶。方言分英、法、德、俄四门，亦类似同文馆之学堂也。

光绪丙申、丁酉间，各省学堂未能普设，中外臣工多以变通整顿书院为请。诏饬裁改，礼部议准章程，并课天算、格致等学。陕西等省创设格致实学书院，以补学堂之不逮焉。

大抵此期设学之宗旨，专注重实用。盖其动机缘于对外，故外国语及海陆军得此期教育之主要，无学制系统之足言。惟南洋公学虽亦承袭此期教育之宗旨，而学制分为三等，已寓普通学校及豫备教育之意旨。

先是，光绪二十一年，津海关道盛宣怀于天津创设头、二等学堂。头等学堂课程四年，第一年习竣，欲专习一门者，得察学生资质酌定。专门凡五：一工程学，二电学，三矿务学，四机器学，五律例学。二等学堂课程四年，按班次递升，习满升入头等。意谓二等拟外国小学，头等拟外国大学。因初设，采通融求速办法。教员既苦乏才，学生亦难精择，无甚成效。

二十三年，宣怀又于上海创设南洋公学，如津学制而损益之，经费取给招商、电报两局捐助。奏明办理，因名公学。分四院：曰师范院，曰外院，曰中院，曰上院。外院即附属小学，为师范生练习之所。中、上院即二等、头等学堂，寓中学堂、高等学堂之意。课程大体分中文、英文两部，而注重法政、经济。上院毕业生，择尤异者咨送出洋，就学于各国大学。意谓内国大学猝难设置，以公学为豫备学校，而以外国大学为最高学府。论者谓中国教育有系统之组织，此其见端焉。后改归邮传部管辖，定名高等实业学堂。其课程性质，非复设立之初旨。此第一期无系统教育之大略也。

自甲午一役，丧师辱国，列强群起，攘夺权利，国势益岌岌。朝野志士，恍然于向者变法之不得其本。侍郎李端棻、主事康有为等，均条议推广学堂。光绪二十四年，德宗谕曰：“迩者诏书数下，开特科，改武科制度，立大、小学堂。惟风气尚未大开，论说莫衷一是。国是不定，则号令不行。特明白宣示中外，自王公至士庶，各宜努力发愤，以圣贤义理之学植其根本，博采西学切于时务者，实力讲求，以救空疏迂谬之弊。京师大学为各省倡，应首先举办。凡翰林编、检，部、院司员，各门侍卫，候补、候选道，府、州、县以下各官，大员子弟，八旗世职，各省武职后裔，均准入学肄业，以期人材辈出，共济时艰。”下军机大臣、总理各国事务王、大臣，妥议奏闻。寻议覆筹办京师大学堂。拟定章程，要端凡四：一宽筹经费，二宏建学舍，三慎选管学大臣，四简派总教习。诏如所拟。命孙家鼐管理大学堂事务，经费由户部筹拨。

五月，又谕各直省督、抚，将各省府、厅、州、县大小书院，一律改为兼习中、西学之学校，其阶级，以省会之大书院为高等学，郡城之书院为中学，州、县之书院为小学。颁给《京师大学章程》，令仿照办理。各书院经费，尽数提作学堂经费。绅民如能捐建学堂，或广为劝募，准奏请给奖。有独立措捐巨款者，予以破格之赏。民间祠庙不在祀典者，一律改为学堂，以节糜费而隆教育。是时管学大臣之权限，不专管理京师大学堂，并节制各省所设之学堂。实以大学校长兼全国教育部长之职权。

又以同文馆及北洋学堂多以西人为总教习，于中学不免偏枯。且外国文不止一国，学科各有专门，非一西人所能胜任。必择学贯中、西，能见其大之中国学者，为总教习，破格录用，有选派分教习之权。盖以管学大臣必大学士或尚书充任，而总教习则不拘资格，可延揽新进之人才也。学生分两班，已治普通学卒业者为头班，现治普通学者为二班，犹是南洋公学之旧法。课程分普通、专门两类。普通学，学生必须通习；专门学，人各占一门或二门。普通学科目为经学，理学，掌故学，诸子学，初级算学，初级格致学，初级政治学，初级地理学，文学，体操学，语言文字学。专门学科目为高等算学，高等格致学，高等政治学、法律属之，高等地理学、测绘属之，农学，矿学，工程学，商学，兵学，卫生学、医学属之。考验学生，用积分法。学生月给膏火银两有差。上海设编译局，各学科除外国文外，均读编译课本。筹办大学章程之概要如此。

未几，八月政变，由旧党把持朝局，卒酿成庚子之祸。逮二十七年，学校渐有复兴之议。其首倡者，则山东巡抚袁世凯也。初，世凯奏陈东省开办大学堂章程，有旨饬下各省仿办，令政务处会同礼部妥议选举鼓励章程。寻议言："东西各国学堂，皆系小学、中学、大学以次递升，毕业后始予出身，拟请按照办理。小学毕业生考试合格，选入中学堂。毕业考试合格，再选入大学堂。毕业考试合格，发给凭照。督、抚、学政，按其功课，严密扃试。优者分别等第，咨送京师大学堂覆试，作为举人、贡生。其贡生留下届应考，愿应乡试者听。举人积有成数，由京师大学堂严加考试，优者分别等第，咨送礼部。简派大臣考试，候旨钦定，作为进士，一体殿试，酌加擢用，优予官阶。查世凯办法，以通省学堂一时未能遍举，先于省城建立学堂，分斋督课，其备斋、正斋，即隐寓小学、中学之规制。既经谕令各省仿办，应酌照将来选举章程，用资鼓励。"报可。所议混合科举、学制为一事，谓之《学堂选举鼓励章程》，各省多未及实行而罢。

辛丑，两宫回銮。以创痛巨深，力求改革。十二月，谕曰："兴学育才，实为当今急务。京师首善之区，尤宜加意作育，以树风声。前建大学，应切实举办。派张百熙为管学大臣，责成经理，务期端正趋向，造就通才。其裁定章程，妥议具奏。"旋谕将同文馆并入大学堂，毋庸隶外务部。二十八年正月，百熙奏筹办大学堂情形豫定办法一条，言："各国学制，幼童于蒙学卒业后入小学，三年卒业升中学，又三年升高等学，又三年升大学。以中国准之，小学即县学堂，中学即府学堂，高等学即省学堂。目前无应入大学肄业之学生，通融办法，惟有暂时不设专门，先设立一高等学为大学豫备科。分政、艺二科，以经史、政治、法律、通商、理财等事隶政科，以声、光、电、化、农、工、医、算等事隶艺科。查京外学堂，办有成效者，以湖北自强学堂、上海南洋公学为最。此外如京师同文馆，上海广方言馆，广东时敏、浙江求是等学堂，开办皆在数年以上，不乏合格之才。更由各省督、抚、学政考取府、州、县高材生，咨送来京，覆试如格，入堂肄业。三年卒业，及格者升大学正科。不及格者，分别留学、撤退。大学豫科与各省省学堂卒业生程度相同，由管学大臣考验合格，请旨赏给举人。正科卒业，考验合格，请旨赏给进士。惟国家需材孔亟，欲收急效而少弃才，则有速成教员一法。于预备科外设速成科，分二门：曰仕学馆，曰师范馆。凡京员五品以下、八品以上，外官道员以下、教职以上，皆许考入仕学馆。举、贡、生、监，皆许考入师范馆。仕学三年卒业，择尤保奖。师范三年卒业，择优异者带领引见。生准作贡生，贡生准作举人，举人准作进士，分别给予准作小学、中学教员文凭。盖豫科生必取年岁最富、学术稍精者，再加练习，储为真正合格之才。速成生则取更事较多、立志猛进者，取其听从速化之效。至增建校舍，附设译局，广购书籍、仪器，尤以宽筹经费为根原。经费分两项：一，华俄道胜银行存款之息金，全数拨归大学堂；一，请饬各省筹助经费，每年大省二万金，中省一万金，小省五千金，常年拨解京师。”从之。

七月，百熙遵拟学堂章程，疏言：“古今中外，学术不同，其所以致用则一。欧、美、日本诸邦现行制度，颇与中国古昔盛时良法相同。《礼记》载家有塾，党有庠，州有序，国有学。比之各国，则国学即大学，家塾、党庠、州序即蒙学、小学、中学。等级盖甚分明。周以前选举、学校合而为一，汉以后专重选举，及隋设进士科以来，士皆殚精神于诗、赋、策、论，所谓学校，名存而已。今日而议振兴教育，必以真能复学校之旧为第一要图。虽中外政教风气原本不同，然其条目秩序之至赜而不可乱，不必尽泥其迹，不能不兼取其长。谨上溯古制，参考列邦，拟定京师大学暨各省高等学、中学、小学、蒙学章程，候钦定颁行各省，核实兴办。凡名是实非之学堂及庸滥充数之教习，一律从严整顿。”诏下各省督抚，按照规条实力奉行。是为《钦定学堂章程》。教育之有系统自此始。

京师大学堂分大学院、大学专门分科、大学豫备科。附设者，仕学、师范两馆。大学院主研究，不讲授，不立课程。专门分科凡七：曰政治科，曰文学科，曰格致科，曰农业科，曰工艺科，曰商务科，曰医术科。政治科分目二：政治、法律。文学科分目七：经学、史学、理学、诸子、掌故、词章、外国语言文字。格致科分目六：天文、地质、高等算学、化学、物理、动植物。农业科分目四：农艺、农业化学、林学、兽医。工艺科分目八：土木、机器、造船、造兵器、电气、建筑、应用化学、采矿冶金。商务科分目六：簿记、产业制造、商业语言、商法、商业史、商业地理。医术科分目二：医学、药学。豫备科分政、艺两科。政科课目：伦理、经学、诸子、词章、算学、中外史、中外舆地、外国文、物理、名学、法学、理财、体操。艺科课目：伦理、中外史、外国文、算学、物理、化学、动植物、地质及矿产、图画、体操。为入专理某科便利计，得增减若干科目。各三年卒业。仕学馆课目：算学、博物、物理、外国文、舆地、史学、掌故、理财、交涉、法律、政治。师范馆课目：伦理、经学、教育、习字、作文、算学、中外史、中外舆地、博物、物理、化学、外国文、图画、体操。

各省高等学堂为中学卒业之升途，又为入分科大学之豫备。分政、艺两科。课程与大学豫科同。三年卒业。高等学外，得附设农、工、商、医高等实业学堂，亦中学卒业生升入。教授用专科教员制，各任一门。中学堂，为高等小学卒业之升途，即为入高等学之豫备。课目：修身、读经、算学、词章、中外史、中外舆地、外国文、图画、博物、物理、化学、体操。四年卒业。中学外，得设中等农、工、商实业学堂，高小卒业生不愿治普通学者入之。又附设师范学堂，课目视中学，惟酌减外国文，加教育学、教授法。得合两班或三班，以两三教员各任数科目，分教之。小学堂分高等、寻常二级。儿童自六岁起，受蒙学四年。十岁入寻常小学，修业三年。此七年定为义务教育。十三岁入高等小学，三年卒业。得附设简易农、工、商实业学堂，寻常小学卒业者入之。寻常小学课目：修身、读经、作文、习字、史学、舆地、算术、体操。高等小学课目，增读古文辞、理科、图画，余同寻常小学。教授采用级任制。正教习外，得置副教习。蒙学堂属义务教育，府、厅、州、县、城、镇、乡、集均应设立。凡义塾或家塾，应照蒙学课程，核实改办。课目同寻常小学，惟作文易以字课。蒙学宗旨，在于改良私塾，故章程规定，颇注重教授法之改善，于儿童身心之体察，三致意焉。至学生出身奖励，小学卒业，奖给附生；中学卒业，奖给贡生；高等学卒业，奖给举人；大学分科卒业，奖给进士。各省师范卒业，照大学师范馆例给奖。其大较也。钦定章程虽未臻完备，然已有系统之组织。颁布未及二年，旋又废止。

先是，百熙招致海内名流，任大学堂各职。吴汝纶为总教习，赴日本参观学校。适留日学生迭起风潮，诼谣繁兴，党争日甚。二十九年正月，命荣庆会同百熙管理大学堂事宜。二人学术思想，既各不同，用人行政，意见尤多岐异。时鄂督张之洞入觐。之洞负海内重望，于川、晋、粤、鄂，曾创设书院及学堂。著《劝学篇》，传诵一时；尤抱整饬学务之素志。闰五月，荣庆约同百熙奏请添派之洞会商学务，诏饬之洞会同管学大臣厘定一切学堂章程，期推行无弊。

十一月，百熙、荣庆、之洞会奏《重订学堂章程》，言："各省初办学堂，难得深通教育理法之人。学生率取诸原业科举之士，未经小学陶镕而来，言论行为，不免轶于范围之外。此次奉谕会商厘定，详细推求，倍加审慎。博考外国各项学堂课程门目，参酌变通，择其宜者用之，其于中国不相宜者缺之，科目名称不可解者改之，过涉繁重者减之。无论何等学堂，均以忠孝为本，以中国经史之学为基，俾学生心术壹归于纯正。而后以西学瀹其智识，练其艺能，务期他日成材，各适实用。拟成初等小学、高等小学、中学、高等学各章程，大学附通儒院章程。原章有蒙学名目，所列实即外国初等小学之事。外国蒙养院，一名幼稚园，参酌其意，订为蒙养院章程及家庭教育法。此原章所有，而增补其缺略者也。办理学堂，首重师范。原订师范馆章程，系仅就京城情形试办，尚属简略。另拟初级、优级师范学堂章程，并任用教员章程，京城师范馆改照优级师范办理。此外仕学馆属暂设，不在各学堂统系之内，原章应暂仍旧。译学馆即方言学堂；进士馆系奉特旨，令新进士概入学堂肄业，课程与各学堂不同，并酌定章程课目。又国民生计，莫要于农、工、商实业，兴办实业学堂，有百益而无一弊，另拟初等、中等、高等农、工、商实业学堂章程，附实业补习普通学堂、艺徒学堂、实业教员讲习所各章程。此原章未及，而别加编订者也。又中国礼教政俗与各国不同，少年初学，胸无定识，哤杂浮嚣，在所不免。规范不容不肃，稽察不容不严。特订立规条，申明禁令，为学堂管理通则。并将设学宗旨、立法要义，总括发明，为学务纲要。果能按照现定章程认真举办，民智可开，国力可富，人才可成，不致别生流弊。至学生毕业考试，升级、入学考试及奖励录用之法，亦经详定专章，伏候裁定。”

又奏：“奉旨兴办学堂，两年有余，至今各省未能多设者，经费难筹也。经费所以不能捐集者，科举未停，天下士林谓朝廷之意并未专重学堂也。科举不变通裁减，人情不免观望，绅富孰肯筹捐？经费断不能筹，学堂断不能多。入学堂者，恃有科举一途为退步，不肯专心向学，且不肯恪守学规。况科举文字多剽窃，学堂功课务实修；科举止凭一日之短长，学堂必尽累年之研究；科举但取词章，学堂并重行检。彼此相衡，难易迥别。人情莫不避难就易，当此时势阽危，除兴学外，更无养才济时之术。或虑停罢科举，士人竞谈西学，而中学无人肯讲。现拟章程，于中学尤为注重。凡中国向有之经学、史学、文学、理学，无不包举靡遗。科举所讲习者，学堂无不优为；学堂所兼通者，科举皆所未备。是取材于科举，不如取材于学堂，彰彰明矣。或又虑学堂虽重积分法，分数定自教员，保无以爱憎而意为增损。不知功课优绌，当堂考验。教员即欲违众徇私，而公论可凭，万难掩饰。臣等尚恐偶有此弊，故于中学考试，归学政主持，督同道、府办理。高等学毕业，请简放主考，会同督、抚、学政考试。大学毕业，请简放总裁，会同学务大臣考试。不专凭本学堂所定分数。凡科举抡才之法，已括诸学堂奖励之中，实将科举、学堂合并为一。就事理论，必须科举立时停罢，学堂办法方有起色，经费方可设筹。惟此时各省学堂，未能遍设，已设学堂，办理未尽合法，不欲遽议停罢科举。然使一无举动，天下未见朝廷有递减以至停罢之明文，实不足风示海内士民，收振兴学堂之效。请查照臣之洞会同袁世凯原奏分科递减之法，明降谕旨，从下届丙午科起，每科递减中额三分之一。一面照现定各学堂章程，从师范入手，责成各省实力举行，至第三届壬子科应减尽时，尚有十年。计京、外开办学堂，已逾十年以外，人才应已辈出。天下士心专注学堂，筹措经费必立见踊跃。人人争自濯磨，相率入学堂，求实在有用之学，气象一新，人才自奋。转弱为强，实基于此。”诏悉如所请。是为颁布奏定章程之期，时科举未全废止也。迨三十一年，世凯、之洞会奏：“科举一日不停，士人有侥幸得第之心，以分其砥砺实修之志。民间相率观望，私立学堂绝少。如再迟十年甫停科举，学堂有迁延之势，人才非急切可求。必须二十余年后，始得多士之用。拟请宸衷独断，立罢科举。饬下各省督、抚、学政，学堂未办者，从速提倡；已办者，极力扩充。学生之良莠，办学人员之功过，认真考察，不得稍辞其责。”遂诏自丙午科始，停止各省乡、会试及岁、科试。寻谕各省学政专司考校学堂事务。于是沿袭千余年之科举制度，根本划除。嗣后学校日渐推广，学术思想因之变迁，此其大关键也。

是时学务之组织，尚有一重要之变更，则专设总理学务大臣也。二十九年，之洞言：“管学大臣既管京城大学堂，又管外省各学堂事务。当此经营创始，条绪万端，专任犹虞不给，兼综更恐难周。请于京师专设总理学务大臣，统辖全国学务。另设总监督一员，专管京师大学堂事务，受总理学务大臣节制考核，俾有专责。”诏允改管学大臣为学务大臣，并加派孙家鼐为学务大臣，命大理寺少卿张亨嘉充大学堂总监督。奏定章程，规定学校系统，足补钦定章程所未备。

其分科及课目，较旧章亦多有变更。大学设通儒院及大学本科。通儒院不讲授，无规定课目。大学本科分科八。曰经学科，分十一门：《周易》《尚书》《毛诗》《春秋左传》《春秋三传》《周礼》《仪礼》《礼记》《论语》《孟子》，附理学。曰政法科，分二门：政治、法律。曰文学科，分九门：中国史、万国史、中外地理、中国文学、英国文学、法国文学、俄国文学、德国文学、日本国文学。曰医科，分二门：医学、药学。曰格致科，分六门：算学、星学、物理、化学、动植物、地质。曰农科，分四门：农学、农艺化学、林学、兽医。曰工科，分九门：土木、机器、造船、造兵器、电气、建筑、应用化学、火药、采矿冶金。曰商科，分三门：银行及保险、贸易及贩运、关税。各专一门。经学愿兼习一两经者听。各学科分主课、补助课。三年毕业。惟政治、医学四年毕业。

高等学与大学豫备科性质相同。学科分三类：第一类为豫备入经学、政法、文学、商科等大学者治之，第二类为豫备入格致、农、工等科大学者治之，第三类为豫备入医科大学者治之。学科除人伦道德、经学大义、中国文学、外国语、体操各类共同外，第一类课历史、地理、辨学、法学、理财，第二类课算学、物理、化学、地质、矿物、图画，第三类课蜡丁语、算学、物理、化学、动物、植物。其有志入某科某门者，得缺科目或加课他科目，分通习、主课。三年毕业。中学科目：修身、读经、讲经、中国文学、外国语、历史、地理、算学、博物、物理及化学、法制及理财、图画、体操。五年毕业。高等小学科目：修身、读经、讲经、中国文学、算术、中国历史、地理、格致、图画、体操。视地方情形，可加授手工、农、商业等科目。四年毕业。初等小学科目：修身、读经、讲经、中国文学、算术、历史、地理、格致、体操，为完全科。视地方情形，可加授图画、手工之一二科目。其乡民贫瘠、师儒缺少地方，得量从简略，修身、读经合为一科，中国文学科，历史、地理、格致合为一科，算术、体操，为简易科。五年毕业。

中、小学科目，不外普通教育之学科。其特殊者，则读经、讲经一科也。《学务纲要》载中、小学宜注意读经以存圣教一节，其言曰："外国学堂有宗教一门，中国之经书即是中国之宗教。学堂不读经，则是尧、舜、禹、汤、文、武、周公、孔子之道，所谓三纲五常，尽行废绝，中国必不能立国。无论学生将来所执何业，即由小学改业者，必须曾诵经书之要言，略闻圣教之要义，以定其心性，正其本源。惟学堂科学较繁，晷刻有限，概令全读《十三经》，精力日力断断不给。兹择切要各经，分配中、小学堂。若卷帙繁重之《礼记》《周礼》，止选读通儒节本，《仪礼》止选读最要一篇。自初等小学第一年日读约四十字起，至中学日读约二百字为止，大率小学每日以一点钟读经，一点钟挑背浅解。中学每星期以六点钟读经，三点钟挑背讲解。温经每日半点钟，归自习时督课。学生并不过劳，亦无碍讲习西学之日力。计中学毕业，已读过《孝经》《四书》《易》《书》《诗》《左传》及《礼记》《周礼》《仪礼》节本十经，并通大义。较之向来书塾、书院所读所解，已为加多。不惟圣经不至废坠，且经学从此更可昌明。”其立论甚正，可考见当时之风气焉。

蒙养院意在合蒙养、家教为一，辅助家庭教育，兼包括女学。

直系学堂外，并详订师范及实业学堂专章。其大异于旧章者，为优级师范学堂。学科分三节：一曰公共科，以补中学之不足，为本科之豫备。科目：人伦道德、群经源流、中国文学、东语、英语、辨学、算学、体操。一年毕业。二曰分类科，凡四类：第一类以中国文学、外国语为主。第二类以地理、历史为主。第三类以算学、物理、化学为主。第四类以动植物、矿物、生理为主。科目除人伦道德、经学大义、中国文学、教育心理、体操各类共同外，第一类课周秦诸子、英语、德语或法语、辨学、生物、生理。第二类课地理、历史、法制、理财、英语、生物。第三类课算学、物理、化学、英语、图画、手工。第四类课植物、动物、生理、矿物、地学、农学、英语、图画。分通习、主课，均三年毕业。三曰加习科，于分类科毕业，择教育重要数门，加习一年，以资深造。科目：人伦道德、教育学、教育制度、教育政令机关、美学、实验心理、学校卫生、专科教育、儿童研究、教育演习，并增入教授实事练习。优级师范附属中学堂、小学堂。初级师范学科程度，与中学略同。完全科学科，于中学科目外，增教育学、习字。视地方情形，可加外国语，手工，农、工业之一科目或数科目。五年毕业。初级师范附属小学堂。

实业学堂之种类，曰实业教员讲习所，曰高等农、工、商实业学堂，曰中等农、工、商实业学堂，曰初等农、工、商实业学堂，及高等、中等、初等商船学堂，曰实业补习普通学堂，曰艺徒学堂。实业教员讲习所，以备教成各项实业学堂之教习。分农、商、工三种，农业、商业教员讲习所，除人伦道德、英语、教育、教授法、体操为共同学科外，农业课算学及测量气象、农业泛论、农业化学、农具、土壤、肥料、耕种、畜产、园艺、昆虫、兽医、水产、森林、农产制造、农业理财实习；商业课应用化学、应用物理、商业作文、商业算术、商业地理、商业历史、簿记、商品、商业理财、商业实践。均二年毕业。工业教员讲习所，置完全科及简易科。完全科凡六：曰金工科、木工科、染织科、窑业科、应用化学科、工业图样科。除人伦道德、算学、物理、化学、图画、工业理财、工业卫生、机器制图实习、英语、教育、教授法、体操为共同学科外，金工科课无机化学、应用力学、工场用具及制造法、电气工业大意、发动机。木工科课无机化学、应用力学、工场用具及制造法、构造用材料、家具及建筑流派、房屋构造、卫生、建筑制图及意匠。染织科课一切器用化学、应用机器、定性分析、工业分析、染色配色、机织及意匠。窑业科课一切应用化学、应用机器、定性分析、工业分析、窑业品制造。应用化学科课一切应用化学、机器、电铸及电矿。工业图样科课图样、材料。均三年毕业。简易科分金工、木工、染色、机织、陶器、漆工六科。课目较略。一年毕业。高等实业学堂程度视高等学堂，分豫科、本科。豫科授以各科普通基本功课。一年毕业。高等农业本科凡三：曰农学科，曰林学科，曰兽医学科。高等工业分科十三：曰应用化学科，曰染色科，曰机织科，曰建筑科，曰窑业科，曰机器科，曰电器科，曰电气化学科，曰土木科，曰矿业科，曰造船科，曰漆工科，曰图稿绘画科，各授以本科原理、原则、应用方法及补助科目，多者至三十余门，得斟酌地方情形，择合宜数科设之。均三年毕业。中等实业学堂程度视中学堂，亦分豫科、本科，课目较高等为略。初等实业学堂程度视高等小学堂，分普通、实习两种科目。均三年毕业。商船学堂亦分三等，以授航海机关之学术及驾运商船之知识技术。五年或三年毕业。实业补习普通学堂，以简易教法授实业必须之知识技能，并补习小学科目。艺徒学堂，授平等程度之工筑技术，俾成良善工匠，均可于中、小学堂便宜附设。

其不在学堂系统内者，曰译学馆，曰进士馆。先是同文馆并入大学堂，设英、法、俄、德、日本五国语文专科，后由大学分出，名译学馆。仍设英、法、俄、德、日本文各一科，无论习何国文，皆须习普通及专门学。普通科目：人伦道德、中国文学、历史、地理、算学、博物、物理及化学、图画、体操。专门科目：交涉、理财、教育。五年毕业。进士馆令新进士用翰林部属、中书者，入馆肄业，讲求实用之学。课目：史学、地理、教育、法学、理财、交涉、兵政、农政、工政、商政、格致。得选习农、工、商、兵之一科或两科。西文、东文、算学、体操为随意科。三年毕业。

各学堂管理通则之规定，与旧章大体相同。月朔，监督、教员集诸生礼堂，宣读《圣谕广训》一条。皇太后、皇上万寿节，至圣先师孔子诞日，春、秋上丁释奠，为庆祝日。堂中各员率学生至万岁牌前或圣人位前行三跪九叩礼。毕，各员西向立，学生向各员行三揖礼，退。开学、散学或毕业，率学生至万岁牌前、圣人位前行礼如仪。学生向监督、教员行一跪三叩礼。监督等施训语，乃散。月朔，率学生至圣人位前行礼如仪。每日讲堂授课，多者不得过六小时。房、虚、星、昴日为休息例假，庆祝日、端午、中秋节各放假一日。每年以正月二十日开学，至小暑节散学，为第一学期。立秋后六日开学，至十二月十五日散学，为第二学期。学生赏罚，由教员、监学摘出，监督核定。赏分三种：曰语言奖励，曰名誉奖励，曰实物奖励。罚分三种：曰记过，曰禁假，曰出堂。学生以端饬品行为第一要义，监督、监学及教员随时稽察，详定分数，与科学分数合算。

学堂考试分五种：曰临时考试，曰学期考试，曰年终考试，曰毕业考试，曰升学考试。临时试无定期，学期、年终、毕业考试分数与平日分数平均计算。年考及格者升一级，不及格者留原级补习，下届再试，仍不及格者退学。评定分数，以百分为满格，八十分以上为最优等，六十分以上为优等，四十分以上为中等，二十分以上为下等，谓之及格，二十分以下为最下等，应出学。

毕业考试最重，视学堂程度，由所在地方官长会同监督、教员亲莅之，照乡、会试例。高等学毕业，简放主考，会同督、抚、学政考试。大学分科毕业，简放总裁，会同学务大臣考试。分内、外二场：外场试，就学堂举行。择各科讲义精要一二条摘问，令诸生答述。内场试，择地扃试。分两场：首场以中学发题，经、史各一，经用论，史用策。二场以西学发题，政、艺各一，西政用考，西艺用说。通儒院毕业，不派员考试，以平日研究所得各种著述，评定等第，进呈，候钦定。其奖励章程，比照奖励出洋游学日本学生例，通儒院毕业，予以翰林升阶，或分用较优京、外官。大学分科毕业，最优等作为进士出身，用翰林院编修、检讨。优等、中等均作为进士出身，分别用翰林院庶吉士、各部主事。大学选科，比照分科大学降等给奖。大学豫备科及各省高等学毕业，最优等作为举人，以内阁中书、知州用。优等、中等均作为举人，以中书科中书、部司务、知县、通判用。中学毕业，分别奖以拔贡、优贡、岁贡。高等小学毕业，分别奖以廪、增、附生。初等小学属义务教育，不给奖。优级师范毕业，最优等、优等、中等均作为举人，分别以国子监博士、助教、学正用。初级师范毕业，分别奖以拔贡、优贡、岁贡，以教授、教谕、训导用。高等实业学堂毕业，最优等、优等、中等均作为举人，分别以知州、知县、州同用。中等实业学堂毕业，奖励视中学。奏定章程规定之概要如此。

三十一年，诏以各省学堂次第兴办，必须有总汇之区，以资董率而专责成。特设学部，命荣庆为尚书，熙瑛、严修为侍郎。裁国子监，归并学部。明年，学部奏请宣示教育宗旨，略言："今中国振兴学务，宜注重普通教育，令全国之民无人不学。尤以明定宗旨，宣示天下，为握要之图。中国政教所固有，亟宜发明以距异说者有二：曰忠君，曰尊孔。中国民质所最缺，亟宜箴砭以图振起者有三：曰尚公，曰尚武，曰尚实。"上谕照所陈各节通饬遵行。寻奏定学部官制，于本部各司、科分掌教育行政事务外，设编译图书局、调查学制局、京师督学局。又拟设高等教育会议所，属学部长官监督。其议员选派部员，及直辖学堂、各省中等以上学堂监督，暨京、外官绅，学识宏通，于教育素有经验者充任。又拟设教育研究所，延聘精通教育之员，定期讲演，以训练本部员司焉。先是直督袁世凯奏陈学务未尽事宜，以裁撤学政为言。云南学政吴鲁奏请裁撤学政。至是学部会同政务处复议，言："各省教育行政及扩张兴学之经费，督饬办学之考成，与地方行政在在皆有关系。学政位分较尊，事权不属，于督、抚为敌体，诸事不便于禀承，于地方为客官，一切不灵于呼应。且地方寥阔，官立、公立、私立学堂日新月盛，势不能如岁、科试分棚调考之例。而循例按临，更日不暇给。劳费供张，无裨实事。拟请裁撤学政，各省改设提学使司提学使一员，统辖全省学务，归督、抚节制。于省会置学务公所，分曹隶事。选派官绅有学行者，别设学务议绅四人，延访本省学望较崇之绅士充选。议长一人，学部慎选奏派。"从之。嗣是各省学务始有确定之执行机关矣。

劝学所之设，创始于直隶学务处。时严修任学务处督办，提倡小学教育，设劝学所，为厅、州、县行政机关。仿警察分区办法，采日本地方教育行政及学校管理法，订定章程，颇著成效。三十二年，学部奏定劝学所章程，通行全国，即修呈订原章也。劝学所由地方官监督，设总董一员，以县视学兼充，综核各学区事务。区设劝学员一人，任一学区内劝学之责，以劝募学生多寡，定劝学员成绩之优劣。其章程内推广学务一条，规定办法凡五：曰劝学，曰兴学，曰筹款，曰开风气，曰去阻力。又奏定各省教育会章程，省会设立者为总会，府、州、县设立者为分会，以补助教育行政，与学务公所、劝学所相辅而行。皆普及教育切要之图也。

学部设立后，于各项学堂章程多所更正。其要者，如改订考试办法，详定师范奖励义务，变通中、小学课程，中学分文科、实科之类，然大致不外修正科目，确定限制，其宏纲细目，不能出奏定章程之范围。所增定者，则女学堂章程也。先是学部官制已将女学列入职掌。三十三年，奏定女子师范、女子小学章程，以裨补家计，有益家庭教育为要旨。师范科目：修身、教育、国文、历史、地理、算学、格致、图画、家事、裁缝、手艺、音乐、体操。四年毕业。音乐得随意学习。小学分两等，高等科目：修身、国文、算术、中国历史、地理、格致、图画、女红、体操，得酌加音乐，为随意科。初等科目：修身、国文、算术、女红、体操，得酌加音乐、图画二随意科。均四年毕业。其授业钟点，较男子小学减少，与男子小学分别设立，不得混合。宣统三年，奏设中央教育会议，以讨论教育应行改进事宜及推行方法。则根据学部原奏，拟设高等教育会议所之规定行之。此为第二期有系统之教育制度也。

至考验游学毕业生，光绪二十九年，鄂督张之洞奏准《鼓励游学章程》。三十一年，学务大臣考验北洋学生金邦平等，援照乡、会试覆试例，奏请在保和殿考试，给予出身，分别录用。迨三十二年，学部奏定，自本年始，每年八月举行一次。并为综核名实起见，妥议考验章程。将学成试验与入官试验分为两事，酌照分科大学及高等学毕业章程，会同钦派大臣，按所习学科分门考试。酌拟等第，候钦定分别奖给进士、举人等出身。仍将某科字样加于进士等名目之上，以为表识。考试分两场：第一场就所习学科择要命题；第二场试中国文、外国文，罢廷试。明年，学部宪政编查馆会奏《游学毕业廷试录用章程》，仍暂照三十一年成案。于钦派大臣会同学部考试请予出身后，廷试一次，分别授职。廷试用经义、科学、论、说各一，其医、工、格致、农等科大学及各项高等实业学堂毕业者，免试经义。时游学日本、欧、美毕业回国者，络绎不绝，岁举行考验以为常，终清世不废。

清史稿卷一百八志八十三

选举三

文科　武科

有清科目取士，承明制用八股文。取《四子书》及《易》《书》《诗》《春秋》《礼记》五经命题，谓之制义。三年大比，试诸生于直省，曰乡试，中式者为举人。次年试举人于京师，曰会试，中式者为贡士。天子亲策于廷，曰殿试，名第分一、二、三甲。一甲三人，曰状元、榜眼、探花，赐进士及第。二甲若干人，赐进士出身。三甲若干人，赐同进士出身。乡试第一曰解元，会试第一曰会元，二甲第一曰传胪。悉仍明旧称也。世祖统一区夏，顺治元年，定以子午卯酉年乡试，辰戌丑未年会试。乡试以八月，会试以二月。均初九日首场，十二日二场，十五日三场。殿试以三月。

二年，颁《科场条例》。礼部议覆，给事中龚鼎孳疏言："故明旧制，首场试时文七篇，二场论、表各一篇，判五条，三场策五道。应如各科臣请，减时文二篇，于论、表、判外增诗，去策改奏疏。"帝不允。命仍旧例。首场《四书》三题，《五经》各四题，士子各占一经。《四书》主朱子集注，《易》主程传、朱子本义，《书》主蔡传，《诗》主朱子集传，《春秋》主胡安国传，《礼记》主陈澔集说。其后《春秋》不用胡传，以《左传》本事为文，参用《公羊》《穀梁》。二场论一道，判五道，诏、诰、表内科一道，三场经史时务策五道。乡、会试同。乾隆间，改会试三月，殿试四月，遂为永制。

乡试，先期提学考试精通三场生儒录送，禁冒滥。在监肄业贡、监生，本监官考送。倡、优、隶、皂之家，与居父母丧者，不得与试。卷首书姓名、籍贯、年貌、出身、三代、所习本经。试卷题字错落，真草不全，越幅、曳白，涂沫、污染太甚，及首场七艺起讫虚字相同，二场表失年号，三场策题讹写，暨行文不避庙讳、御名、至圣讳，以违式论，贴出。士子用墨，曰墨卷。誊录用朱，曰朱卷。主考墨笔，同考蓝笔。乾隆间，同考改用紫笔。未几，仍用蓝。试士之所曰贡院，士子席舍曰号房，拨军守之曰号军。试官入闱封钥，内外门隔以帘。在外提调、监试等曰外帘官，在内主考、同考曰内帘官。亦有内监试，司纠察，不与衡文事。以大员总摄场务，乡试曰监临。顺天以府尹，各省初以巡按御史，巡按裁，巡抚为之。会试曰知贡举，礼部侍郎为之。顺天提调以府丞，监试以御史。初，各省提调以布政使，监试以按察使，各副以道员。雍正间，以藩、臬两司为一省钱谷、刑名之总汇，入闱月余，恐致旷滞，提调监试，专责二道员。会试监试以御史。殿试临轩发策，以朝臣进士出身者为读卷官，拟名第进呈，或如所拟，或有更定。一甲状元授修撰，榜眼、探花授编修，二、三甲进士授庶吉士、主事、中书、行人、评事、博士、推官、知州、知县等官有差。

有清以科举为抡才大典，虽初制多沿明旧，而慎重科名，严防弊窦，立法之周，得人之盛，远轶前代。其间条例之损益，风会之变迁，系乎人才之盛衰，朝政之得失。述其大者，不可阙也。

乡、会试首场试八股文，康熙二年，废制义，以三场策五道移第一场，二场增论一篇，表、判如故。行止两科而罢。四年，礼部侍郎黄机言："制科向系三场，先用经书，使阐发圣贤之微旨，以观其心术。次用策论，使通达古今之事变，以察其才猷。今止用策论，减去一场，似太简易。且不用经书为文，人将置圣贤之学于不讲，请复三场旧制。"报可。七年，复初制，仍用八股文。二十四年，用给事中杨尔淑请，礼闱及顺天试《四书》题俱钦命。时诏、诰题士子例不作，文、论、表、判、策率多雷同剿袭，名为三场并试，实则首场为重。首场又《四书》艺为重。二十六年废诏、诰，既而令《五经》卷兼作。论题旧出《孝经》，康熙二十九年，兼用《性理》《太极图说》《通书》《西铭》《正蒙》。五十七年，论题专用《性理》。世宗初元，诏《孝经》与《五经》并重，为化民成俗之本。宋儒书虽足羽翼经传，未若圣言之广大，论题仍用《孝经》。

乾隆三年，兵部侍郎舒赫德言："科举之制，凭文而取，按格而官，已非良法。况积弊日深，侥幸日众。古人询事考言，其所言者，即其居官所当为之职事也。时文徒空言，不适于用，墨卷房行，辗转抄袭，肤词诡说，蔓衍支离，苟可以取科第而止。士子各占一经，每经拟题，多者百余，少者数十。古人毕生治之而不足，今则数月为之而有余。表、判可预拟而得，答策随题敷衍，无所发明。实不足以得人。应将考试条款改移更张，别思所以遴拔真才实学之道。"章下礼部，覆奏："取士之法，三代以上出于学，汉以后出于郡县吏，魏、晋以后出于九品中正，隋、唐至今，出于科举。科举之法不同，自明至今，皆出于时艺。科举之弊，诗、赋只尚浮华，而全无实用。明经徒事记诵，而文义不通。唐赵匡所谓'习非所用，用非所习'是也。时艺之弊，今该侍郎所陈奏是也。圣人不能使立法之无弊，在因时而补救之。苏轼有言：‘得人之道，在于知人。知人之道，在于责实。’能责实，虽由今之道，而振作鼓舞，人才自可奋兴。若惟务徇名，虽高言复古，法立弊生，于造士终无所益。今谓时文、经义及表、判、策论皆空言剿袭而无用者，此正不责实之过。凡宣之于口，笔之于书，皆空言也，何独今之时艺为然？时艺所论，皆孔、孟之绪言，精微之奥旨。参之经史子集，以发其光华；范之规矩准绳，以密其法律。虽曰小技，而文武干济、英伟特达之才，未尝不出乎其中。不思力挽末流之失，而转咎作法之凉，不已过乎？即经义、表、判、论、策，苟求其实，亦岂易副？经文虽与《四书》并重，积习相沿，士子不专心学习。若著为令甲，非工不录。表、判、论、策，皆加覆核。必淹洽词章、通晓律令，而后可为表、判。有论古之识，断制之才，通达古今，明习时务，而后可为论、策。何一不可见之施为，切于实用？必变今之法，行古之制，将治宫室、养游士，百里之内，置官立师，讼狱听于是，军旅谋于是。又将简不率教者，屏之远方，终身不齿。毋乃纷扰而不可行？况人心不古，上以实求，下以名应。兴孝则有割股、庐墓以邀名者矣，兴廉则有恶衣菲食、敝车羸马以饰节者矣。相率为伪，借虚名以干进取。及莅官后，尽反所为，至庸人之不若。此尤近日所举孝廉方正中所可指数，又何益乎？司文衡职课士者，诚能仰体谕旨，循名责实，力除积习，杜绝侥幸，文风日盛，真才自出，无事更张定制为也。”遂寝其议。时大学士鄂尔泰当国，力持议驳，科举制义得以不废。

二十二年，诏剔旧习、求实效，移经文于二场，罢论、表、判，增五言八韵律诗。明年，首场复增《性理》论。御史杨方立疏请乡、会试增《周礼》《仪礼》二经命题。帝以二《礼》义蕴已具于戴《记》，不从。四十七年，移置律诗于首场试艺后，

《性理》论于二场经文后。五十二年，高宗以分经阅卷，易滋弊窦。且士子专治一经，于他经不旁通博涉，非敦崇实学之道。命自明岁戊申乡试始，乡、会五科内，分年轮试一经。毕，再于乡、会二场废论题，以《五经》出题并试。永著为令。

科场拟题最重。康熙五十二年，以主司拟题，多取《四书》《五经》冠冕吉祥语，致多宿构幸获。诏此后不拘忌讳。向例禁考官拟出本身中式题，至是弛其禁。历科试官，多有以出题错误获谴者。先是康熙五十六年，从詹事王奕清言，场中七艺，破、承、开讲，虚字概不誊写，以防关节。乾隆四十七年，令考官预拟破、承、开讲虚字，随题纸发给士子遵用。嘉庆四年，以无关弊窦，废止。制艺篇末用大结，有明中叶，每以此为关节。康熙末年，悬之禁令。乾隆十二年，编修杨述曾有复用大结之请，大学士张廷玉等以为无益而弊窦愈起，奏驳之。初场文原定每篇限五百五十字，康熙二十年增百字。五十四年，会元尚居易以首艺字逾千二百，黜革。乾隆四十三年，始定乡、会试每篇以七百字为率，违者不录。自是遵行不易。三场策题，原定不得逾三百字。乾隆元年，禁士子空举名目，草率塞责。其后考官拟题，每问或多至五六百字，空疏者辄就题移易，点窜成篇。三十六年，左都御史张若溎以为言，诏申明定例。五十一年，定答策不满三百字，照纰缪例罚停科。然考官士子重首场，轻三场，相沿积习难移。制义体裁，以词达理醇为尚。顺治九年壬辰，会试第一程可则以悖戾经旨除名。考官学士胡统虞等并治罪。

世宗屡以清真雅正诰诫试官。乾隆元年，高宗诏曰："国家以经义取士，将以觇士子学力之浅深，器识之淳薄。风会所趋，有关气运。人心士习之端倪，呈露者甚微，而征应者甚巨。当明示以准的，使士子晓然知所别择。"于是学士方苞奉敕选录明、清诸大家时文四十一卷，曰《钦定四书文》，颁为程式。行之既久，攻制义者，或剽窃浮词，罔知根柢，杨述曾至请废制义以救其弊。四十五年，会试三名邓朝缙首艺语意粗杂，江南解元顾问《四书文》全用排偶，考官并获谴。嘉庆中，士子挦扯僻书字句，为文竞炫新奇，御史辛从益论其失。诏曰："近日士子猎取诡异之词，以艰深文其浅陋，大乖文体。考官务各别裁伪体。支离怪诞之文，不得录取。"历代辄以厘正文体责考官，而迄无实效。议者谓文风关乎气运。清代名臣多由科目出身，无不工制义者。开国之初，若熊伯龙、刘子壮、张玉书，为文雄浑博大，起衰式靡。康熙后益轨于正，李光地、韩菼为之宗。桐城方苞以古文为时文，允称极则。雍、乾间，作者辈出，律日精而法益备。陵夷至嘉、道而后，国运渐替，士习日漓，而文体亦益衰薄。至末世而剿袭庸滥，制义遂为人诟病矣。

光绪二十四年，湖广总督张之洞有变通科举之奏。二十七年，乡、会试首场改试中国政治史事论五篇，二场各国政治艺学策五道，三场《四书》义二篇、《五经》义一篇，其他考试例此，用之洞议也。行之至废科举止。

乡、会考官，初制，顺天、江南正、副主考，浙江、江西、湖广、福建正主考，差翰林官八员。他省用给事中、光禄寺少卿、六部司官、行人、中书、评事。某官差往某省，皆有一定。康熙三年除其例。顺天初同各省，简正、副二人。乾隆中叶增为三，用协办大学士、尚书以下，副都御史以上官，编、检不复与矣。道光中，简三四人。同治后，额简四人。初，考官不限出身，康熙初，主事蔡驺、曹首望俱以拔贡典试。十年，从御史何元英请，考官专用进士出身人员。然举人出身者间亦与焉。雍正三年，颁考试令，始限翰林及进士出身部、院官，仍参用保举例。乾隆九年，御史李清芳言："大臣保举应差主考四十九人，满洲四，各直省十六，余均江、浙人。保荐者大都平日往来相知，饶于财而凭于势。至守正不阿者，不肯伺候公卿之门，边隅之士，声气不通，交游不广，无人荐举。请将合例人员通行考试。”帝疑清芳未列保荐，激为是语，不允所请，仍考试、保举并行。三十六年后，考试遂著为令。初御试录取名单皆发出，其后密定名次，不复揭晓。嘉庆以后，更别试侍郎、阁学及三品京堂等官，曰大考差。会试总裁，初用阁、部大员四人或六人，多至七人。嗣简二三人或四五人。咸丰后，简四人，以为常。

同考官，初，顺天试京员，推、知并用。各省用甲科属官及邻省甲科推、知，或乡科教官，房数无定。会试初用二十人，翰林官十二，六科四，吏、礼、兵部官各一，户、刑、工部官每科轮用一。嗣额定十八人，顺天试同。康熙五十四年，令不同省房官二人同阅，互相觉察，用三十六人。未几即罢。康、雍间，顺天房考停用京员，止用直隶科甲知县。各省停用本省现任知县，专调用邻省在籍候选进士、举人。大省十八，中省十四，小省十二至十，均分经校阅。厥后增减不一，小省减至八人。乾隆间，礼闱及顺天同考，始钦简京员，各省复用本省科甲属官。四十二年，停五经分房之例。至顺天房考，南、北省人回避南、北皿卷，边省人回避中皿卷，会房则同省相回避云。

考官综司衡之责，房考膺分校之任，历代极重其选。康熙间，顺天同考官庶吉士郑江以校阅允当，授职检讨。雍正元年，会试总裁朱轼、张廷玉持择公允，帝嘉之，加太傅、太保有差。其衡鉴不公、草率将事者，罚不贷。而交通关节贿赂，厥辜尤重。顺治十四年丁酉，顺天同考官李振邺、张我朴受科臣陆贻吉、博士蔡元禧、进士项绍芳贿，中田耜、邬作霖举人。给事中任克溥奏劾，鞫实。诏骈戮七人于市，家产籍没，戍其父母兄弟妻子于边。考官庶子曹本荣、中允宋之绳失察降官。江南主考侍讲方犹、检讨钱开宗，贿通关节，江宁书肆刊《万金传奇记》

诋之。言官交章论劾，刑部审实。世祖大怒，犹、开宗及同考叶楚槐等十七人俱弃市，妻子家产籍没。一时人心大震，科场弊端为之廓清者数十年。康熙五十年辛卯，江南士子吴泌、程光奎赂副考官编修赵晋获中。二人素不能文，舆论哗然。事闻，命尚书张鹏翮会江南督、抚严鞫。苏抚张伯行劾总督噶礼贿卖徇庇，噶礼亦劾伯行他罪，诏俱解任。令鹏翮会总漕赫寿确讯，覆奏请镌噶礼级，罢伯行职。帝怒二人掩饰和解，复遣尚书穆和伦、张廷枢往鞫，奏略如鹏翮等指。部议，互讦乖大臣体，应并褫职。帝卒夺噶礼职。以伯行清名素著，褫职仍留任。处晋及同考王曰俞、方名大辟，以失察夺正考官左必蕃官。是年福建房考吴肇中亦以贿伏法，考官检讨介孝瑹、主事刘俨失察削职。咸丰八年戊午，顺天举人平龄朱、墨卷不符，物议沸腾，御史孟传金揭之。王大臣载垣等讯得正考官大学士柏葰徇家人靳祥请，中同考编修浦安房罗鸿绎卷。比照交通嘱托、贿买关节例，柏葰、浦安弃市，余军、流、降、革至数十人。副考官左副都御史程庭桂子郎中炳采，坐接收关节伏法，庭桂遣戍。盖载垣、端华及会审尚书肃顺素恶科目，与柏葰有隙，因构兴大狱，拟柏葰极刑。论者谓靳祥已死，未为信谳也。然自嘉、道以来，公卿子弟视巍科为故物。斯狱起，北闱积习为之一变。光绪十九年，编修丁维禔典陕试，同年友饶士腾先期为之辗转嘱托。事觉，俱逮问。士腾自杀，寻并削职。有无与关节贿赂而获咎者，康熙三十八年己卯，御史鹿佑劾顺天闱考试不公，正考官修撰李蟠遣戍，副主考编修姜宸英牵连下吏，未置对，死狱中。宸英浙江名士，善属古文，举朝知其无罪，莫不叹惜。四十四年乙酉，顺天主考侍郎汪霦、赞善姚士藟校阅草率，落卷多不加圈点。下第者束草如人，至其门戮之。事闻，夺职。六十年辛丑，会试副总裁左副都御史李绂用唐人通榜法，拔取知名之士。下第者喧哄于其门，被劾落职，发永定河效力。然是闱一时名宿，网罗殆尽，颇为时论所许。其他贿通关节，未经败露，与因微眚获谴者，例尤不一。

乡试解额，顺治初定额从宽，顺天、江南皆百六十余名，浙江、江西、湖广、福建皆逾百名，河南、山东、广东、四川、山西、陕西、广西、云南自九十余名递杀，至贵州四十名为最少。俱分经取中。顺天试直隶生员贝字号约占额十之七，北监生皿字号十之三，宣化旦字、奉天夹字仅二三名。江南试南监生皿字号约十之二，余为江、安并闱生员额。南雍罢，南监中额并入北监。十四年，监生分南、北卷，直隶八府，延庆、保安二州，辽东、宣府、山东、山西、河南、陕西、四川、广西为北皿，江南、浙江、江西、福建、湖广、广东为南皿，视人数多寡定中额。十七年，减各直省中额之半。康熙间，先后广直省中额。五十年，又各增五之一。雍正元年，湖南北分闱，照旧额分中。各省略有增减。乾隆元年，顺天皿字分南、北、中卷，奉天、直隶、山东、河南、山西、陕西为北皿，江南、江西、福建、浙江、湖广、广东为南皿，各中额三十九。四川、广西、云南、贵州另编中皿，十五取一。江南分上下江，取中下江江苏十之六，上江安徽十之四。九年，严定搜检之法。北闱以夹带败露者四十余人，临时散去者三千八百数十人，曳白与不终篇、文不切题者又数百人。帝既治学政、祭酒滥送之罪，诏减各直省中额十之一。于是定顺天南、北皿各三十六，中皿改二十取一，贝字百二，夹、旦各四，江南上江四十五，下江六十九，浙江、江西皆九十四，福建八十五，广东七十二，河南七十一，山东六十九，陕西六十一，山西、四川皆六十，云南五十四，湖北四十八，湖南、广西皆四十五，贵州三十六。自是率行罔越。光绪元年，陕、甘分闱，取中陕西四十一，甘肃三十。咸、同间，各省输饷辄数百万，先后广中额。四川二十，江苏十八，广东十四，福建及台湾十三，浙江、湖南、湖北、江西、山西、安徽、甘肃、云南、贵州各十，陕西九，河南、广西各八，直隶、山东各二。视初定中额尚或过之。

会试无定额，顺治三年、九年俱四百名，分南、北、中卷。浙江、江西、福建、湖广、广东五省，江宁、苏、松、常、镇、淮、扬、徽、宁、池、太十一府，广德一州为南卷，中二百三十三名。山东、山西、河南、陕西四省，顺天、永平、保定、河间、真定、顺德、广平、大名八府，延庆、保安二州，奉天、辽东、大宁、万全诸处为北卷，中百五十三名。四川、广西、云南、贵州四省，安、庐、凤、滁、徐、和等府、州为中卷，中十四名。十二年，中卷并入南、北卷。厥后中卷屡分屡并，或更于南、北、中卷分为左、右。或专取川、广、云、贵四省，各编字号，分别中一、二、三名。五十一年，以各省取中人数多少不均，边省或致遗漏，因废南、北官、民等字号，分省取中。按应试人数多寡，钦定中额。历科大率三百数十名，少或百数十名，而以雍正庚戌四百六名为最多，乾隆己酉九十六名为最少。

《五经》中式，仿自明代。以初场试《书》艺三篇，《经》义四篇，其合作《五经》卷见长者，因有“二十三篇”之目。顺治乙酉，山东乡试，法若真以全作《五经》文赐内阁中书，一体会试。康熙丁卯顺天乡试，浙江监生查士韩、福建贡生林文英，壬午顺天南皿监生庄令舆、俞长策，皆以兼作《四书》《五经》文二十三篇违式，奏闻，俱授举人。诏嗣后不必禁止，旋著为令。乡、会试《五经》卷，于额外取中三名。二场添诏、诰各一，于是习者益众。直隶、陕西等省，至有以《五经》卷抡元者。五十年，增各省乡试一名，顺天二名，会试三名。五十六年，停《五经》应试。雍正初，复其制。顺天皿字号中四名，各省每额九名加中一名。大省人多文佳，额外量取副榜三四名。

四年丙午，诏是科以《五经》中副榜者，准作举人，一体会试，尤为特异。乾隆十六年，始停《五经》中式之例。

至历代临雍，增北闱监生中额，恩诏广乡、会试中额，均属于常额外也。乡、会试正榜外取中副榜，会试副榜免廷试，咨吏部授职。康熙三年罢之。乡试副榜原定顺天二十名，江南十二，江西十一，浙江、福建、湖广各十，山东、河南各九，山西、陕西、四川、广东各八，广西六。取文理优者，不拘经房。康熙元年停取。十一年，取中如旧例。增云南五，贵州四，嗣是各直省率正榜五名中一名，惟恩科广额不与焉。雍正四年，准是科由副榜复中副榜者作举人，非常例也。

雍正五年，命各省督、抚、学政甄别衰老教职休致之缺，以是年会试落卷文理明顺之举人补授。乾隆间，屡行选取如例，大、中、小省各数十名。明通别为一榜。二十六年，廷议于明通榜外选取中书四十名，其余年力老成、宜课士者，另选用学正、学录数名。报可。五十五年悉罢。此后下第者，于正榜外挑取誊录，北闱数百名或百数十名。会试额定四十名，备各馆缮写，积资得邀议叙。此则旁搜博采，俾寒畯多获进身之阶也。

八旗以骑射为本，右武左文。世祖御极，诏开科举，八旗人士不与。顺治八年，吏部疏言："八旗子弟多英才，可备循良之选，宜遵成例开科，于乡、会试拔其优者除官。"报可。八旗乡、会试自是年始。其时八旗子弟，每牛录下读满、汉书者有定额，应试及各衙门任用，悉于此取给，额外者不得习。往往不敷取中。故自十四年至康熙十五年，八旗考试，时举时停。先是乡、会试，殿试，均满洲、蒙古为一榜，汉军、汉人为一榜。康熙二十六年，诏同汉人一体应试。寻定制，乡、会场先试马步箭，骑射合格，乃应制举。庶文事不妨武备，遂为永制。初八旗乡试，仅试清文或蒙古文一篇，会试倍之。汉军试《书》艺二篇、

《经》艺一篇，不通经者，增书艺一篇。二、三闱试论、策各一。逐科递加，自与汉人合试，非复前之简易矣。

乡试中额，顺治八年，定满洲、汉军各五十，蒙古二十，嗣减满洲、汉军各五之一，蒙古四之一。康熙八年，编满、蒙为满字号，汉军为合字号，各取十名。二十六年，再减汉军五名。后复递增。乾隆九年，诏各减十之一，定为满、蒙二十七，汉军十二。同治间，以输饷增满、蒙六名，汉军四名。各省驻防，初亦应顺天试，嘉庆十八年，始于驻防省分试之。十人中一，多不逾三名，副榜如例。会试初制，满洲、汉军进士各二十五，蒙古十。康熙九年，编满、合字号，如乡试例，各中四名。嗣亦临时请旨，无定额。

宗室不应乡、会试，圣祖、世宗降有明谕。乾隆八年，宗人府试宗学，拔其尤者玉鼎柱等为进士，一体殿试，是为宗室会试之始。未久即停。嘉庆六年，宗室应乡、会试始著为令。先期宗人府或奉天宗学考试骑射如例，试期于文闱乡、会试场前，或场后，或同日，试制艺、律诗各一，一日而毕。乡试九人中一人。会试，考官酌取数卷候亲裁，别为一榜。殿试、朝考，满、汉一体，除庶吉士等官有差。

顺治十五年，帝以顺天、江南考官俱以贿败，亲覆试两闱举人，是为乡试覆试之始。取顺天米汉雯等百八十二名，准会试。江南汪溥勋等九十八名，准作举人。罚停会试、除名者二十二名。惟吴珂鸣以三次试卷文理独优，特许一体殿试，异数也。康熙三十八年，帝以北闱取士不公，命集内廷覆试。列三等以上者许会试，四等黜之。五十一年壬辰，顺天解元查为仁以传递事觉而逸，帝疑新进士有代倩中式者，亲覆试畅春园，黜五人。会试覆试自是始。乾隆间，或命各省督、抚、学政于乡试榜后覆试，或专覆试江苏、安徽、江西、浙江、广东、山西六省丙午前三科俊秀贡监中式者，或止覆试中式进士，或北闱举人，临期降旨，无定例。五十四年，贡士单可虹覆试诗失调讹舛，不符中卷，除名。诏旨严切，谓“礼闱非严行覆试，不足拔真才、惩幸进”。至嘉庆初，遂著为令。道光二十三年，定制，各省举人，一体至京覆试，非经覆试，不许会试。以事延误，于下三科补行。除丁忧展限外，托故不到，以规避论，永停会试与赴部铨选。覆试期以会试年二月。咸、同间，因军兴道路梗阻，光绪季年，以《辛丑条约》，京师停试，假闱河南，俱得先会试后覆试，非恒制也。覆试诗文疵谬，诗失粘，抬写错误，不避御名、庙讳、至圣讳，罚停会试、殿试一科或一科以上。文理不通，或文理笔迹不符中卷者黜。乾隆五十八年，中式举人邓棻春等八名补覆试，停科者五，斥革者二，监临俱获谴。历科因是黜罚者有之。洎末造益趋宽大，光绪十九年，北闱倩作、顶替中式者至数十人，言官劾举人周学熙、汤宝霖、蔡学渊、陈步銮、黄树声、万航六人，下所司举出录科中卷不符者，学渊、树声、航三人俱斥革，余覆试无一黜者，监临各官均免议，而侥幸者接迹矣。

定例各省乡试揭晓后，依程限解卷至部磨勘，迟延者罪之。盖防考官闱后修改试卷避吏议也。磨勘首严弊幸，次检瑕疵。字句偶疵者贷之。字句可疑，文体不正，举人除名。若干卷以上，考官及同考革职或逮问。不及若干卷，夺俸或降调。其校阅草率，雷同滥恶，杂然并登，及试卷不谙禁例，字句疵蒙谬类，题字错落，真草不全，誊录错误，内、外帘官、举子议罚有差。禁令之密，前所未有也。磨勘官初礼部及礼科主之，康熙间，始钦派大臣专司其事。解额渐广，试卷日多，于是令九卿公司磨勘。六部官牵于职事，以其余暇勘校，往往虚应故事。乾隆初，改任都察院科、道五品以上，科甲京堂、中、赞以上翰、詹官，集朝房磨勘。嗣复增编、检。额定四十人，以专责成。先是磨勘试卷不署名，亦无功过之条。与斯役者，每托名宽厚，不欲穷究。乾隆二十一年，始令磨勘官填注衔名。二十五年，复增大臣覆勘例，分别议叙、议处，功令始严。是年特派秦蕙田、观保、钱汝诚为覆勘大臣。事竟，原勘官御史朱丕烈劾其瞻徇，下军机大臣核覆。蕙田等实有误驳及疏漏之处，丕烈亦以弹劾不实，俱下部议。其时磨勘诸臣慎重将事，不稍假借，一变因循敷衍之习。太仆寺卿宫焕文，御史阎循琦、朱稽、朱丕烈，嘉庆初御史辛从益，俱以抉摘精审闻于时。

历科考官举子因是谴黜者不乏人，而借端报复，盖亦有之。乾隆六十年乙卯，会元为浙江王以铻，第二名即其弟以衔，帝心异之。正总裁侍郎窦光鼐素与和珅不协，且以诋诃后进忤同列，均欲借以倾之。因摘两人闱墨中并有“王道本乎人情”语，以为关节。抑置以铻榜末，停其殿试，降光鼐四品休致，镌副总裁侍郎刘跃云、祭酒瑚图礼四级。及廷试传唱，以衔第一，上意释然。谕廷臣曰：“此亦岂朕之关节耶?”以铻后亦入词馆。嘉庆五年，磨勘官辛从益、戴璐于北闱策题、试卷指摘不遗余力。从益江西籍，向以严于磨勘称。是科江西仅中一人，璐子下第，人谓因是多所吹求。上闻，命二人退出磨勘班。同治间，鸿胪寺少卿梁僧宝复以磨勘过严为人所惮。盖自磨勘例行，足以纠正文体，抉剔弊窦，裨益科目，非浅鲜也。

庶吉士之选无定额。顺治三年，世祖始策贡士于廷，赐一甲三人傅以渐等及第，简梁清宽等四十六人为庶吉士。四年、六年复选用。九年，以给事中高辛允言，按直省大小选庶吉士。直隶、江南、浙江各五人，江西、福建、湖广、山东、河南各四人，山西、陕西各二人，广东一人，汉军四人。另榜授满洲、蒙古修撰、编修、庶吉士九人。自是考选如例。惟满、蒙、汉军选否无常。康熙间，新进士得奏请读书中秘。辄以家世多任馆阁，或边隅素少词臣为言。间邀俞允。故自四十五年至六十七年科中，各省皆有馆选。世宗令大臣举所知参用，廷对后，亲试文艺。雍正元、二年间，汉军、蒙古、山西、河南、陕西、湖南及诸边省每不入选。三年，太常寺少卿李钟峨疏请分省简选，广储材之路。廷议驳之。五年，诏内阁会议简选庶常之法，寻议照雍正癸卯科例，殿试后，集诸进士保和殿考试，仍令九卿确行保举。考试用论、诏、奏议、诗四题。是为朝考之始。乾隆元年，御史程盛修言："翰林地居清要，欲得通材，务端始进。自保举例行，而呈身识面，广开请托之门；额手弹冠，最便空疏之辈。宜亟停止。"报可。高宗谕禁向来新进士请托奔竞、呈送四六颂联之陋习，既慎校文艺，复令大臣察其仪止、年岁，分为三等，钦加简选。三年，罢大臣拣选例，依省分甲第引见，临时甄别录用。后世踵行其制。嘉庆以来，每科庶常率倍旧额，各省无不入选者矣。

凡用庶吉士曰馆选。初制，分习清、汉书，隶内院，以学士或侍读教习之。自康熙九年专设翰林院，历科皆以掌院学士领其事，内阁学士间亦参用。三十三年，命选讲、读以下官资深学优者数人，分司训课，曰小教习。六十年，以礼部尚书陈元龙领教习事。厥后尚书、侍郎、阁学之不兼掌院事者，并得为教习大臣，满、汉各一。雍正十一年，特设教习馆，颁内府经、史、诗、文，户部月给廪饩，工部供张什物，俾庶吉士肄业其中，尤为优异。三年考试散馆，优者留翰林为编修、检讨，次者改给事中、御史、主事、中书、推官、知县、教职。其例先后不一，间有未散馆而授职编、检者。或供奉内廷，或宣谕外省，或校书议叙，或召试词科，皆得免其考试。凡留馆者，迁调异他官。有清一代宰辅多由此选，其余列卿尹膺疆寄者，不可胜数。士子咸以预选为荣，而鼎甲尤所企望。康熙间，庶吉士张逸少散馆改知县，迁秦州知州，其父大学士玉书奏乞内用，复得授编修。三十年辛未，上以鼎甲久无北人，亲擢黄叔琳一甲三名。叔琳，大兴人。雍正间，大学士张廷玉子若霭，廷对列一甲第三，廷玉执不可，上为抑置二甲第一，诚重之也。

先是，顺治九年，选庶常四十人，择年青貌秀者二十人习清书，嗣每科派习十数人不等，散馆试之。乾隆十三年，修撰钱维城考列清书三等，命再试汉书，始留馆。其专精国书者，汉文或日就荒落。十六年，高宗以清书应用殊少，而边省馆选无多，命云南、贵州、四川、广东、广西等省庶吉士不必派习清书，他省视人数酌派年力少壮者一二员或二三员，但循举旧章，备国朝典制已足。其因告假、丁忧、年齿已长者，例准改习汉书。于是习者日少。道光间例停。穆宗初元，令以治经、治史、治事及濂、洛、关、闽诸儒之书课诸庶常。光绪季年，设进士馆，课鼎甲庶吉士及阁部官以法政诸科学，或资遣游学异国。业成而试，优者授职奖擢。俱未久即罢。

达官世族子弟，初制一体应试，而中式独多。其以交通关节败者，顺治十四年，少詹事方拱乾子章钺应江南试，以与正主考方犹联族获中，事觉遣戍。康熙二十三年，都御史徐元文子树声、侍讲学士徐乾学子树屏同中顺天试，上以是科南皿悉中江、浙籍，命严勘。斥革五人，树声、树屏俱黜。三十九年，帝以搢绅之家多占中额，有妨寒畯进身之路。殿试时，谕读卷诸臣，是科大臣子弟置三甲，以裁抑之。寻诏定官、民分卷之法，乡试满、合字号二十卷中一，直省视举额十分中一，副榜如之。会试除云南、贵州、四川、广西四省外，编官卷二十人中一。未几罢会试官卷。乾隆十五年，廷臣有以官生过优为言者，部议仍旧，诏责其回护，并及吏、礼二部司官编官卷之不当，令再议。始议中额二十五中官卷一，吏、礼部司员及内阁侍读子弟停编官卷。明年再议，以京官文四品、外官文三品、武二品以上及翰、詹、科、道等官为限。并减中额，顺天十四，浙江六，余省五至一名。二十三年，大学士蒋溥、学士庄存与复以为言。令官生大省二十卷中一，中省十五卷，小省十卷中一，满、蒙、汉军如小省例，南、北皿如中省例，中皿额中一名，不足一名入民卷。永以为例。乡、会试考官、房考、监临、知贡举、监试、提调之子孙及宗族，例应回避。雍、乾间，或另试，或题由钦命，另简大臣校阅。乾隆九年停其例，并受卷、弥封、誊录、对读等官子弟、戚族亦一体回避矣。

有清重科目，不容幸获。惟恩遇大臣，嘉惠儒臣耆年，边方士子，不惜逾格。历代优礼予告或在职大臣，与夫奖叙饰终之典，赐其子孙举人、进士，有成例者无论已。至如雍正七年，廷臣遵旨举出入闱未中式之大学士蒋廷锡子溥、尚书嵇曾筠子璜等十二人，俱赐举人。侍郎刘声芳子俊邦以疾未与试，赐举人，尤为特典。康熙间，浙江举人查慎行，江苏举人钱名世、监生何焯，安徽监生汪灏，以能文受上知。召试南书房，赐焯、灏举人。四十二年，赐焯、灏、蒋廷锡进士。六十年，以内廷行走举人王兰生、留保学问素优，礼闱不第，俱赐进士。雍正八年，赐江南举人顾天成、广东举人卢伯蕃殿试。乾隆十八年，赐内廷行走监生徐扬、杨瑞莲举人。四十三年，助教吴省兰、助教衔张羲年以校《四库》书赐殿试，俱非常例。乾隆以来，凡年七十以上会试落第者，予司业、编、检、学正等衔。乡试年老诸生，赐举人副榜。雍正十一年，诏于云、贵、广东西、四川、福建会试落卷，择文理可观、人材可用者，拔取时余等十人，一体殿试，赵绳其等四十人，拣选录用。乾隆初，拣选如例，则边省士子犹沐殊恩也。

历科情形略异者，顺治三年，从大学士刚林请，以天下初定，广收人才，再举乡、会试。十六年，以云、贵新附，绥辑需人，再举礼部试，均不循子丑之旧。康熙十六年，乡试顺天专遣官，山东、山西、陕西并河南省，湖广、江西并江南省，福建并浙江省考试。试期九月，十五人中一，不取副榜，亦无会试。江南榜江西无中式者。咸、同间军兴，各直省或数科不试。或数科并试，倍额取中。或一省止试数府、州、县，减额取中。试期或迟至十月、十一月，不拘成例。顺天正主考，初制均差翰林官。康熙初，沿明制，以前一科一甲一名为之。士子希诡遇者，得预通声气。二十年，修撰归允肃主顺天闱，撰文自誓力除积弊，不通关节，榜后下第者哗然，冀兴大狱。刑部尚书魏象枢暴其事，浮议始息。制亦寻废。二年，顺天《春秋》题“郲子”讹“郲人”，罢考官白乃贞等职。士子因书子字贴出者，弘文院官覆试，优者准作举人，无中式者。雍正元年，顺天榜后，命大学士王顼龄等同南书房翰林检阅落卷，中二人。是年会试覆检如前，中落卷七十八人。二年，中七十七人。乾隆元年，中三十八人。后不复行。雍正四年，以浙人查嗣庭、汪景祺著书悖逆，既按治，因停浙江乡、会试。未几，以李卫等请，弛其禁。七年，广东连州知州朱振基私祀吕留良，生员陈锡首告，上嘉之。令是科连州应试完场举子，由学政遴取优通者四人赏举人。乾隆四十六年辛丑会试，江南解元钱棨领是科会、状。嘉庆二十五年庚辰会试，广西解元陈继昌亦领是科会、状，士子艳称“三元”。有清一代，二人而已。八旗与汉人一体考试，康、乾以来，无用鼎甲者。同治四年，蒙古崇绮以一甲一名及第，光绪九年，宗室寿耆以一甲二名及第，汉军鼎甲尤多。至万代捐输军饷、赈款、园庭工程赏举人，拿获叛匪及杀贼立功，有贡监给举人、举人给进士之例，则又一时权宜之制也。

初，太宗于蒙古文字外，制为清书。天聪八年，命礼部试士，取中刚林等二人，习蒙古书者俄博特等三人，俱赐举人。嗣再试之。顺治八年，举行八旗乡试，不能汉文者试清文一篇，再举而罢。康熙初，复行翻译乡试，自满、汉合试制举文，罢翻译科。雍正元年，诏八旗满洲于考试汉字生员、举人、进士外，另试翻译。廷议三场并试，满、汉正、副考官各二，满同考官四。诏乡试止试一场，或章奏一道，或《四书》《五经》量出一题，省汉考官，增誊录，余如文场例。嗣后翻译谕旨，或于《性理精义》及《小学》，限三百字命题。乾隆三年，令于翻译题外作清文一篇。七年，定会试首场试清字《四书》文，《孝经》《性理》论各一篇。二场试翻译。凡满洲、汉军满、汉字贡、监生员、笔帖式，皆与乡试。文举人及武职能翻译者，准与会试。先试骑射如例。蒙古翻译科，雍正九年，诏试蒙古主考官一，同考倍之。初令乡、会试题，俱以蒙字译清字《四书》、章奏各一道。乾隆元年，改译清文《性理》《小学》，与满洲翻译同场试，别为一榜。时应清文乡试者，率五六百人额中三十三名，应蒙文乡试者，率五六十人额中六名。原定翻译乡、会试三年一次，然会试讫未举行。乾隆四年，以乡试已历六科，八月始行会试。中满洲二十名，蒙古二名。因人数无多，诏免殿试，俱赐进士出身，优者用六部主事。二十二年，以翻译科大率寻章摘句，无关翻译本义，诏停。四十三年，复行乡试，罢誊录对读。明年会试，向例须满六十人，是科仅四十七人，特准会试，免廷试，如四年例。自是每届三年，试否请旨定夺。五十二年，更定乡、会试五年一次，然会闱自五十三年讫嘉庆八年，仅一行之，犹不足定例六十名之数。且枪冒顶替，弊端不可究诘。蒙文尝以不足七八人停试。虽诏旨谆谆勉以国语骑射为旗人根本，而应试者终属寥寥。八年，从侍郎赓音请，复旧制三年一举以为常。二十四年，定乡、会覆试如文闱例。道光八年，罢翻译同考官，末年始有用庶吉士者。各省八旗驻防，初但应汉文乡、会试，道光二十三年，改试翻译，十人中一，三名为额。宗室应翻译试，自乾隆时始。别为一题，中额钦定。

武科（略）

清代科举考试述录

（选第七章）

商衍鎏　著

导读

清朝灭亡以后，一些学者对曾经给予明、清社会以巨大影响的八股文进行过研究，以探讨八股文对清代覆灭到底起过什么作用。其中对八股文的阐述最为真切，认识最为深入者，当属那些鏖战过科场，取得过进士功名的人，如商衍鎏等。

商衍鎏（1875—1963），字藻亭，号又章，广东番禺人。晚年因迁居广州中山大学康乐村，便自号康乐老人。自幼勤学苦读，六岁入家塾，遍读《四书》《五经》及《孝经》《公羊传》《穀梁传》等经籍。十二岁后学作八股文，读诗、赋、策、论，习书法。入选羊城书院，又在粤华书院考课，每每得考优等，获奖学金。十七岁与两兄同中秀才，他取为第十名。二十一岁以第二十四名取录为举人。清光绪三十年应甲辰（1904）恩科会试，中第一百二十九名贡生，殿试取为一甲第三名探花。此为清代最末一科进士考试。授翰林院编修。后入学部大臣张百熙开办的进士馆，与癸卯、甲辰科进士同学政法，不久即与同科状元刘春霖、榜眼朱汝珍等赴日本留学。两年后毕业归国，经考核评为最优列一等，晋翰林院侍讲，同时任协办院理、实录馆总校、国史馆编修、文渊阁校理等职。1912 年受聘为德国汉堡大学东亚系汉文教师。四年后因思乡回国，先后任副总统府、总统府顾问、咨议。1927 年后，鉴于时政腐败，愤而去职，以卖字为生。抗战爆发后，辗转入川。新中国成立后，先后任江苏省政协委员、江苏省文史研究馆副馆长。1956 年迁居广州，先后任广东省政协常委、广东省文史研究馆副馆长、中央文史研究馆副馆长。1963年病逝，为清代一甲进士中最后一个离世的人。

商衍鎏博学多能，善书法，工诗文，通文史。抗战逃难入川，因其书法早负盛名，求书者众，故能卖字维持生计。时人往往分请甲辰科三鼎甲及传胪各写一条幅，合为清代四进士四屏，珍藏鉴赏，价钱更高。其诗清新自然，不事雕琢，有真挚情感，富生活气息。他写作的《清代科举考试述录》，详尽地介绍了清代各种层次级别的科举考试，涉及考规、方法、考生、考官、出题、阅卷、取录程序等各个方面，还对各种科举考试文体进行了系统介绍，是第一部由亲历者撰述，系统讲述清代科举考试制度的书，有很高价值。

商衍鎏自小即刻苦练习八股文，其文具有很高的水平。他的八股文高华典丽，善说理，条理明晰，环环相生，富有逻辑，且平易自然，明白易晓。又巧于结构安排，善用开、合、正、反之法，使文章回旋曲折，波澜起伏。到光绪时，八股文已趋末路，多陈腐滥调，商衍鎏的八股文可说给八股文坛吹来一阵清新之风，故颇受人赞赏。

正是由于商衍鎏精研经史，又学贯中西，八股文造诣很深，且考中过一甲第三名进士，对八股文在科举制中的地位有着透彻的认识，所以他在《清代科举考试述录》第七章中，对八股文作了系统的阐述。

较之其他人讲述八股文的著述，商衍鎏的撰述有明显优长。

一、有很强的系统性。

明、清两代人谈论八股文都是即兴式、点评式的，缺乏系统性，更谈不上内在逻辑性。商衍鎏虽深受中国传统文化的浸染，但他也通西学，有很强的逻辑思维能力，故他在讲述八股文时就很重视其系统性。该书第七章以“八股文之源流”“八股文之文体”“八股文之文题”“八股文之变化盛衰”“八股文之选本、稿本”五节，加上第七节中的八股文举例释义，环环相扣地将八股文的主要方面全部揭示出来，形成一个系统。比起卢前在《八股文小史》中将八股文文体与文题同归于“八股文章之结构”的分类法，要科学得多，系统性也强得多。

二、见解的独到性。

八股文从明初创制至清末被废，共计使用五百多年，学界对八股文主要方面的认识几乎都趋一致。在这种情况下，要想别出手眼，提出独到的见解而又能让学界信服，是一件极难之事，非有精深的文史知识，对八股文有独到的研究不可。如第二节“八股文之文体”中对起讲的讲述，文词极简，却讲出了前人连篇累牍而讲不清的要义。在介绍其作法时说：“起、承、转、合，或由正而反，或由反而正，意要分明，单行中仍用排语，亦有散行而浑写者，法亦不一，务须总括全题，笼罩全局，故以起讲称之。”这段话中，除“务须总括全题，笼罩全局”见之于前人文中，其余各作法都是作者在漫长的八股文写作过程中摸索总结出来的心得，具有独到性。

又如在第三节“八股文之文题”中，作者谈题目之变化时说：“文题乃作文之标识，八股初时出题，皆明白正大，或一句，或数句，或一节，或全章，并无偏全、承上、冒下、截上、截下等名目。后以行之既久，题目仅限《论语》《大学》《中庸》《孟子》四书内，几无不为习见之题，其弊至于互相蹈袭，不得不避熟就生，因而割裂变化，繁简纷歧，创为特别殊异之题矣。题既多端，行文者不能举不同之试题，而只用固定之一法，复不能随时变易其法，而应付无定之试题。是以出题者定为各类名目以统属之，对于某类之题，尝用某种之法，加以规范，示以准则，限制束缚，自明至清，其所由来，并非一日。应试士子遵循不废，遂成普通之格式，讲诵之阶梯。”这段话言简而透辟，将八股文题变化与分类的原因阐明，对主司以某种之法作某类之题的奥秘便能心领神会了。在商衍鎏之前，讲文题分类及作法的文字车载斗量，但无一人能如他一般一针见血将其奥秘诀窍揭开，这充分体现了他对八股文的认识具有独到性。

三、对前人论述具有准确的吸纳性。

历经五百多年的八股文写作与研究，八股文界对八股文的方方面面都有着公认且符合实际的认识。商衍鎏对这些认识了如指掌，故在写作时将这些认识采辑其中。如对八股文源流的阐述，便融入了前人的见解，但都经过了他自己的改造与加工，使之更完整、准确。又如在第四节“八股文之变化盛衰”中，对明代八股文发展变化轨迹的勾勒，就有方苞在《进四书文选表·凡例》中所言的明显痕迹。在分论中对王鏊等名家的评述，也融入了前人的见解甚至词语。

收入本书的《清代科举考试述录》第七章，据生活·读书·新知三联书店1958年5月第一版之书。因第七章第六节是专讲试帖诗的，故略去。第七节也只收录八股文举例释义，而将试帖诗、排律诗、律赋举例释义略去。

（乌　媛）

清代科举考试述录

第七章　八股文、试帖诗概纪及举例释义

（附律赋、经义、论、策、疏、经解举例释义）

八股文即制义，或曰制艺、时艺、时文、八比文，又有称之为四书文者，以题目取之于四书也。乡、会试二场之五经文，亦用八股式，但其从出仍自四书文而来。至其体制，焦循《时文说》曰："御宽平而有奥思，处恒庸而生危论，于诸子中，有近乎庄、列、申、韩、邓析、公孙龙，然诸子之说根于己，时文之意根于题。实于六艺九流诗赋之外，别具一格也。"江国霖《制义从话》序曰："制义者指事类策，谈理似论，取材如赋之博，持律如诗之严。"究之束缚过于策论，措词隘于诗赋，而又以数千年以后之人，追模数千年以上发言人之语意，曰代圣贤立言。圣贤而为孔子、曾子、子思、孟子及孔门之弟子等尚可也，倘题目非圣贤语，而为阳虎、孺子、齐人妻妾，与夫权臣、幸臣、狂士、隐士之流，亦须设身处地，如我身实为此人，肖其口吻以为文，不可不谓为文格之创体也。独记事题或连章题则不入口气耳。文之发端为破题、承题，破承后为起讲，即入口气，起讲后排比对偶，接连而八，故曰八股；定于明初，完备于成化，泛滥于有清。然行之既久，而格有变化，时有盛衰，选集刊刻，指陈

家数，自明至清，汗牛充栋之文，不可以数计。但藏书家不重，目录学不讲，图书馆不收，停科举废八股后，零落散失，覆瓿烧薪，将来欲求如策论诗赋之尚存留于世间，入于学者之口，恐不可得矣。旧日人之讲求八股文者，以其为士子进身之阶，一旦获偿所愿，即复弃去，诮之者谓等于敲门砖。今日而欲条分缕析，将八股文之篇法、股法、句法、字法、炼句、修词，种种而详说之，万语千言不能发其秘，穷年累月不能究其源，即使明白，亦无所用，固不必虚费搜讨之精力，反使观者迷眩而不解耳。因分为源流、文体、文题、变化盛衰、选本、稿本述之，使之简显而较易明。试帖诗则由唐之试律而来，谓其不同于古体也，其诗格之构造体裁，别为一种。清代既于乡、会试与八股文并重，而各类之考试，用之尤多，是以于其源流、题目、诗体、选本、稿本，亦为举其大纲，存其例要。其他律赋、经义、论、策、疏、经解诸文，皆考试所兼有者，虽不能详，并附举其例。共为八节，叙述如下。

第一节　八股文之源流

八股文有谓仿于唐之帖括者，是以亦有帖括之称，帖括即帖经。唐制，取《易》《诗》《书》《礼记》《周礼》《仪礼》《春秋左氏》《公羊》《穀梁》诸经中，或《孝经》《论语》《老子》等，随其所习出题若干道，令试者赅括而帖之。帖经之法，只令全写注疏，类于默书与今日之填题，既不增加词意，推展发明，唯凭记诵，不足以观其才学，故唐人之试帖括者，多兼及于诗赋与策论。是其发题虽原于经，而按其实际，与制义固不相类也。若溯源于宋、元之经义，则颇有蹊径之可寻。经义创自宋王安石，安石罢诗赋帖经墨义，士各占治《易》《诗》《书》《周礼》

《礼记》，一经兼《论语》《孟子》。元之考试程式，用经义、经疑二问，于《大学》《论语》《孟子》《中庸》内出题，是即四书文之所由昉。清《四库全书》于时文选本悉摈不录，唯录《钦定四书文》四十一卷，其提要云："经义始于宋。《宋文鉴》中所载张叔才《自靖人自献于先王》一篇，即当时程式之作也。元延祐中兼以经义、经疑试士，明洪武初定科举法，亦兼用经疑，后乃专用经义。"又《四库》所收有宋朱良矩《经义模范》一卷，元倪士毅《作义要诀》一卷，元王充耘《书义矜式》六卷，皆宋、元时经义之体。至清俞长城《百二十名家稿》，首卷先录宋王安石、苏辙、杨万里、陆九渊、陈傅良、汪立信、文天祥七家经义，当时虽尚为论体，而用对偶之似八股行文者已开其端，《制义丛话》于第三卷内引用甚详。如陈傅良《不以人废言》文云："浅近之言，帝舜犹必察；小人之箴，盘庚不敢伏。"《保民而王》文云："论成汤之王者，不观于万邦咸怀之日，而观于子惠困穷之初。论文王之王者，不观于三分有二之时，而观于不侮鳏寡之始。"汪立信《与谗谄面谀之人居》文云："国有大兵，而虏寇猖獗，所恃以无恐者虎贲干城，而彼习为谗谄面谀之庸谈，卒所以益之疾而增之忧。国有大祲，而流离载道，所恃以无患者保障茧丝，而彼好为谗谄面谀之回邪，卒所以阶之祸而梯之乱。"文天祥《事君能致其身》文云："不为不忘沟壑之志士，则为不忘丧元之勇夫。不为杀身成仁之仁人，则为全身取义之义士。"观上所举，直与八股文无异。陈傅良于宋光宗朝大节彪炳，遇事谏诤；汪立信曾上御元二策，痛恨贾似道卖国；文天祥《正气歌》照耀千古。即就文论，其感慨淋漓也亦如此。评者谓陈止齐（傅良）经义最为近时，其经籍纷纶处，已开后人门径；汪六安（立信）《躬自厚而薄责于人则远怨矣》文，清微细净，确实纯正，绝似成弘集中举业之作；文文山（天祥）《愿比死者一洒之》文，顺语气，按题位，已启明文代言口气之风。若杨诚斋（万里）《国家将兴必有祯祥》文，点题后用“以为”二字起，《至于治国家则曰姑舍女所学而从我》文，点题后用“谓”字起，更类于代言语气。而文中“狴犴绿草，俎豆春风，狼烟塞红，榆关柝静”及《治国家》篇中有“日转棠阴，风清榆塞，边塞不鼓，烽燧不烟”等句，《杨墨之道不息》文“苔侵鲁壁，烟横尼山，骥失而驽，马失而蟆”之句，其藻丽且过于清代章金牧、王广心之文。故论八股文者，沿流溯源，不可不谓其托始于经义也。至焦循谓八股入口气代人论说，实原于金、元之曲剧，以破题开讲，等于曲之引子，提比中比，等于曲之套数，夹入领题出题段落，等于曲之宾白。但其论八股文肖题极推金声，枯窘题极推王遂东，而于黄淳耀、吴之彦、耿争光所作，皆称其无异汉赋、唐诗、唐宋人古文，则又不尽同前说。毛奇龄曰：“唐制，试士改汉魏散诗而限以比语，有破题，有承题，有领比、颈比、腹比、后比，而然后以结收之，六韵之首尾即起结也，其中四韵即八比也，然则试文之八比视此矣。”直以八比由唐应试之试律而来。钱大昕曰：“宋熙宁中以经义取士，虽变五七言之体，而士人习于排偶，文气虽疏畅，而两两相对犹如故也。”与毛说略同，而亦以为本于经义耳。

第二节　八股文之文体

八股文之源流，既如上述，明洪武三年所定乡、会试文字程式，犹称为五经义、四书义。顾炎武《日知录》曰：“经义之文，流俗谓之八股，盖始于成化（宪宗）以后，股者对偶之名也。天顺（英宗）以前经义之文，不过敷衍传注，或对或散，初无定式，其单句题亦甚少。成化二十三年会试，《乐天者保天下》文，起讲先提三句，即讲乐天四股，中间过接四句，复讲保天下四股，复收四句，再作大结。弘治（孝宗）九年会试，《责难于君谓之恭》文，起讲先提三句，即讲责难于君四股，中间过接二句，复讲谓之恭四股，复收二句，再作大结。每四股之中，一反一正，一虚一实，一浅一深（亦有联属二句四句为对，排比十数对成篇，而不止于八股者），其两扇立格（谓题本两对，文亦两对），则每扇之中各有四股，其次第之法亦复如之，故今人相传谓之八股，若长题则不拘此。”据顾炎武说，是八股始于成化之时，但成化以前，于谦《不待三然则子之失伍也亦多矣》题文，王宗贯《知者乐水，仁者乐山；知者动，仁者静；知者乐，仁者寿》及《乡人皆好之何如，子曰未可也，乡人皆恶之何如，子曰未可也，不如乡人之善者好之，其不善者恶之》题文，皆八股格也。推之宋杨诚斋、汪六安之经义，中间已有用四股、六股、八股之体。然则八股之法，实肇于宋绍兴、淳祐，定于明之洪武，而盛于成化以后者。顾炎武又云：“（制义）发端二句或三四句为之破题，大抵对句为多，此宋人相传之格（本之唐人赋格）。下申其义作四五句谓之承题。然后提出夫子（曾子、子思、孟子皆然）为何而发此言，谓之原起（题）。至万历中破止二句承止三句，不用原起（题）。篇末敷衍圣人言毕，自摅所见，或数十字或百余字，谓之大结。明初之制可及本朝时事，以后功令益密，恐有借以自衒者，但许言前代，不及本朝，至万历中大结止三四句矣。”夫就制义文体而论，固以八股为主，然篇中之破题、承题、起讲，与领题、入题、出题、过接、收结、落下等，附属其间以成文者，不兼说明，仍不可以知其全体之构造也。兹再引申其义而详言之。

破题不始于八股，唐赋、试律于起处并曰破题，屡见于唐、宋人之所记载。八股破题，自明而清其法繁多，皆用二句单行，有明破、暗破、顺破、逆破、正破、反破、分破、对破之别，长题之破贵简括，搭题之破贵浑融，大题之破贵冠冕，小题之破贵灵巧，其要在于将题目之意义破开，而扼题之旨，肖题之神，因题而制，不暇举例也。破题之后为承题，承者接也，谓将破中紧要意义承接而下，倘正破则用反承，反破则用正承，顺破则用逆承，逆破则用顺承，余可类推，总要明快关连，不可破自破而承自承也。破题于圣贤诸人须用代字，不可直指其名，如尧舜则称帝，孔子则称圣人之类，承题则直言之，如尧舜直称尧舜，孔子直称孔子，其余诸人仿此，无复避忌也。原题明文施于承题之末，即领承题目上文，以说明本题发言之原委，但后来将原题减去，承题后即入口气谓之起讲。起讲首二字用“意谓”“若曰”“以为”“且夫”“尝思”等字开端，明文起讲简短，仅三四句，清代较长，约十句上下。起、承、转、合，或由正而反，或由反而正，意要分明，单行中仍用排语，亦有散行而浑写者，法亦不一，务须总括全题，笼罩全局，故以起讲称之。起讲后用三四句，或曰领上，或曰领题，或曰入题，或曰落题，亦有称之为提笔者。有上文者领上以入题，无上文者只以领题叫题为入题，无上文而有下文者，则领题后仍要留下文地步，有上文兼有下文者，则领上入题点清本题界限，意仍留照下文。若全章或连章之题无上下文者，则用浑括领起以入题，此皆布置于八股以前之格式也。

八股者。为起二比（亦曰提比），中二比，后二大比，末二小比（亦曰束比）。但二小比亦有提前用于起比后，或中比后者。比者对也，起、中、后、束各两比内，凡句之长短，字之繁简，与夫声调缓急之间，皆须相对成文，是为八股之正格。起比以后，出题以一二句或三四句，下接中比。中比以后，过接一二或三四句，下接后比。亦有出题过接连合用之。或仅用于提比后，或仅用于中比后者。束比紧接后比。篇末用一二句收以完篇，有下文者谓之落下，无下文者谓之收结。由破题以至收结，语意必须连串，中间之出题过接皆用散句，乃点醒文义，使之一气相生，无板滞转捩迟钝之嫌，不可重复隔绝，屡次不清，是八股谋篇布局之大略也。

再分论之，唐彪（号翼修）曰："制艺之法有六位，曰顶、曰面、曰心、曰背、曰足、曰影。"据此以言，起二比如人之顶与面，意在题前着笔，提起全篇之势，每比约四五句至七八句，要炼而紧，俾留中比后比之地位。中二比如人之心与背，当进一步搜剔题中反正神理所在之处，笔要松灵，有略长于提比者，亦有短于提比者，其大开大合，尽情发挥题之义蕴，每比长至十余二十句者，则为变格。后二比如人之足与影，为题最后之位置，可向题旨立意实处，畅发无遗。因中比既以轻松出之，后比若不庄重踏实，不足以振起全篇之精神，文气舒长，每比多为十余二十句。倘中比已长，则后比短如普通之中比，亦变格也。束二小比，每比二三句或三四句，所以回应揭醒全篇而加以结束之意。后来八股之格多改为六股，则将二小比减去矣。

明人篇末用大结，可及时事。世宗嘉靖二十二年癸卯，叶经巡按山东，作乡试《无为而治者，其舜也与夫何为哉，恭己正南面而已矣》题程文，大结内有"继体之君，未尝无可承之法，但德非至圣，未免作聪明以乱旧章"等语，世宗见之大怒，以为讥讪，逮讯毙于杖下。按语并不急切，而意亦空论，竟触时君之暴威。自后皆草率从事，而不肖之徒，又每于此暗藏关节，至清康熙时悬为厉禁，而大结遂废。至于八股体制之异者，有十比、十二比、十四比以至十六比、十八比等，亦有双扇题作两大比，三扇题作三大比，四扇、五扇题作四大比、五大比之类。而单句题用两大比、三大比者亦间有之，则因试场中欲求见异于人之故。唯其前后之破、承、起讲、领题、落下等，仍为一定之格式。

第三节 八股文之文题

文题乃作文之标识，八股初时出题，皆明白正大，或一句，或数句，或一节，或全章，并无偏全、承上、冒下、截上、截下等名目。后以行之既久，题目仅限《论语》《大学》《中庸》《孟子》四书内，几无不为习见之题，其弊至于互相蹈袭，不得不避熟就生，因而割裂变化，繁简纷歧，创为特别殊异之题矣。题既多端，行文者不能举不同之试题，而只用固定之一法，复不能随时变易其法，而应付无定之试题。是以出题者定为各类名目以统属之，对于某类之题，尝用某种之法，加以规范，示以准则，限制束缚，自明至清，其所由来，并非一日。应试士子遵循不废，遂成普通之格式，讲诵之阶梯。八股既加以论列，则文题亦不可不知，兹特举例赅括以言之。

文题有大题小题之分，乡、会试每出大题，较为整齐，小考则纤佻琐碎者居多，谓之小题，更有一种特别之题曰截搭题。合各题以区分而类别之，盖不下三四十种。若欲一一讲明其例，遍引各题与作法，即使连篇累牍，仍不易详解其奥妙，无关大旨，因以从缺。兹仅分为题名、题意、题例三类以记其概要。

一、题名。有连章题（即两章或三四章合题）、全章题、数节题（即每章内之数节）、一节题、数句题（即每章或每节内择取数句）、单句题、两扇三四五扇题（即章节中之排句），以上皆属于大题之类。若截上题、截下题、截上下题、承上题、冒下题、承上冒下题、半面题、上全下偏题、上偏下全题、上下俱偏题，并有一题而兼两名，如截上兼下全、截下兼上全等，就上各题错综推之，可以了解，无须细述，以上皆属于小题之类。又有截搭题，分长搭、短搭、有情搭、无情搭、隔章搭诸体，是为例外。

二、题意。行文用意必须按题，大题可以直抒胸臆，就题发挥，观上第二节所论，当能得其大概。小题各有不同之作法，拘牵甚多，稍一驰骋，即触题忌。截上承上题忌连上，截下冒下题忌连下。题意全在上文者为承上，题意半在上文者为截上，冒下与截下题类此。上全下偏题，其下截从上截抽出者，则宜重发首句转落次句，其上截总冒下截者，则宜轻发首句直走下截。上偏下全题，为下截兼顶数项而上截只出一条，故作首句时必将上文补斡于中，作下截时兼顶数项，须用倒卸法逆转而上，方不混入上文也。截搭题则无论长短搭、有情无情搭、隔章搭，其法皆用钓、渡、挽。钓者由题首直钓题尾，而仍还到题首，用于小讲后领题处。渡者扼住题首题尾，驾驭中间，然后从题首渡到题尾，用于提比后之出题处。挽者循题尾以倒卷题首，用于后比落下处。钓、渡、挽俱要掩映收纵，绾合自然，裁剪消纳，并带中间，方得埋伏稳渡反照之妙。独短搭题目甚短，中无题句，不须消纳，其转折处，宜用关合简捷之笔，此通法也。钓下后之二提比谓之还上，为专作题首上截之文，渡下后之二比谓之还下，为专作题尾下截之文，但彼此仍须回环照顾。篇法以四股三段为正格，因钓、渡、挽较普通之领题、出题、落题为长，所以前后仅用四股，文气已足，而少用八股六股者，至于小讲文义要浑融，眉目要清楚，以总起总收，中将题界点说分明为合。截搭题文，无中生有，反复提缀，不能随题铺叙，又要首尾绾合，此固文章家未有之奇趣也。若夫各种大题小题之中，行文作法，仍有多样之用意，如认题、如制局、如宾主、如线索，曰气、曰势、曰络、曰骨等，不胜枚举，兹皆不论。

三、题例。试文各题，既如上述，欲稍证明其例，繁征博引，固属不必，即取四书题内各章以分举之，倘于题目上下之原文，不举则不得其详，举出又过于纷琐，兹引《论语》三章相连之正文于前，就此择题举例于下，无事旁及，似较简单浅显，而题例亦易于明了耳。引文如下：

"子所雅言，诗书执礼，皆雅言也。""叶公问孔子于子路，子路不对，子曰，女奚不曰，其为人也，发愤忘食，乐以忘忧，不知老之将至云尔。""子曰，我非生而知之者，好古敏以求之者也。"

以上为《论语·述而篇》连接之三章，"子所雅言"为一章，"叶公"为一章，"子曰我非生而知之者"为一章；而"叶公"章分两节，即"子路不对"上为一节，"老之将至"上为一节。就此举题为例分析言之：

合两章或三章者，皆为连章题。仅出一章者为全章题。"叶公"章分两节，出上一节，"叶公问孔子于子路，子路不对"，为一节题（出下节者亦然，推之别章有多节而出数节者为数节题）。其余各项题，"子所雅言"为冒下题，"子所雅言诗书"为上全下偏题，"执礼皆雅言也"为上偏下全题，"皆雅言也"为承上题，"子曰女奚不曰，其为人也"为截上下题，"发愤忘食，乐以忘忧"为两扇题（三四五扇之例可推），"其为人也，发愤忘食"为半面题，"我非生而知之者"为截下题，"好古敏以求之者也"为截上题，"我非生而知之者，好古"为截搭题，"不知老之将至云尔，子曰我非生而知之者"为隔章有情搭题，"皆雅言也，叶公问孔子于子路"为隔章无情搭题。字句少者为短搭，字句多者为长搭。举例数种以见意，其他可就此推类而明之。

余于光绪庚寅应童试入学题，为《论语》："巍巍乎其有成功也，焕乎其有文章，舜有臣五人而天下治。”此为有情隔章截搭题，因上章“子曰，大哉尧之为君也，巍巍乎唯天为大，唯尧则之，荡荡乎民无能名焉，巍巍乎其有成功也，焕乎其有文章”。下章“舜有臣五人而天下治，武王曰，予有乱臣十人（乱作治字解）。孔子曰，才难，不其然乎？唐虞之际，于斯为盛，有妇人焉，九人而已”。取上章下二句，下章上一句为题，虽隔章截搭，而尧舜可以绾合，是以为有情搭也。忆余起讲开始三句云：“且创制显庸之规，固赖有体天出治之圣人也，尤赖有得人者昌之治人。”首句切成功文章，二三句以天人绾合治字，抱上还下，实属稚气，因论截搭，故略引之，以见文体之一端。又余在广东应乡试三次，第一场首题，辛卯科为“子曰攻乎异端，斯害也已”。癸巳科为“子曰如有王者必世而后仁”。甲午科为“颜渊问仁　一章”。以此例之，可见乡、会试之出大题者为多。

第四节　八股文之变化盛衰

八股文取士，行之既数百年，萃千亿万人之心力于其中以求科举，运会因人以为隆替，文格自亦随时势以为变更，此固一定之理也。八股不自清始，欲知变化盛衰之迹，是不可不追溯之于明，而由明以至清也。是非得失，姑不具论，依序陈述，以飨读者。

先言明代，明代分成化、弘治以前为一期，正德、嘉靖为一期，隆庆、万历为一期，天启、崇祯为一期。明初自洪武、永乐、景泰、天顺以至成、弘，百余年中皆恪遵传注，体会语气，谨守绳墨，尺寸不逾。及正、嘉作者，始能以古文为时文，融液经史，使题之义蕴隐显曲畅，是为明文极盛之时，隆、万间兼讲机法，专事凌驾，轻剽促隘，务为灵便，虽巧密有加，而气体薾然矣。天、崇之间，或失于苦，或失于浮，自后诸家力移风气，则有穷思毕精，务为奇特，包罗载籍，雕刻物情，凡胸所欲言者，皆就题以发挥之。其善者途径别开，光气腾跃，自不可泯，而逾越规矩以为新奇，剽窃子史以为古奥，雕琢字句以为工雅，书卷虽富，词气虽丰，证诸圣经贤传之义理，多不相合者亦复不少。凡此数类，相承相变，沿流之迹，可以推知。

再分论之，明洪武、建文两朝，刘基、方孝孺、黄子澄、解缙皆有传文，然不多觏，固由风气之朴，亦散佚者多也。永乐、宣德、正统、景泰、天顺间，若于谦、丘濬、商辂、李东阳辈，蝉联鹊起，丘、李屡任文衡，体制渐开。成化、弘治间无不极力推崇王鏊，鏊字守溪，谥文恪，世称王守溪，谓前此风会未开，守溪无所不有；后此时流屡变，守溪无所不包；理至守溪而实，气至守溪而舒，神至守溪而完，法至守溪而备，称为时文正宗。余如吴宽、邵宝、钱福、顾清、唐寅、王守仁等，一时崛起，所作悉明体达用，文质得中。钱福，号鹤滩，与守溪齐名，因有钱王之称。唐寅，号伯虎，初为诸生，纵酒放怀，人非笑之。唐曰：若闭户经年，取解首如运掌耳。弘治十一年戊午果举省元。然风流放达，玩世不恭，后竟以此得罪，被弃终身；但书画流传，名满后世，其所重固不在功名矣。洎乎正德、嘉靖间，名手辈出，要以唐顺之（号荆川）、归有光（号震川）为大家。荆川指事类情，曲折尽意；震川精理内蕴，灏气流转；皆深于经史，能以古文为时文者，时号归、唐。余如薛方山应旂（上二字为号，下二字为名，以后所引皆如此）、瞿昆湖景淳，皆能别树一帜，合守溪、鹤滩，有王、钱、唐、瞿四家之目，后去钱而易以薛，于是复有王、唐、瞿、薛之名。其他汪青湖应轸、季彭山本、罗念庵洪先、诸理斋燮、王荆石锡爵、许敬庵敷远、茅鹿门坤、胡思泉友信等，皆最著名。思泉继归、唐而兴，其文雄深博大，卓然自立，世又变易前称，共推王、唐、归、胡。论明文推正、嘉为盛者此也。其时有徐渭号文长者，狂士也，唐荆川、茅鹿门皆师事之。其作《今之矜也忿戾》文云：“其视己也常过高，而身心性情之际，每怀不平；其视人也常过卑，而亲疏远近之间，鲜能当意。义利之辨未尝不明，但其所见者自以为义，而谓天下则皆利也；是非之故亦未尝不悉，但其所执者自以为是，而谓天下则皆非也。此非直浑厚惇大之体无所望也，好胜不已，而其势必至于争矣。”刻画矜字、忿戾字入骨，言为心声，直肖其人，八股文之可以达人性情也如此。文长诗、书、文、画无一不精，九岁能文，为诸生日，提学薛应旂拔置第一。后入胡少保宗宪幕，命作《白鹿表》，世宗大赏之，传诵于时。少保被逮，渭惧祸及，遂发狂，引巨锥刺耳，深数寸不死。性猜而妒，因杀其后妻入狱，得援者力获免。晚岁绝谷十余载，常言吾书第一，诗次之，文次之，画又次之，识者亦以为然。隆、万继嘉靖后，易方为圆，渐尚机法，胡友信处嘉、隆之间，虽神旺气充，而疏宕清深终逊归、唐。隆庆五年辛未，张居正主会试，欲去繁芜以归雅正，首拔邓以赞、黄洪宪，刊其行卷程式天下。万历以后积习难返，及于末年文体靡丽，佛经语录尽入于文，狂澜既倒，不易挽矣。其间之自辟门径者，如杨起元、孙矿、邹德溥、赵南星、顾宪成、方应祥、万国钦，皆能自成一体，不与时为升降。汤显祖、董其昌、许獬、叶修，驰骋才华，而能归于肃穆，皆无忝于名家者。逮至天启、崇祯之文，理不及成、弘，法不及隆、万，可谓文体之衰。赖有金正希声、章大力世纯、罗文止万藻、艾千子南英、陈大士际泰、黄蕴生淳耀、杨维斗廷枢、陈大樽子龙诸人之作，思力识见，才气典奥，足以振起之，谓为金、陈、章、罗，不仅上接归、王也。同时艾千子以兴复文风为己任，刻本人与大力、大士、文止四家之文行世，又称之为章、罗、陈、艾。若项水心煜、凌茗柯义渠、徐思旷方广、钱吉士禧等，亦足称杰出之辈。总明一代而论，洪、永为制艺初轨，八股格式尚未周备。自是而后，成、弘、正、嘉之文，简古浑融而讲理法。隆、万之文，则渐趋圆熟，专工机法。天、崇之文，则务骋才情而讲议论。文体递变之迹，不难因时而稽也。明科举文相传有元派、元脉、元度、元镫之说，谓乡、会试之取元，有一定之宗派，创始于成化、弘治之间，至万历而不显，实则近于玄虚，本无确论，后则鲜有持是说者矣。

清代继明制义诸体皆备之后，方苞谓："守洪、永以来之准绳而加以变化，探正、嘉作者之义蕴而挹其精华，取隆、万之灵巧，启、祯之恢奇，而去其轻浮险谲，兼收众美，各名一家。"固属过于推崇，然清代八股之异于明者有四。（一）在义理之求深。其识力透到之处，往往足补传注之不及，盖文章有尽，义理则日出不穷也。（二）在音义之是正。阎若璩将明名家制义中错解题误用事者，标出以成一篇，诮作文者但求热闹悦观者之目已足，而不认识字义，清代风尚，则讲求精细，较之于明为慎。（三）以搜奇为制胜。盖拘泥传注，久已陈陈相因，富于书卷者，于正经正史之外，推及逸书、诸子、小学、金石之类，无不旁搜远绍，以助文章之波澜。特才气盛，则体裁稍难纯一耳。（四）以史事为骨干。包罗万象，涵盖古今，专以用史为长，词句不免掺杂后世史迹，于代圣贤立言之旨，似觉稍背，然弃经而史，已成一时之风气。论清制义，顺、康、雍、乾百余年间，重朴学，戒空疏，上求下应，是可以称之为盛时。自乾隆中叶以后，八股渐趋巧薄而就衰，士子剽窃陈言，但求幸获科名。嘉、道、咸、同作者更寥寥可数，徒以取士在此，视为应举之工具而已。

再分论之，顺、康时之刘子壮、熊伯龙、李光地、韩菼为四大家，子壮宽博而深于经，伯龙雄俊而深于史，光地精诣纯粹，韩菼生面别开。其继起者推方舟、方苞，为文古雅拔俗，根柢深厚。而王广心、李来泰、陆灿、戚藩、张玉书、马世俊、颜光敏、方婺如、张英、尤侗、张照、何焯、任兰枝、储在文等，或熔经铸史，或气盛言宜，亦一时之杰也。雍、乾两朝如王步青、张江、胡天游、陈兆仑、袁枚、吴鸿、吴玉纶、赵佑、管世铭、汪如洋辈，皆足以后先媲美。当时论者有三山、三储之称，三山则陈句山兆仑、管蕴山世铭、周犊山镐也，三储则储欣、储在文、储大文之父子兄弟也。乾隆时吴珏、田玉、马国果、李中简称墨卷四家，而当时之墨卷万选受人讥评，四家遂亦不能免。其中之特异于众者，胡天游以雍正副榜举乾隆博学鸿词，才情横厉，诗文奇崛古奥，不肯作一庸语，康熙时尤侗惊才绝艳，每用游戏之笔以为文，所作《临去秋波那一转》时文，世祖见之，称为真才子，皆不可以寻常而论。若汪如洋年十八，领乾隆四十五年庚子科会元、状元，时和珅威权赫奕，欲招致之，坚持不往。管世铭考据、文章无不兼能，特名为制义所掩，乾隆四十三年戊戌科进士，官御史，于友坐间，倡言欲劾和珅，归舍遽卒。两人皆不肯附和珅，是又不仅以文字科名为重者。嘉、道、咸丰以来，时文多无骨力，日见衰靡。擅文名者，仅莫晋、陈钟麟、姚学塽、郭尚先、林则徐、陈继昌、路德等，而专以举业之法教授生徒，历充书院主讲，弟子甚多者，则为陈厚甫钟麟、路闰生德两人。同治、光绪间，讲求时艺之风，转而为研究古文、经史、时务之学。阮元、姚鼐提倡于嘉、道前，黄体芳、王先谦、张裕钊、俞樾、吴汝纶、王闿运诸人继起于后，或职宗师，或主讲席，同、光二三十年间崇实黜华，风气为之一变。江璧、江鸿銮、许景澄、夏曾佑、樊增祥辈，时虽以工八股闻，而人之所注意者，已不在于此矣。究之八股只用于科场，习此者于中式科举之外亦无他求，变化起伏，千条万绪，简短举要，以一鳞半爪视之可矣。

第五节　八股文之选本、稿本

唐之官韵诗赋，宋之应试经义，无专书著录以传于后者，实以科举取士之文，原在一时也。八股谓之时文，亦以时过则迁，违时之旧文已去，合时之新文代兴，自明至清，八股之选本、稿本，记不胜记，而流传者绝少，职是之故。第为科举艺文，则记载似亦不可废。

八股之选本、稿本性质不同，选本文非一家，志在推行广远，类于总集。稿本文仅一人，由于自行编订，类于别集。选本必有操选政之人，明代之最著者，如艾南英之选《明文定》《明文待》，钱禧、杨廷枢之选《同文录》，马世奇之选《澹宁居文集》等皆是。坊间刻本兴于隆、万之时，房书之刻始于李衷一，十八房之刻始于《得士录》，旁有批点始于王房仲之选墨卷。自是乃有四种：曰程墨，为乡、会试主考、房考拟作，及检择中式士子之作。曰房稿，为十八房进士之作。曰行卷，为举人本房之作。曰社稿，为诸生会课之作。其意皆在于精采慎选，为应试者程式，俾其有所取法之故。外此黎淳选成化以前之文为《国朝试录》六百四十卷，《明史·艺文志》所载之《四书程文》二十九卷，苏苞九翔凤选天启甲子至崇祯癸未一百二十种为《甲癸集》，周立勋、徐孚远有《古今业》之选，周介生钟有《经义诸选》，陈名夏有《五十六家》之刻。总上以观，网罗明代名作之文，盖无遗矣。至于社稿，则张溥、周钟合当时名流之文，有《复社国表》之刻，夏允彝、陈子龙有《几社会义七集》之刻，以后求社会义，几社景风，以及“雅似堂”“赠言社”“昭能社”

"野腴楼""东华集"接踵而兴。此为选本之大略也。

稿本明初始于于谦，继之陈献章等。成化间王鏊之《王守溪稿》最为风行。嘉靖唐顺之有《教学文》《吏部文》《中丞文》，随时编定，归有光稿尤推时文大家，此外难以悉数。兹就俞长城《百二十名家稿》，所取各家之稿本言之，永乐有于谦、薛瑄二家。正统有商辂、陈献章、岳正、王恕四家。景泰、天顺有丘濬、李东阳二家。成化有罗伦、林瀚、吴宽、王鏊、谢迁五家。弘治有钱福、顾清、李梦阳、唐寅、伦文叙、王守仁、董玘、顾鼎臣八家。正德有唐皋、邹守益、杨慎、汪应轸、季本、崔侗、陆钛七家。嘉靖有唐顺之、罗洪先、薛应旂、诸燮、嵇世臣、张元、茅坤、瞿景淳、袁福徵、孙楼、王樵、周思兼、陶泽、海瑞、胡定、王锡爵、许孚远、归有光十八家。隆庆有胡友信、邓以赞、黄洪宪三家。万历有孙矿、赵南星、冯梦祯、杨起元、顾宪成、邹德溥、万国钦、汤显祖、叶修、张寿朋、钱士鳌、陶望龄、董其昌、郝敬、吴默、顾天竣、孙慎行、黄汝亨、许獬、张以诚、方应祥、顾锡畴、石有恒、王士鏞二十四家。天启有章世纯、文震孟、黄道周、艾南英、凌义渠、罗孟藻六家。崇祯有曹勋、黎元宽、金声、杨廷枢、左懋第、杨以任、陈大士、陈之遴、包尔咸、陈子龙、金堡、黄淳耀、徐方广、钱禧十四家。凡得明文九十三家，各人稿本，多者稍事删汰，少者全行载入，并将每人之出处序于简端，加以评论之语，是虽选本，几与稿本无异。余可类推以知之，非是编之所能尽矣。

清继明后，明代之选本、稿本，盛行于时，而每科之乡、会试闱墨，层出不穷，已足士子之揣摩，故清初之操选权者无闻。及乾隆时始以坊刻冒滥，乃命方苞选定一篇以为士式，曰《钦定四书文》，共四十一卷，内明文凡四集：曰化治、曰正嘉、曰隆万、曰启祯，清代别为一集。明制义共四百八十六篇，清制义共二百九十七篇，每篇皆加圈点，细批旁注，抉其精要，总评于后。卷首载乾隆御旨，次为方苞奏折，又次为凡例八则，说明选择之旨。重在为乡、会试程式，故小题文不收，单句或数句题间有采入。编定后颁行各省，申明清真雅正之训，文之险仄纤巧、割裂鲁莽者不录。是为官书奉行之选本，而与私人所选者异也。其私人所选，如黄宗义辑《明文海》四百八十二卷，内载时文序七十八首。俞长城之《百二十名家稿》，多选明文，清代不过二十人。徐存庵越选《岭云编》，自明洪武起至清顺治止，录文约三千篇。王耘渠汝骧选《明文治》，风行一时。郑汉林有《八宗师考卷选》，则皆为小试之试牍采风录等。何义门焯选《庆历小题文行远集》，其指归悉本于阎若璩。纪晓岚昀选《房行书精华》。蔡寅斗有三十家之选，首于储欣，终于王之醇，严于取择，仿俞氏例，每家之首各冠以小序。王罕皆步青，为金坛七子之最，所选有《塾课》，分编八集，曰启蒙、曰式法、曰行机、曰参变、曰精诣、曰大观、曰老境、曰别情，亦名《八法集》。又有《制义所见集》《程墨所见集》《直省考卷所见集》，为雍、乾间选集之多而著者。桑调元有《评选明人制义》，评语极繁，便于应举者之揣摩。何樟亭维熊选《天铿集》约千篇，取其精者又名《龙鐢集》。张惕庵甄陶有《国朝文范》之选。选本之可记者大略如此。清代不许结社，故无社稿，但各省书院多有选刻其书院之文，而即名以某书院课艺者。如北京金台、南京钟山、尊经之类，不可以一一举也。同治时张之洞督学湖北，选有《江汉炳灵集》，皆其岁、科两考生童之作，题目正大，文主才气，盛行于时。李元度选《小题正鹄》《目耕斋》两种。光绪时傅子纯以选各省闱墨著称。唯清季石印影本出，上海点石斋影印《大题文府》《小题文府》两种，字细不及针孔，本小纸薄，无论何文，并蓄兼收，但求备体，每种各载文至一万四五千篇，专为士子挟带之用，小题便于应小试者，大题便于应乡举者。以后如鸿宝、蜚英，各家续出者尚多，是全属射利者之所为，又不足以言选本也。

稿本则顺治时章金牧《章云李稿》、贺应旌《采芝堂文稿》、杨雍建《弗过轩制义》、刘子壮《刘克猷稿》、施闰章《施愚山稿》、王庭《王迈人稿》、王广心《兰雪堂制义》、李来泰《李石台稿》、陆灿（本姓钱）《钱湘灵稿》、张玉书《张京江文稿》、马世俊《马章民稿》。康熙时颜光敏《颜修来稿》、廖腾煃《廖莲山稿》、李光地《榕村制义》、陆陇其《陆稼书稿》、韩菼《有怀堂制义》、彭定求《南畇文稿》、翁叔元《翁宝林稿》、尤侗《尤西堂传稿》、赵晋《赵榜眼存稿》、汪份《汪武曹时文》、何焯《何屺瞻稿》、方婺如《集虚斋自订全稿》、徐用锡《徐坛长稿》、方舟《自知集》、方苞《抗希堂稿》、蔡世远《梁村制义》、任兰枝《任香谷稿》、储在文《经畬堂自订全稿》。雍正时王步青《敦复堂稿》、王汝骧《槖中集》及《虚牝集》《墙东集》、张江《张太史时文》三集、周学健《周勿逸稿》、任启运《任翼圣文集》、陈宏谋《横塘陈氏一门朱卷》、郑方坤《郑荔乡稿》及《三郑合稿》、陈兆仑《紫竹山房制义》。乾隆时杭世骏《镂冰集》、袁枚《袁太史稿》、朱士琇《朱梅崖制义》、周振采《周白民藏稿》、吴鸿《吴状元稿》、翁方纲《复初斋时文》、朱珪《槃陀老人制义》、吉梦熊《吉毅阳时文》、郑天锦《郑芥舟稿》、赵佑《清献堂集》、吴玉纶《香亭文稿》、龚景瀚《积石山房四书文》、管世铭《管韫山制义》、吴锡麒《有正味斋集》、郑光策《西霞制义剩稿》、张腾蛟《思庭应试文》、许作屏《青阳堂制义》、谢淑元《瑞芝草堂文稿》、石韫玉《石执如制义》、英和《恩福堂制义》、莫晋《来雨轩存稿》、陈钟麟《就正草》及《听雨轩前后集》、王芑孙《渊雅堂文稿》。嘉庆时姚学塽《晋堂时文》、陈廷选《百尺楼文稿》、朱秉铭《雪龛制义》。道光时刘建韶《宜兰堂制义》、曹之升《曹寅谷制义》、汤鹏《海秋制义》，而其时陕西路德《仁在堂全集》最著称。路德由道光四年起即以试文课徒，先后约二十年，历年主讲对山、乾阳，关中、象峰、宏道各书院。选有《明文明》，刻有《时艺课》《时艺辨》《时艺话》《时艺综》《时艺核》五集，为教授生徒应乡举之文，《时艺引》《时艺阶》二集，为教授生徒应小试之文。每篇句分字解，论题论法，无微不至，动数百言，大半书院生徒之课艺经其改正之作，或为生徒模范之拟作。又有《训蒙草》《文艺金针》二种。受教于其门者科名极盛，其稿通行于各省，几于家置一篇，是以选本而兼稿本者。咸、同以至光绪之时，若俞樾《四书文》、樊增祥《樊山制义》、汪鸣銮《汪柳门稿》等，虽尚为人传诵，然学者多不欲以时文自见，人亦不甚重视之，固无庸细记也。

其总论制艺之书，有梁章钜之《制义丛话》二十四卷，叙有明一代至清道光之初，博引详稽，加以论列。又有阮元之《四书文话》，分为二十四门，一原始，二功令，三格式，四法律，五体裁，六命题，七程文，八稿本，九选本，十墨卷，十一社稿，十二元灯，十三名誉，十四考核，十五师承，十六风气，十七兴废，十八流弊，十九起衰，二十假借，二十一訾毁，二十二谈薮，二十三轶事，二十四五经文，极为精详。是皆举八股而合论之，巨细兼包，有助于探讨八股文之用者。

第六节　试帖诗之源流、题目、诗体、选本、稿本（略）

第七节 八股文、试帖诗、排律诗、律赋举例释义

八股文变化繁杂，题目之种类甚多，实不能以简单之说明，浑括各种构造之全体，兹取《钦定四书文》内，《论语》题目之平正者，清初韩菼文一篇，陈述概要，就此可以略知其余。其试帖诗、排律诗、律赋亦于课艺制科内，各选取一二为例，以备一格焉。

《论语》题目八股文格式举例释义（题目低二格写，文顶格写）

子谓颜渊曰，用之则行，舍之则藏，惟我与尔有是夫

韩菼

圣人行藏之宜，俟能者而始微示之也。①盖圣人之行藏，正不易规，自颜子几之，而始可与之言矣。②故特谓之曰：毕生阅历，只一二途以听人分取焉，而求可以不穷于其际者，往往而鲜也。迨于有可以自信之矣，而或独得而无与共，独处而无与言。此意其托之寤歌自适也耶？而吾今幸有以语尔也。③回乎！人有积生平之得力，终不自明，而必俟其人发之者，情相待也。故意气至广，得一人焉，可以不孤矣。人有积一心之静观，初无所试，而不知他人已识之者，神相告也。故学问诚深，有一候焉，不容终秘矣。④回乎！尝试与尔仰参天时，俯察人事，而中度吾身，用耶舍耶，行耶藏耶。⑤汲于行者蹶，需于行者滞。有如不必于行，而用之则行者乎？此其人非复功名中人也。一于藏者缓，果于藏者殆，有如不必于藏，而舍之则藏者乎？此其人非复泉石间人也。⑥则尝试拟而求之，意必诗书之内有其人焉，爰是流连以志之，然吾学之谓何？而此诣竟遥遥终古，则长自负矣。窃念自

穷理观化以来，屡以身涉用舍之交，而充然有余以自处者，此际亦差堪慰耳。则又尝身为试之，今者辙环之际有微擅焉，乃日周旋而忽之，然与人同学之谓何？而此意竟寂寂人间，亦用自叹矣。而独是晤对忘言之顷，曾不与我质行藏之疑，而渊然此中之相发者，此际亦足共慰耳。⑦而吾因念夫我也，念夫我之与尔也。⑧唯我与尔揽事物之归，而确有以自主，故一任乎人事之迁，而只自行其性分之素。此时我得其为我，尔亦得其为尔也，用舍何与焉，我两人长抱此至足者共千古已矣。唯我与尔参神明之变，而顺应无方，故虽积乎道德之厚，而总不争乎气数之先。此时我不执其为我，尔亦不执其为尔也，行藏又何事焉，我两人长留此不可知者予造物已矣。⑨有是夫，惟我与尔也夫，而斯时之回，亦怡然得，默然解也。⑩

八股文释义

①破题二句，明破行藏，暗破唯我与尔。凡破题无论圣贤与何人之名，均须用代字，故以能者二字代颜渊。

②承题四句，三句、五句皆可。承题诸人直称名号，故称颜子。破、承皆用作者之意，不入口气。

③起讲十句，多少句数并无定法，可以任意伸缩。起处用若曰、意谓、且夫、今夫、尝思等字皆可。“故特谓之曰”下，入孔子口气对颜渊说，毕生四句正起，迨于三句反承，此意二句转合。总笼全题，层次分明。起讲以后，皆是孔子口气。

④只用“回乎”二字领起，以无上文，故直接入题。孔子对于弟子一律呼名，颜子名回，字子渊，所以不曰渊而曰回。“回乎”下为起二比，每比七句，句数多少无定，中后比亦然，特起比不宜长，致占中后比地位。用意在题前我尔字盘旋，轻逗用舍行藏而不实作。

⑤为提比后之出题，仍用“回乎”唤起，将用舍行藏我尔字一齐点出，此为五句，但相题为之，句数可以伸缩。

⑥为提比后之两小比，醒出行藏用舍二语，叫起我尔意为中比地步，唯此两小比，或有用于中比之下，或有用于后比之下，而作束比，位置倘或不同，则用意随之而改。合之全篇仍为八股，亦有省去此二小比，而全篇文为六股者。

⑦此为二中比，抉发题中神理之所在，锁上关下，轻紧松灵，向背开合，可以参之议论，但仍不宜尽用实笔实写耳。

⑧此为过接，于中比后即过到题之末句唯我与尔，紧接后比。

⑨此为后二比，实力发挥，用题唯我与尔末句，总起用舍行藏全题，气势舒达，意无余蕴，全文至此而成篇矣。每比八句，因其中比略长，若中比较短，则后比之文，尽情驰骋，往往至十余二十句者亦有。

⑩此为全篇之收结，倘有下文，则收结改为落下。

总上言之，凡破题、承题、起讲、领题、出题、过接、收结，皆用单句法，起讲中间有用对句者，八比则出比与对比必相对以成文，此定体也。举此一篇而分释之，以略见八股之例，其余体格，不及详论，可与上五节互相参阅。

试帖诗、排律诗、律赋举例释义（略）

明代文学

（选第四章）

钱基博　著

导读

民国年间，有一些学者对八股文进行过研究，如周作人、卢前等，其中钱基博对明代八股文予以了很高的评价和史的阐发。

钱基博（1887—1957），字子泉，号潜庐，江苏无锡人。系钱钟书之父。

钱基博出生于书香门第，自幼即从兄、伯父攻读经史，打下了广博的国学基础。

1905 年，他受时代影响，学习西学，获得了初步的科学知识，后又办一所理科学堂，自任讲师。这表明他在理念与研究方法上，与传统的国学研究者有了明显的区别。

辛亥革命兴起，他投入革命，还任过起义军的中校。

从 1913 年起，他开始担任小学、中学、大学教员，先后在圣约翰大学、清华大学、无锡国学专修学校、浙江大学等校任教授。

1937 年抗日战争全面爆发，他内撤至湖南，担任湖南蓝田国立师范学院国文系主任。抗战胜利后，任武汉华中大学（今华中师范大学）教授，直至 1957 年去世。

钱基博以高尚的人品和精深的文史学问，获得张謇、陈衍、钱穆等大家的高度评价。他的许多著作被钱钟书称为“有独绝处”，《明代文学》便是其中一种。

《明代文学》的“独绝处”，在于把明代八股文视为明代文学的代表而设列专章，即第四章《八股文》，予以记叙与评价，中多创见。

在第四章的第一节“总论”部分，钱基博对八股文名字的剖析，对八股文的源流、发展、变化做了简要中肯的概述，能让人一下就把握住明代八股文的发展演变史。他对明代八股文几个关键发展时期的划分，颇“有独绝处”，说明其对明代八股文确有精深研究。

钱基博将明代八股文分为明初、明中期、晚明三个不同发展演变期，并概括出各时期的特点。如“明初举业文多散佚”而难以综述；明中期则人才并起，大家耸立，他还对这些人的八股文特色作了精确的概括；晚期则“文章削薄已极，一时转移风气，豫章四家之力为多”。虽然落墨极简，因其学识广，识力高，能一下抉其精要，而将“明贤抉发理奥，洞明世故，往往以古人为时文，借题发挥，三百年之人文系焉”的演变史勾勒得清晰准确。

此后三节，则依“总论”中所分八股文的三个不同发展时期，各选取两位开一代宗风的人物及其八股名作加以解析，以勾勒出不同发展时期八股文的不同特色。

第二节为明代初期，所选取的是黄子澄和姚广孝。

黄子澄是洪武十八年（1385）的会元，其取中会元的首题八股文为《天下有道，则礼乐征伐自天子出》，该文一直被八股文坛公认为“庄重典雅”“台阁文字”而开一代之风。钱基博对这篇文章作了剖析，以证明黄子澄确为开明初“文多散佚”时元气充盈之风的第一人。

姚广孝则以其雄杰之气为文，加上他有助朱棣夺得帝位的少师身份，故其直抒胸臆、气势雄浑、流转自如的文风也引领了明初八股文趋向，不愧为开宗风者。只是过去知道这点的人寥寥无几，钱基博慧眼独具，舍王鏊而取姚氏，将其人其文发掘出来加以褒扬，显示出他对八股文有特别强的领悟力。

在这一节，钱基博还解析了于谦的为文特点，对其文给予很高评价，表现出他对忠烈之士的推崇。

在第三节，钱基博选取了唐顺之和归有光作为开明代中期八股文风气之代表人物来评析。

八股文发展至明代中叶，由于八股格式的定型及对遵经守注的过度强化，导致八股文写作饱受拘牵，发挥的自由度越来越低，士子们写作的兴趣也越来越低，写出的八股文自然面目愈趋呆滞，几同经注体，令人生厌。

针对八股文面临的空前危机，以唐顺之等古文家为先锋，归有光等为后续，兴起了以古文为时文的运动。在不违背恪守经注原则的大前提之下，他们引进了古文写作的理念与方法，将八股文当作古文来写，从而激活了八股文体式内的文学因子。加上渗入的古文因素，使八股文的文学性大为增强，从而在一定程度上改变了八股文的僵硬呆滞面孔，提高了士子们写作的兴趣，也缓解了八股文面临的危机，因而唐顺之、归有光被八股文界视为宗师。直到晚清，以古文为时文仍为八股文的基本作法，唐、归二人也一直是八股文界尊崇的大师。所以，选取他们二人作为明代中叶八股文的代表来介绍，对其八股文进行评点，确是抓到了点子上，评析他们二人就等于评析了明中叶的八股文坛。

第四节是以陈际泰和艾南英为代表来讲叙晚明八股文状况。

八股文发展至晚明，已出现衰败症象。艾南英与同郡之章世纯、罗万藻、陈际泰“以兴起斯文为己任，乃刻四人所作行之世，以开天、崇两朝清刚警卓之风，而结有明三百年八股之局，世翕然称豫章四家”（见《明代文学》第四章《八股文》第四节）。

四人中，艾南英“少负异才，倡其同志为《四大家稿》，名动海内”（同前）。他以评选八股文为手段，到处推行其为文理念，对扭转晚明八股文衰腐之风建树最多。陈际泰则“积健为雄，返虚入浑，万流景仰，尤为绝出”（同前）。他以自己的力作，为改变晚明衰腐文风树立了标杆。故钱基博择取他们二人为晚明八股文坛的代表，来讲叙晚明八股文的演变状况，是极具“独绝处”的。介绍了他们就是介绍了晚明八股文的正能量，评析了他们的名作就可把握晚明八股文所具有的“清刚警卓”之风，便可以想象他们是如何驱逐衰腐之作的。

钱基博是最早把八股文列入文学范畴且以专章将其写进文学史的学者之一。他对八股文价值的正确认识，源于他深厚的国学根底和对西学的认识。加上他有过人的眼光，能从中华文化的渊源与发展上去分析把握，故常使其文产生“独绝处”，于中华文化贡献良多，是值得人们永远纪念的。

收入本书的《八股文》一章，据商务印书馆1934年版《明代文学》第四章校点录入。

（乌　媛）

明代文学

第四章　八股文

第一节　总论

八股文，亦名四书文。四书文者，以命题言之也。八股文者，以体制言之也。或称帖括，即唐帖经。亦名经义，即唐墨义。顾唐人帖经，犹今默写经书，无文词之发，非八股文比。而明之八股文，排比声调，裁对整齐，即唐人所试之律试律赋，貌虽殊而其体则一也。亦称时文，则对古文而言。其初宋仁宗笃意经学，王安石请兴建学校，因言："学者专意经术，庶几可以复古。"于是改取士之法，罢诗赋帖经墨义，士各占治《易》《书》《诗》《周礼》《礼记》一经，兼《论语》《孟子》。每试四场，初大经，次兼经大义，凡十道；后改《论语》《孟子》义各三道；命中书撰大义式颁行。王安石奋笔为之，存文十篇；或谨严峭劲，附题诠释；或震荡排奡，独抒己见；一则时文之祖也，一则古文之遗也。眉山苏氏父子，亦出其古文之余，以与安石抗手；然皆独摅伟论，不沾沾于代古人语气；其代古人语气者，自南宋杨万里始。此则四书文所由昉也。第北宋只《论》《孟》命题，不及《大学》《中庸》；有之，当在南渡以后。朱子尝为私议，欲罢诗赋，而分诸经子史，时务之年，诸经以子午卯酉四科试之，皆兼《大学》《论语》《中庸》《孟子》义一道。元仁宗皇庆二年，中书省臣奏科举事，专立德行明经之科，乃下诏及条目颁行，出题用四子书。明初即制国学，每月试经书义各一道。洪武三年八月，京师及各行省开乡试；初场《四书》疑问，本经义，及四书义各一道。诸生应试之文，通称举业；四书义一道，二百字以上；经义一道，三百字以上；取书旨明晳，不尚华采；其命题专取四子书及《易》《书》《诗》《春秋》《礼记》五经，遂为定制。然英宗天顺以前，举业之文，亦不过敷衍传注，或对或散，初无定式；而宪宗成化以后，始为八股；其法，截本题为两截，每截作四股，每四股之中，一反一正，一虚一实，一浅一深；其两扇立格，则每扇之中，各有四股，其次第之法亦如之；故谓之八股。而未入口气以前，先以破题，次以承题；篇末敷衍圣人言毕，自摅所见，或数十字，或百余字，谓之大结，可以发挥时事。以后功令益密，恐有借以自衒者，但许言前代，不及本朝，大结无可发挥，止三四句而已。明初举业文多散佚，开国会元，首推黄子澄，而成祖时登第者，则于谦、薛瑄差有传作。谦英风飙发，瑄醇白无疵，各肖其人。英宗嗣位，商辂、陈献章、岳正、王恕蝉联鹊起。及丘濬教习国子，人材蔚起。乙未主试，冠会榜者王鏊，魁大廷者谢迁，则濬之有以乐育之也。其时李东阳屡掌文衡，振起之功，亦复不少。罗伦、章懋、林瀚、吴宽诸人，云蒸霞蔚，济济盈门。而林瀚之文，谈理真实，而行之以繁重纡曲。吴宽则春容不雅，不动声色，尤文之以养胜者。然称为斯文宗主，则首推王鏊，虽谢迁之清刚古朴，不让于鏊，究不若其神完气足，理法纯备也。至孝宗弘治庚戌，钱福会榜第一，因而王、钱并称。其后冠会榜者，惟董玘可与二家鼎足而立。大抵王鏊长于论议，钱福善于刻画，而玘则游行理窟，自成大家，非他人所可及，亦非识者莫能辨。故王、钱文易读，而玘文难读。王、钱体正大，玘格孤高。王、钱之后，衍于唐顺之，终明之世，号曰元灯。而玘之文，其传遂绝，三百年间无问津者。今读其文，神骨高骞，绝似古文之韩愈，知其用功者深也。唐顺之传王鏊之法，而运以唐宋古文雄肆之气，以世宗嘉靖己丑得隽会榜，遂冠绝诸家。盖其于经史子集，靡不贯通，而融裁之以八股文字，浑灏流转，品独高绝。而瞿景淳又以精确冲夷，别树一帜，合之王、钱、唐三人，因有四家之目。薛应旂贯通六经，发而为文，如金出冶，如玉离璞，光芒焕发，遂有退钱而进薛以合王、唐、瞿为四家者。而究其以古文为时文，使天下复见宋人经义之旧者，则惟归有光之功独称茂焉。王鏊善用偶，有光善用奇。有光宗法在钱，而名理过之。观其高古则秦汉也，其疏畅排宕则唐宋八家也。而其法律精严，于题位不溢不漏，则又为时文之大宗；而跌宕磅薄，看似散行，细玩乃见其股法之变，实有明一代八股文大宗也。其后胡友信相继而起，则又家数纯似王鏊，而出以浩气，不为鏊之熟圆。或以友信与有光追配王、唐，所谓王、唐、归、胡者也。茅坤与唐顺之讲贯，善抉古人之奥，以太史公为师，以韩、柳、欧、苏为友，而施之举业，亦为别调独弹。艾南英论举业首推归有光，继又以坤为上，二说相持未定。要之有光文固涵盖一世，而古雅温醇，坤亦何遽不相及也。乃至神宗万历一变而为陵驾，再变而为斫削。降逮熹宗天启，文章削薄已极，一时转移风气，豫章四家之力为多。陈际泰文最奇横，如苏海韩潮。章世纯幽深劲鸷，如龙蟠蛟起。罗万藻清微澹远，如疏雨微云。而艾南英则所谓公输运斤，指挥如意，师旷辨音，纤微必审者也。世人翕然归之，称为章、罗、陈、艾。大抵天启之文深入而失于太苦，崇祯之文畅发而又嫌太尽。独金声崛起为雄，幽深矫拔，力追古初。而陈子龙清奇冷隽，取材于韩非

《八奸》《五蠹》《说难》《孤愤》诸篇，而运以魏晋风藻，故足别开生面者也。自科举废而八股成绝响，然亦文章得失之林也。明贤抉发理奥，洞明世故，往往以古人为时文，借题发挥，三百年之人文系焉。吾友吴瞿安先生尝言："明代文章，止有八比之时文，与四十出之传奇，为别创之格。"（语见《顾曲麈谈》）吾友既备论曲学矣，独八股文阙焉放废，遂为明其流变，著其名家，以俟成学治国闻者有考焉。

第二节 黄子澄 姚广孝

分宜黄子澄名湜，以字行，洪武十八年会试第一，首题为《论语》"天下有道，则礼乐征伐自天子出"。其文章庄重典雅，自来著录八股文者，以此为台阁文字，开国之冠。其辞曰：

治道隆于一世，政柄统于一人。夫政之所在，治之所在也。礼乐征伐皆统于天子，非天下有道之世而何哉！昔圣人通论天下之势，首举其盛为言，若曰：天下大政，固非一端。天子至尊，实无二上。是故民安物阜，群黎乐四海之无虞。天开日明，万国仰一人之有庆。主圣而明，臣贤而良，朝廷有穆皇之美也。治隆于上，俗美于下，海宇皆熙皞之休也。非天下有道之时乎！当斯时也，语离明则一人所独居也，语乾纲则一人所独断也。若礼若乐，国之大事，则以天子制之，而掌于宗伯。若征若伐，国之大柄，则以天子操之，而掌于司马。一制度，一声容，议之者天子，不闻以诸侯而变之也。一生杀，一予夺，制之者天子，不闻以大夫而擅之也。皇灵丕振，而尧封之内，咸懔圣主之威严。王纲独握，而禹甸之中，皆仰一王之制度。信乎！非天下有道之盛世，孰能若此哉！

时未立试牍科条，雍容揄扬，颇涉颂体，而收纵之机，浩荡之气，呵成一片，元气浑囵，亟应首录以存举业之河源。其直射本题下文“诸侯”“大夫”字样而不为侵下，亦可知当日格式尚宽也。

长洲姚广孝，为僧，名道衍。洪武中，诏通儒书僧试礼部，不受官，以僧服与谋人家国，佐成祖起兵。而为《大学》“所谓诚其意者，毋自欺也，如恶恶臭，如好好色，此之谓自慊，故君子必慎其独也。小人闲居为不善，无所不至，见君子而后厌然，掩其不善而著其善，人之视己，如见其肺肝然，则何益矣，此谓诚于中，形于外，故君子必慎其独也”题文，至云“虽以圣人帝王，而不能无杂霸之心，即不能无盗跖之心”。语奇辟未经人道，亦可见心术形于文章，有不自掩者。其辞曰：

诚意之功在独，非慎不可也。夫不慎独，则意得欺之，此君子而小人也。盖闻明德以天下为体，然每为天下之念所昏，圣经以致知言诚意而求端于格物，此有深意焉。夫所格者何物也？若曰：一人明德耳，何为天下国家之皆贯其间？则必有为人一念欺吾初心，是与小人之不格物者一也。如何修身然后齐治平皆在其间？又有求人一念并欺我知，是与小人之不能致知者一也。凡好恶发于赤子之真，皆可通之天下，此圣贤之意，亦帝王之意自慊也。凡好恶为天下而饰，即非赤子之真，此杂霸之意，即盗跖之意自欺也。虽以圣人帝王，而不能无杂霸之心，即不能无盗跖之心，故君子必慎其独也。慎之何如？时时格物，则时时知致矣。少人惟致知格物之间，略有不慎，而求之天下。圣人王者方持大鉴以照心中之盗跖，而天下之盗跖，皆入其鉴。此小人之所以不免也。嗟乎！小人亦误求之天下之间，而失之于先后焉者也。其害如此，可不慎哉！惟慎，故格物致知，格物致知，正慎也。此明明德也，诚意者可不知哉！

隽桀廉悍，其气卓荦，自与黄子澄之雍容揄扬不同。然一浑雅，一奇警，虽规模粗具，而气象岸异，大朴不雕，可以概见。

世论多以八股文代古文语气，未易见抱负。然非所论于豪杰，而明贤借题发挥，往往独抒伟抱，无依阿澳涊之态。如姚广孝之放言不顾，其一例也。又如钱唐于谦，字廷益，遭逢国变，主虏寇深，而扶危定倾，措置若定，然亦蕴之有素。观其为《孟子》“不待三然则子之失伍也亦多矣”题八股文，起讲云：“且国家之倚重者有二：遇战斗，则用介胄之士。遇绥靖，则用旬宣之臣。故兵法严则士奋勇，吏治肃则官效职。人君以驭兵文法驭臣，则吏治精矣。人臣以死绥之义死职，则官职当矣。”而后幅则曰：“一失伍，则执而论之有司，何至于再。再失伍，则缚而戮之于社，何至于三。盖有死无犯，军之善政也。信赏必罚，国之大经也。此大夫之所素明也。今子莅官以来，所谓奉职循理者安在？其于怠事，不啻再矣。岂士以贱刑，官以贵贷耶？由子旷官以来，所谓省愆讼过者安在？拟之以失伍，亦已多矣。岂士不致于再，官不惮其多耶？”辣手铸文章，天下逃将旷官，一齐胆破。心存开济，吐言天拔，其素所蓄积也，亦何嫌于举业之消磨志气哉！无亦志气之自不振耳。

第三节　唐顺之　归有光

吴县王鏊，字济之，少善八股文，及贵显，数典乡试，程文魁一代。八股文之有鏊，如诗之有杜甫，古文之有韩愈。前此风会未开，鏊无所不有。后此时流屡变，鏊无所不包。前人语句，多对而不对，参差洒落，虽颇近古，终不如鏊裁对整齐，机调熟圆，为举业正法眼藏。若乃手眼别出，我行我法，而以古文为时文，于熟圆出苍坚者，则自唐顺之倡之也。如《孟子》“子莫执中，执中为近之，执中无权，独执一也”题文曰：

时人欲矫异端之偏，而不知其自陷于偏也。盖不偏之谓中，而用中者权也。子莫欲矫杨、墨之偏而不知权焉，则亦一偏而已。此孟子斥其弊以立吾道之准也。且夫吾道理一而分殊，而为我之与兼爱，固皆去道甚远者也。吾道以一而贯万，而执其为我与执其兼爱者，固皆执一而不通者也。于是有子莫者，知夫杨、墨之弊，而参之于杨、墨之间，以求执乎其中焉。盖曰：其孑孑然以绝物如杨子者，吾不忍为也，但不至于兼爱而已矣。其煦煦然以徇物如墨子者，吾不暇为也，但不至于为我而已矣。自其不为为我也，疑于逃杨而归仁。自其不为兼爱也，疑于逃墨而归义。子莫之于道，似为近也，然不知随时从道之谓权，以权应物之谓中，而杨、墨之间，非所以求中也。徒知夫绝物之不可，而不知称物以平施，则为我固不为也，而吾道之独善其身者，彼亦以为近于为我而莫之敢为矣。徒知夫徇物之不可，而不能因物以付物，则兼爱固不为也，而吾道之兼善天下者，彼亦以为近于兼爱而莫之肯为矣。虽曰将以逃杨也，然杨子有见于我，无见于人，而子莫有见于固，无见于通，要之均为一曲之学而已。知周万变者果如是乎！虽曰将以逃墨也，然墨子有见于人，无见于我，而子莫有见于迹，无见于化，要之均为一隅之蔽而已。泛应不穷者果如是乎！夫为我，一也。兼爱，一也。故杨、墨之为执一易知也。中，非一也。中而无权，则中亦一也。故子莫之为执一难知也。非孟子辟而辟之，则人鲜不以子莫为能通乎道者矣。

其文内坚凝而外浑厚，如一笔书成，而曲折相生，反正相顾，平舒叠幻，如山川之出云，而其实熟极生巧，故能神明于王鏊之矩矱以自出变化。大抵举业之文，体气至王鏊而正，规模至顺之乃大。顺之有自为诗云："文入妙来无过熟，书从疑处更须参。"此顺之自道其所得也。其举业文，纵放出东坡，拗峭敩荆公，放而能收，散而能敛，一开一合，规矩出神明。凡八股文两扇中作一纽遥对，始自顺之。

归有光亦以古文为时文，古文出欧阳修，而举业则取径于苏氏父子，肆之为恢闳，泽之以经史，融裁古人语，浑如己出，实大声闳，驾顺之而出其上。如《孟子》“天子一位，公一位，侯一位，伯一位，子男同一位，凡五等也。君一位，卿一位，大夫一位，上士一位，中士一位，下士一位，凡六等”题文曰：

大贤详周室班爵之制，内外各有其等也。夫爵者，先王所以列贵贱也，内外异等，而天下之势成矣。且夫有天下者不以自私，而选贤与能以与天下共焉，兹明王所以奉若天道者也，而制尽于成周矣。自其通于天下者言之，盖无所不统谓之天子，天子无爵也，而爵之所尊也，六合之内，无以加矣。于是乎天子端冕于内，六服承辟于外，锡之命而重藩翰之寄，胙之土而同带砺之盟。公也，侯也，伯也，各一位也，名异而等不同也。子也，男也，同一位也，名异而等不异也。合之凡五等矣。要之先王非私天下而相与为赐也，顾寰宇之广，亿兆之众，苟非闻见之所及，则智虑有所不周，而天下之情，必有壅而不通者矣。故为之众建诸侯，而使之错壤以居以大弼成之义，而内外相统，远近相维，则运臂使指之势以成，而五服之长，外薄四海矣。然则有天子必有诸侯，有诸侯必有公、侯、伯、子、男者，势也。此先王所以联属天下而尽其大者也。自其施于国中者言之，盖自天子至于子男，皆谓之君，君诏爵者也，而爵之所先也，域中之大，无以加矣。于是乎各君其国，则各统其臣，论官材而俾之咸熙庶绩，亮天工而俾之弼予一人。卿也，大夫也，各一位也，官异而秩亦异也。上士也，中士也，下士也，各一位也，士同而品不同也。合之凡六等矣。要之先王非侈名号而相与为荣也，顾委寄之重，几务之丛，苟非耳目之所寄，则聪明有所不及，而天下之事，必有偏而不举者矣。故为之广置官属，而使之分职以治以尽协恭之义，而上下相承，体统相系，则丝联绳牵之势以成，而九牧之长，阜成兆民矣。然则有君必有臣，有臣必有卿大夫士者，亦势也。此先王所以经理一国而尽其细者也。是知合六等以治五等之国，合五等以一天下之势，周室班爵之制，有如此者。

其为文高视阔步，置身题外以写题中，绝去时文束缚之苦。凡直起直落，承题不复破题，起讲不复承题，是古文佳境，惟有光能之。后德清胡友信与齐名，世并称归胡。友信亦博通经史，沛然出之，无事长篇大论，局敛而气自开拓。

第四节　陈际泰　艾南英

嘉靖以前，如王、唐、归、胡，文以实胜。而隆庆、万历以后，文以虚胜。嘉靖文转处皆折，隆、万始圆，圆机邓以赞开之也。嘉靖文妙处皆生，隆、万始熟，熟调许獬开之也。圆之极而趋于薄，熟之极而入于腐。艾南英深嫉之，起于江西，与同郡章世纯、罗万藻、陈际泰以兴起斯文为己任，乃刻四人所作行之世，以开天、崇两朝清刚警卓之风，而结有明三百年八股之局，世翕然称豫章四家。而临川陈际泰，字大士，积健为雄，返虚入浑，万流景仰，尤为绝出。际泰产于贫家，常借邻人书读之，不受师传，卒成大家。其学无所承借，一览数行，手口耳目并用，质甚奇。日构数十艺，作文盈万，才甚捷。变通先辈，自为面目，法甚高。为诸生时，所作文遍天下，士大夫皆愿与交。有以四书疑义质者，辄口占以示，即未成章，或二股，或四股，出没纵横，每多精义，后遂集为《四书读》。其稿中一题数义者甚多，如《孟子》“充类至义之尽也”题文凡五篇，一气衔接，意境如辘轳之相引。举业家以此为直接贾谊《过秦三论》、柳宗元《西山八记》，分之则一篇自为首尾，合之则数篇自为首尾。时文之快且多，无有如陈际泰者。录《大学》“欲齐其家者先修其身”题文曰：

家取则于身，故君子谋所以齐之者焉。夫以不德之身，强行于物，即家且先格矣，岂能齐乎？且夫家之难齐，甚于国之难治也。所谓甚于国者有二：国者，威权之所可驭也，用恩之地，而威权之分失矣。国者，耳目之所不接也，昵就之人，而耳目之际真矣。威权不得而施，则反其道乃可以相易。耳目不得而匿，则益其事乃足以相当。其必先修身乎！一家之中，其为贤不肖者，不一而足。齐之者，将使人人有士君子之行。夫狭邪淫比，禁之而不止者，无术以主之也。吾修吾身，言必称先王，动必稽古昔，则作事可法，而无自恣其偷越之思。故其子弟之教，不肃而成。一家之中，其爱恶相攻者，亦不一而足。齐之者，将使人人有秉礼度义之意。夫诟谇嚣陵，调之而愈棼者，无道以御之也。吾修吾身，情欲之感，无介乎仪容，晏安之私，不形于动静，则用情正大，而无自开其偏溺之端。故其起伏之情，不剂而平。夫治家以和者，固不以乖戾致恩义之睽，而其弊或致于无节。治家以严者，固不以亵狎致妇子之嬉，而其弊或致于不乐。故齐家莫修身若也。身修固去其和与严之名，而兼乎和与严之利者乎！盖关雎麟趾之休，本于文德，而风火利贞之义，究归言行，然则欲齐其家者，其所先盖可知矣。

际泰文于四家中最奇横，如风发泉涌，兔起鹘落，而此独体质纯茂，又变其平日纵横跌宕而一归于经术。理题文，前此多直用朱熹《集注》以诂之，至际泰出，乃挹取群言，自出精义，与相发明。故能高步一时，终莫之逾也。自言："余文数变，然其意皆以一己之精神，透圣贤之义旨为旨，而所独得者乃在分股。前人定为八股者，言之不已，而再言之，明为必如是而后尽也。若每股合掌，则四股可矣，何必八股哉！而吾则对股与出股一字不同，对股既严而后出股不苟，然不合掌，又非于题外求不合掌也。文末至于一字不移，是八寸三分头巾，随人可戴也，病又不在世俗合掌下。必明于此，而后文始刻，始高，行文之手始快。至于微远以取致，博奥以取理，所谓加务善之，而所要不存焉。”

艾南英少负异才，倡其同志为《四大家稿》，名动海内，而泛舟吴越间，以文贽者如云，总束而庋于几。每当风日清美，纵棹明湖，酒酣兴至，开评圈乙，出其甲者特置之艇尾。侦者得走报各家曰，某某文中选矣。趋贺者倾闾，筵晏累日。于时与选者，几如登第之荣。而南英一老诸生，力肩斯文，裁成振作，一时风气，遂为所移。顾持论刻核，亦以树敌。复社为太仓张溥、杨枢等所结，而宜兴周钟为之长，尝自镌《经翼》诸选，比之咸阳国门之书。南英力讥贬之，语见所选《明文定》中。然以文论，南英文无一语不原本经传，却不用一经传语，补题之妙，皆王鏊、钱福旧法，而出以朴质坚辣，非王、钱所及。钟则气体阔大，骨力平庸，诚不足以当南英之一吷。几社则创自陈子龙，附者尤众。其学好读《文选》，务怪奇，务藻思。独包尔庚有峭拔之笔，文情摇曳，则为子龙所不喜，而同社不贵也。南英尤斥子龙，与际泰及章世纯、罗万藻相砥砺。几社中人忌之，为驳四家文以解，故为抑扬。际泰、世纯不悦，故四家之交，合而不终，而世纯亦折而入几社。南英势孤，意有郁结不得摅，乃发愤拈《孟子》“曰无伤也”题，为文以见意曰：

知人言之不足恤，而人当自信矣。夫礼义之或愆，则所患也，彼不理于口，是何伤哉？闻之曰：伤人以言，甚于戈矛。此特世俗之常情，而非所论于君子也。子告我曰：大不理于口，忧谗畏讥之心，何皇皇耶！夫君子禔躬，何至以心为垢府，然有人于此，终其身无诖误可摘者，其中亦可疑也。君子涉世，何至以身为诟端，然有人乎此，终其身无毁言能加者，其品亦可知也。子之不理于口，吾直以为无伤耳。闻世俗之繁言，而奭奭然惊，规规然自失，此怯胆也。夫丈夫固当有相旷之怀，宁使有瑜有瑕，不甘无举无刺，谣诼之口，何足介其念也。患物议之相侵，而平情以合污，辍行以弭怨，此俗肠也。夫丈夫固当有超胜之韵，尊之圣贤不喜，呼之牛马不怒，诪张之舌，何足动其衷也。嗟乎！何物庸众，而能誉豪杰也，谤固其所耳。一忌而欲杀，一恶而欲死，吾以闲心观焉，天下有可解颐如此者哉！嗟乎！何物庸众，而敢誉豪杰也，毁固其分耳。造谗者手足俱乱，吠声者耳目若狂，吾以冷眼视焉，天下有可鼓掌如此者哉！故褊衷者闻谤若刺于肌肤，而冥之以至理，则群声汹汹，犹婴儿之啼呼也，何相忤也。盛气者闻毁不安于梦寐，而对之以达观，则群口嗷嗷，犹鸟兽之鸣号也，何相怒也。夫为士者，识欲其超，骨欲其劲，以天下誉之，夷然不屑，以天下非之，倘然不顾。若夫忧谗畏讥，则妾妇之事也。

有笑有骂，亦愤极而为旷达之言。世论以八股代言，比之优孟衣冠，啼笑皆非其真，如此之感慨激发，亦何尝不出于性情之真也。性不俯仰随俗，而清刚之气，贯注行墨。遭时丧乱，跋履间关，同时名士，狼藉载路。而南英独视死如归，游说万端，终莫之屈，不愧为笃信好学，守死善道者矣。又明之亡也，满洲入关以主诸夏。而宁化邱义字明大者，崇祯末补诸生，易代后，义不就试。其父诘之，对曰："世代既变，人心亦变，即文字亦变。以前文应今试，徒取黜辱，无益。"父曰："不必言遇合，但功令不许不应试耳。"义乃就试，题为大学"之其所哀矜而辟焉"，义乃振笔直书，以抒黍离之惆曰：

（破题、承题佚）当可哀可矜之世，必无不哀不矜之人。世有辟于哀矜之人，必世有不胜哀矜之事也。今夫无怙无恃，哀之至也。乃至宗庙丘墟，鼎社迁改，哀又过之。《诗》所谓"哀恫中国，具赘卒荒"是也。更取父母之遗体而毁伤之，取圣王之冠裳而灭裂之。哀哉！维今之人，不尚有旧哉！鳏寡孤独，矜之至也。乃至天潢沟壑，宫闱泥涂，矜百倍之。《诗》所谓“爰及矜人，哀此鳏寡”抑末矣。更取匹耦而秽乱之，夫鳏而妻不寡，取耄倪而仆隶之，父独而子不孤。哀哉！倬彼昊天，宁不我矜哉！乃哀未毕也，而和悦继之，髡钳之不为辱，呼蹙之不为愤，即屠门覆祀，不敢仇也。矜未毕也，而安乐继之，谓他人父而忘其孤，谓他人夫而忘其寡，他人不子不妻而奴婢之，不悔其贱也。此之谓失其本心。故曰：哀莫大于心死，而形死次之。吾哀夫当哀而不知哀者。又哀夫已不能自哀而反哀他人之哀者。又哀夫已不哀而反禁人之哀者。又哀夫恣胸行臆，挤人于可哀可矜，而自为愉快者。又哀夫助虐相淫，陷万家于可哀可矜，而仅奉一人欢笑者。盖至此而荼毒攒心，无可告诉，徒饮痛衔恤而已，岂非之其所哀矜而辟乎？

怨恫愤盈，溢于纸墨。提学道闵度阅而判曰：“文心如此，何必应试！除名免责。”榜揭而诸生哗然，取原卷争相传写，一时纸贵，亦可见人心不死，情到真处，无不感孚也。虽然，哀莫大于心死，当哀而不知哀，尤岂独明清易代之际也哉！生今之世，以若所为，殆有甚焉，耗矣哀哉！用以卒吾篇。

明代八股文选本，如苏苞九《甲癸集》，搪摭之多，至一百二十四种。黎淳《国朝试录》六百四十卷，辑成化以前之文，丘濬为序。而《四书程文》二十九卷，亦明初举业程式，见《明史·艺文志》，不载选者姓氏。然而恢闳其义，足为准绳者，要不得不推艾南英为宗匠，其所选《明文定》《明文待》诸书，大纲既举，众目具张，黜富强而归于王，辨禅墨而宗于儒，究周秦议论之失，斥汉唐训诂之浮，一代风气，皆其论定。然犹不如后来俞长城所选《百二十名家》稿之备，自宋王安石、苏辙以迄清初诸家，其所持择，不名一格，每人各序出处于简端，皆忠义文章之士，其人品佥壬者不与焉，用功甚巨，用心甚深。见者谓其以史法论文，五百年之文，即可以当五百年之史，亦洋洋乎大观也哉！

八股文小史

卢前　著

导读

卢前（1905—1951），原名正绅，字冀野，自号小疏，别号饮虹，别署江南才子、中兴鼓吹者等，江苏南京人。

卢前毕业于东南大学，是曲学大家吴梅的高足。他聪慧好学，兴趣广泛，博学多才，为著名的文学家、戏曲史论家、散曲作家、剧作家，又为民国年间的名诗人。度曲唱曲，都属当行本色，享誉戏曲界。

卢前以其学识先后受聘于金陵大学、暨南大学、中央大学等高等学府，讲授文学、戏剧课程。

他还担任过《中央日报·泱泱副刊》主编、国民政府国民参政会四届参议员、国立福建音乐专科学校校长、南京市文献委员会主任、南京通志馆馆长等职。其中与政治关系较密切的职务应是国民参政会的参议员，这个职务主要是因他在学术及创作上享有的盛誉被延揽的，并不是因为他是个玩政治的政客才弄到的。可是，解放后，卢前却因为这个头衔饭碗也谋不到，只能致力于文学创作，卖文为生。他在上海的《大报》和《亦报》上发表专栏文章，连载长篇小说，以此赚取稿费养家糊口。他体胖，患严重高血压，不堪劳累，解放后不到两年，即于1951年4月17日病逝，享年仅四十六岁。

也是因为政治的原因，这位在学术上与被称为大家的唐圭璋、钱南扬、王季思等同门相比毫不逊色，在诗文、词曲创作上与其友人梁实秋、张恨水、张友鸾几可并肩，在解放前曾享有大名的文化人，公认的“江南才子”，却未赢得“身后名”，“卢前”二字极少为人所知。这种状况直至“文化大革命”结束后多年才得以改变。

卢前博学多才，笔耕不辍，在世时写作了大量学术、随笔、诗词曲等方面的作品，代表作有《明清戏曲史》《读曲小识》《冶城话旧》《饮虹乐府》《饮虹五种》等。在极少人涉足的八股文研究方面，则推出了中国历史上第一部讲述八股文发展变化历史的《八股文小史》。

卢前出生时八股文已废，故不曾习之，“惟在家塾，业师尝授以破、承之法以为戏，顾仍茫然于谋篇也”（《八股文小史·弁言》）。但其先祖卢崟为咸、同之际的八股文高手，其八股文集《石寿山房集》曾影响过一批人，如陈三立、朱祖谋即受益不小，认为“咸、同大家无有逾于此者”（《八股文小史·弁言》）。吴梅在为《石寿山房集》所作《序》中对其作了很高评价：“太史生道、咸之际，不染房墨庸滥之习，研探经训，出解渊雅，不务高深，人自不可及，试置诸弘、正、乾、嘉作者间，几沆瀣一气。”（《八股文小史》第六章《八股文体之就衰》）

出于对先人的仰慕，加上其师吴梅亦工于八股制义，在酒阑饭后，常为之话闱中旧事，还教他八股文作法。故卢前对八股文价值的认识，对八股文的感受，与世人相比更为真切。

卢前对八股文感情之深，由一件事即可见一斑。抗日战争时，他由南京逃难到安徽无为，投宿时发现主人在背诵揣摩八股文，他立即上前与之示好，并大谈八股文的作法，认为真正的八股文产生于明代成化、弘治，用八股文体写出自己的意见是在隆庆、万历、天启、崇祯四朝，清代则风气大变。直至他发现老人能作而不能谈后方止。

凭着对八股文价值的认识和情感，卢前在暨南大学讲授明清文学时，便把八股文与传奇作为明代文体的两大创作而写作了《八股文小史》与《戏曲史》两书。

《八股文小史》的价值首先在于它引经据典，对八股文的起源与发展过程进行了梳理，得出八股文是帖括、经义之变体这一比较科学的结论。

其次，作者对八股文的结构与文题这两大元素进行了阐发，初步揭示了它们对八股文文体的重要性，使人们对八股文有了较为完整的把握。

更为重要的是，作者以主要篇幅对八股文的发展演变过程进行了初步梳理，勾勒出了八股文在明、清发展演变的大致轨迹。

经过梳理、归纳，作者将八股文的演进依其特点分阶段来阐发，即用“正、嘉以前之演进”“隆、万以后之作风”“清初八股名作家”“八股文体之就衰”四章文字，以时间推移为经，以各阶段的八股文名家高手为纬，征引各种文献资料，将八股文从创始至兴盛，由兴盛转衰落直至灭亡的演变过程展现在读者面前，而各个阶段八股文的特色也在阐述过程中自然而然地凸显出来。

该书也有明显的缺憾。如作者未能认识到八股文是明、清统治者为培养、选拔具有儒家正统伦理价值观和一定思维能力的学子而创制的这一本质，故对八股文价值及作用的阐述仅停留在表层，主要是在重申前人之陈见。

又如，作者对八股文题的认识很不深入，不知道题目即经文，八股文写作就是依题写心得体会，只不过有着特殊的文体格式而已。正因为认识不到位，故书中对文题的阐发，对文题与文体相辅相成之关系的叙述，便存在很大不足。

再如，作者对八股文发展演变阶段的划分太过粗疏，且一些关键地方的认识出现了偏颇，这严重地影响了该书的质量。

尽管有着浓厚的《制义丛话》印记，但由于该书是第一本八股文史，可供借鉴的著述不多，出现各种不足是可以理解的，这也给后人继续研究提供了空间，依然是可喜的。

收入本书的《八股文小史》，据商务印书馆1937年印本校点录入。

（乌　媛）

八股文小史目录

弁　言

始余谒义宁陈伯严先生、归安朱古微先生于海上。两先生自言少时治举业，尝揣摩先太史《石寿山房制艺》，以为咸、同大家无有逾于此者也。因问余亦尝致力此道否？余惭悚无以对。余生于光绪乙巳，时科举久停，策论已废，无论八股文矣。惟在家塾，业师尝授以破、承之法以为戏，顾仍茫然于谋篇也。民国十八年，与吾师长洲吴瞿安先生都讲光华大学，寝食相共，师每于酒阑，为话琐闻旧事，亦曾教余以作法，偶拈数语呈政于先生，聊供谑笑之资而已。先生故工于制义者，而诗古文之名，且往往为词曲所掩，况此道耶？虽然，八股文有五百余年之历史，在文学史上自应占有相当之地位，治文学史者，固不能以一时之好恶而竟抹杀之也。

昨岁余来暨南，承乏讲席，任“明清文学”一学程，以传奇与八股文为明代文体上两大创作，既别作《戏曲史》，复草此七章。八股文经三四十年之摧残，在今日已有文献不足之叹，是篇聊述大凡，不能详尽也。近日士夫，渐稍稍注视于此道，知他日必有一部完备之《八股文史》，然则兹编其嚆矢耳。

民国二十二年十月，卢前书于暨南大学。

第一章　帖括经义之变体

八股文，一作八比文，或四书文，或曰制艺。称之为时文者，与古文对待言也。考其渊源，有谓出于唐之帖括，有谓出于宋之经义，或云创自王安石，或云昉乎张才叔。要之，为帖括经义之变体，若具体之八股文，则始于明成化之世。诸家绪论，可考览焉。

侯康曰："四书文今谓之帖括，帖括二字始于唐。唐制，明经、进士二科，以刘思立奏皆帖经，进士以诗赋取，故但帖一大经及《尔雅》。明经［以经］义取，则于九经之中，随所习而帖之。此外兼帖《孝经》《论语》。其时《大学》《中庸》杂在《礼记》中，《孟子》亦杂在诸子中，未尊为经，故但帖《论语》。尊《孟子》，自杨绾始。绾于宝应二年上疏言：明经但记帖括，请于所习经取大义，听诸家之学，每问经十条，对策三道，以《孝经》《论语》《孟子》兼为一经。议卒不行。然是时帖经之法，只令全写注疏，无词意发明，与今举业绝不类。宋仁宗嘉祐二年，增设明经，试法多如唐制，问义亦及《论语》。"

郑灏若曰："四书之文，原于经义，创自荆公。荆公因神宗笃意经学，请兴建学校，苏轼非之。他日又言：学者专意经术，庶几可以复古。于是改法，罢诗赋帖经墨义。士各占治《易》《诗》《书》《周礼》《礼记》一经，兼《论语》《孟子》。每试四场，初大经，次兼经大义，凡十道。后改《论语》《孟子》义各三道。元祐四年，罢试律义，专立经义、诗赋两科，皆各试《语》《孟》义二道。此则四书文所由昉也。第史只言《论》《孟》命题，不及《大学》《中庸》。有之，当在南渡以后。（《宋史·选举志》：朱子常为私议，欲罢诗赋而分诸经子史，时务之年，诸经以子午卯酉四科试之，皆兼《大学》《论语》《中庸》《孟子》义一道。议虽未上，天下诵之。）元太宗时，耶律楚材请用儒术选士，从之。（《元史·选举志》：九年，诏命术忽解、刘中以论及经义、词赋分三科，考试诸路。）仁宗皇庆二年，中书省臣奏科举事，专立德行明经之科，乃下诏及条目颁行，出题亦用四子书。（《元史·选举志》：考试程式，蒙古、色目人，第一场经问五条，《大学》《论语》《孟子》《中庸》内设问，用朱氏《章句》《集注》，其义理精明、文辞典雅者为中选。汉人、南人，第一场明经、经疑二问，《大学》《论语》《孟子》《中庸》内出题，并用朱氏《章句》《集注》，复以己意结之，限三百字以上。）后至元统，稍有更益，而其大要，俱仍旧制。"

梁杰曰："天下之事，惟无所为而为者，乃可以不朽。宋王介甫作新法，当时之人，岌岌不可以终日，而为四书文开其先，乃更数世，历六七百年而不废。其所撰诸经新义，列之学官，用之取士，天下靡然皆王氏之学，其力亦巨矣。南渡禁革，遂罕有过而问者。而四书之文，缘之而起，学者舍此，几似无书可读。创之者非邪？因之者是邪？习之积者不移，利所在者偏重。其初本论体之小变，特专以四书语命题，其源盖出于唐之帖经墨义。北宋以前，《大学》《中庸》尚在《礼记》。唐试经义，未立《孟子》，而以《礼记》为大经。治诸经者，皆兼《孝经》《论语》，亦有以书语为论题者，如《颜子不贰过论》皆其滥觞也。至代言口气，八股对仗，虽备于前明，其实南宋杨诚斋、汪六安诸人已为之椎轮，至文文山则居然具体。而文山之文存于世者，或疑赝作，盖不可得而辨也。”

周以清曰：“制义之兴始半山。半山之文体有二：其谨严峭劲，附题诠释，则时文之祖也。其震荡排奡，独抒己见，则古文之遗也。宗古文者，流为周、归，终于金、陈。宗时文者，流为王、钱，终于杨、艾。四书之文，临川创之，而即始于嘉祐之朝者也。”

刘熙载于所著《艺概》之卷六《经义概》云：“《宋文鉴》载张才叔《自靖，人自献于先王》一篇，隐然以经义为古文之一体，似乎自乱其例。然宋以前，已有韩昌黎省试《颜子不贰过论》，可知当经义未著为令之时，此等原可命为古文也。”

黄人《文学史》“明人制艺”章，叙制艺之创始，有云：“考论制艺，本应渐自前明，然自俞桐川（长城）有百二十名家之选，托始于北宋诸公，则不得竟置大辂椎轮于不问。俞桐川谓制义创自王安石，方望溪则谓制义昉于吴才叔（前案：“吴”应是“张”字之误），皆北宋人也。今考吴才叔《自靖，人自献于先王》一篇，见吕东莱所编《宋文鉴》，而俞桐川所录王荆公文数篇，则不知所据何本。盖荆公创立制义，原与论体相仿，不过以经言命题，令天下之文体出于正，且为法较严耳。然当时对仗不必整，证喻不必废，侵下文不必忌。至后人踵事增华，文愈工而体愈降，法愈密而理愈疏。而俞氏又以禁侵下文为是，工对仗废证喻为非，强生分别，则未见其确也。夫连上犯下，不过科举格式，不能不遵。试问圣贤立言之初，何尝有此界限乎？至文之有对仗，则本阴阳奇偶之理，不能偏废。无论汉晋以来，文人无不讲此，即四书五经中，对偶之句，层见叠出，时代愈近，则其词愈妍，其势使然，岂得专绳之制义？且如王荆公《浴乎沂》题文中，有‘牛山陨泪，朝邑回车’语。杨诚斋《至于治国家》题文中，有‘日转棠阴，风清榆塞’语。当时初体，又何尝不工于对仗乎？若文之用证喻，则亦周秦以前即有之。但既严格律，自不能不稍择雅驯，必如王荆公作《知者动仁者静》题文云：‘譬有二贾，一则既富，一则知富之术而未富’等语，则岂得谓之与题义相比附哉！”又引《四勿斋随笔》云：“俞桐川所录百二十名家，于有宋存七家：一为王半山安石，一为苏颍滨辙，皆在嘉祐朝。一为杨诚斋万里，在绍兴朝。一为陆象山九渊，在乾道朝。一为陈君举傅良，在淳熙朝。一为汪六安立信，一为文文山天祥，皆在淳祐朝。大约亦就所见而甄录之。即如朱良矩所录张才叔、姚孝宁、吴师孟、张孝四家文，凡十余篇，俞录皆未之及，而俞录所存七家之文，又不言所出何书。故纪文达昀颇疑之，于编纂《四库全书总目》中，微露其意。然学者自为论文起见，但取其初体具在，足资考论，固不必别事深求也。”

前按：宋人经义之绝似后来八股文者，亦自有其例。如陈止斋《保民而王》题文，中有一节云：“论成汤之王者，不观于万邦咸怀之日，而观于子惠穷困之初。论文王之王者，不观于三分有二之时，而观于不侮鳏寡之始。”

文文山《事君能致其身》题文中有一节云：“不为不忘沟壑之志士，则为不忘丧元之勇夫；不为杀身成仁之仁人，则为舍身取义之义士。”文体变迁之迹，于焉可见。述八股文而推源于经义，亦疏通知远之义也。顾八股文为学所贱已久，科举废后以至于今，垂四十年，此体弃置，已无人道，惟自通识观之，盖不平之甚者也。造文学史者，故应还其应得之地位。往在成都，亡友双流刘鉴泉咸炘示所作《四书文论》，最为知言，其通论部分至精核，可作八股文之价值论观。其言曰：“制艺者，诸文之一也，亦本出于心，亦自成其体，固与诸文无异，不知其不能等观者安在？谓其体下耶？文各有体，本无高下，高下者，分别相对之权词耳。为古文者斥下时文，恐乱其体可也，而时文不以是贱也。

彼为古诗者固斥下律诗，为律诗者固斥下词，为词者固斥下曲，律诗、词、曲岂以是贱哉！谓其为干禄耶？彼唐之律诗、律赋、判词，宋之经义、论策、四六，孰非干禄之具？今论策盛传于异代，律诗、判词皆编在别集，律赋且有总集。韩退之之试论在《昌黎集》，张才叔之经义入《宋文鉴》。曲剧、平话，今皆有专家考论，列于文学之林。而独于制艺，则掩鼻过之，是得为平乎？焦里堂（循）《时文说》曰：'御宽平而有奥思，处恒庸而生危论，于诸子为近。然诸子之说根于己，时文之意根于题，实于六艺九流诗赋之外，别具一格。余尝谓学者所轻贱之技，而实为造微之学者有三：曰弈，曰词曲，曰时文。'江国霖《制义丛话序》曰：'制艺指事类策，谈理似论，取材如赋之博，持律如诗之严。'二论皆非过誉。制艺之足为知言论世之资，固同于策论，齐于诗词，其尤且足上拟诸子，远非律诗、律赋、四六之所能及，今反谓为不足与于立言之伦，岂为平乎？谓不足与于立言者，莫刻于龚自珍'不自言，而代他人言'之说。其说实非也。章实斋先生《叶鹤涂文集序》曰：'二十年来，举及时艺，辄鄙弃之为不足道。夫万物之情，各有其至，苟有得于意之所谓诚然而不为世俗毁誉所入，则学问文章，无今无古，皆立言者所不废也。'此论可谓明且清矣。言之有物与否，固不在于体制。子部不少剽窃之作，制诏亦有诚恳之言，策论自抒其意而抄纂盛行，曲剧止如其事而襟抱可见，况四书文题狭而词长，引申推扩，何非己意耶？明世此道名家论文绪言，罔不崇尚自得。王守溪（鏊）谓：'作文须先打扫心地洁净。'唐荆川（顺之）谓：'作文要真精神透露，肯说理，肯用意，必是真实举子。'瞿昆湖（景淳）谓：'作文须从心苗中流出。'吴因之（默）谓：'著一分词，便掩一分意。意到时，只须直写胸臆，家常话儿，尽是精光闪灿。'（因之作文，不看时艺，不寻讲章，咀味白文，移晷始成一艺。）陶石篑（望龄）谓：‘自胸臆中淘写出者为好。’凡此诸说，如出一口。又王龙溪（畿）谓：‘作文如写家书，句句道实事，自有条理。’陶石篑言：‘作文正如人诉事耳，敏口者能言，其甚敏者能省言而无费。’此二论尤为精到。自汉以来，文家骛于派别格律，而忽于本质。词华盛而论理衰，使文不能达意而远于实用，乃为西洋逻辑所乘。其能存论理者，独制艺家耳。若此诸论，不可谓非名言宝训也。此岂犹可谓为不足立言耶？顾泾阳（宪成）曰：‘唐、瞿之文，中行也。我之文，狂也。陈筠塘、储樊桐之文，狷也。’梁赞图曰：‘言者，心之声。古今诗文往往能自肖其人，制义则言之尤畅，如徐文长作《今之矜也忿戾》文，直是自作小传。’俞桐川（长城）曰：‘忠臣之文多发越，孝子之文多深沉。’此皆可以知言之明证。桐川又谓：‘陈白沙为一世儒宗，吾疑其文必方整严肃，凛不可犯。及诵其集，乃潇洒有度，顾盼生姿。’此自桐川之疏耳。白沙学风之异于朱派，正以潇洒耳。文且可以见学风如此。”

是以治八股文者，不独须谙其体制，因其内容，且可知当时之学术，非特为文学史料已也。昔章学诚尝欲汇辑名选佳刻，博采前辈评论故事，仿《诗品》《文心》及唐宋诗话之意，自为一书，以存其家学，竟未能成，抑可惜也。

第二章　八股文章之结构

“八股文”名者，以异于他种之文体也。欲穷八股文之源流，必先陈述八股文之结构，明其格式，附以法则，从而论其历史可也。论格式应首了解其术语，姑以最习见者言之如次：

首“破题”　以二句破开题字或题意，故名。使不将题字破开，是谓“骂题”。纵题目繁重，或数句数扇，或一章数章，总以二句浑括全题。

次“承题”　或四句，或五句，将破题之意，引申言之，俾使其晓畅。

次“起讲”　亦曰“小讲”，不拘十数句或数句，要分起承转合。亦有用反开合者，其法甚多，如反起正收、正起反收之类。老手不拘于起承转合，以散行浑写题意，惟须将题理、题神浑括包举。

次“领题”　或一二句，或四五句，从上文领到本题。如无上文，则虚虚叫起本题亦可。如题目繁重，而仍有下文者，应从上文串到本题末句，或明点末句之字，或虚笼末句之义，以清题界，仍宜落到题前。

次“提比”　亦曰起比，或四五句，或八九句均可。总就题前着笔，以留中后比地步，两比字句要相同。

次“出题”　比领题进一步，可将全题点出，或仍不点出，留在中比后方全出者。

次“中比”　长短无定式，两比字句要相同。或不写正意，而仍以他义翻腾者，如是则后比应发挥正义。如在中比发挥正义者，则后比应推阐题后之义。如出题未将全题点出者，则中比下仍有出题，将题全行点出。如提比下出题已将全题点出者，则此处不用再出题矣。

次“后比”　长短无定式，大约中比长则后比短，中比短则后比长。两比之字句亦应相同。

次“束比”　前六比意有未尽，再以两比收束。字句亦要相同，宜短不宜长。此八股文之正格也，然亦多不用束比，仅作六比者。

次“落下”　落到题之下文也。如题无下文者，或推阐余波，或加以结束，无落下亦可。领题、出题、落下多作散行，不一定用偶句。

八股文者，虽以八比为式，而亦有六比、十比、十二比、十四比、十六比、十八比以至二十比者。比数之多，当有先后层次，各别意义，方免叠床架屋之弊。亦有双扇题作两大比者，三扇题作三大比者，惟破、承、起讲、领题、落下仍照式。如遇四扇五扇题，倘亦作四大比、五大比，便觉板滞不佳，故无四大比、五大比之文，宜总做为有力量。但文无定格，间有单句题，亦作两大比，每比各树一意。如两大比，一横说，一竖说。三大比，一说过去，一说现在，一说将来之类。

滁县韦中如先生叙《清代科举制度》，其下篇颇及八股文之作法，自述经验，言简而赅。今兹所举，略取其说而已。仍以例明其结构。

题：不患无位，患所以立，不患莫己知，求为可知也

作者：钱志驺（明末天崇间人）

论文于名位之情，欲其思为可就焉。（此为破题）

夫患无位，患莫知，未为失也。因所患而责立与可知之实，君子正不以彼易此耳。（此为承题）

且人欲表见于天下，则必思天下责我之厚，与我副天下之难。夫其厚责者，皆我所必不可辞，而其难副者，又皆天下所必不肯恕。使分量不足以相酬，则自为表见之处，适自为沮丧而已矣。（此为起讲）

彼夫名位二者，君子之道待以行、待以传者也。惟吾道因名位以为功，斯名位益恃吾道以为重。（此为领题）

是故大儒穷通显晦，至集四海之耳目，群相倾注，而未始有震物之嫌。

乃衰世之乡党朝廷，至挟三代之诗书，出以应求，而不免有抚躬之疚。（此为两提比）

然则无位何患哉？患所以立焉耳，人国有事而后有官，其欲得者敬事之臣，非居官之臣也。无论宠利难忘，惧失正直立朝之本，凡此时艰所属，得毋优于细务，而重任其将颠覆乎？试为置身负乘之时，君悔授政之轻，臣叹荐贤之误，耻尚可赎耶？蚤夜以思，或翻幸弓旌之未逮耳。

然则莫己知何患哉？求为可知焉耳，公论有荣而亦有辱，其可畏者荣我之人，即辱我之人也。无论幽独易欺，惧蹈声闻过情之耻，即或细行所饬，得毋悦于凡众，而圣贤其犹摈弃乎？试为设计败名之日，父母陨其家声，朋友伤其同道，身尚安容耶？蚤夜以思，应转虑游扬之过盛耳。（此为两中比，每比以起首二句出题，故未另作出题）

盖事理各有指归，在外者为功名，在我者为德业。

生人止此心力，正用之为戒惧，而误用之为怨尤。（此为两小比）

功名迫而怨尤生，几欲以考课选举之权，徇人情之躁竞，此儒术之伪，其弊遂受之人才也。

戒惧深而德业懋，正将以获上信友之道，励下学之藏修，此士习之严，其原在正乎心术也。（此为两后比）

用患者宜何居焉。（此为落下）

此为八股文之式。夫八股文（一曰四书文）系代圣贤立言，自起讲始即入口气。如题为孔子之言，或及门诸子之言，即入所言者之口气。有记事题，通篇不入口气者，此大概也。因题之异，其格局遂变而益多，爰缕列之：

单句题　如“过则勿惮改”之类。

通节题　如“其为人也孝弟而好犯上者鲜矣，不好犯上而好作乱者未之有也”之类。

通章题　如“巧言令色鲜矣仁”之类。以上皆平正之题，无特殊作法。

双扇题　如“君子上达小人下达”之类。有分作之法，有合作之法。有先分后合之法，有领题以下专作两大比之法。

三扇题　如“视其所以观其所由察其所安”之类。作法与上同。

三扇递串题　如“一乡之善士斯友一乡之善士，一国之善士斯友一国之善士，天下之善士斯友天下之善士”之类。此题望似三层，而语气注重末一层，故不能作三扇平列。宜以两头一脚法行之，处处注定下节，方合题情。

四扇题　如“其行己也恭，其事上也敬，其养民也惠，其使民也义”之类。分作合作，先分后合均可，惟无作四大比者。

五扇题　如“恭则不侮，宽则得众，信则人任焉，敏则有功，惠则足以使人”之类。其作法与上同。

截上题　如“则吾从先进”之类。此题最忌连上。凡小讲与各比起句，皆应从本题着笔，不可犯连上之病，而又要融贯上文。

截下题　如“有美玉于斯”之类。此题最忌犯下，而又要照下，方不背下。

截上下题　如“是亦为政”之类。此题既忌连上，又忌触下。

承上题　如“若是其大乎”之类。截上题，题义半在上文，处处不可连上。承上题，题意全在上文，通篇均应从本题起，亦不可连上。

结上题　如“此谓知本”之类。结上题，题义全在上文，本题仍有着实处，与承上题之实义在上，本题全虚者微异，亦不可以连上。

冒下题　如“帝典曰”之类。此种题实义，全在下文，要用意射定下文，而措词不越本题之界。

单句截下题　如“法与之言”之类。

单扇截下题　如“刍荛者”之类。

上完下截题　如“大哉尧之为君也，巍巍乎惟天为大”之类。

上截下完题　如“温即其言也厉”之类。

上全神下半面题　如“论笃是与君子者乎”之类。

上偏下全题　如“执礼皆雅言也”之类。

上全下偏题　如“子所雅言诗书”之类。

上下偏中全题　如“或学而知之，或困而知之，及其知之一也，或安而行之”之类。

两扇截上题　如“与命与仁”之类。

两扇参差截作题　如“世叔讨论之行人子羽修饰之”之类。

两扇分轻重题　如“亲亲而仁民，仁民而爱物”之类。

隔章无情截作题　如“而众星共之子曰诗三百”之类。

隔章有情截作题　如“父母惟其疾之忧，子游问孝，子曰今之孝者是谓能养，至于犬马亦皆有养，不敬何以别乎？子夏问孝，子曰色难”之类。

上下偏题　如“有言责者不得其言则去，我无官守”之类。

上下两截题　如“俨然即之也”之类。

滚作题　如“温故而知新，可以为师矣”之类。

截作题　如“夫子不答，南宫适出”之类。

半面题　如“从善”之类。

半面滚作题　如“道之以政，齐之以刑，民免而无耻”之类。

上完下截中宜侧串题　如“吾之于人也，谁毁谁誉，如有所誉者”之类。

上完下截中宜消纳题　如“子何尊梓匠轮舆而轻为仁义者哉？曰梓匠轮舆”之类。

一头两脚截作题　如“生而知之者上也，学而知之次也，困而学之又其次也”之类。

两头一脚截作题　如“浴乎沂，风乎舞雩，咏而归”之类。

承上截下题　如“物有本末，事有终始”之类。

截搭题　如“其为仁之本与，子曰巧言令色”之类。此为小试特殊文格，破承小讲，宜将上下两截贯串融合。其讲下不曰领题，而曰“钓下”。应从上截之上文，串列小截之末。笔要灵敏，收处仍落到上截，此为钓下之定法。两提比谓之“还上”，此两比专作上截之文。提比下不曰出题，而曰“渡下”。应从题之上截，渡列下截。钓下要短而灵，渡下则长而缓。但均要联合有情，惟与书理不免背谬耳。渡下之下两比，谓之“还下”。专作下截之文，但还上两比中能于关合下截，还下两比中能于关合上截，为尤佳。还下两比之下，不曰落下，而曰“挽上”。又要从下截挽到上截，然后再落到下文，此其法也。

右所举四十种，文格犹未能尽。盩厔路德《仁在堂时文》所论作法最详。由八股文之结构言之，其与曲之套数结构相类，破承者，曲中之引子也，中间对比，则如南词之过曲，亦如北套数中所规定之牌调，而落下如尾声。杂剧为代言体，八股文亦为代言体。是亦八股文出于元剧之一证也。

刘熙载《艺概》卷六《经义概》之论八股文，无不精切。有云："文要不散神，不破气，如乐律然，既已认定一宫为主，则不复以他宫杂之。"又："文之有出对比共七法，曰：剖一为两，补一为两，回一为两，反一为两，截一为两，剥一为两，衬一为两。""衬法有捧题，有压题。捧题以低浅，压题以高深。""衬托不是闲言语，乃相形相勘紧要之文，非帮助题旨，即反对题旨，所谓客笔主意也。"而总概之以一语曰："文之要，曰识曰力。识见于认题之真，力见于肖题之尽。"又云："题义有而文无，是谓减题；题义无而文有，是谓添题。文贵如题，或减或添，俱失之。""元倪士毅撰《作义要诀》，以明当时经义之体例，第一要识得道理透彻，第二要识得经文本旨分晓，第三要识得古今治乱安危之大体。余谓第一第三俱要包于第二之中，圣人瞻言百里，识经旨则一切摄入矣。"凡此可见刘氏论八股文之能扼要也。

亡友刘鉴泉先生以八行书、八韵诗与八股文，称为明人之"三八"。盖八股文渊源于唐宋，实备体于有明，至清而盛而衰，其盛衰之故，有可得而言者。述其史，先析其体如此。

第三章　正、嘉以前之演进

焦循《易余籥录》曰：“（上略）有明二百七十年，镂心刻骨于八股。如胡思泉、归熙甫、金正希、章大力数十家，洵可继楚骚、汉唐诗、宋词、元曲以立一门户；而何、李，王、李之流，乃沾沾于诗，自命复古，殊可不必者矣。夫一代有一代之所胜，舍其所胜，而就其所不胜，皆寄人篱下者耳。余尝欲自楚骚以下，至明八股，撰为一集。汉则专取其赋，魏晋六朝至隋则专录其五言诗，唐则专录其律诗，宋专录其词，元专录其曲，明专录其八股。一代还其一代之所胜。”以八股文代表明代文学，其论允且当。顾论明之八股，厥有二宗。其标清真雅正为宗，而排隆、万，为复古守正之说者，所谓主正、嘉以前之八股也。彭尺木谓论者执成化、弘治之一概，以量列朝，亦通人之蔽。此盖通变之说，主隆、万以后之八股文也。二派亦成对峙之形，与文中之主唐前、唐后，诗中之主盛唐、中唐，词中之主北宋、南宋，曲中之主元主明，同其正变之说，亦可觇文学之通例也。

制义开科，自洪武三年始。而科举条格，备见于元年之诏。诏云：

朕闻成周之制，取材于贡士，故贤者在职，而其民有士君子之行。是以风俗淳美，国易为治，而教化显也。汉唐及宋，科举取士，各有定制，然但贵词章之学，而未求六艺之全。至于前元，依古设科，待士甚优，而权豪势要之官，每纳奔竞之人，辛勤岁月，辄窃仕禄，所得资品，或居士人之上，怀材抱德之贤，耻于并进，甘隐山林而不起，风俗之弊，一至于此。今朕统一中国，外抚四夷，与斯民共享升平之治。所虑官非其人，有伤吾民，愿得君子而用之。自洪武三年八月为始，特设科举，以取怀材抱德之士，务在经明行修，博古通今，文质得中，名实相称。其中选者，朕将亲策于廷，观其学职，品其高下，而任之以官。果有材学出众者，待以显擢，使中行文武，皆由科举而选，非科举无得与官。敢有游食奔竞之徒，处以重罪，以朕称责求贤者之意，所有合行事宜条于后：

一，乡试、会试文字程式。

第一场试五经义，各试本经一道，不拘旧格，惟务经旨通畅，限五百字以上。《易》，程朱氏注，古注疏。《书》，蔡氏传，古注疏。《诗》，朱氏传，古注疏。《春秋》，左氏、公羊、穀梁、胡氏、张洽传。《礼记》，古注疏。四书义一道，限三百字以上。

第二场试礼乐论，限三百字以上，诏、诰、表、笺。

第三场试经史时务策一道，惟务直述，不尚文藻，限一千字以上。

第三场毕后十日，面试。骑，观其驰骤便捷。射，观其中数多寡。书，观其笔画端楷。律，观其讲解详审。

殿试时务策一道，惟务直述，限一千字以上。

一，出身。

第一甲第一名从六品，第二、第三名正七品，赐进士及第。

第二甲一十七名，正七品，赐进士出身。

第三甲八十名，正八品，赐同进士出身。

一，乡试各省并直隶府州等处，通选五百名为率，人材众多之处，不拘额数；若人材未备不及数者，从实充贡。

河南省四十名，山东省四十名，山西省四十名，陕西省四十名，北平省四十名，福建省四十名，江西省四十名，浙江省四十名，湖广省四十名，广西省二十五名，在京乡试直隶府州一百名。

一，会试额试一百名。

一，高丽国、安南、占城等国，如有经明行修之士，各就本国乡试贡赴京师，会试不拘额数选取。

一，开试日期。

乡试，八月初九日第一场，十二日第二场，十五日第三场。

会试，次年二月初九日第一场，十二日第二场，十五日第三场。

殿试，三月初三日。

一，三年一次开试。

一，于洪武三年乡试，洪武四年会试。

一，各省自行乡试，其直隶府州赴京乡试，凡举人各具籍贯年甲三代本姓乡里举保。州县申行省印卷，乡试中者，行省咨解中书省，判送礼部印卷会试。

一，仕宦已入流品，及曾于前元登科并曾仕宦者，不许应试；其余各色人民，并流寓各处者，一体应试。

一，有过罢闲人吏、娼优之人，并不得应试。

一，应举不第之人，不许喧闹，摭拾考官及擅击登闻鼓，违者究治。

一，凡试官不得将弟男子侄亲属徇私取中，违者许赴台省指实陈告。

一，科举取士，务在得全才，但恐开设之初，骑射书算，未能遍习；除今科免试外，候二年之后，须要兼全，方许中选。

於戏！设科取士，期必得乎全材。任官惟能，庶可成于治道。咨尔有众，体朕至怀。故兹诏示，想宜知悉。

士既无不出身于科举，即无不能为制艺。吴县黄摩西人尝录《明制艺家代表表》，盖本之梁章钜《制艺丛话·题名》。分朝列举，可以觇风气，进而论其文章之升降得失焉。

洪武朝：

刘　基　字伯温，青田人。元进士，明官御史中丞，封诚意伯，谥文成。《明史》有传。

黄子澄　初名湜，以字行，更字伯渊，分宜人。洪武乙丑会元，官太常寺卿，兼翰林学士。《明史》有传。

刘三吾　初名湜，字坦甫，茶陵人。元末，提举靖江学，洪武中，用荐官左赞善擢学士。《明史》有传。

前案：明初之制艺，其体犹未备，但求平淡，能自明其说。顾炎武云："经义之文，流俗谓之八股，盖始于成化以后，天顺以前。经义之文，不过敷衍传注，或对或散，初无定式。"方苞亦云："自洪、永至成化百余年中，皆恪尊传注，体会语气，谨守绳墨，尺寸不逾。"洪武、建文十余年间，乙丑、丁丑、庚辰三科，皆以"天下有道则礼乐征伐自天子出"为题。当时之以经义取士，命题但取经书中大道理、大制度，关乎人伦治道者，以求真才，非欲以难士子也。乙丑科，黄子澄之元墨，论者以为明代制艺之第一篇文字。解大绅批云："庄重典雅，台阁文字。"徐存庵曰："时未立闱牍科条，行文尚涉颂体，而收纵之气，浩荡之机，已辟易群英。"况此为文章之始，亦制艺之河源也。其文中幅一段云：

治道隆于一世，政柄统于一人。夫政之所在，治之所在也。礼乐征伐，皆统于天子，非天下有道之世而何哉？昔圣人通论天下之势，首举其盛为言。若曰天下大政，固非一端；天子至尊，实无二上。是故民安物阜，群黎乐四海之无虞；天开日明，万国仰一人之有庆。主圣而明，臣贤而良，朝廷有穆皇之美也。治隆于上，俗美于下，海宇皆熙皞之休也。非天下有道之时乎？当斯时也，语离明则一人所独居也，语乾纲则一人所独断也。若礼若乐，国之大柄，则以天子操之，而掌于宗伯；若征若伐，国之大权，则以天子主之，而掌于司马。一制度，一声容，议之者天子，不闻以诸侯而变之也；一生杀，一予夺，制之者天子，不闻于以大夫而擅之也。皇灵丕振，而尧封之内，咸懔圣主之威严；王纲独握，而禹甸之中，皆仰一王之制度。信乎非天下有道之盛世，孰能若此道哉？

或以刘文成基《敬事而信》文，为明制艺之祖；然其文为初体之尤，提一机字为敬之原，衬一势字为敬之影，究逊于子澄此作，而子澄试牍，迎合明祖如此，亦以见后来制艺文之所由敝也。

建文朝：

杨　溥　字宏济，石首人。建文庚辰进士，武英殿大学士，谥文定。《明史》有传。

杨　荣　字勉仁，建安人。建文庚辰进士，谨身殿大学士，谥文敏。《明史》有传。

《明贡举考略》云：“建文元年，南昌胡俨充湖广考官，得杨溥卷，大异之。题其上曰：‘必能为董子之正言，而不为公孙之阿曲。’世以为知人。”

永乐朝：

姚广孝　初为僧，名道衍，字斯道，长洲人。永乐初，复姓，赐今名，封荣国公，谥恭靖。《明史》有传。

于　谦　字廷益，钱唐人。永乐辛丑进士，官兵部尚书，加少保，谥忠肃。《明史》有传。

道衍有《所谓诚其意者　二节》文，杨廷枢尝论列之。其中有云：“凡好恶发于赤子之真，皆可通之天下，此圣贤之意，亦帝王之意，自慊也。凡好恶为天下而饰，即非赤子之真，此杂霸之意，即盗跖之意，自欺也。虽以圣人帝王，而不能无杂霸之心，即不能无盗跖之心，故君子必慎其独也。”道衍英杰不醇之气，借是可想见。至忠肃，今所传者只四首，或论相业，或谈兵事，或诛佞讨奸。故俞桐川谓：每篇可当古文一则，文如此亦无羡于过多矣。又云：读《不待三》篇见守京师手段。考《不待三至亦多矣》文，一讲上下团结，题蕴已该。文云：“且国家之倚重者有二，遇战斗则用介胄之士，遇绥靖则用旬宣之臣。故兵法严则士奋勇，吏治肃则官效职。人君以驭兵之法驭臣，则吏治精矣；人臣以死绥之义死职，则官职当矣。”又后幅云：“一失伍，则执而论之有司，何至于再？再失伍，则缚而僇之于社，何至于三？盖有死无犯，军之善政也。信赏必罚，国之大经也。此大夫之所素明也。今子莅官以来，所谓奉职循理者安在？其于怠事，不啻再矣。岂士以贱刑，官以贵贷耶？由子旷官以来，所谓省愆讼过者安在？拟之以失伍，亦既多矣。岂士不赦于再官，不惮其多耶？”

景泰朝：

丘　濬　字仲深，琼山人。景泰甲戌进士，武英殿大学士，谥文庄。

正统朝：

商　辂　字安载，淳安人。正统乙卯解元，乙丑会状，谨身殿大学士，谥文毅。《明史》有传。

濬传谓：时经生文尚险怪。濬主南畿，乡试、分考、会试皆痛抑之。及课国学生，尤谆切诰诫，返文体于正。故廖道南以其转移文运，媲美于欧阳永叔。至商辂举三元，人谓生平，前有以安社稷，后有以格君心，不谓之大臣不可也。俞桐川云：“读其文者，其必知所取法矣。”是其文与为人相合，所谓人文一致也。

成化朝：

林　瀚　字亨大，闽县人。成化丙戌进士，南京吏部尚书，谥文安。《明史》有传。

吴　宽　字原博，又字匏庵，长洲人。成化壬辰会状，礼部尚书，谥文定。《明史》有传。

王　鏊　字济之，又字守溪，吴县人。成化甲午解元，乙未会元，探花，武英殿大学士，谥文恪。《明史》有传。有《王守溪文稿》。

蔡　清　字介夫，晋江人。成化丁酉解元，甲辰进士，南京国子监祭酒，赠礼部侍郎，谥文庄，祀文庙。《明史》入《儒林传》。

邵　宝　字国贤，又字二泉，无锡人。成化甲辰进士，南京礼部尚书，谥文庄。《明史》入《儒林传》。

俞桐川曰："制义之有王守溪，犹史之有龙门，诗之有少陵，书法之右军，更百世而莫并者也。前此风会未开，守溪无所不有，后此时流屡变，守溪无所不包。理至守溪而实，气至守溪而舒，神至守溪而完，法至守溪而备。盖千子、大力、维斗、吉士莫不奉为尸祝，而或讥其雕镂，疵其圆熟，则亦过高之论矣。运值天地之和，居得山川之秀，夹辅盛明，大有而不溺，遭逢疑贰，明夷而不伤。于理学为贤，于文章为圣，于经典为臣，于制义为祖，岂非一代之俊英，斯文之宗主欤?"

弘治朝：

钱　福　字子谦，又字鹤滩，华亭人。弘治庚戌会状，翰林修撰。有《钱鹤滩稿》。

顾　清　字士廉，华亭人。弘治壬子解元，癸丑进士，南京礼部尚书。《明史》有传。

唐　寅　字伯虎，又字子畏，吴县人。弘治戊午解元。

伦文叙　字伯畴，南海人。弘治己未会状。

林庭棉　字利瞻，闽县人，瀚子。弘治己未进士，谥康懿。《明史》附《林瀚传》。

王守仁　字伯安，又字阳明，余姚人。弘治己未进士，兵部尚书，封新建伯，谥文成。《明史》有传。

王船山曰：“钱鹤滩与守溪齐名，谓之曰钱、王两大家。（中略）缘国初人文字止用平淡点缀，初学小生，无能仿佛，钱王出以钝斧劈坚木手笔，用俗情腐词，着死力讲题面，陋人始有津济，翕然推奉，誉为大家，而一代制作，至成、弘而扫地尽矣。”又曰：“无法无脉，不复成文字，特世所谓成、弘法脉者，法非法，脉非脉耳。”顾俞桐川极崇之，曰：“钱鹤滩少负异才，科名鼎盛，文章衣被天下，为制义极则，世之所谓才者，倾倚偏驳，奔放纵横，其气外轶，其理内绌，虽足以惊世骇俗，然率不能久。鹤滩之文，发明义理，敷扬治道，正大醇権，典则深严，即至名物度数之繁，声音笑貌之末，皆考据精详，摹画刻肖，中才所不屑经意者，无不以全力赴之。成名之故，岂偶然哉?”至论顾清，则曰“其文有高峻之风”，唐寅则“方严正洁，近于老师宿儒”。陈继儒尝谓：唐子畏初为诸生，纵酒放怀，时人或非笑之。唐曰：“闭户经年，取解首如运掌耳。”弘治戊午果举省元。若王文成之《公子哙不得与人燕　二句》文，桐川谓读之可以见擒宸濠手段者，其文诚如法吏断狱，愈转愈严。文云：“今夫为天守器者君也，为君守侯度者臣也，名义至重，僭差云乎哉！故燕非子哙之燕，天子之燕也，召公之燕也。象贤而世守之，以承燕祀，以扬休命，子哙责也。举燕而授之人，此何理哉！恪恭而终臣之，以竭忠荩，以谨无将，子之之分也。利燕而袭其位，罪亦甚矣。尧舜之传贤，利民之大者也，哙非尧舜，安得而盗其名。舜禹之受禅，天人之从之也，子之非舜禹，安得而袭其故。夫君子之于天下，苟非吾之所有，虽一毫而莫取也，况授受之大乎！于义或有所乖，虽一介不以与人也，况神器之重乎！夫以燕之君臣，而各负难逭之罪如此，有王者起，当伐之矣。”

正德朝：

邵　锐　字士仰，仁和人。正德戊辰会元，太仆寺卿，谥康僖。

唐　皋　字心庵，又字守之，歙县人。正德癸酉举人，甲戌进士，状元。

汪应轸　字子宿，又字青湖，山阴人。正德丁丑进士。《明史》有传。

季　本　字明德，又字彭山，山阴人。正德丁丑进士，长沙知府。

张　经　寄姓蔡，字廷彝，侯官人。正德丁丑进士，以兵部尚书兼都御史总制南直隶、湖广、江西、闽浙、山东、两广七省，为赵文华所诬论死，谥襄愍。《明史》有传。

邵锐之《夏后氏五十而贡　节》后二比云：“夏人之贡法，固以十分之一为常数也。商制则于公田七十亩之中，以十四亩为庐舍，每夫实助公田七亩，并私田七十亩，为十分而取其一，则虽轻于什一，是亦不过什一也。周之乡遂因用贡法以为常例也。而都鄙于公田百亩之中，以二十亩为庐舍。每夫实耕公田十亩，并私田百亩，为什一分而征其一，则虽过于什一，是亦不越什一也。”此文最以考核见长。黄贞父曰：“经制题不可杜撰，不可浮著，如此作是老算手，是真作家。”唐皋则襟怀洒脱，才思敏捷，文不加点，若中有所改动，即别构一篇。少负才，自以为必售，及屡困场屋，时人嘲之曰：“徽州有个唐皋哥，一气乡闱走十科。解元收拾荷包裹，其奈京城蓟绺多。”皋闻之，志益壮，自署斋壁曰："愈读愈不中，唐皋其如命何！愈不中愈读，命其如唐皋何！"及中甲戌状元，皋年已四十六岁矣。事见《制义科琐记》，八股文坛之佳话也。至季本师承阳明著书数百万言，皆行于世。其制义恪守传注，最能谨严法度云。

嘉靖朝：

海　瑞　字汝贤，又字刚峰，琼山人。嘉靖□□举人，南京右都御史，谥忠介。《明史》有传。

王慎中　字道思，又字遵岩，晋江人。嘉靖丙戌进士，河南参政。《明史》入《文苑传》。

罗洪先　字达夫，又字念庵，吉水人。嘉靖己丑进士，状元，春坊左赞善，谥文庄。《明史》入《儒林传》。

唐顺之　字应德，又字义修，又称荆川，武进人。嘉靖己丑会元，佥都御史，巡淮扬，谥襄文。《明史》有传。

梁怀仁　字宅之，晋江人。嘉靖己丑进士。

郑　晋　字□□，南安人。嘉靖辛卯举人，壬辰进士。

林　春　字子仁，□□人，寄籍泰州。嘉靖壬辰进士，状元。

吕　本　字汝立，又字南渠，余姚人。嘉靖壬辰进士。

王　樵　字明逸，金坛人。嘉靖乙未进士，南京右都御史。

许　穀　字仲贻，上元人。嘉靖乙未进士，江西提学佥事，南京尚宝卿。

薛应旂　字仲常，又字方山，武进人。嘉靖甲午举人，乙未会元，陕西提学副使。

诸　燮　字理斋，□□人。嘉靖甲午举人，乙未进士。

嵇世臣　字□□，□□人。嘉靖乙未进士。

茅　坤　字顺甫，又字鹿门，归安人。嘉靖戊戌进士，大名兵备副使。《明史》列《文苑传》。有《茅鹿门稿》。

叶　经　字东园。

归有光　字熙甫，又字震川，昆山人，徙居嘉定。嘉靖庚子举人，乙丑进士，太仆寺丞。《明史》列入《文苑传》。有《归震川稿》。

高　拱　字肃卿，新郑人。嘉靖辛丑进士，大学士，谥文襄。《明史》有传。

瞿景淳　字师道，又字昆湖，常熟人。嘉靖癸卯举人，甲辰会元，南京吏部侍郎，谥文懿。《明史》有传。

王世贞　字元美，又字弇州，太仓人。嘉靖丁未进士，刑部尚书。《明史》列《文苑传》。

张居仁　字太岳，江陵人。嘉靖丁未进士，太师，吏部尚书，中极殿大学士，谥文忠。《明史》有传。

胡自蒙　字目门，又字正甫，余姚人。嘉靖丁未会元，探花，国子祭酒。

林　燫　字贞恒，又字对山，闽县人。嘉靖丁未进士，南京礼部尚书，谥文恪。《明史》附《林瀚传》。

王任用　字汝钦，太仓人。嘉靖乙未进士。

杨继盛　字仲芳，又字椒山，容城人。嘉靖丁未进士，兵部员外郎，谥忠愍。《明史》有传。

胡友信　字思泉，德清人。嘉靖己酉举人，隆庆戊辰进士。有《胡思泉稿》。

邵圭洁　字伯如，一字茂斋，又称北虔，常熟人。嘉靖己酉举人。

傅夏器　字廷璜，又字锦泉，南安人。嘉靖庚戌会元。

孙　溥　字□□，丰城人。嘉靖壬子解元。

王锡爵　字元驭，又字荆石，太仓人。嘉靖壬戌会元，榜眼，大学士，谥文肃。《明史》有传。

许孚远　字孟中，又字敬庵，德清人。嘉靖壬戌进士，南京兵部侍郎，谥恭简。《明史》入《儒林传》。

章　礼　字约之，会稽人。嘉靖甲子解元，戊辰进士，通政司参议。

陈　栋　字隆之，南昌人。嘉靖乙丑会元，探花。

胡　定　字二溪，□□人。

卢前案：黄氏所列嘉靖一朝之作者，大率在八股文外，亦有所表见，如唐荆川、归震川、茅鹿门，以至王元美，皆卓有声名于文学史者。林于川雨化曰："唐荆川顺之精于制义，有自为诗云：'文入妙来无过熟，书从疑处更须参。'此荆川自道其所得也。荆川有极巧之文，而其实不过是极熟，如《不揣其本而齐其末》两节叠下两比喻，一反一正，文气流走不齐，荆川制作两扇时使之齐，中用两语递过，通篇读之，又只似流水不齐文法，此所谓巧从熟生也。文云：'且夫两物相形，而高下异焉。所以辨其高下者，未尝不兼本末而较之也。故寸木之与岑楼，其高下至易知也。今也不复揣其下之平，而但取其上之齐，是寸木固可使之高于岑楼矣。今论礼者不究其本，而必曰礼食亲迎而已，论食色者不究其本，而必曰饥死与不得妻而已，是食色固可使之重于礼矣。任人之说，似亦无足怪者，虽然，此特自其一偏而言之耳，而非所以道其常也。何者？两物相形，轻重异焉，所以辨其轻重者，未尝不等其轻重而较之也，故金之与羽，其轻重至易知也。今以一钩金之寡，而较一舆羽之多，而谓足以概金羽之轻重也，岂理也哉！今论礼者不量其多寡，而必曰礼食亲迎而已，论食色者不量其多寡，而必曰饥死与不得妻而已，如是而谓足以较礼与食之轻重，又岂理也哉！任人之论，其不可也明矣。'俞桐川谓此等作法，成、弘、正、嘉间多有之，隆庆以后则绝响矣。"桐川之论薛应旂谓：能贯通六经，发而为文，如金出冶，如玉离璞，光芒焕然；又精于史学，宋元通鉴，昭代宪章，皆有功当世。嘉靖乙未，已拟第一，偶让石城，然后世论文者，必以方山为首。三主棘闱，甄别士类，声称藉甚。至其视学两浙，严而有礼，多士有薛夫子之号。旧称王、钱、唐、瞿为四大家，浙人去鹤滩而易以方山，世未有非之者。许谷与方山同为蔡鹤江所得士，所著诸稿，士林争购之。朱梅崖论许孚远文，以为清切纯懿，中边俱澈，理熟而词快，非浅学可几也。林乔荫自称少承庭训，令熟读罗念庵洪先《后生可畏》文云："使能以志帅气焉，远大之承，固可预期于今日。苟其进而不已焉，高明之极难以限量其将来。"读之使人神旺，八股文固有此类动人之作也。至诸燮之文，倾欹偏侧，游衍散淡，无意于工，而不诡于理。后人搦管摹之，愈摹愈远，非文不及理斋，乃俗病之不可除也。昔人评理斋文曰：不衫不履，物外遗人。求理斋者，当求其所以不俗之故则几矣。《四勿斋随笔》云："前明叶东园经，嘉靖癸卯巡按山东，作乡试《无为而治　一节》题程文。大结内有'继体之君，未尝无可承之法；但德非至圣，未免作聪明以乱旧章'等语。世宗见之大怒，以为讥讪，逮讯毙于杖下，文字痛快之极，其受祸乃至于此，亦明哲之所讥矣。"又梁怀仁己丑会墨《孔子圣之时者也》文，中幅云："仕惟其时，不必待天下之清也；止惟其时，不必任天下之重也。先事之机泯于无，而至虚之应通乎有，其一元气之流行矣乎！久也以时，无穷日之力也；速也以时，无三年之治也。固我之私忘乎内，而神明之速运乎内，其一天地之气象矣乎！"后幅云："学孔先夷，定其守也。学孔先孟，辨其志也。"梁章钜以为皆超凡人圣语。（见《制艺丛话》卷五）卫壮谋《文行集》云："王任用，字汝钦，太仓人。弇州先生族孙，试久不利，益治经术。嘉靖丁未会试揭晓日，无报捷者，自分复刖，疾视其稿，曰：'文如此，何以得隽！'既知在第二名，复取稿视之，曰：‘文如此，何以不元！’闻者绝倒。”是科题为“固天纵之将圣　二句”，王任用破题云：“圣人者，天厚其德，而兼通乎艺者也。”会元胡正蒙破题云：“贤人论天厚圣人以德，而有以兼乎艺者也。”评者遂谓王破用“兼通”二字，不如胡破只用一“兼”字妙。俞桐川论胡定曰：“二溪隽于嘉靖之季，文尚博大，其势固；然而间出其朴淡之笔，则屈曲变化，致不可测。余尝谓薛方山文能密而不能疏，诸理斋文能疏而不能密，惟胡二溪兼之。文虽不多，可以传矣。”

论成、弘以来之文，条理简括，莫过于郑灏若。其言曰：“溯自成化，文体大备，而后顾东江以高峻称，李空同以峭洁称，唐子畏以方正称，罗迂冈以简贵称，王阳明以醇茂称，顾文康以端严称，杨升庵以光芒称，舒国裳以气节称，汪青湖以宏大称，季彭山以精谨称，崔东洲以坚洁称，罗念庵以深远称，诸理斋以淡隽称，嵇川南以老辣称，海刚峰以光怪称，莫不分道扬镳，各森壁垒。及乎嘉靖之季，此道寖衰，古法荡析。于是，茅鹿门以其名贵，王方麓以其精采，周莱峰以其潇洒，陶朴庵以其遒炼，王荆石以其廓大，许敬庵以其茂畅，相与维持之，犹未失宋人之旧，厥功茂焉。世以中兴目之，岂肤言哉！”而杨懋建论曰：“正、嘉之间，名手辈出，归、唐皆以古文为时文。唐则指事类情，曲折尽意，使人望而心开。归则精理内蕴，灏气流转，使人入其中而茫然。盖由一深透于史事，一兼达于经义也。以古文为时文，自唐荆川始，归震川又恢之以闳肆，实能以欧苏之气，达程朱之理，而吻合于当年之语意。其议论则引星辰而上也，其气势则决江河而下也，其根本则稽经而诹史也。文之疏达者不能遒厚，矜重者不能优闲，惟震川兼而有之。尝论震川文有二类，皆高不可攀。一则醇古疏宕，运《史记》、欧、曾之义法，而与题相会。一则朴实发挥，明白纯粹如道家常事，人人通晓。自有震川之文，制艺一术，可以百世不湮。”方苞《钦定四书文》凡例曰：“明人制艺，体凡屡变。自洪、永至化、治百余年中，皆恪遵传注，谨守绳墨，尺寸不渝。至正、嘉作者，始能以古文为时文，融液经史，使题之义蕴，隐显曲畅，为明文之极盛。隆、万间，兼讲机法，务为灵变，虽巧密有加，而气体茶然。至启、祯诸家，则穷思毕精，务为奇特，包络载籍，刻雕物情，凡胸中所欲言者，皆借题以发之。凡此数种，亦各有所长，各有所蔽。化、治以前，亦有直写传注，寥寥数语，及对比改换字面而意义无别者。正、嘉而后，亦有规模虽具，精义无存，及剽袭语录，肤廓平衍者。隆、万亦有轻剽促隘，无实理真气者。启、祯名家之桀特者，思力所造，涂径所开，或为前辈所不能到，其余偭弃规矩以为奇，剽剥经子以为古奥，雕琢字句以为工雅，而圣经贤传本义转为所蔽矣。”此说虽略，而源流甚明。顾焦循以正变之说论，则曰：“大抵化、治、正、嘉为正，而隆、万、启、祯为变。正者不过注疏讲义之支流，变者乃成知言论世之渊海。此犹诗至李、杜、韩、白，词至苏、辛也。变之极，不无奇滥，则矫以复正，然体益纯而益窘，遂复为注疏讲义之附庸矣。”由是言之，八股文演进至成、弘而体备，至正、嘉而登峰造极，不可谓非最盛之时期。

第四章 隆、万以后之作风

《明史·选举志》曰："论者以明举业文字，比唐人之诗。国初比初唐，成、弘、正、嘉比盛唐，隆、万比中唐，启、祯比晚唐云。"王景盘（名祖庚，丹徒人，有《制艺章稿》）论隆庆、万历后以至明末之八股文，以为有五特色：一曰认题之细。文之精美者，必先察题，以期其不蔓不支，俾详察周虑，以见其精神。二曰意测经旨。文既细密，于经文乃尽心力以深究之，揣摩语调，仿佛口气，务期克尽代圣立言之义。三曰无施不可。虽然，制艺有一定程式，有对仗，有犯上侵下之律，而作者未尝因此自限，每能于言外逞其辞锋也。四曰遣词之美。格律最严之文体，往往有绝佳之作品；前者谓从心思上出奇，此则指以文字炫美者言也。五曰不着边际。八股文既以代圣人立言为归，所陈述皆哲理抽象之言；作者每渲染适如其分之辞，出语则面面可通，为敷衍成篇之诀。聊以造句上技巧，为引人注目之具。于无可如何中，为此出奇求售之计，用心诚良苦矣。其结果遂使举国之人，养成一种不求甚解之恶习，以似是而非之说相标示，少彻底之思想，无分析之能力，其影响于后来者不小，是固八股文之弊也。方望溪曰："隆、万间兼讲机法，务为灵变，虽巧思有加，而气体茶然矣。启、祯诸家，穷思毕精，务为奇特，包络载籍，刻雕物情，凡胸中所欲言者，皆借题以发之；就其善者，可兴可观，光气自不可泯。"梁氏题名与黄人所列表，载之亦详。

隆庆朝：

黄洪宪　字懋中，又字葵阳，秀水人。隆庆丁卯举人，辛未进士，少詹事。

田一儁　字德万，大田人。隆庆戊辰进士，礼部侍郎。《明史》有传。

杨起元　字贞复，归善人。隆庆丁卯举人，万历丁丑进士，吏部侍郎，兼翰林院侍讲学士，谥文毅。

李廷机　字尔张，又字九我，晋江人。隆庆庚午北直解元，万历癸未会元，榜眼，东阁大学士，谥文节。有《李九我稿》。

邓以赞　字汝德，又字定宇，新建人。隆庆辛未会元，探花，吏部侍郎，赠礼部尚书，谥文洁。《明史》有传。

方大美　前案：《黄表》于大美字里履贯未详。

俞长城谓：以禅入儒，自王龙溪诸公始也。以禅入制义，自杨贞复起元始也。贞复受业罗近溪，辑有《近溪会语》一书，故其文率多二氏之言，艾东乡每以为訾，乃文之从禅入者，其纰缪处，固不堪入目；偶有妙悟精洁之篇，则亦非人所及。故归、胡以雄博深厚称大家，而贞复与相颉颃。其得力处，固不可诬也。贞复尝入侍经筵，崇志勤学，几于醇儒，又以扶丧哀毁，感寒成疾，近于笃行；其可议者，仍在文耳。然披沙得金，凿石成璞，宝光自著于宇宙，乌得以一家之论掩之哉！因八股文推论及其为人，是当日文与人两不相离，亦有足取焉。李廷机与邹德溥齐名，时论文者必曰邹、李，其实两人不特文相似，名位亦相伯仲也。然文物之盛，隆庆以视万历，究有不逮矣。

万历朝：

苏　濬　字君禹，又字紫溪，晋江人。万历癸酉解元，丁丑进士，广西参政。

孙　鑛　字文融，又字月峰，余姚人。万历甲戌进士，南京兵部尚书。

赵南星　字梦白，又字侪鹤，高邑人。万历甲戌进士，吏部尚书，谥忠毅。《明史》有传。

顾宪成　字叔时，又字泾阳，无锡人。万历丙子解元，庚辰进士，吏部文选郎中，赠吏部右侍郎，谥端文。《明史》有传。有《顾泾阳稿》。

刘廷兰　字国征，又字纫华，漳浦人。万历丙子解元，庚辰进士。

万国钦　字二愚，江西人。隆庆庚午举人，万历癸未进士，南京刑部郎中。《明史》有传。有《万二愚稿》。

魏允中　字懋权，南乐人。万历庚辰进士，吏部主事。

钱　槚　□□□□□人。万历庚辰进士。

邹德溥　字汝光，又字泗山，安福人。司经局洗马。《明史》附《儒林传》。有《邹泗山制义》。

汤显祖　字若士，又字义仍，临川人。万历癸未进士，礼部主事，谪徐闻典史，稍迁遂昌知县。《明史》有传。有《玉茗堂稿》。

叶　修　字永溪，南昌人。万历癸未进士。

吴道明　□□□□□人。万历丙戌进士。

陶望龄　字周望，又字石篑，会稽人。万历乙酉举人，乙丑会元，探花，国子监祭酒，谥文简。

王　衡　字辰玉，又字缑山，太仓人，锡爵子。万历戊子解元，辛丑进士，榜眼，翰林编修。《明史》附《王锡爵传》。

董其昌　字玄宰，又字思白，华亭人。万历己丑进士，南京礼部尚书，谥文敏。《明史》入《文苑传》。

吴　化　字敬之，黄安人。万历戊子解元，乙未进士。

郝　敬　字楚望，又字仲舆，京山人。万历己丑进士，礼科给事中。《明史》附《文苑·李维桢传》。

吴　默　字因之，又字无障，吴县人。万历壬辰会元。有《吴会元真稿》。

黄汝亨　字贞父，仁和人。万历辛卯举人，戊戌进士，江西参议。

魏光国　字士为，□□人。万历庚戌进士。有《魏合虚先生稿》。

汤宾尹　字嘉宾，宣城人。万历甲午举人，乙未会元，榜眼，南京国子监祭酒。

孙慎行　字闻斯，又字淇澳，武进人。万历乙未进士，南京礼部尚书，谥文介。《明史》有传。

曹学佺　字能始，又字石仓，侯官人。万历乙未进士，四川按察使，唐王时授太常卿，迁礼部侍郎，加尚书。《明史》入《文苑传》。谥文节。

王　畿　字翼邑，又字慕寥，晋江人。万历戊戌进士，浙江布政使。

骆日升　字台晋，晋江人。万历辛卯举人，乙未进士，四川参政，赠光禄卿。

许　獬　字子逊，又字钟斗，同安人。万历辛丑会元，翰林编修。有《许钟斗稿》。

张以诚　字君一，青浦人。万历辛丑会元，春坊谕德。

刘崇周　字起东，又字念台，山阴人。万历辛丑进士，左都御史，赐谥忠介。《明史》有传。

王纳谏　字圣俞，江都人。万历癸卯解元，丁未进士。

李光元　字□□，□□人。万历庚子应天举人，丁未进士。

韩　敬　字求仲，归安人。万历庚戌会状，翰林修撰。有《韩求仲稿》《程墨文宝》。

钟　惺　字伯敬，天门人。万历庚戌进士，福建提学佥事。《明史》附《文苑·袁宏道传》。

张寿朋　字冲和，南城人。万历癸未进士，庐州通判。

钱士鳌　字季梁。

王士骕　字房仲。

方应祥　字孟旋，归安人。万历丙午举人，丙辰会元。

袁　黄　字了凡，嘉善人。万历丙辰进士，兵部主事。

黄道周　字幼元，一字螭若，又字石斋，漳浦人。万历戊午举人，天启壬戌进士，少詹事，后为唐王礼部尚书，武英殿大学士。《明史》有传。赐谥忠端，从祀文庙。有《骈枝集》。

姜曰广　字居之，又字燕及，新建人。万历乙卯举人，己未进士，吏部左侍郎，左迁南京太常卿，福王时为礼部尚书，东阁大学士。《明史》有传。

顾锡畴　字九畴，又字瑞屏，昆山人。万历己未进士，南京礼部左侍郎，弘光中进尚书。《明史》有传。

李若愚　字愚公，汉阳人。万历己未进士。

朱梅崖以赵南星《非其鬼而祭之谄也》文最得圣人言表之意。其大结云："借灵宠于有位，既以谄鬼者而谄人；求凭依于无形，又以谄人者而谄鬼。吾不意世道之竞谄，一至于此。"陈百史以为中有所感，激而为此论。东林之党，首推顾宪成，其著述炳于天壤，卓然儒者之言。文亦平正通达，不尚诡异。俞桐川与张长史书云："二十年来，文运卑靡，名公巨卿，矫以浩瀚，则又苦无绳尺。自今以后，当救浮滑，以精深返蔓延为简炼，如万二愚者，其选也。"二愚者，万国钦字也。其文简而又简，一以当百。而汤显祖择理精醇，出以名隽。《父为大夫　八句》文，阎百诗以为足与传注相辅而行。又《不有祝鮀之佞》文后段云："在朝廷而不佞，难以终宠；即侪党之间，不佞不足以全其身。处怨敌而不佞，难以巧全；即骨肉之际，不佞不足以全其爱。”徐存庵谓其发挥末流情弊，痛快极矣。然以文之机法绵密论，叶修为佳；精实简贵，推钱士鳌。徐存庵论嘉、隆之文曰：“嘉靖以前，文以实胜；隆、万以后，文以虚胜。嘉靖文转处皆折，隆、万始圆。”又云：“嘉靖文妙处皆生，隆庆、万历始熟。”梁省吾云：“陶石篑评汤霍林文云：‘世之评文者，类言好丑，而莫言内外。予仍以内外分好丑，可谓发千古未发之秘。盖外膏内枯，文之下也。外枯内膏，文之上也。昔坡老好渊明之诗以为质而实绮，臞而实腴。且曰佛言食蜜中边皆甜，人能分别其中边者，百无一也。文之内外，其能辨之者，寡矣。汤君之文，所谓外枯而内膏，似淡而实美者。’乌乎！此不但评霍林文，直石篑先生自述其文矣。”俞桐川曰：“黄石斋先生道周，大节千古，文字其余也，诗传，古文传，又其余也。所刻《骈枝集》，唾弃勿屑，至与郑庶常相对噱笑，先生若不欲以时文传也。然即以时文论，肮脏崛强，不顾世俗，此岂从来制义之所有哉！“《四勿斋随笔》云：“名人制义，有说得精实赅括者，便可作座右铭。如万历间李愚公若愚《弟子入则孝》节文中间收束四句云：‘盖宽为之途，而使其力量事事有所余，复密为之程，而使其精神息息有所注。’教者、学者能事尽此数语矣。”虽然，以时文为语录，究非正宗。然愚公能以坚苍驱软媚，固足以起久病之尫矣。

天启朝：

文震孟　字文起，又字湛持，长洲人。天启壬戌进士，状元，东阁大学士，谥文肃。《明史》有传。

章世纯　字大力，临川人。天启辛酉举人，柳州知府。《明史》附《文苑·艾南英传》。有《章大力稿》。

金　声　字正希，嘉鱼人，休宁籍。天启甲子顺天举人，崇祯戊辰进士，山东佥事，唐王时以右都御史，总督诸道军，谥文毅。《明史》有传。有《金正希稿》。

何　楷　字元子，漳州镇海卫人。天启甲子举人，乙丑进士，吏科给事中，唐王时为礼部尚书。《明史》有传。

左懋第　字萝石，华阳人。崇祯进士，谥忠贞。

项　煜　初字仲昭，后字水心，吴县人。天启甲子举人，乙丑进士。有《东野堂稿》。

叶绍袁　字仲韶，吴江人。天启乙丑进士，工部主事。

华琪芳　字未斋，无锡人。天启乙丑会元，榜眼。

凌义渠　字峻甫，又字茗柯，乌程人。天启甲子举人，乙丑进士，大理寺卿，赠刑部尚书，谥忠清，清谥忠介。《明史》有传。有《凌茗柯稿》。

艾南英　字千子，东乡人。天启甲子举人，唐王时授兵部主事，改御史。《明史》入《文苑传》。有《艾子著书》《文定》《文待》。

黄文焕　字维章，永福人。天启甲子举人，乙丑进士，翰林，由知县擢编修。

熊开元　字鱼山，嘉鱼人。天启乙丑进士，吏科给事中，甲申后为僧。

罗万藻　字文止，临川人。天启丁卯举人，崇祯戊辰进士。有《罗文止稿》。

谭元春　字友夏，天门人。天启丁卯举人。

章　淳

沈　几　字去疑，长洲人。天启丁卯解元，崇祯辛未进士。

夏曰瑚　字涂山，山阳人。天启丁卯举人，崇祯辛未进士，探花。

黎元宽　字□□，□□。天启丁卯举人，崇祯戊辰进士。

嘉、隆以后，殿元鲜得其人，熹朝改元，廷臣思获国士，咸推文湛持震孟。榜发，中外称庆。身为诸生，而名震朝野，可见当时士大夫尚留心人物，而方正峻洁之士，不至终遭摈弃也。相传震孟《夫子至于是邦也必闻其政》文云：“以邦君之敬信，而卒不能用圣人，夫非限圣人限衰周也；邦君不能用圣人，犹知敬信圣人，夫非露人情露人性也。”张惕庵以为说得透澈之极。章世纯文，幽深沉鸷，一溪一壑，皆藏蛟龙，不崇朝而云雨及天下。世纯与同郡艾南英、罗万藻、陈际泰以兴起斯文为任，刻四人所作行之世，世人翕然归之，称为“章、罗、陈、艾”。而当时金声卓然为一大家。方苞尝评其文云：“当求其根柢济用，与性质光明处，乃立言不朽之根源也。”其最脍炙人口者，如《德行　一节》文中二比云：“道大莫能容，所欲杀者夫子，而于诸贤无忌也；设诸贤非从夫子游，挟其德行、言语、政事、文学，以博取人间富若贵，与一切功名才望，固自易易，何困厄若斯也，而诸贤不愿也。圣人无厄地，所自信者天命，而人心则不敢必也；设诸贤但以从夫子之故，奉其德行、言语、政事、文学，以投凶暴之一烬，而师弟朋友，无一存者，固事理之常，亦无可如何也，而诸贤不惧也。”李厚庵訾议之。而方苞以为《史记》之文，显悖于道者多矣，而呜咽淋漓，至今不废也，故亦不以拟诸贤而少之。《四勿斋随笔》云：“吾乡何元子楷有《古周易订诂》，人皆知其经学之深，而不知其制义之工亦一时劲手。中天启五年进士。钱吉士曰，子丑间文□绝一时，今陨已久矣，惟元子之苍坚，至今未凋也，可想其概矣。”阎百诗曰：“集注以法语巽言作对，而正文与字之神不出。惟左萝石懋第文云：‘言也者，所以匡救人也。人之流于失者，或有万端，而我之匡救之者，止持一法。则其势必穷，于是法语之言不得不巽以与言之，而言者之心，亦大非获已矣。’还出正文与字，于理始足。”至义凌渠《句践事吴》文，最能开拓读者之心胸，其后二比云："自古女戎常独胜，即今三方挫衄之余，一洗风华之旧；而穷巷幽姿，何以绝世而独立，斯亦天道之未可深言者也。自古忠佞不同朝，当此君臣相悦之时，已佐小人之焰；而三言投杼，安在元老而壮猷，斯又人事之不必再计者也。"出比西子，对比子胥，此吴越故事，何人不知，而独出以沉郁悲凉，淋漓激切，俞长城所谓绝似唐人吊古诗也。李调元云："崇祯庚午应天乡试主司姜燕及先生曰广，得章淳卷，首题为《举直错诸枉　一节》，读至'其人本来，如是所谓直也'句，悚然曰：'如此卷不可以坐阅。'遂立诵之，置第四名。"徐存庵曰："沈去疑几，崇祯辛未进士，有《布缕之征　全章》文，中一段云：'夫民也，财力皆愿自效，拮据亦所不解。尽而征之，讵敢言怨，所最苦矣，既已殍既已离矣。有司课民而不应，罪乃在民；司农课吏而不应，罪又在吏。朝廷以为此故额也，官府亦曰此故额也，指饥寒为不谋朝夕之愚夫，坐流亡为不事生业之游手。孰悉其故而痛其伤者哉！由是观之，缓不缓之际亦危矣。'"论罗万藻文，以文盛堂全稿本前所记为最当，其言曰："窃闻四公之为人也，陈旷朗而傲疏，章豪宕而锲刻，艾则刚正简直而不能容物，惟罗沉静澹易，独无矜竞之风，此四公之人品，即四公之文品也。四公生平契密，然陈、章皆为南中声气所构，致隙末于东乡，而罗独嶷然始终无少闲，此又以文品验人品，信旷朗豪宕者易摇，而沉静澹易者难动也。"

艾南英有《应试文自叙》，不独自述其艰苦，且于以可见应举之现象，故附录于此。叙云：余以童试，受知于李养白先生。其明年春，为万历庚子，始籍东乡县学。迄万历己未，为诸生者二十年，试于乡闱者七年，饩于二十人中者，十有四年。所受知郡太守凡三人，所受知督学使者凡六人，于是先后应试之文积若干卷。既删其不足存者，而其可存者，不独虑其亡佚散乱，无以自考。又重其皆出于勤苦忧患惊怖束缚之中，而且以存知己之感也。乃取而寿之梓，而序所以梓之之意。曰：嗟乎！备尝诸生之苦，未有如予者也。旧制诸生于郡县有司，按季课程，名季考。及所部御史入境，取其士什之一而校之，名为观风。二者既非诸生黜陟之所系，而予又以懒慢成癖，辄不与试。独督学试者于诸生为职掌，其岁考，则诸生之黜陟系焉。非患病及内外艰无不与试者。其科考，则三岁大比，县升其秀以达于郡，郡升其秀以达于督学，督学又升其秀以达于乡闱。不及是者，又于遗才大收以尽其长，非是涂也，虽孔孟无由而进。故予先后试卷，尽出是二者。试之日，衙鼓三通，虽冰霜冻结，诸生露立门外，督学衣绯坐堂上，灯烛围炉轻暖自如。诸生解衣露立，左手执笔砚，右手持布袜。听郡县有司唱名，以次立甬道，至督学前。每诸生一名，搜检军二名，上穷发际，下至膝踵，倮腹赤踝，至漏数箭而后毕，虽壮者无不齿震悚栗，以下大都寒冱不知为体肤所在。遇天暑酷烈，督学轻绮阴凉，饮茗挥箑自如，诸生什伯为群，拥立尘坌中。法既不敢扇，又衣大布厚衣，比至就席，数百人夹坐，蒸薰腥杂，汗流浃背，勺浆不入口。虽设有供茶吏，然率不敢饮，饮必朱钤其牍，疑以为弊，文虽工，降一等，盖受困于寒暑者如此。既就席命题，一以教官宣读，便短视者；一书牌上，吏执而下巡，便重听者。近废宣读，独以牌书某学某题。一日数学，则数吏执牌而下，而予目短视，不能咫尺，必屏气询旁舍生问所目。而督学又望视台上东西立瞭望军四名，诸生无敢仰视。四顾离立倚语者，有则又朱钤其牍，以越规论，文虽工，降一等。用是腰脊拘困，虽溲溺不得自由，盖所以絷其手足便利者又如此。所置坐席，取给工吏，吏大半取渔所费。仓卒取办，临时规制，狭迫不能舒左右肱。又薄脆疏缝，据坐稍重，即恐折仆。

而同坐诸生常十余人，虑有更号，率十余坐以竹联之，手足稍动，则诸坐皆动，竟日无安境。且自闽中北上督学，重怀挟之禁。诸生并不得执砚，砚又取给工吏。率皆青刓顽石，滑不受墨，虽一事足以困其手力。不幸坐漏痕承檐所在，霖雨倾注，以衣覆卷，疾书而毕。其受困于胥吏之不谨者又如此。比阅卷，大率督学以一人阅数千人之文，文有平奇、虚实、烦简、浓淡之异，而督学之好尚亦如之。取必于一流之材，则虽宿学不能以无恐。高下既定，督学复衣绯坐堂上，郡县有司候视门外，教官立阶下，诸生俯行以次至几案前，跪而受教，噤不敢发声。视所试优劣，分从甬道四角门而出。当是时，其面目不可以语妻孥，盖所为拘牵文法，以困折其气者又如此。至入乡闱，所为搜检、防禁，囚首垢面，夜露昼曝，暑暍风沙之苦，无异于小试。独起居饮食，稍稍自便。而房师非一手，又皆簿书狱讼之余，非若督学之专静屏营，以文为职。而予七试七挫，改弦易辙，智尽能索。始则为秦汉子史之文，而闱中目之为野。改而从震泽毗陵成宏正大之体，而闱中又目之为老。近则虽以《公》、《穀》、《孝经》、韩、欧、苏、曾大家之句，而房师亦不知其为何语。每一试已，则登贤书者，虽空疏庸腐，稚拙鄙陋，犹得与郡县有司分庭抗礼。而予以积学二十余年，制义自鹤滩、守溪，下至弘、正、嘉、隆大家，无所不究；书自六籍、子史、濂、洛、关、闽、百家众说、阴阳兵律、山经地志、浮屠老子之文章，无所不习，而顾不得与空疏庸腐、稚拙鄙陋者为伍。入谒上官，队而入，队而出，与诸生等。每一念至，欲弃举业不事，杜门著书，考古今治乱兴衰以自见于世，而又念不能为逸民以终老。嗟乎！备尝诸生之苦，未有若予者也。古之君子，有所成就，则必追原其惕厉勤苦之状以自警。上至古昔圣人昌言交拜，必述其艰难创造之由。故曰逸能思初，安能惟始。予虽事无所就，试卷亦鄙劣琐陋，不足以存，然皆出于勤苦忧患、惊怖束缚之中。而况数先生者，又皆今世名人巨公，予以一日之蓺，附弟子之列。语有之："知己重于感恩。"今有人于此，衣我以文绣，食我以稻粱，乐我以台池鼓钟，使其读予文，而不知其原本圣贤，备见古今道德性命之所在，予终不以彼易此。以其出于勤苦忧患、惊怖束缚之中，而又以存知己之感，此试卷之所为刻也。若数科闱中所试，则世皆以成败论人，不欲尘世人之耳目，又类好自表见，形主司短长，故藏而匿之，终不能忘其姓名。驹儿五岁能读书，将分识而使掌之，曰：此某司理某，今伊为房考时所摈也，既以阴志其姓名，且使驹儿读而鉴，鉴而为诡遇之文以逢时，无学乃父之拙也。

崇祯朝：

曹　勋　字允大，又字峨雪，嘉善人。崇祯戊辰会元。有《曹允大集》。

杨廷枢　字维斗，长洲人。崇祯庚午解元，福王时兵科给事中。有《杨维斗自订稿》，与钱吉士合选《同文录》。

刘　侗　字同人，麻城人。崇祯甲戌进士，吴江知县。

陈际泰　字大士，临川人。崇祯庚午举人，甲戌进士，行人司行人。《明史》入《文苑传》。有《太乙山房稿》《已吾集》。

陈孝威　际泰子。有《痴山集》。

陈孝逸　际泰子。有《壶山集》。

陈子龙　字大樽，又字卧子，华亭人。崇祯庚午举人，丁丑进士，兵科给事中。《明史》有传。有《陈卧子稿》《程墨运隆集》。

吴伟业　字骏公，又字梅村，太仓人。崇祯辛未会元，榜眼，国子祭酒。有《式靡集》。

杨以任　字维节，瑞金人。崇祯辛未进士，国子监博士。有《杨维节稿》。

马世奇　字君常，无锡人。天启甲子举人，崇祯辛未进士，翰林侍读，谥文肃。《明史》有传。有《马君常稿》。

陈名夏　字百史，溧阳人。崇祯癸酉举人，癸未会元，探花，入清为秘书院大学士，缘事伏法。有《自订制义明文六十家选》。

章日炌

林　垐　字子野，福清人。崇祯癸酉举人，癸未进士，海宁知县。

李　青　字太青，又字竹君，金坛人。崇祯甲戌会元。有《李太青稿》。

孙淡一　字自一，□□人。崇祯庚辰进士。

黄廷才　字辛阳。

黄淳耀　初名金耀，字松崖，又字蕴生，以读书陶庵中，又号陶庵，嘉定人。崇祯癸未进士，谥忠节。《明史》入《儒林传》。有《黄陶庵稿》。

王毓蓍　字元趾，会稽人。门人私谥正义先生。《明史》附《刘宗周传》。

徐方广　字思旷，太仓人。崇祯诸生。有《徐思旷稿》。

钱　禧　字吉士，吴门人。有《钱吉士稿》。

包尔庚　字长明，□□人。崇祯丙子举人，丁丑进士。有《包长明稿》《直木居稿》。

彭　宾　字燕又，又字穆和，华亭人。崇祯庚午举人。

王自超　字茂远，又字柳潭，□□人。崇祯壬午举人，癸未进士。有《王柳潭稿》。

史可法　字宪之，又字道邻，祥符人。崇祯戊辰进士，南京兵部尚书，弘光时为督师，武英殿大学士。

李腾芳　字湘洲。

方以智　字密之，桐城人。崇祯庚辰进士，翰林院检讨，甲申后为僧。

徐麟高

周　钟　字介生，金沙人。崇祯癸未进士，翰林院编修。有《手定全稿》《未刻全稿》。

邱　义　字明大，宁化人。崇祯末诸生。（黄人所列表，止此）

陈六赓廷训曰："杨维斗《学而时习之》文云：'学有或失则多者，此广侈泛涉以为多也。夫弟子之谊，而有成人之规；象数之陈，而有精义之入。习之者不移其途，而所习则已进乎其解矣。故时而习之则多而非鹜博之谓矣。学有或失则寡者，此因陋就简以为寡者也。夫百行之美，而存乎一行之征；万物之义，而视乎一物一格。所习者不改其故，而习之者已变乎其说矣。故时以习之则寡而非无闻之谓矣。'此为学字真谛，抉经之心，却又清空如话，幽讨极至。真当与大士、文止割据三分。"陈大士际泰产于贫家，常借邻人书读之，不受师傅，卒成大家。然成进士时，年已六十有八。顾其二子孝威、孝逸，并有文采，庚子随父应邑令张采决科，半日各得七义，采贻书张溥，击赏之，事见《搜玉集》。至于几社名士，首推陈卧子子龙。卧子天才迅发，好上下古今，切合时务而敷以藻艳。《国风》好色，《小雅》怨诽，可谓兼之。艾东乡至云间，抗颜南面，惟卧子以少年与之争。东乡主理学，卧子主议论。东乡主秦、汉，卧子主晋、魏。互持不相下，至于攘臂。徐存庵评卧子之文，以深于先秦、两汉，其为气也雄健。《实胜伐柯　一节》题文，清腴隽永。愠恂孺以"释氏桃花，庄生秋水"喻其妙谛。存庵仍谓其毕竟是雄健本色。方苞曰："黄蕴生（淳耀）文，较金、陈、章、罗气质略粗，而指事类情，肝胆呈露，精神自不可磨灭。"又曰："金、黄二家之文，言及世道人心，便能使读者义理之心勃然而生，故知言者心之声，不可以伪为也。如《见义不为无勇也》篇，与《人而无信章》篇，皆脍炙人口，而《见义》篇尤卓炼。”前案：方氏所录《明文正气集》备载诸篇，盖淳耀致命遂志，与陈夏同，而平日立品尤过之也。包尔庚于几社文最平实，几社七子好读《文选》，多用骈俪，惟尔庚有峭拔之笔，摇曳之致，故韩菼极赏之。史可法大节高勋，炳耀千古，固不待以其八股文而传，然《芝音阁新著》极言其独出手眼，凿凿而言。徐存庵谓：“数百年来人物，精英灿著于尺幅之中者，其声调气味，骨性笔路，无一不似黄石斋也。”若孙淡一《饭疏食　三句》文，起句云：“今夫贫贱岂易处哉！千古惟宜富贵之人，而后可以处贫贱也。即富贵岂易处哉！千古惟能贫贱之人，而后可以处富贵也。”说者谓数句便是格言，是又囿于习尚，以格言为时文，实未能超脱一时之风气也。

郑灏若曰：“隆庆时，江陵柄国，葵阳（黄洪宪）、定宇（邓以赞）素所受知。辛未之试，抑葵阳而元定宇，又复刊其行卷，程式天下，抑何谓也？是科之后，文归正雅。乃至万历一变而为凌驾，再变而为芜秽。狂澜即倒，是所望于大力者。其间如孙月峰（鑛）之安适，赵侪鹤（南星）之矫异，冯具区（梦祯）之恬静，非不矫矫出群。而西江一榜同列之邹泗山（德溥）以冲夷胜，万二愚（国钦）以简括胜，汤若士（显祖）以名隽胜，叶永溪（修）以精醇胜，究亦不能为中流之砥柱，吁，可惜已！太仓主试，深厌平易，力求峭刻之文，又适当丙戌风气升降之会，钱季梁（士鳌）因之获隽。故俞长城曰：‘季梁于地为歧路，于天为闰统，举斯言也，可以窥一时风气所尚矣。及石篑（陶望龄）矫其时习，于是尚凌驾者衍其法便成俗法，尚斫削者衍其调便成俗调。虽有董思白（其昌）、郝楚望（敬）、吴因之

（默）、顾开雍（天埈）、孙淇澳（慎行）、黄贞父（汝亨）、许钟斗（獬）、张君一（以诚）、方孟旋（应祥）、顾瑞屏（锡畴）、石季常（有恒）、王房仲（士骕）辈，或主高简，或主警卓，或取峭削，或主振拔，或主淳厚，或主幽奥，或主简炼，或主古腴，皆不足以驻峻陂之马，其亦世运使然也。天、崇之间，文体败坏已极，一时转移风气，豫章诸君之力居多。陈大士（际泰）文最奇横，如苏海韩澜。章大力幽深劲鸷，如龙蟠蛟起。罗文止（万藻）清微澹远，如疏雨微云。杨维节（以任）缠绵精采，如剑气珠光。至于千子，则所谓公输运斤，指挥如意，师旷辨音，纤微必审者也。他如曹峨雪（勋）、黎博庵（元宽）、陈素庵（之遴）、包宜壑（尔庚）、徐思旷（方广）、钱吉士诸家，皆能上接王、归之法，不愧名家大家之目。若夫文湛持（震孟）、黄石斋（道周）、凌茗柯（义渠）、金正希（声）、杨维斗（廷枢）、左萝石（懋第）、陈大樽（子龙）、黄陶庵（淳耀）诸君子，皆见危授命，大节凛然，其人固已炳耀千秋，宜其文之卓越一代也。大抵天启之文深入而失于太苦，崇祯之文畅发而失于太浮。有明三百年文运，始终有如此者。”

明代制艺之选本，如苏苞九《甲癸集》捃摭之多，至一百二十四种。黎淳《国朝试录》六百四十卷，辑成化以前之文，邱濬为序。《四书程文》不载选者姓氏，二十九卷，亦明初举业成式（以上并见《明史·艺文志》）。艾千子有《明文定》《明文待》两种。周介生有《经翼》诸选。杨维斗、钱吉士之《同文录》，亦于文章风气多所论定。各家文稿，虽亦有存者，然究不多。而清代《钦定四书文》一书，收前代之文凡四百八十六首，亦足以见相承相变之源流，按其可兴可观之实际矣。

第五章 清初八股名作家

八股文至明末，臻无施不可之境，在技巧上殆蔑以加矣。入清以后，因圣祖好学术，知制艺之足以羁縻人士，乃益倡导；文章虽不足以超越前明，而在义理上实有进步；其演为考证之学，启朴学之风，讫乾隆朝之中叶而大振。盖所求者在于经，八股文与之同也。举国之人，皆以穷经为制艺，则不复效明代之以新奇耀试官之目，而影响于学术者甚深。及其后，禁学者之博览，以朱注为之准绳，其风始渐杀。以是就八股文体言之，明人已造其峰极，而以内容关系学术者，则清人之八股文然也。梁章钜《丛话》于清代八股文家亦具题名，爰分朝录之如左：

顺治朝：

顾炎武　初名绛，字宁人，又字亭林，昆山人。顺治初诸生。

梁清标　字玉立，又字蕉林，正定人。明进士，入清官保和殿大学士。

章金牧　字云李，德清人。由贡生官柏乡知县。有《章云李稿》。

贺应旌　大兴人。顺治乙酉举人。有《采芝堂文稿》。

赵吉士　字恒夫，又字渐岸，又称寄园，休宁人。顺治辛卯举人，户部给事中。

程定鼎　字扶野。

杨雍建　字以斋，海宁人。顺治间拔贡生，兵部左侍郎。有《弗过轩制义》。

刘思敬　字觉岸。

魏裔介　字贞白，又字石生，柏乡人。顺治丙戌进士，保和殿大学士，谥文毅。

郜炳元　字飞虹，长垣人。顺治乙酉解元，丁亥进士，提学道。

范承谟　字觐公，又字螺山，沈阳人。顺治壬辰进士，福建总督，谥忠贞。

徐　越　字山琢，又字存庵，山阳人。壬辰进士，监察御史。有《岭南编》。

李之芳　字邺园，武定人。丁亥进士，文华殿大学士，谥文襄。

伊　辟　字卢源，又字翕庵，新城人。戊子举人，乙未进士，湖南巡抚。

刘子壮　字克猷，黄冈人。顺治己丑进士，状元，翰林修撰。有《刘克猷稿》。

熊伯龙　字次侯，又字钟陵，汉阳人。己丑进士，榜眼，翰林侍读学士。有《熊钟陵稿》。

施闰章　字尚白，又字愚山，宣城人。顺治丙戌举人，己丑进士，康熙己未词科，翰林院侍讲。有《施愚山稿》。

王　庭　字言远，又字迈人，嘉兴人。明举人，顺治己丑进士，山西布政使。有《王迈人稿》。

王广心　字伊人，又字农山，华亭人。己丑进士。有《兰雪堂制义》。

张永祺　字尔成，大兴人。顺治壬辰进士。

李来泰　字仲章，又字石台，临川人。顺治壬辰进士，康熙己未词科，翰林院侍讲。有《李石台稿》。

汤　斌　字孔伯，又字潜庵，又字荆岘，睢州人。顺治壬辰进士，康熙己未词科，工部尚书，从祀文庙，谥文正。

宋德宜　字右人，长洲人。乙未进士，文华殿大学士，谥文恪。

汪　琬　字钝翁，又字尧峰，长洲人。乙未进士，康熙己未词科，翰林编修。有《明文弋》。

王士祯　字贻上，又字阮亭，新城人。乙未进士，刑部尚书，谥文简。

陆　灿　本姓钱，字湘灵，又字圆沙，常熟人。丁酉举人。有《钱湘灵稿》。

熊赐履　字敬存，又字青岳，孝感人。戊戌进士，东阁大学士，谥文端。

陈廷敬　字说严，又字子端，又称午亭，泽州人。戊戌进士，东阁大学士，谥文贞。

蒋德峻　字公选，□□人。戊戌进士。

叶方霭　字子吉，昆山人。己亥进士，探花，礼部侍郎，赠尚书，谥文敏。

张玉书　字素存，丹徒人。辛丑进士，文华殿大学士，谥文贞。有《张京江文稿》。

马世俊　字章民，又字甸臣，溧阳人。顺治庚子进士，状元，翰林侍读。有《马章民稿》。

纪昀论清代制艺，以刘黄冈、熊汉阳、李文贞、韩文懿为四大家。黄冈者谓刘子壮，汉阳则熊伯龙也。张惕庵评伯龙文宽博似董江都，子壮文雄俊似贾长沙。又谓熊深于经，顾深于史，而王庭深于子书。伯龙《雍也可使南面章》文中二比云：“盖简有从敬出者，有不从敬出者。从敬出者，心术正而纲纪立，法去其太甚，令戒其矫诬；天下见有荡佚之乐，而人君常以丛脞为心，此上世之所以治且安也。不从敬出者，性情偏而制防隳，百官有跛倚之容，庶民有流湎之行；朝廷日享无事之福，而天下皆以多事为忧，此后世之所以危且乱也。”子壮对策一篇，论者以为清开国有数文字。惜年之不永，著作罕传。而王广心年十八，应府试以《上下与天地同流》题文冠其军，其惊才绝艳，早发如此。李来泰则以其学著称。俞长城曰：“以经为经，以史为史，吾闻之矣。以经为史，以史为经，制义中未见之也。工于制义者，于经明著其理，于史暗征其事，大士陶庵皆然，盖未有经史合一者。惟李石台先生，熟于六经而运以史识，故辟畦开经，微显阐幽，令读者惊魂荡魄，所谓以经为史，以史为经者，于先生见之矣。”又尝谓陆灿之文，得《南华》奇变之美，与《楞严》妙悟之美；原本于经，折衷于程朱，是以淡宕而神不薄，高古而肤不盈。可见八股文之作者亦必沉浸古籍而后始有可观，徒揣摩墨卷不为功也。阮吾山曰：“龚芝麓尚书宏奖风流，喜延致海内知名士，岁暮各赠炭资。马甸臣世俊下第，时年以卒岁。袖文谒公，公读而谓《贤者为之乎》篇‘数亡主于马齿之前，遇兴王于牛口之下；河山方以賄终，功名复以賄始’等句，泪涔涔下，曰：‘李娇真才子也。’赠金八百，并延誉之，明年辛丑，遂中状元。”此又文坛之佳话已。

康熙朝：

颜光敏　字逊甫，又字修来，又字学仙，曲阜人。康熙丁未进士，吏部郎中。有《颜修来稿》。

张　英　字敦复，桐城人。康熙癸卯举人，丁未进士，文华殿大学士，赠太傅，谥文端。

廖腾煃　字占五，又字莲山，将乐人。康熙己酉举人，户部侍郎。有《廖莲山稿》。

牛奎渚　字沧洲，高邮人。康熙己酉解元。

李光地　字晋卿，又字厚庵，又称榕村，安溪人。康熙庚戌进士，文渊阁大学士，谥文贞。有《榕村制义》。

赵申乔　字慎旃，又字伍松，武进人。康熙庚戌进士，户部尚书，谥恭肃。

陆陇其　初名龙其，字稼书，平湖人。康熙庚戌进士，监察御史，赠内阁学士，礼部侍郎，从祀文庙，谥清献。有《陆稼书稿》。

韩　菼　字元少，又字慕庐，长洲人。康熙壬子顺天举人，癸丑会元，状元，礼部尚书，谥文懿。有《有怀堂制义》。

陈锡嘏　字介眉，又字怡庭，鄞县人。乙卯解元，丙辰进士，翰林编修。

彭定求　字访廉，又字南昀，长洲人。丙辰会元，状元，翰林侍讲。有《南畇文稿》。

翁叔元　字宝林，又字铁庵，常熟人。丙辰进士，探花，刑部尚书。有《翁宝林稿》。

朱彝尊　字锡鬯，又字竹垞，秀水人。己未词科，翰林检讨。

尤　侗　字展成，又字悔庵，又称艮斋，又称西堂，长洲人。己未词科，翰林侍讲。有《尤西堂传稿》。

金德嘉　字会公，又字蔚斋，广济人。壬戌会元，翰林检讨。

许汝霖　字时庵，海宁人。壬戌进士，礼部尚书。

张伯行　字孝先，仪封人。乙丑进士，礼部尚书，谥清恪。有《鳌峰拔萃集》。

杨名时　字宾实，江阴人。康熙辛未进士，礼部尚书，谥文定。

陈鹏年　字北溟，又字沧洲，湘潭人。辛未进士，河道总督，谥恪勤。

杨中讷　字晚研，海宁人，雍建子。辛未进士。

朱　轼　字可亭，高安人。康熙甲戌进士，文华殿大学士，赠太傅，谥文端。

赵　晋　字昼三，又字二今，侯官人。癸未进士，榜眼。有《赵榜眼存稿》。

汪　份　字武曹，长洲人。癸未进士。有《汪武曹时文》《明文必自集》。

何　焯　字屺瞻，又字义门，长洲人。癸未进士，庶吉士，赠侍讲学士。有《何屺瞻稿》《行远集》。

方粲如　字文翰，又字朴山，淳安人。乙酉举人，丙戌进士，永济知县。有《集虚斋自订全稿》。

何世璂　字桐叔，新城人。康熙甲子举人，己丑进士，吏部侍郎，直隶总督，谥端简。

张　照　字得天，又字天瓶，娄县人。己丑进士，刑部尚书，谥文敏。

徐用锡　字昼堂，又字坛长，宿迁人。己丑进士，翰林侍讲。有《徐坛长稿》。

方　舟　字百川，桐城人。康熙初诸生。有《自知集》。

方　苞　字灵皋，又字望溪，桐城人，舟弟。己卯解元，丙戌进士，内阁学士，兼礼部侍郎。有《抗希堂稿》。

李承祺　字鹗君，桐城人。

蔡世远　字闻之，又字梁村，樟浦人。己丑进士，礼部侍郎，赠尚书，谥文勤。有《梁村制义》。

张廷玉　字衡臣，又字研斋，桐城人，英子。庚辰进士，保和殿大学士，封勤宣伯，谥文和。

刘　捷　字月三，桐城人。康熙辛卯解元。

任兰枝　字香谷，又字随斋，溧阳人。癸巳进士，榜眼，刑部尚书。有《任香谷稿》。

谢道承　字又绍，又字古梅，侯官人。庚子解元，辛丑进士，内阁学士，兼礼部侍郎。

储在文　字六雅，一字礼执，又称中子，宜兴人。戊子举人，辛丑会元。有《经畬堂自订全稿》《课孙稿》。

张惕庵曰："桐城张文端公《爱之能勿劳乎　二句》文云：'优容而家有象贤，赓歌而朝无阙政，此亦天下不能数觏之遇，初不欲为人父为人臣者慕此名也。世之令子贤君未必尽成于天性，亦所遇之多淑耳，谁非用此爱与忠者而可不深长思也哉！教不先而子克家，臣非直而君明圣，此亦天下至不可幸之事，更不欲为人子为人君者受此名也。世之慈父忠臣岂求遽谅乎其隐，亦其心不可解耳，谁其受此劳与诲者为可不深长思也哉！'方望溪评此二比，仁义之言蔼如，鄙浅之夫不能作，亦并不能读，此所谓公诚之心，形于楮墨，岂小书生描头画角所能？"李雨村《淡墨录》云："自明末制义之衰，至我朝韩慕庐先生而翕然一变淡滑之习。"《四勿斋随笔》亦云："国朝制义，自以韩慕庐宗伯为第一，世言方望溪以古文为时文，以时文为古文。余谓宗伯以时文、古文合为一乎，望溪所不逮也。"林畅园云："高安朱文端公轼，理学名臣，坚立万仞，而所为制义乃如朱弦疏越，清袒移人。"至陈鹏年以清操闻于时，三黜三进，不易其守，其康熙辛未会墨，《非其义也　四句》题后段云："如其义也，如其道也，一介不以与人，而即谓之吝；反是而为非义非道，则与之而有不伤惠者乎！如其义也，如其道也，一介不以取诸人，而亦谓之矫；反是而为非义非道，则取之而有不伤廉者乎！盖尹不于取与争大小，而但于取与争道义，一介之取与不为大，一介之道义则不为小，尹所为视小为大也。尹不于道义分多少，而但于道义分是非，一介之道义不为多，一介之非道非义则不为少，尹所为视少如多也。”凛凛风裁，于兹可见。孟瓶庵曰：“长洲尤展成（侗）以惊才绝艳之笔，率多游戏为文，其所作《临去秋波》时义，虽流播禁中，实不可以训，世所传诵各篇，多以侧艳见长，亦是别调，不得谓之正宗。惟《舜有臣五人而天下治》篇，只还他序事之体，而奇情壮采，实足以推倒一世豪杰，开拓万古心胸，当是《西堂全集》中第一篇文字，不仅为制义绝唱也。”徐用锡与张照皆得李光地之传，而韩、李与熊、刘号为四大家。蔡芳三曰：“海内论文家，群推安溪为成、弘正宗，不知安溪为宋五子书，搜泽融浃，而又能自在流出，故卓然称大家。”何雨厓飞凤，《李文贞公稿题辞》云：“公文不当以时文论，吾家二山弟于时文百不一当意，语及公即慑伏。”可知其为士论所尚如此。若方百川望溪兄弟，则受业于慕庵之门，为一代之巨手。蔡世远亦以清淳之气，溢为高古。余子并各有所造，非兹编所能详也。

雍正朝：

王步青　字巳山，又字汉楷，又称罕皆，金坛人。康熙甲午举人，雍正癸卯进士，翰林检讨。有《敦复堂稿制义》《所见集》《程墨所见集》《考卷所见集》《八法集》。

王汝骧　字云衢，又称耘渠，金坛人。由贡生官通江知县。有《橐中集》《虚牝集》《墙东集》《明文治》。

张　江　字百川，又字晓楼，南城人。雍正癸卯进士，翰林编修。有《张太史时文三集》。

周学健　字勿逸，又字力堂，新建人。雍正癸卯进士，江南河道总督。有《周勿逸稿》《向若编》。

任启运　字翼圣，又字钓台，宜兴人。癸卯举人，癸丑进士，翰林编修。有《任翼圣稿》。

杨　炳　字郢川，又字蔚友，钟祥人。癸卯会元，状元，翰林院学士。

王安国　字书臣，高邮人。甲辰会元，榜眼，礼部尚书，谥文萧。

陈宏谋　字汝咨，又字榕门，桂林人。雍正癸卯解元，甲辰进士，东阁大学士，谥文恭。有《横塘陈氏一门朱卷》。

郑方坤　字则厚，又字荔乡，建安人。丁酉举人，癸卯进士，兖州知府。有《郑荔乡稿》《三郑合稿》。

胡天游　字稚威，山阴人。己酉副榜，乾隆丙寅词科。

陈兆仑　字句山，又字星斋，仁和人。雍正庚戌进士，太仆寺卿。有《紫竹山房制义》。

制义有以单行之神，作排偶之体，明有周莱峰、唐荆川。清初能继之者惟王步青。步青稿凡四出，最后有敦复堂定本，为雍正一朝八股文家冠冕。林畅园曰："任钧台先生深于经学，发而为制义，虽小题亦必用考据之法行之。"是可见清代八股文之风气矣。案：任启运自叙其稿，与艾千子、陈大士两叙相匹。陈宏谋癸卯广西乡试，与刘新翰同号舍，题为《吾之于人也　节》，新翰读其文大叫曰："元在此矣！"一号舍中惊以为狂，已而，宏谋果领解。以贫不能北上，新翰倾资付之，遂于是秋成进士，为琐闱佳话云。山阴胡天游博极群书，才情横厉，诗文奇崛古奥，多僻典异字，读者猝不能晓，论者以为制艺中之岣嵝禹碑。十三岁作《疾》一字题文，有云："疾之文从乎矢，来无向而中人甚疾；疾之事甚乎病，动屡变而其伤实多。"中间形气、食色二比，制义尤精。盖自少即不肯作一庸语也。至陈兆仑之《见贤而不能举》一文，梁章钜谓其包罗史迹，推勘恒情，可当用人龟鉴，不仅以制艺目之。

乾隆朝上：

赵青藜　字然乙，泾县人。乾隆丙辰会元，监察御史。

秦蕙田　字味经，金匮人。乾隆丙辰进士，探花，刑部尚书，谥文恭。

吴　銮　字玉坡，江南人。丙辰举人。

杭世骏　字大宗，又字堇浦，仁和人。丙辰词科，翰林院编修。有《镂冰集》。

于敏中　字重棠，金坛人。丁巳进士，状元，文华殿大学士，谥文襄。

程景伊　字□□，武进人。己未进士，文渊阁大学士，谥文恭。

袁　枚　字子才，又字简斋，钱塘人。己未进士，江宁知县。有《袁太史稿》。

朱佩莲　字东江，海盐人。壬戌进士，翰林编修。

朱士琇　字斐瞻，又字梅崖，建宁人。甲子解元，戊辰进士，官知县，改福宁府教授。有《朱梅崖制义》。

王炳文　字在中，昆山人。乾隆初诸生。

张甄陶　字惕庵，闽县人。甲子举人，乙丑进士，高要知县。有《四书翼注论文》《国朝文范》。

蒋元益　字希元，长洲人。乙丑会元。

周振采　字白民，淮安人。乾隆初诸生。有《周白民藏稿》。

喻世钦　字□□，长沙人。乾隆初诸生。

林人槐　字□□，侯官人。丁卯举人。

吴　鸿　字颉云，钱塘人。乾隆丁卯解元，辛未进士，状元。有《吴状元稿》。

翁方纲　字正三，又字覃溪，又称苏斋，大兴人。壬申进士，内阁学士兼礼部侍郎。有《复初斋时文》。

郑　忬　字茹文，靖江人。戊辰会元，礼部郎中。

朱　珪　字石君，大兴人。乾隆戊辰进士，体仁阁大学士，谥文正。有《槃陀老人制义》。

马国果　字□□，无锡人。庚午解元。

吉梦熊　字渭厓，丹阳人。壬申进士，通政使。有《吉毅阳时文》。

郑天锦　字芥舟，建安人，方坤从子。壬申进士，连山知县。有《郑芥舟稿》。

赵　佑　字鹿泉，仁和人。壬申进士。有《清献堂稿》。

田　玉　字蔚田，无锡人。壬申解元，甲戌进士。

陆锡熊　字健男，又字耳山，上海人。辛巳进士，副都御史。

纪　昀　字晓岚，献县人。丁卯解元，甲戌进士，协办大学士，礼部尚书，谥文达。有《房行书精华》。

周　春　字松霭，海宁人。甲戌进士，岑溪知县。

吴玉纶　字香亭，光州人。辛巳进士，兵部侍郎。有《吴香亭稿》。

孟超然　字朝举，又字瓶庵，闽县人。乙卯解元，庚辰进士，吏部郎中。

曹文埴　字荠原，歙县人。庚辰进士，户部尚书，谥文敏。

吴　玨　字井山，歙县人。壬午解元，癸未进士，内阁中书。

江　筠　字震沧，江苏人。壬午举人。

林乔荫　字樾亭，侯官人。乙酉举人，江津知县。

林树蕃　字香海，侯官人，乔荫弟。乙酉举人，辛卯进士，翰林院编修。

邵晋涵　字二云，余姚人。乙酉举人，辛卯会元。

胡应魁　字鹤清，丹阳人。辛卯举人，甲辰进士。

龚景瀚　字海峰，闽县人。戊子举人，辛卯进士，兰州知府。有《积石山房四书文》。

管世铭　字韫山，又字缄若，阳湖人。甲午举人，戊戌进士。有《管韫山制义》。

吴锡麒　字圣征，又字谷人，钱塘人。甲午举人，乙未进士，国子监祭酒。有《有正味斋稿》。

张经邦　字佑贤，又字燮轩，闽县人。己亥解元，己酉进士，溧阳知县。

郑光策　字宪光，又字苏年，闽县人。己亥举人，庚子进士。有《西霞制义剩稿》。

汪如洋　字润民，又字云壑，秀水人。丁酉举人，庚子会元，状元。

刘青照　字乙资，阳湖人。乾隆庚子进士。

卢荫溥　字霖生，又字南石，德州人。辛丑进士，体仁阁大学士，谥文肃。

曹振镛　字俪笙，歙县人，文埴子。辛丑进士，武英殿大学士，谥文正。

陈　锦　字□□，钱塘人。癸卯解元。

张腾蛟　字孟词，宁化人。乾隆癸卯解元，癸丑贡士。有《恩庭应试文》。

许作屏　字画山，侯官人。癸卯举人，庚戌进士。有《青阳堂制艺》。

章世绳　字□□，江苏人。癸卯举人。

阮　元　字伯元，又字芸台，仪征人。丙午举人，己酉进士，体仁阁大学士。

游光绎　字彤卣，霞浦人。癸卯举人，己酉进士，监察御史。

擅吉甫曰：“乾隆初，制义争尚秾缛，而周白民振采独以别调行。”蔡芳三称白民为江西社中之罗文止，盖白民好静，故文品之贵雅似文止。《三状元稿》中以吴鸿有河朔少年风流自赏之概。而时文之健，要推袁枚。操觚家得其鳞爪，率芥拾科甲以去。《巍巍乎其有成功　二句》文有云：“元气厚则山河凿焉而不伤，智勇深则日星察焉而莫遁。”盖从来八股文中所未有之语也。乾隆初之墨卷，以吴、田、马、李为四家，吴玨、田玉、马国果、李中简也。四家中马文为最清矫，其《掩其不善　四句》文起讲云：“且天下未有生而为小人者也。彼以为有视之而不见者，而小人之术遂成；然以为有视之而不见者，而小人之术终败。夫使小人之术而果不败也，则天下无不善自匿之小人，而小人之操术为甚得矣。”伸缩自如，合当时之风气。顾《墨卷万选》亦受人诋谌，于四家尤肆口而攻。梁上治云：“吴玨《乡人傩　一节》文中‘游魂虽变，不能不屈于精气之充’，此等语，虽国初诸老宿，何以过之！”四家自亦有其特色也。吴玉纶与赵佑齐名。吴尝作《伯夷叔齐　节》拟墨，极负盛名。汪如洋年十八领庚子会状，时和珅当国，欲罗致之，而如洋于《赵孟之所贵赵孟能贱之》文，淋漓痛快言之，以自见其意，文亦为时所诵。独管世铭最为八股名家，而偏晚达。甲午乡试，次艺为《其次致曲》，后二比云：“非不知曲为偏数，诚为全数，其分量绝不相及，然析一诚以为天下之曲，即合万曲以全一己之诚，夫固不为二物矣。匹夫择术能精，而一艺之微，或以相窥于其本，循流溯源，亦其理也，而况用之于学问哉！”“非不知致为始事，诚为终事，其功候若极相悬，然致即致其散殊之诚，诚即诚其一本之曲，夫更不分两域矣。童子胜衣就傅，而幼仪之习，久将默牖乎其天，积小高大，亦其物也，而况施之于择艺哉！”刘文恪以理窟中能为名士风流，必八股之巨手，遂拔以冠一经，拆卷后始知其为世铭也。其他作者，或以考据见长，或以词章名世，而其时文，并有足称。

郑灏若曰：“我朝文治昌明，英才间出，刘克猷（子壮）应运而兴，熊钟陵（伯龙）乘时并起，王迈人（庭）峭刻奇拔，戚价人（藩）出晦而光，李石台（来泰）铸镕经史，张尔成（永祺）力追正、嘉，唐采臣（德亮）万顷波涛，陆圆沙（灿）丰神淡宕，郭水容（溶）高古博雅，张素存（玉书）大雅雍容，章云李（金牧）变化离奇，赵明远（炳）超越流俗，李厚庵（光地）精诣纯粹，颜修来（光敏）升天入渊，韩慕庐（菼）别开生面，金穀似（居敬）沉郁幽远，孙莪山（勷）气机圆妙，方桐城（舟）古盎拔俗，皆足与前代作者后先媲美。”此八股文在清代之最盛时期也。

第六章　八股文体之就衰

清代八股文之所异于明贤者，一曰在义理之求胜。如韩菼《寒碧集》、方舟《自知集》等识力透到，往往足补传注之不及。至李光地《榕村藏稿》、方苞《抗希堂稿》，此例尤多。所谓发挥搜剔，使圣贤未泯之蕴，儒先未启之局，如岭云山月，探之不穷，岂不于经传为有功？盖文章有尽，义理则日出不穷也。二曰识字与正义。如阎若璩将明名家制义中错解题、误用事者，标为一帙。何焯极赞叹之，归撰制义为《行远集》，悉本若璩之旨。若璩云："昔韩昌黎言：凡为文辞，须略识字，如今人之作文，何须识字，但须热闹，以悦观者之目足矣。如"见民而莫不敬"句，《集注》见音现，显也，露也，与相见之见音义都别，而金声此题文曰'天子时入而见天子焉，天子时出而见天子焉'，认作相见字解，可乎？"其误用事者，如周永年曰："太宰，注谓吴或谓宋，未可知也。故邓汝勤文亦兼用之。谓宋备其官，吴僭其号。"阎百诗曰："《檀弓》吴夫差侵陈，太宰嚭使于师，孔疏此陈太宰嚭与吴太嚭名同而人异。孔子先后两居陈，识防风氏之骨，辨肃慎氏之弩，与测桓僖之庙灾，当日所谓多闻而震惊之者，皆在陈时事，故陈太宰以为司，属吴尤不如属陈。"明贤固自有其成就，然学之至于如此精且细者，亦时代风尚然也。三曰人文一致。管世铭曰："前人以传注解经，终是离而二之，惟制义代言，宜与圣贤为一，不得不逼入深细。谓朱子之前已有时文，其精审更当不止于是也。”如徐用锡之《知者乐水　章》文，陈鹏年之《非其义也非其道也一介不以与人一介不以取诸人》文，皆品节存诸文章，表里相符之作也。四曰搜奇。制义既以经说为骨干，而学者以读书之富，不限于群经正史，乃演为辑逸书、诸子书，以逮小学、校雠、金石、版本。乾、嘉之际，如钱大昕、卢文弨、段玉裁、翁方纲、秦蕙田、钱伯坰、桂馥、武亿、石韫玉、孙星衍、钱坫、阮元、王氏父子之流，皆有此嗜也。李蕉铭诗曰：“其间稍才俊，大言益嚣嚣。碑摊汉魏字，器列商周朝。问以五经目，茫然堕云霄。人怜不自思，啖名忘中枵。”虽有功于学术，而制艺之文体隳矣。五曰旁务。陈用光曰：“近人作时艺，每以包罗史事为长，而词句遂搀杂后世史迹，恐非所以代圣人立言之意。”弃经而之史者，实为一大枝派，如崔述、赵翼、章学诚、俞正燮，其著者也。此风在乾隆中叶以后而日盛。六曰言辨。一题入手，巧用心思，一义数篇，篇各一旨。其中标尚独特，匪夷所思。于是心灵浚瀹，竞立一说，所谓能翻新出异者矣。如陈钟麟《君子疾没世而名不称焉》题，作四义。一就维世立论，谓以君子之实望天下，必以君子之名动天下。一就没世立论，谓生前之名，不为没世之真，没世无名，斯真没世矣。一就称字立论，谓名者人之所同，所异者称不称耳。一以称字作去声读，谓名实相副谓之称，名而不称，且至没世，盗名甚矣，故君子疾之，其言盖已辨矣。凡此六端，多在内容。且当时古文之风已炽，学者或引而治其专业，或更肆力于古文，而八股文日趋于巧薄，亦稍稍衰矣。姑以乾隆一朝，略分为二，以下目之为后期。

乾隆朝下：

侯健融　字翀庵，归安人。乾隆甲辰会元。

谢淑元　字春洲，晋江人。乾隆丙午解元，癸丑进士，翰林院编修。有《瑞芝草堂文稿》。

萨玉衡　字葱如，又字檀河，闽县人。丙午举人，陕西知县。

洪晨芳　字京植，晋江人。丙午举人。

林茂春　字崇达，又字畅园，侯官人。丙午举人，龙溪教谕。有《近文大观》。

曾奋春　字禹门，侯官人。丙午举人，临安知县。

朱秉鉴　字清如，浦城人。丙午举人，乙未进士，福宁府教授。有《茹古堂文稿》。

郑大谟　字青墅，侯官人。戊申举人，庚戌进士，河南知州。

张师诚　字兰渚，归安人。庚戌进士，江苏巡抚。

万世美　字济其，又字虞臣，瓯宁人。戊申举人，嘉庆辛酉进士，内阁中书。

方　镇　字定远，霞浦人。乾隆戊申举人。

汪廷珍　字瑟庵，山阳人。己酉进士，协办大学士，礼部尚书，谥文端。

陈寿祺　字梅修，又字恭甫，闽县人。己酉举人，嘉庆己未进士，翰林院编修。

谢　震　字位东，又字甸男，侯官人。己酉举人，顺昌教谕。

钱　楷　字裴山，嘉兴人。己酉会元，安徽巡抚。

朱文翰　字沧湄，歙县人。庚戌会元，浙江温处道。

石韫玉　字琢堂，吴县人。庚戌进士，状元，山东按察使。有《石执如制义》。

叶大观　字莲山，罗源人。庚戌进士，翰林院编修。

吴贻咏　字惠莲，桐城人。癸丑会元。

英　和　字树琴，又字煦斋，满洲人。乾隆壬子举人，癸丑进士，协办大学士，户部尚书。有《恩庆堂制义》。

杨惠元　字蓉峰，闽县人。乾隆甲寅举人，嘉庆辛酉进士，泰安知府。

黄　琼　字云冈，侯官人。甲寅举人。

莫　晋　字锡三，又字宝斋，会稽人。甲寅举人，乙卯进士，榜眼，仓场侍郎。有《来雨轩时文稿》。

王　昙　字仲瞿，钱塘人。甲寅举人。

陈钟麟　字厚甫，元和人。甲寅举人，嘉庆己未进士，杭嘉湖道。有《就正草》《听雨轩前后集》。

赵在田　字谷士，侯官人。乙卯举人，己未进士，翰林院编修。

郭龙光　字则征，又字韶溪，福清人。乙卯举人，嘉庆丙辰进士，国子监学正。

叶申霭　字次幔，侯官人。乙卯举人，无锡知县。

应丹诏　字凤楼，又字铭石，延平人。丙午举人，乙卯进士。

廖　英　字佩香，侯官人。乾隆末诸生。

王芑孙　字惕甫，又字铁夫，长洲人。甲辰召试举人，华亭教谕。有《渊雅堂制义》。

英和未通籍时，受业于长沙唐陶山、华亭李静庵，作时文清奇浓淡，无不兼有，而一本诸理法，稽诸经训，卓然可传。陈钟麟年辈虽异于韫山（管世铭），然喜谈时文，娓娓不倦。顾不喜平列三扇之文，其门生无不笃信师说，相戒不作三扇体。其时，浙江举业家称其乡有三绝，谓吴谷人祭酒之诗，梁山舟学士之字，莫宝斋侍郎之制义也。宝斋者，莫晋之字。晋甲寅闱墨《周有八士　节》中二比云："溯人本乎祖之文，如高辛有八元，高阳有八恺，何妨援氏族以相推，然私自一家，则积善之庆小，公诸一代，则养士之报隆也。想当年后先竞爽，快然于难兄难弟之间，但觉少一人则歉，而多一人则赘，造物若曲成其巧，以留千古之美谈，而振振公子、振振公姓、振振公族之衍祚于睢麟更可想矣。论善则归君之义，如舜有臣五人，武有臣十人，似应举帝王以相统，然系诸一人，明君臣之同德，推诸一世，见宇宙之太和也。迄于今初度嘉名，炳然于大书特书之笔，但觉离之两美具，合之四难并，彼苍特偶出其奇，以彰累朝之间气，而公侯好仇、公侯腹心、公侯干城之烝髦于罝兔更无论矣。”梁章钜以为若删去比中“但觉”二语，更为落落大方。明时科举文字，有元派、元脉、元度之目，甚至美其名曰元灯。视夺元为至贵，相率揣摩。实则供艺林之故实则可，故不必专精致力于斯也。相传吴贻咏于癸丑会试，首艺草稿，起股自加密圈，旁批二比“可元”。藏之枕函，为其子赓枚所窥，颇传于外，榜发，果第一。案：是科题为《古者民有三疾　二句》，起股云：“太和者天地之保合也，膺诞畀而不免气数之偏，则患中于身心，而刚柔胥可以召蠚。理义者圣贤之药石也，守中正而或有阴阳之毗，则道畸于喜怒，而情伪遂积以成私。”舂容大雅，实有涵盖一切之概。若王昙抱负奇伟，于风角壬遁之学，靡所弗通。所作制义，亦有奇气。为《夫子之墙　一节》文云：“圣人以一身建百世之业，而非有畔岸也；宪章祖述，夫岂必与合宫大室，争道义之墉，而抑其崇者，伤其庳矣。定礼乐者一门，序诗书者一门，赞《易》象修《春秋》者又一门；而不入不知也，问之美而不见也，问之富而不见也，寝如可画，徒朽宰我之墙，郭可负居，空陋颜回之巷，其瞽不已甚欤？圣人以一人教三代之英，而更无涯际也；成德达材，夫岂必与夏屋灵台，竞规模之壮，而眩其高者，耻其下矣。分德行者一门，分文学者一门，分言语政事者又一门；而不入不知也，语以宗庙而无见也，语以百官而无见也，七十子之弦歌，未许孺惭入户，三千人之冠佩，仅闻仲路行堂，其曚尚可发欤?”傲兀之概，如见其人。王芑孙诗古文词皆称健者，时义工力亦深，独不利于春官试。盖文章之优劣，不必能定科名之得失，由来已久，不独一二人为然也。

嘉庆朝：

姚学塽　字晋堂，归安人。嘉庆丙辰进士，内阁中书。有《晋堂时文》。

郑兼才　字六亭，大田人。嘉庆戊午解元，台湾教谕。

陈廷焕　字采屏，侯官人。戊午举人，乙丑进士，兴化教授。有《百尺楼文稿》。

叶申棻　字莘昀，侯官人，申蔼兄。戊午举人，壬戌进士。

余本敦　字朗山，西安人。己未进士，监察御史。

马有章　字倬亭，通州人。辛酉会元，内阁中书。

吴廷琛　字棣华，元和人。壬子举人，壬戌会元，状元，云南按察使。

朱士彦　字咏斋，宝应人。壬戌进士，探花，吏部尚书，谥文定。

顾　莼　字吴羹，又字南雅，吴县人。壬戌进士，翰林院侍读学士。

张　翘　字陟庵，浦城人。辛酉解元。

朱秉铭　字缄三，浦城人，秉鉴弟。辛酉举人。有《雪龛制义》。

许德树　字荫坪，闽县人。辛酉举人，道光丙戌进士。

郭尚先　字兰石，莆田人。丁卯解元，己巳进士，大理寺卿。

林则徐　字少穆，侯官人。辛未进士，云贵总督。

张梦魁　字维北，又字暖云，浦城人。丁卯举人。

陈肇波　字研畲，又字子澜，连江人。戊辰举人，来宾知县。

万云程　字芝林，瓯宁人，世美子。戊辰举人。

曾秉文　字建堂，侯官人。嘉庆时举人。

陈继昌　初名守睿，字莲史，临桂人。癸酉解元，庚辰会元，状元，官直隶布政使。

嘉、道间，京师推姚学塽为制义巨手，以为辇下无第二人也。其《君子矜而不争群而不党》题文，梁章钜以为非前明大家及清初名手所及。余本敦则以脉理清真，笔情醇茂著。其《曾子曰慎终追远　一节》之末二比云："匹夫面垢为仪，固不敢同于杖而后起、扶而后起，而昊天难报之恩，孰不同此罔极哉！侧闻圣天子引经复古，有过寻常，几不敢援节哀顺变之文，下慰臣工之请吁，则行道之人，有不感而心恻耶？盖至读《蓼莪》者，咸知陨涕，君子知其所由来矣。庶人鱼菽是荐，亦何敢同于太牢有献、少牢有献，而高曾规矩之思，孰不共此手泽哉！侧闻圣天子春露秋霜，不胜悽怆，直不啻以赤子瞻依之意，上亲列祖之衣裳，则跛畸之徒，有不闻而心愧耶？盖至抚杯棬者，如对先型，君子知其所自致矣。"适当嘉庆三年，大丧之余，此二比阴切时事，情文交至，侧闻一段居然是颂扬体裁，是一切逢迎窥伺心术，缘此而起矣。顾莼辛酉会试《尧舜帅天下以仁桀纣帅天下以暴》一文，最为得意。盖作此文者必切尧、舜、桀、纣，不知举古来为人君者，一仁一暴，以为榜样而已。莼觑此下笔，一片清空，宜其为梁九山先生所赏也。其年福建乡试，首题为《曾子曰夫子之道忠恕而已矣》，发解者张翘也。翘文中二比云："人第见夫子因时而措，而惊其道之甚神，而不知夫子只全其心之所固然，还其心之所同然，即以贯乎类聚群分而不过其则焉。人第见夫子顺物而施，而疑其道之曲当，而不知夫子即此中心而于己无所亏，如心而于物无弗慊，于以贯乎千汇万状而不疑所行焉。”字字精实，一时称为名元。广西领癸酉之解为陈继昌，其《子钓而不纲　二句》后比云：“一人全之，众人蹙之，其所息者几何？然人戕物而我不与，我育物而我并不与，此与物之相忘于我耳。数有难逭，以理生之，夫子只泯其意必之见而已矣。终古耗之，一日养之，其所济者又几何？然必吾心有余地，而后斯世有余物，此与物之相见以心耳。欲不可纵，以性节之，夫子只见为上下之察而已矣。”亦为至理名言云。

道光朝：

吴钟骏　字崧甫，吴县人。道光壬午举人，壬辰进士，状元，官国子监祭酒。

林彭年　字寿夫，侯官人，士蕃子。道光癸未进士，刑部主事。

刘建韶　字闻石，长乐人。乙酉举人，乙未进士，陕西知县。有《宜兰室制义》。

汤　鹏　字海秋，益阳人。癸未进士。有《海秋制义》。

梁氏题名止于是，余尝欲补咸丰、同治、光绪三朝，以商之新建夏剑丞先生，先生以为，咸、同以后，士夫多不欲以制义得名，无须为之列入也。虽然，岭南学风，多以制艺入手，如朱九江次琦，以逮康有为、梁启超，皆工于此道，而启超之“新民体”文，取资于八股文者不鲜。辑《江汉炳灵》之樊增祥，亦工为八股，且引而为公牍，此又八股文之旁支矣。

吴瞿安先生序先太史（讳鋆，字云谷）《石寿山房集》，有曰：“太史生道、咸之际，不染房墨庸滥之习，研探经训，出解渊雅，不务高深，人自不可及，试置诸弘、正、乾、嘉作者间，几沆瀣一气。”又曰：“清乾、嘉间，登上第、占巍科者，咸正大弘畅，有扬鸾和铃之度。迨光绪之季，放纵以露才，渔猎以炫博，而国势乃日益不振。”陈作霖《卢编修传》论曰：“诗文一道，虽云小技，吾乡工此者，刘雨生汝霖、陈耘芬兆熙、丁得之自求，皆其魁宿也。君则兼诸子之长，而加之以凝炼，其气王，其味厚，其调高。”此虽论一家之言，亦借以觇晚清八股文之梗概也。

八股文既变而为策论矣，其所以就衰者，必有其弊。约而言之，凡有数端。一曰尤王派之弊。尤侗、王广心以词藻为制义，所以竞求售也。少年聪颖之士，费数月半年之力，乃以此烂调为才情，只要得其形似，已足以应付考官而有余，虽曰以尤、王为指归，其去尤、王固不可道里计也。二曰雷同之弊。顾炎武曰：“一经之中，拟题一二百道，窃取他人之文记之，入场之日，抄誊一过，便侥幸中式。”此在明末，已启其风，及至晚清，益不可收拾。偷格、偷意，甚至偷辞，遂千篇一律，不足观已。三曰文陋之弊。士不读书，以滥调轻而易举，借以博科名。如道光以来，所谓且夫调者，其法于提比之后，或末比之前，突用“且夫”二字以振其势，并不关顾前后语脉。乡会试场以为秘诀，以文言之，不通甚矣，聊以自文其陋而已。四曰截搭题之弊。截搭题本以防熟记陈文，以《四书》《五经》之文有限，出题已殆遍及，非经倒置，不得出新。于是强为割裂，勉合为一语。作此题者，亦牵强附合以完篇，文乃日益恶劣。凡此四弊，使八股文仅能存一躯壳，虽欲不亡，其可得邪？神之不充，貌亦难寄，一切文体皆然，又不独八股文如是也。

第七章　关于八股之文献

予尝欲辑《八股文书目》与《八股文现存书目》，四五年来，稍稍搜集，自维所阙过多，未遑从事。而关于八股文之论著，除专书如梁氏《制义丛话》及《时文话》，专篇如刘氏《四书文论》、刘融斋《经义概》外，类此之散篇，见于别集者，为数甚多。且多系序跋，原书虽不可得，得见其序或跋，亦可窥见原书之一斑矣。爰为称引，以备检寻。

见于《学海堂集》者，郑灏若、梁杰、杨懋建、周以清、侯康各有《四书文源流考》一篇，阮元有《四书文话序》。

见于汪之昌《青学斋集》有《四书文缘起》。任兆麟《有竹居集》有《与庄文山论制义书》三道。焦循《雕菰集》有《时文说》三篇。谢章铤《赌棋山庄集》有《答颖叔论时文》。陈玉树《后乐堂文钞》有《论时文》。翁方纲《复初斋文集》有《制义江西五家论》。钱谦益《牧斋初学集》有《黄蕴生经义序》《历朝应制诗序》。

见于黄百家《学箕初稿》者，有《陈介眉制义稿序》《范国雯制义稿序》《仇沧柱时义稿序》。王夫之《薑斋文集》有《殷浴日时艺序》。吴伟业《梅村家藏稿文集》有《两郡名文序》。

见于潘耒《遂初堂文集》者，有《许时庵制义序》《吴楞香制义序》。陆陇其《三鱼堂文集》有《黄陶庵先生制义序》《历科小题永言集序》。张履祥《杨园先生集》有《自题制义序》。

见于毛奇龄《西河合集》者，有《童炜行稿序》《傅生时义一刻序》《傅生时义二刻序》《傅生时义三刻序》《王时府季试文序》《汇刻小试文卷序》《李生试文序》《李白山续刻试草序》《何氏二童子拟应制诗序》《唐人试帖序》《江皋草堂应试文序》《素园试文序》《先正小题选序》《应和堂试文序》《季跪小品制文引》。

见于吕留良《吕晚村先生文集》者，有《今集附旧序》《庚子程墨序》《五科程墨序》《戊戌房书序》《选大题序》。张尔歧《蒿庵文集》有《自订书义序》。姜宸英《湛园未定稿》有《张子制义序》。

见于《何焯义门先生集》者，有《姜西溟四书文序》《杨易亭制义序》。赵士麟《读书堂彩衣全集》有《管希洛时艺序》《徐子文时义序》。董以宁《文友文选》有《倪暗公制义十九首序》。陈祖范《陈司业文集》有《序时人文稿》《时义自序》。全祖望《鲒埼亭集外编》有《帖经小课题词》。吴德旋《初月楼文续钞》有《刘海峰先生经义钞目录序》。吴定《紫石泉山房文集》有《海峰夫子时文序》。

见于刘大櫆《海峰先生文》者，有《东皋先生时文序》《徐笠山时文序》《郭昆甫时文序》《方晞原时文序》《顾备九时文序》《宋运夫时文序》《綦自堂时文序》《张荪圃时文序》《潘在涧时文序》《张俊生时文序》《叶书山时文序》。

见于方苞《望溪先生文集》者，有《余东木时文序》《杨黄在时文序》。

见于方苞《望溪先生集外文》者，有《进四书文选表》《溧阳会业初编序》《书时文稿》《岁寒章四义后》《记时文稿行不由经三句后》。方苞《望溪先生集外文补遗》有《记时文稿兴于诗三句后》《记时文稿有为者譬若掘井一节后》。顾镇《虞东先生文录》有《陈体斋制义序》。王植《崇德堂稿》有《汤君时琏时文序》。

见于徐乾学《憺园文集》者，有《颜光敏书义序》《韩元少制义序》《代宋蒿南制义序》《王令诒制义序》《山东行卷序》《戊辰会墨录真序》《叶元礼制义序》。

见于韩菼《有恒堂文稿》者，有《乙卯顺天乡闱墨序》《秦吉人先生经义稿序》《丁丑房书序》《历科房书选序》《江西己卯闱墨序》。

见于朱运震《空山堂文集》者，有《刻同门试卷序》《石君时文稿序》《陈布在时文稿序》。王源《居业堂文集》有《王篛林时艺序》。王懋竑《白田草堂存稿》有《曲江会艺序》。雷铉《经笥堂文钞》有《李雪崖时文序》。

见于朱轼《朱文端公文集》者，有《王畴五时文序》《张岂石时文序》《程启生时文序》《公鼎时文序》。朱筠《笥河文集》有《安徽试卷序》。王昶《春融堂集》有《沈柏参时文稿序》。陆耀《切问斋集》有《张耘孟制义序》。

见于任兆麟《有竹居集》者，有《戴东原制义序》《二任先生文稿合刻序》《心斋四书文自叙》《修吉堂会业序》《制义正宗序》《题文山庄子四书文》。袁枚《小仓山房文集》有《胡勿厓时文序》。杭世骏《道古堂文集》有《制义宗经序》。

见于翁方纲《复初斋文集》者，有《贵溪毕生时文序》《彭晋亟时文序》《吴怀舟时文序》《树兰斋时文序》。翁方纲《复初斋集外文》有《朱仰山时文序》。卢见曾《雅雨堂文集》有《试帖初桄序》。钱陈群《香树斋文集》有《戴生窗艺序》。

见于李绂《穆堂初稿》者，有《云南乡试墨卷序》《浙江庚子乡试卷序》《阎仲容试草序》《裘约斯时文序》《三冯试草序》《胡天益时文序》《陈耿南时文序》《王修撰时文序》《李而上时文序》《冯夔飏时文序》《王岩公时文序》《徐伊匡时文序》《邵庶常时文序》。

见于李绂《穆堂别稿》者，有《草庐书院会课序》《程文学四书文序》《秋山课义序》。

见于姚鼐《惜抱轩文集》者，有《张仲絜时文序》《左笔泉先生时文序》《徐六阶时文序》《陈仰韩时文序》。邵晋涵《南江文钞》有《徐薜堂时义序》《姜星六时文序》《傅素余时文序》。

见于法式善《存素堂文集》者，有《同馆试律汇钞序》《同馆试律续钞序》《成均学选录序》《曹定轩紫云山房试帖诗序》《曹景制艺序》《吴蕉衫制艺序》《吴凤白必悔斋制艺序》。彭元瑞《思余堂辑稿》有《策问存课自序》《门人史彭龄时文序》。

见于彭绍升《二林居集》者，有《二林居经义叙》《二林居制义第二叙》《二林居制义第三叙》《汪子制义叙》《蒙泉制义叙》。程瑶田《读书求解》有《胡左元时文序》。

见于张廷玉《澄怀园文存》者，有《许醇夫四书文序》《丁巳科会墨选序》《丁巳馆课序》《同馆课艺序》《国朝馆选录序》。

见于章学诚《章氏遗书》者，有《导窾集序为梁少傅撰》《杜书山时文序》《赵立斋时文题式引言》《文格举隅序》《跋屠怀三制义》《跋戊申秋课》。凌廷堪《校礼堂文集》有《学勤斋时文自序》。武亿《授堂文钞》有《吴硕亭时文序》。

见于吴定《紫石泉山房文集》者，有《方立中夫子时文序》《李仲醇夫子时文序》《佘丽梧先生时文序》《姚姬传先生时文序》。王引之《王文简公文集》有《信宜四李先生制义序》。管同《因寄轩文集补遗》有《刊刻敬敷书院课艺序》（代）。鲁九皋《鲁山木先生文集》有《曹抑堂先生制义序》《理学制义序》

《宋伊谦先生制义序》。

见于管世铭《韫山堂文集》者，有《赵榕冈文学制义序》《周宿航制义序》《韦静山制义序》。冯浩《孟亭居士文稿》有《汪鲁堂制艺序》《严保林时文苹洲集序》。

见于唐仲冕《陶山文录》者，有《谭培斋课试时文序》《屠韫斋时文序》《紫琅书院课艺序》《许玉田制艺序》。石韫玉《独学庐初稿》有《辛壬试艺序》。石韫玉《独学庐二稿》有《试帖偶钞序》。石韫玉《独学庐三稿》有《郑絅先生制艺序》《紫阳课艺序》。石韫玉《独学庐四稿》有《芹香课艺序》《天崇文英序》《院课存真序》《国朝文英序》《国朝文英二集序》《借秋亭试帖序》。石韫玉《独学庐五稿》有《江铁君制义序》。秦瀛《小岘山人文集》有《王念丰制义序》。

见于王芑孙《惕甫未定稿》者，有《制义自序》《试帖诗课合存序》《乐仪书院课艺序》《史恒斋试帖诗书时文读本后》。

见于王宗炎《晚闻居士遗集》者，有《何秋田先生时文序》《墨守内篇叙》《墨守外篇叙》《紫阳书院课艺叙》。

见于金廷灿《存吾文稿》者，有《城南课艺叙》《黄君振南时文序》《范研人时文序》《蒋玉涧时文序》。

见于吴德旋《初月楼文钞》者，有《族叔晋望时文集序》《四书文选序》《杨随安时文集序》《汪筠庄先生时文序》。吴德旋《初月楼文续钞》有《吴耶溪经义序》。姚文田《邃雅堂集》有《皇甫香畴时文序》。姚文田《邃雅堂文集续编》有《严二如时文序》。阮元《研经室三集》有《华陔草堂书义序》。

见于朱琦《小万卷斋文稿》者，有《实事求是之斋经义序》《制义丛话序》《钟山课艺序》。胡培翚《研六室文钞》有《钟山书院课艺序》。

见于朱琦《小万卷斋文稿》者，有《正谊书院课选二编序》

《正谊书院课选三编序》《紫阳书院课艺序》《肄雅堂课艺相长录序》《石门制义序》《芝堂制义序》《窥一轩制义序》《一椽斋制义序》《观省堂制义序》。胡承珙《求是堂文集》有《朱咸中时艺遗稿序》。

见于李宗昉《闻妙香室文》者，有《月槎时文钞序》《李郯芸手批河间试律矩存稿序》《黄氏馆课诗赋合编序》。朱彬《游道堂集》有《玉山草堂课艺序》《天心阁时文序》。朱为弼《茉声馆集》有《叶雨辀同年洗心书屋制艺序》。

见于韩梦周《理堂文集》者，有《刘南川制义序》《滕瑞子先生制义序》《西涧制义序》《法迂斋先生制义存稿序》《制义文自序》《理堂制艺序》《理堂制艺续集小序》《邱兰成时文序》《沈秋崖时文序》。赵绍祖《琴士文钞》有《法诗龛存素堂时文序》。陈用光《太乙舟文集》有《存素堂制艺序》。

见于潘奕儁《三松堂集》者，有《墨准初刻序》《墨准二刻序》《墨准三刻序》《墨准四刻序》。赵绍祖《琴士文抄》有《朱题士时文序》《李敷五时文序》。汤金钊《寸心知室文存》有《熊大司空半泉集时艺序》。葛其仁《味经斋文集》有《古紫阳书院课艺序》。张云璈《简松草堂文集》有《义庄课艺序》《吕耜堂先生制艺序》。

见于陈用光《太乙舟文集》者，有《南石先生制义序》《重订姚先生四书文选》《韩幼徽四书文册跋》。梅曾亮《柏枧山房文集》有《汤子燮试帖诗稿书后》《李蕴山时义序》《锡山文续序》。梅曾亮《柏枧山房文续集》有《太乙舟山房时义序》《陈淮生时义序》。孙志祖《申郑轩遗文》有《帖经小课跋》。

见于孙原湘《天真阁集》者，有《素修堂约课序》《李小云时义序》《虞山试律钞序》。马国韩《玉函山房续集》有《红藕花轩课草序》。

见于孙衣言《逊学斋文钞》者，有《蒋氏莫如楼时文后序》《永嘉先生时文序》《书王秀峰时文》《陈菊潭时文跋》。龚景瀚《澹静斋文钞》有《郑在谦四书文叙》《尹某四书文叙》《积石山房四书文自序》。

见于陶澍《印心石屋文钞》者，有《黄云浦制义序》《胡竹塘制义序》《先太史萸江制义恭跋》。姚椿《晚学斋文集》有《樗寮课儿试帖诗题辞》。龚自珍《定盦续集》有《四先生功令文序》。黄式三《儆居杂箸》有《塾课序》。何绍基《东洲草堂文钞》有《鲁服斋制艺叙》。

见于李兆洛《养一斋文集》者，有《毓文书院课艺序》《举业筌蹄序》《墨卷望气序》《南村制义序》《史自怡时文序》《吴云澜时文序》《蕉峰时文稿序》《石斋先生时文序》《金选小题文序》《金选大题文序》《书刘柳溪先生时文后》《西峰时文序》。戴钧衡《味经山馆文钞》有《朱楚卿时文序》。黄承吉《梦陔堂文集》有《谈星台时文序》。

见于冯桂芬《显志堂稿》者，有《可自怡斋试帖序》《惜阴书舍戊申课艺序》《蒋丹林制艺序》《洪铭之时文序》《沈汝松时文序》《怀青山馆制艺序》《忆樊居制艺序》。钱泰吉《甘泉乡人稿》有《沈莲溪濂时文序》。钱仪吉《衎石斋记事续稿》有《粤海堂诸子课业评》。

见于黄本骥《三长物斋文略》者，有《郑雪堂经义序》《试剑余墨序》。龙启瑞《经德堂文集》有《绍濂堂制艺序》《朱约斋先生时文序》。谢章铤《赌棋山庄集》有《时艺残稿自序》。谢章铤《赌棋山庄文续集》有《城东菊隐旧庐试帖诗序》。

见于黄彭年《陶楼文钞》者，有《小隐斋制艺序》《莲池课艺序》。华蘅芳《行素轩文存》有《行素轩时文自序》。陈澧《东塾集》有《徐达夫先生试律诗序》《温伊初时文序》。高均仔

《续东轩遗集》有《书王子鸿制艺近稿后》。钱化鹏《述古堂文集》有《白云山樵制义序》《萼华堂试艺序》。唐鉴《唐确慎公集》有《直省卿墨序》。俞樾《春在堂杂文》有《紫阳课艺序》。俞樾《春在堂杂文五编》有《严缁生达叟时文序》。俞樾《春在堂杂文六编》有《孙草盦试帖诗序》。

见于胡凤丹《退补斋文存》者，有《盾余斋试帖诗序》《棣萼山房试帖序》。胡凤丹《退补斋文序二编》有《退补斋制艺自序》。周寿昌《思益堂古文》有《思益堂试帖自序》。王玉树《芗林草堂文抄》有《贾益楼试律约评序》。

见于钱保塘《清风堂文钞》者，有《经训书院课士文序》(代吴筠轩观察)、《乐易山房制义序》。郭嵩焘《养知书屋文集》有《熊云渠先生时文序》《丁伊辅先生馆课藏本书后》。孙葆田《校经室文集补遗》有《周文忠公制义后序》。

见于马徵麐《淡园文集》者，有《制艺养气集叙》《吴定孙孝廉五经试帖叙》。张寿荣《舫庐文存》有《经艺碧海鲸序》。李桢《畹兰斋文集》有《畹兰斋时文序》。王颂蔚《写礼庼文集》有《戴艺郛不薄今斋时文续刻序》。王荣商《容膝轩文稿》有《顾湖舫先生时文序》。

见于李佐贤《石泉书屋类稿》者，有《利津李氏贡举制艺序》《魏又瓶学博制艺序》《石泉书屋制义自序》《石泉书屋制义补编序》。龙文彬《永怀堂文钞》有《制艺自序》《锡厚庵时文序》。

见于王先谦《虚受堂文集》者，有《庞浚卿时义序》《王氏塾课初编序》《孙渔笙时文序》《国朝试律诗钞序》《四书文豳序》《杨丹山试艺序》《江左制义辑存序》。贺涛《贺先生文集》有《楚禽堂制义序》。汪之昌《青学斋集》有《正谊书院课艺跋》。叶德辉《郎园山居文录》有《岁寒居士制艺序》。陈汉章

《缀学堂初稿》有《序经艺斠话》。

凡此文字，皆足以补益八股文之史料，果加以钩稽，厘分子目，使成专编，亦文坛应有之事也。虽然，是非此书所能尽已。